JN441677

한국어방언학

이상규 · 안귀남 공저

學 硏 社

머리말

방언조사의 즐거움은 바로 방언의 보수성과 역사성을 확인할 때이다. 방언은 지리적인 단절이나 역사·문화에 대한 자부심의 결정체로서 문자로 정착되기 이전의 모습뿐만 아니라 수백 년 전의 모습까지 오롯이 입에서 입으로 전해지고 있기 때문이다. 방언이야말로 생생하게 숨 쉬며 살아있는 한국어의 한 모습이다. 역사와 사회·문화적, 지리적인 환경 속에서 자신의 빛깔을 내면서 이어온 민중들의 삶의 흔적이 묻어 있기에 더욱 정겹다.

80년대의 전국적인 방언조사사업은 한국어 방언연구에 기폭제 역할을 하였음은 부인할 수 없다. 그 결과 개별방언을 하나의 독자성을 지닌 체계로 다루는 성과를 이루었고, 전국방언자료집의 간행과 그동안의 방언연구의 성과를 종합적으로 정리한 『방언학사전』의 출간과 문화관광부의 21세기 세종계획의 일환인 <남한 방언 검색 시스템>의 개발 등의 성과들이 이어졌다.

표준어 교육, 교통과 통신의 발달, 매스컴의 발달, 더욱이 IT강국으로서 인터넷의 확대로 고유한 민중의 언어는 이제 점차 소별의 단계에 있다. 그러므로 무엇보다 민중들의 삶의 흔적이 묻어 있는 일상생활방언의 전면적인 조사와 더불어 이를 활용한 담화자료데이터 구축과 언어지도 사업이 앞으로 요구되는 시점이다.

방언학의 목표 중의 하나는 방언지도를 그리는 것이다. 살아있는 생생한 언어를 수집하여 잘 구축된 데이터베이스를 바탕으로 지리적인 분포를 한눈에 조감할 수 있는 언어지도를 통해 방언의 경계를 확인하여 의미를 부여하는 일은 무엇보다 중요하다.

20세기로 진입하면서 개인컴퓨터를 활용하여 언어자료를 구축하고 이를 기반으로 효율적인 언어지도를 그릴 수 있는 구체적인 방법과 함께 국내외에는 많은 언어지도가 만들어지게 되었다. 방언형의 언어적인 분포를 파악할 수 있던 언어지도는 이제 그 한계를 극복하고 사회언어학적인 목적을 위해 활용될 수 있는 가능성을 열어주었다.

이번 개정판은 언어지도제작 기법 KSEAL과 한 단계 진보된 Map Maker를 소개하고 국내외 언어지도연구 현황과 활용법도 덧붙였다. 또한 지금까지 나온 방언학 개설서에서 부족한 부분을 보충

함으로써 미래의 방언연구 방향에 도움이 되고자 하였다.

제1장과 제2장에서는 방언의 개념과 세계 여러 나라에서의 방언 연구 동향을 살펴보았다. 이번 개정판에서 가장 중점을 둔 부분은 제3장이다. 방언조사의 중요성은 말할 것도 없지만 음성자료의 구축과 담화자료데이터 구축은 음성언어지도로 나아갈 수 있는 바탕이 된다. 그러므로 기존의 방언자료 조사 방법과 컴퓨터를 활용한 방언 자료 처리 방법을 보강하였다. 또한 음성자료의 데이터베이스 구축과 전사에 대한 새로운 방법론, 언어지도제작의 현황과 컴퓨터를 활용한 방언 지도 제작 방법의 전산화를 위한 과정을 소개하였다. 또한 필자가 개발한 방언지도제작 도구인 방언지도제작기(Map Maker)의 사용법과 그 유용성을 소개하였다. 제4장과 제5장은 지리방언학과 사회방언학에 대한 이론적인 골간과 개념 및 최근의 연구 경향을 보충하였다.

제6장에서는 전국을 대상으로 한 지리방언학적 뼈대를 구축하고 한국어 하위방언권 구획과 해당 방언의 특징을 정리하려고 노력하였다. 제7장에서는 방언학과 관련 있는 인접 학문 분야도 간략하게

다루었으며 부족한 부분은 지속적으로 보정할 것을 약속할 수밖에 없다.

방언학은 조사방법론뿐만 아니라 수집·정리, 나아가 지역의 특색이 드러나게 의미를 부여하기 위해 국어학적인 이론이 필요한 분야이다. 강의 분량을 고려하여 최대한 내용을 간략하면서도 국내외의 연구동향을 보여주려고 노력하였다. 어려운 여건에서도 개정판을 간행해 준 학연사와 편집과 교정 작업에 애쓴 편집부에도 감사를 드린다. 바쁜 일정에도 많은 배려를 해준 아내에게 감사의 마음을 보낸다. 그리고 좀 더 정교한 정리와 교정을 도와준 정연정, 천명희, 홍기옥, 김규철, 이지원, 이경렬, 김진회에게도 감사의 뜻을 보낸다.

저자

차 례

제3장 방언조사와 자료 처리

제4장 지리언어학

제6장 한국어 지리방언학

제7장 방언학의 학제적 연구

장별 그림·도표·지도 목차

제1장 방언학의 배경

제2장 방언학의 발달

제3장 방언조사와 자료 처리

제4장 지리언어학

제5장 사회방언학

제6장 한국어 지리방언학

제 1 장
방언학의 배경

1. 방언과 언어
2. 표준어와 방언
3. 방언연구의 의의

방언학의 배경

1. 방언과 언어

1.1 방언의 개념

방언은 일정한 지역에 사는 사람들이 공통적으로 사용하는 지역적, 또는 사회적인 언어 변종으로서 일정한 체계를 갖추고 있는 것을 말한다. 그러한 체계를 가진 지역방언 또는 사회방언을 연구대상으로 하는 학문분야가 방언학(dialectology)이다.

모든 방언은 한 개별 언어의 하위 형식으로 독자적인 체계를 갖춘 언어 형식이라는 개념으로 이해되어야 한다. 곧 방언은 어떤 특정 언어를 지역적 또는 사회적 요인에 의해 세분화한 것이다. 그러므로 넓은 의미에서 방언이란 일정한 지역이나 사회계층에서 사용하는 언어체계를 뜻하며, 특정 지역이나 계층에서 특징적으로 사용되는 방언 현상과 더불어 표준어와의 공통적인 현상까지를 포괄하는 보다 넓은 의미의 일상어로 이해해야 한다.

1.2 언어와 방언의 범주

방언을 어떤 개별 언어의 하위체계로 이해할 때, 언어와 방언을 어떻게 구분할 수 있는가라는 문제에 부딪히게 된다.

Voegolin & Harris(1951)는 상호 의사소통력이라는 기준으로 개별 언어를 구분했으며, Ferguson & Gumperz(1960:5)는 구조적 상호 의사소통력의 차이로 언어나 방언간의 구분을 시도하였다. 최근 John Earl Joseph(1982)는 상호 의사소통력의 체계뿐 아니라 국가, 사회적인 요인 등을 고려하여야 한다고 제안하였다.

언어와 방언의 관련성을 먼저 살펴보면, 개별 언어는 여러 하위 방언으로 구성되어 있다. 또 개별 방언은 여러 가지 말씨(*accent*)가 모여 성립되며, 그 말씨를 구성하고 있는 최소 단위는 개인어(idiolect)이다. 따라서 방언은 지역 또는 사회계층적 요인으로 분화된 언어의 하위 형식 체계라고 할 수 있다. 그리고 방언은 음운론적, 문법적, 어휘적으로 상이한 체계적인 변종을 의미하는 데 비해 말씨란 화자가 발음하는 방법을 의미하는 것으로 음성학적, 음운론적, 어휘적, 어법적으로 서로 다른 비체계적인 방언 변종을 뜻한다.

<그림 1－1>에서처럼 언어와 방언을 연속체라는 가정 하에서 개별 언어나 방언의 범주를 설정하는 일은 결코 용이한 일은 아니다. 설사 정밀하게 그 범주를 구분할 수 있다고 하더라도 언어학적으로 유의미한 것은 아니다. 이러한 어려움이 있음에도 불구하고 지금까지 논의해 온 언어 또는 방언의 범주를 설정하는 몇 가지 기준에 대해 논의해 보자.

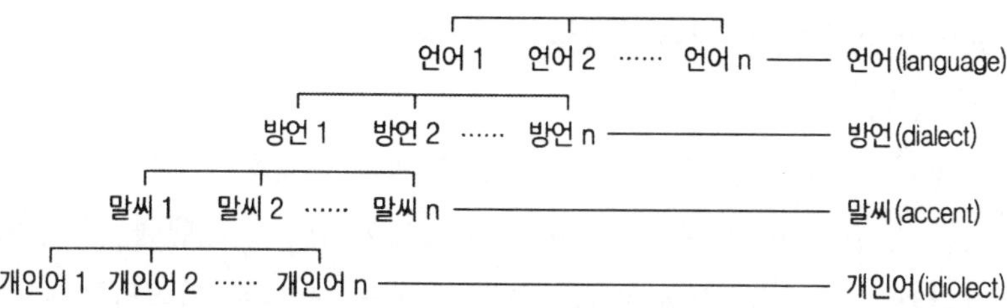

〈그림 1-1〉 언어와 방언과의 연속적인 관련성

첫째, "언어는 상호 의사소통이 가능한 방언의 집합이다(A language is a collection of mutually intelligible dialects)"라는 관점에서 이들의 관계를 이해할 때 상호 의사소통력은 하나의 언어와 다른 언어의 관계나 방언과 방언의 관계를 구분짓는 일차적인 기준이 될 수 있다. 하지만 어디서부터 언어나 방언이 분리되는지 그 정밀한 경계선을 찾아내기란 쉽지 않다. 그와 더불어 상호 의사소통력의 정도가 쌍방 간에 똑같은 것이 아니라 한 언어나 방언을 사용하는 사람들이 다른 언어나 방언을 받아들이려는 의식 상태나 교육의 정도, 흥미롭게 이해하려는 의욕, 문화적 · 민족적 · 부락의 친근성이나 우월성과 같은 다양한 요인에 따라서 상호 의사소통력의 정도가 결정된다고 할 수 있다. 이처럼 상호 의사소통력이라는 기준은 동일한 언어의 경계를 결정하는 데 어느 정도의 적절성을 갖고 있기는 하지만 결코 절대적인 기준이 되지 못한다는 사실을 알 수 있다.

둘째, 언어나 방언 범주의 구분을 위해 비언어적인 기준인 영토나 국경선을 고려할 수 있다. 언어나 방언은 일반적으로 지리적 · 사회적인 연속을 이루고 있지만 영토나 국경선 같은 제3의 요인이 작용하면 언어 개신(改新)을 차단하거나 증폭시키는 역할을 한다.

셋째, 성문화된 정서법은 개별 언어를 구분하는 매우 중요한 기준이 된다. 스칸디나비아에서 노르웨이어나 스웨덴어 및 덴마크어가 상호 의사소통이 가능한데도 개별 언어로 인식되는 이유는 독자적인 정서법과 문법 및 문학작품을 가지고 있기 때문이다.

넷째, 개별 언어나 방언을 규정하는 데 정치, 사회, 문화, 경제, 민속, 교육 등과 같은 언어 외적인 요인에 영향을 받는다. 예를 들면 민속행사의 차이나 가옥구조 양식의 차이가 방언권의 차이로 이어지는 경우가 종종 있다.

결국 방언권을 결정짓는 기준은 상호 의사소통력이라는 기준뿐만 아니라 국경선 또는 행정구역, 성문화된 표준어 또는 공통어, 그리고 사회계층(반상층, 농어민층), 문화(통혼권), 경제(교역권) 등과 같은 다양한 요인이 방언을 규정하는 기준으로 이용될 수 있다.

1.3 방언연속

만일 일정한 방향으로 이 마을에서 저 마을로 여행을 한다면, 우리는 마을 간에 방언차이가 누적된다는 점을 느낄 수 있게 된다. 지리적으로 인접한 방언 간에는 특수한 사정(강, 산맥, 협곡, 폭포, 이민족 등)이 없는 한 의사소통이 불가능하게 단절되는 지점은 좀처럼 존재하지 않는다. 이러한 유형의 상황을 지리방언연속체(*geographical dialect continuum*)라고 부른다. 방언연속은 지리적이기도 하지만 한편으로는 사회적이기도 하다.

자메이카에서 최상류층에서는 영어를 사용하고 최하위층에서는 토속 크레올어를 사용하다가 차츰 그 중류에서는 영어와 크레올어가 섞인 말씨를 사용하게 되었다. 곧 중류계층사람들이 영어와 크레올어의 중간치의 말을 사용하게 됨에 따라 순수영어로부터 토속적인 크레올어에 이르는 사회계층적 변종들은 사회방언연속체(*sociolectal continuum*)를 형성하게 되었다.

1.4 방언 접촉과 고립

지금까지와는 다르게 방언적 변이를 '접촉'이라는 관점에서 바라보면 다른 언어나 방언이 접촉하여 평준화(*leveling*)가 일어나는 새로운 혼합형의 방언체계가 나타날 수도 있다.

방언접촉과 그 반대의 개념인 고립 관계를 설명하는 데 매우 유용한 것이 독립성과 의존성이라는 개념이다. 서부독일 방언연속체의 한 변종은 네덜란드 방언이고 다른 한 가지는 독일 방언이다. 이들 각각은 독자적인 표준어를 갖고 있기 때문에 네덜란드 방언은 네덜란드 표준어에 대해, 독일 방언은 독일 표준어에 대해 각각 닮아가려는 성질, 곧 의존성을 갖는다. 이와 달리 네덜란드 방언과 독일 방언 간에는 각각 상호 분리되고 달라지려는 독립성이 존재한다. 이처럼 방언의 접촉과 고립이라는 관점에서 보면 독립성과 의존성은 순수하게 언어학적인 요인이라기보다는 정치·사회·문화적인 요인의 결과라고 할 수 있다.

접촉과는 반대의 결과로 방언이 오랜 기간 동안 고립됨으로써 새로운 방언으로 분리되는 변화를 보일 수도 있다.

2. 표준어와 방언

2.1 표준어와 방언의 차이

개별 언어는 방언연속체의 개념과 더불어 국가라는 정치적 요인과 기타 사회·문화적인 요소와 긴밀한 관계를 맺고 있다. 특히 독자적인 정서법을 갖고 있는 대부분의 나라에서는 언어 변화와 분할을 저지, 억제시키기 위해 표준어(*standard language*)나 공통어(*common language*) 제도를 채택하고 있다.

일반적으로 표준어의 기준(Garvin & Mathiot:1956, Haugen:1966)으로 ① 대상지역 선택(*selection*)은 정치·경제적인 중심지역이어야 하며, ② 성문화된 규범성(*codification*)을 갖는 분화형이어야 하며, ③ 기능상의 정교함(*elaboration of function*)을 갖고 있어야 하며, ④ 국민들이 받아들이고자 하는 수용성(*acceptance*)이 있어야 한다는 사실을 들고 있다.

우리나라의 경우 표준어는 지역적으로는 '서울' 지역, 시간적으로는 '오늘날', 사회계층적으로는 '교양인 계층'의 사람들이 사용하고 있는 언어를 기준으로 삼고 있다.

표준어와 방언 간의 관련성을 살펴보면 다음의 <도표 1-1>과 같다.

첫째, 표준어는 정치적 통합이라는 목적으로 언어의 분열을 저지하기 위해 만든 인공적인 언어이다. 그러나 방언은 이와 반대로 자유분방하게 분열되는 특성이 있는 민중들의 언어이다.

둘째, 표준어는 규범적인 성문화된 양식을 갖고 있다. 그에 비해 방언은 성문화된 양식이 없다.

표준어	방언
1. 통합성	1. 분열성
2. 성문화(규범성)	2. 비성문화(비규범성)
3. 고정된 변종	3. 고정되지 않은 변종
4. 통용성	4. 비통용성
5. 정교성	5. 비정교성
6. 정치·사회 중심어	6. 지역성(특정 지역어)
7. 문어·구어 간 양자의 비중이 비슷함	7. 구어 중심, 문어 약세
8. 권위(prestige)가 있음	8. 권위가 없음
9. 친밀성이 작음	9. 친밀성이 큼
10. 인위적	10. 자연적

〈도표 1-1〉 표준어와 방언 간의 관련성

셋째, 표준어는 고정화된 변종이지만 방언은 고정된 변종이 아니다.

넷째, 표준어는 어떤 지역이나 계층을 막론하고 동일한 언어 사용권 내에서 두루 통용되는 특성을 갖고 있지만, 방언은 특정 지역 또는 사회계층적이라는 통용상의 제약을 받고 있다.

다섯째, 표준어는 국가에서 정책적으로 정교하게 다듬은 인공적인 언어(*artificial language*)이다. 그러나 방언은 다듬지 않은, 민중들의 지역 정서와 감정이 살아 숨쉬는 언어(*living language*)로서, 그 정교성이라는 면에서는 표준어에 비해 뒤떨어지지만 정서적 일체감이나 유대감을 가져다준다는 점에서 표준어와 차이가 난다.

여섯째, 표준어가 정치·경제·사회·문화적 중심지역어인 것이 일반적이듯이 우리나라의 경우에도 정치·사회적으로 중심지인 수도 '서울' 지역어를 표준어의 기반으로 삼고 있다.

일곱째, 표준어는 구어(*oral language*)뿐만 아니라 문어(*written language*)에 대해서도 성문화된 규정이 있다. 그러나 방언의 구어와 문어는 모두 성문화된 규정이 없을 뿐만 아니라 통용성이라는 면에서 방언 문어의 사용은 한정되어 있다.

여덟째, 표준어와 방언을 구분하는 또 다른 기준은 권위(*prestige*)이다. 표준어는 방언에 비해 의사소통상의 권위와 힘을 지니고 있다.

아홉째, 토박이 화자에게 자기 지역의 방언은 그 지역의 정서와 향토적인 정감이 녹아 있어서 친근성을 주지만 표준어는 공식적이고 형식적인 엄격성이 있어 방언과 차이가 난다.

열째, 표준어는 정서법과 같은 언어 정책의 구속을 받는, 인위적으로 만들어진 언어이다. 그러나 방언은 그 지역의 풍토나 전통의 차이에 의해 자연스럽게 형성된 자연 언어이다.

2.2 방언의 특성

방언은 언어학적 · 문화적 · 사회적 · 역사적 측면에서 다양한 특성을 지니며, 그런 점에서 다양한 관련 학문과의 연계성을 갖는다. 이로 인해 방언학은 언어학의 한 분야로서 연구될 수 있을 뿐만 아니라 민속학, 문화인류학이나 역사학, 지리학 등의 인접 학문의 연구 방법을 활용한 종합적 연구도 가능한 것이다.

1) 보수성

모든 방언이 다 그러한 것은 아니지만 방언을 상호 비교해 볼 때 그 언어의 오래된 특징을 유지하고 있는 경우가 많다.

음운적 보수성 : 제주방언에 존재하는 'ᄋᆞ'는 지리적으로 고립된 방언의 보수성을 보여주는 전형적인 예이다. 남부방언에 나타나는 'ㅿ / ㅅ(ᄇᆞᅀᅡᆸ > 부직, 그ᅀᅳ다 / 끄직다), ㅸ / ㅂ(호ᄫᆞᆨ>호박, 더ᄫᅥ>덥어)', '가볍다(輕) / 개굽다 / 헤깝다'와 같은 현상도 보수적 측면의 하나이다.

형태적 보수성 : 경상방언의 공손법 어미 '-이-'(예 : 가시이소, 어서 오이소)는 중세국어 '-이-'의 흔적이 남은 것이다. 함경도의 육진방언이나 안동방언에서는 아직도 개음절 아래에서 주격조사 '-이'가 실현된다(코이(鼻)).

어휘적 보수성 : '그르메'는 '그림자'라는 의미로 15세기 문헌에서는 극히 드물게 쓰였던 것이지만 현대의 경상방언에서 조사된 바가 있다(참고 : 그렁지).

2) 개신성

언어학적으로 개신(*innovation*)이란 새로운 언어적 변화를 발생시켜 그 이전의 체계와 다르게 되는 성질을 말한다. 새로운 언어 변화는 해당 언어(혹은 방언)의 언어 내적 요인에 의해 발생되는 것도 있고, 언어 외적 요인(문물과 제도, 정치, 사회적 변화 등)의 지배를 받는 것도 있다.

구개음화가 역사적으로 남부방언에서 먼저 발생하여 다른 방언으로 전파되었음은 증명된 사실인데, 이것은 구개음화에 있어 남부방언이 가장 개신적(진보적)이었음을 의미한다. 언어 외적 요인에 의한 예를 들어 보면 농기구 '극쟁이'와 '쟁기'가 신·구형에 의해 명칭이 분화되기도 하지만 경상방언에서는 이러한 구분이 없이 '홀찡이', '훈찡이', '훈칭이' 등으로 실현되는 보수성을 보여주고 있다. 이처럼 개신성과 보수성은 상호 대응되는 속성으로서, 동시에 방언에 작용하여 방언의 발달과 변화에 기여한다.

3) 분화성

분화성이란 방언 사이에 차이가 생겨나 서로 다르게 되는 성질을 말한다. 방언 분화의 요인으로 지리적 장애(산맥, 강, 바다에 의한 격리), 경제권의 차이(교역권의 구별), 문화권의 차이(혼례, 제례, 음식), 사회적 접촉과의 두절(통혼권, 마을 분쟁), 외지인에 대한 배타성 등을 들 수 있다.

4) 통합성

통합성이란 서로 다른 방언이 상호 영향을 주고받아 비슷하게 되는 성질을 말한다. 방언의 분화성과 통합성은 항상 교차적으로 작용하며, 방언의 중요한 속성을 이룬다.

방언 간에 작용하는 통합성에 의해 공통어가 존립할 수 있는 근거가 마련되며, 국가 전체의 언어적 통일을 기할 수도 있다.

방언을 통합시키는 제요인은 다음과 같다. ① 교통의 발달, ② 방송 및 통신의 발달, ③ 표준어 교육 및 인쇄 매체를 통한 문헌어의 영향, ④ 도시의 발달을 들 수 있다.

5) 계급성

우리나라에는 전통적으로 다양한 사회계층에 따른 방언차이가 존재했다. 예를 들면 궁중어로서 '마마(王)', '수라(임금의 진지)', '치(신)'와 같은 특수한 언어가 있다. 또한 '다부리다(먹다)', '무리·무리미(밥)'와 같이 산삼채집자의 은어나 '탈팽이(쇠고기)', '신탱이(칼)', '갈지받다(소잡다)'와 같이 백정집단에서 사용하는 은어들이 있다.

오늘날에도 사회계층에 따라 속어(slang), 은어(argot, cant), 비어(vulgarism), 전문어(jargon) 등이 존재한다. 속어(俗語)는 지적(知的)이지 않은 비격식 말투로 창의성과 유머 감각이 살아 있는 어휘나 표현을 말한다. 은어(隱語)는 특수집단에서 주로 유행하며 정상적인 언어로 인정받지 못할 뿐만 아니라 그 생명이 유한하다. 비어(卑語)는 일종의 낮춤말이다. 전문어(專門語)는 속어의 일종으로 어떤 특수집단이나 전문분야에서 사용되는 단어나 표현을 가리킨다. 최근 개인용 컴퓨터(PC)의 보급으로 통신상에서 새로운 언어문화가 형성되고 있는데, 그 중 가장 논란의 여지가 많은 것이 바로 인터넷상의 언어이다. 이런 인터넷상의 언어들로는 보통 컴퓨터 글자판을 빨리 칠 수 있도록 편하게 바꾼 준말이나 약어(略語)를 사용한다거나 의태어와 의성어, 속어와 은어 등을 많이 사용한다. 그리고 글자판의 기호나 간단한 도형으로 구성되어 감정을 표현하는 이모티콘도 많이 사용하고 있다.

하지만 이런 상황을 그냥 방치해 둔 채 세월이 지나면 어휘의 기본형이 불명확하게 되어 국적 불명의 불구형 어휘들이 양산될 것이다. 그뿐만 아니라 대화의 상대자가 눈앞에 없기 때문에 저속하거나 파괴적인 어휘를 사용함으로써 언어의 규범을 혼란스럽게 할 가능성도 크다.

3. 방언연구의 의의

과거부터 방언차이의 인식에 관한 사례들은 매우 많았지만 19세기 후반에 들어와서 고대어와 현대어 간의 역사-비교문법적 연구에 대한 관심을 가진 소장문법가들에 의해 현대의 과학적인 방언연구가 시작되었다. 그러나 그들이 주장해 온 "음성변화의 예외 불허용"에서 벗어나는 예외에 대한 설명력을 찾지 못함으로 인해(물론 최근에 와서는 방언차이 자체의 원리와 규칙을 지배하는 체계성으로 설명되고 있지만) 방언학과 언어학과의 거리는 점점 멀어지게 되었다.

20세기에 들어서면서 산업화에 따른 교통·통신·전파 매체의 발달로 인해 방언차이가 점점 사라져 갈 뿐만 아니라 미국과 같이 국가형성 역사가 짧은 나라에서는 언어의 지리적 차이가 언어학적으로 어떤 의미를 갖지 못한다는 회의론에 빠져들게 되었다. 그러나 최근에 와서 방언차이 자체 원리의 발견과 체계적인 규칙을 수립하는 언어학 이론이 발달하면서 방언이 공시적으로나 통시적으로도 체계를 갖춘 언어연구 대상으로 인식되었다.

3.1 공시적 측면

방언의 공시적인 연구를 통해 개별 방언의 독자적인 체계를 밝힐 수 있으며, 나아가서 이들 개별 방언의 독자적인 체계를 비교·대조함으로써 공통어의 보편적인 체계를 수립할 수 있다.

종래에는 방언연구를 통시적 연구를 위한 하나의 보조 수단으로 이해해 왔다. 그러나 방언은 독자적 체계를 가지고 있으며, 그 체계와 관련된 방언 분화형의 차이는 규칙 차이 또는 규칙적용의 차이로 해석된다. 따라서 개별 방언체계는 그 자체로 독자적인 존재 가치가 인정될 뿐만 아니라 언어 인권이라는 점에서나 표준적인 언어와 더불어 그 가치가 새롭게 평가되고 있다. 곧 시간·공간 및 사회적 요인에 의한 방언분화의 양상은 공시적으로는 독자적인 체계 내에서 유기적인 관계로 파악하여 연구해야 한다.

3.2 통시적 측면

개별 방언의 체계적 연구는 그 언어나 방언이 겪어온 역사적 단계의 계기적 과정을 파악함으로써 온전하게 이루어질 수 있는 것이다. 한편 방언의 통시적 연구는 개별 방언이 반영되어 있는 역사적 문헌자료를 이용할 수 있다. 그러나 방언을 반영하는 문헌자료는 지역적으로 산발적이며 또한 자료가 충분하지 않으므로 어려움이 뒤따른다.

방언연구를 통해 공통어의 통시적 변화과정에 대한 부분적인 정밀화를 꾀할 수 있으며 아울러 점진적 변화과정에 대한 설명도 가능하다. 그러므로 방언연구는 문헌자료를 통한 통시적 연구의 한계를 보완할 수 있으며, 동시에 개별 방언의 통시적 변화를 이해하는 데 기여하기도 한다.

제 2 장
방언학의 발달

방언학의 발달

1. 방언학의 연구동향

1.1 지리언어학

1) 지리언어학의 발생

19세기 후반까지 방언에 관한 기술은 직관적이거나 우연적인 관찰에 지나지 않았으며, 그 관찰의 범위도 일상적 영역을 벗어나지 못했다.[1] 방언차이에 대한 일상적인 관찰로부터 체계적인 방언연구로 전환된 것은 19세기 말 소장문법학자의 역사-비교언어학적인 연구의 필요성에 의해 방언에 대한 관심이 부각되면서부터이다. 소장문법학자들은 시간의 흐름에 따른 언어 발달을 지배하는 기본 원리를 탐색하는 것이었고, 그 연구의 바탕이 된 것은 '베르너의 법칙(Verner's Law)'이다. 이 법칙은 '그림의 법칙(Grimm's Law)'에서 예외로 규정하던 것을 제거함으로써 모든 음성 변화는 규칙에 지배된다는 가설을 이끌어냈다. 소장문법학파들의 원리는 '언어변화에는 예외가 결코 존재하지 않는다'는 즉 '음운법칙의 예외 불허용성' 또는 '음성변화의 규칙성'이다.

1) 1284년 시인 Bernat d'Auriac에 의해 규정된 프랑스 남부(langue d'oc)와 북부(langue d'oil) 간의 최초의 방언구획은 현재에도 지속되고 있는 언어분화규정에 사용되고 있다.

즉 음운층위에서 일어나는 언어변화는 음성변화의 규칙에 지배를 받는 것으로 가정하고, 문헌 기록에서 뿐만 아니라 언어와 방언 간의 비교를 통해 언어변화를 지배하는 원리를 도출하려는 노력으로 방언학에 대한 관심이 커졌다. 그 결과는 체계적으로 방언차에 대한 증거를 모으기 위한 일련의 방법인 지리방언학의 발전을 가져왔다. 이 방법은 소장문법학자들의 이론적 주장에 응해서 시작되었으나 그 결과는 음성변화에 예외가 없다는 주장을 붕괴시켰다.

소장문법학자인 August Leskin이 제창한 '음성변화의 예외 불허용' 가설을 입증하기 위해 1876년 독일의 소장문법학자인 G. Wenker의 서부 게르만어 자음추이에 대한 연구는 현대 언어학적으로 지리언어학 연구의 출발점이 되었다. 즉 '음운법칙에 예외가 없다'라는 것은 방언에 있어서 음운변천이 획일적이어야만 하며 또한 그 등어선도 일정한 선으로 합치되어야만 실증되는 것이었다. 그러나 뜻밖에도 G. Wenker는 '음운법칙의 규칙성'을 실증하기 위한 작업에서 '음운법칙의 비규칙성'이라는 정반대의 결과를 발견하였다. 이 연구에서 A.D 500년경 일어났던 독일어의 자음추이를 수용한 남부 고지 독일어와 이를 외면한 북부 저지 독일어 사이에 분명한 경계선이 발견될 것으로 예상하였으나, 실제로는 어휘 등어선이 북부와 남부지역 간에 상당한 거리를 두고 출현하였던 것이다.

<도표 2－1>에서처럼 G. Wenker(1877)는 고지 독일어와 저지 독일어 간에 /k/, /t/, /p/가 음성 환경 곧 어두, 어중, 어말 위치에 따라 일정하고도 규칙적인 계단식 자음추이로 변화되고 있음

/k/	/k/	/p/	/t/	/p/	/p/	
I	make	village	that	apple	pound	
ik	maken	drop	dat	appel	pund	저지 독일어
ich	maken	drop	dat	appel	pund	
ich	machen	drop	dat	appel	pund	중부 독일어
ich	machen	drof	dat	appel	pund	
ich	machen	drof	das	appel	pund	
ich	machen	drof	das	appe	pund	
ich	machen	drof	das	appe	pfund	고지 독일어

〈도표 2-1〉 고지대와 저지대 독일어 방언의 자음추이 (Bynon, 1997:117)

을 발견하였다. G. Wenker는 모든 단어가 독자적으로 확산된다는 사실을 발견함으로써, 소장문법학자들이 주장하던 음운변화의 예외 불허용설에 부분적인 수정을 하는 데 큰 공헌을 했다.

결국 언어의 지리적 분포상태가 언어연구에 중요한 자료를 제공할 수 있다는 것을 암시받아 1877년 『Das rheinische Platt, Düsseldorf』를 발간하고 여기에서 지리언어학의 이론을 펴기 시작하였다.

독일 방언학자들과 마찬가지로 프랑스 방언학자들도 소장문법학파의 규칙성 가설에 연구방법론적인 기반을 두고 출발한 대표적인 학자는 J. Gilliéron이다. 그는 어휘 대치의 중요한 요인이 동음충돌 회피에 의한 것임을 밝혔다. 특히 J. Gilliéron은 어휘변천의 기본 법칙을 제안하였다는 점에서 지리언어학에 끼친 연구성과는 아주 지대하며, 그의 협조자인 E. Edmont과 함께 실제 학문으로서 지리언어학의 창시자라고 할 수 있다.

J. Gilliéron과 E. Edmont는 1902년에서 1912년까지 조사한 자

료를 바탕으로 간행된 『L'Atlas linguistique de la France, 프랑스 언어지도』와 1914년 그 보충으로 나온 『L'Atlas linguistique de la Corse』의 간행은 방언학사상 가장 두드러진 결과이며, 진정한 의미에서 지리언어학의 발생이었다.

이와 같이 J. Gilliéron은 비교언어학에서 비교연구 방법의 한계를 극복하기 위해 방언학을 이용한 새로운 방법론인 지리언어학을 발생하게 하였다. 이러한 이유로 지리언어학을 지리방언학이라고도 한다. 결국 지리언어학의 진출은 역사언어학과 비교언어학의 부족한 점을 보충하고 프랑스에 있어서 또는 그 근린의 로만어족 제국에 있어서 로만어 비교언어학의 발전에 기여하였다고 할 수 있다.

이 밖에도 이탈리아 신언어학파(Neolinguistic School)와 J. Gilliéron의 제자인 스위스 내의 독일계 언어학자인 K. Jaberg & J. Jud 역시 지리언어학 발전에 지대한 공을 세웠다. 또한 미국에서는 Hans Kurath 역시 미국과 캐나다의 현지조사를 실시하여 언어지도를 발간하였으며, 일본국립 국어연구소에서도 『日本言語地圖』가 완성되었다.

초기 지리언어학의 한계는 첫째, 개개의 어형을 설명하는 데는 성공적이었으나 방언의 구조나 체계에 대한 관찰을 하지 못했을 뿐만 아니라 자료의 제한성을 극복하지 못했다. 둘째, 언어지도를 통해 언어의 수평적 다양성은 어느 정도 설명이 가능했지만, 수직적 다양성, 곧 사회, 문화적 측면에 대한 것을 설명하지는 못하였다. 셋째, 그러나 지리언어학의 성립으로 음운변화의 규칙성과 방언자료의 유용성에 대한 종래 역사-비교언어학의 연구 방법론을 재검토하는 계기가 되었으며, 지리언어학에서 밝혀진 다양하고 풍부한 어형을 통해 언어관을 확대시킬 수 있었다. 결국 지리언어학의 중요한 공헌은 구조방언학과 사회방언학에 대한 관심을 불러일으켰다는 점에 있다.

2) 지리언어학의 발생 동기

언어는 전체적으로 연구하는 것보다는 언어가 지니고 있는 여러 현상을 각종의 관점에 의해서 다양한 방법으로 분리해서 연구하는 것이 효과적이다. 그 언어 현상을 연구하는 다양한 방법에는 기술적 방법, 역사적 방법, 비교적 방법이 있다.

기술적 방법은 한 언어 구성의 여러 요소를 한 시대의 현상으로 고립적으로 연구할 수 없기 때문에 역사적 방법에 의해 대치되었다. 역사적 방법, 모든 언어현상은 고형의 여러 단계와 밀접한 관계를 가지고 있을 뿐만 아니라, 동일어족의 언어현상과도 관계가 있으며, 어느 한 시대의 언어현상에 나타나는 불규칙형은 고형단계의 규칙형의 계속이며, 미해결로 남아 있었던 많은 언어현상을 해결할 수 있게 하였다. 그러나 이 방법 역시 수많은 불규칙형과 난해한 문제가 미지로 남게 되면서 새롭게 등장한 것이 비교적 방법이다.

비교적 방법은 공통조어를 가정하고 동계어의 대응점을 조직적으로 연구하는 것인데, 동계어의 음운, 형태, 어휘 등에 나타나는 대응점을 그 공통조어시대의 원형으로 소급시키고 또한 공통조어의 언어조직을 재구시키는 동시에 동계 하에 있는 각 언어의 역사적 연구에 보조적 역할을 하는 것이다. 그러나 이 방법 역시 비교의 자료, 각 언어에 속하는 문헌이 없이는 거의 불가능한 결점이 있다. 이러한 비교언어학이 가지는 부족한 점을 극복하기 위해 비교언어학자들은 그 비교 대상의 범위를 넓은 것에서부터 좁은 것으로 축소하기 시작하였다.

비교연구방법의 문제는 전체를 연구해서 한 개의 언어사실을 구명하느냐, 그렇지 않으면 소범위적인 한 개 혹은 다수의 언어사실의 연구에서 전체적인 광범위로 확대하느냐에 있었다.

따라서 한 지역의 언어 사실은 그 모든 면에서 전체적인 언어사실의 공통적인 면을 구비한다고 할 수 있을 것이고, 자료상, 문헌상 많은 편의가 있는 소지역 언어사실을 철저하게 구명함으로써, 자료와 문헌이 결여되어 있는 광범위한 동일어계의 제 언어사실도 추리할 수 있고 이의 연구에도 보충할 수 있을 것으로 보았다.

이러한 관점에서 비교언어학을 지향하는 학자들에게 새롭게 등장한 방언학이 바로 주된 연구방법이었다. 비교언어학자들은 방언학의 연구방법을 통해 구체적인 방언 사실을 파악하고, 이에 통계학적인 연구를 응용함으로써 그 언어의 외부적 양상인 분포상태와 분포양상을 해명하고 아울러 동어계 내부적 전반적인 연구의 기초를 마련하였다. 이러한 연구가 20세기 초두에 프랑스의 Garo-roman에 의해 이루어졌으며, 특히 J. Gilliéron은 이러한 연구방법의 창시자로서 그에 의해 지리언어학의 발생을 보게 되었다.

1.2 구조 · 생성방언학

1) 구조방언학

구조방언학은 분포의 상보성, 음운의 변이영역, 음성간격, 대립 균형, 음운의 부정확성 등을 검토함으로써 방언학 이론을 체계화하는 데 많은 기여를 하였다. 구조방언학의 주요 관점을 정리하면 다음과 같다.

첫째, 음소를 기준으로 한, 체계적인 방언경계를 설정했으며, 각 방언 내의 대립과 상보적 분포 관계를 살피고 그들 체계 내의 음성 요소의 기능을 규명하였다.

	rowed	*knows*
로우스토프(A)	[rʌud]	[nʌuz]
입스위치(B)	[roʉd]	[noʉz]
코울체스트(C)	[rʌud]	[nʌuz]

구조적 관점에서 위의 자료를 근거로 하면 (A)와 (B), (B)와 (C) 사이에 등어선이 놓이게 된다. 그 이유는 (A)지역에서는 음운 체계 내에 [ʌu]와 [oʉ]라는 두 개의 모음을 가지고 있는 반면에 (B)와 (C)지역에서는 각각 하나씩의 모음을 갖기 때문이다.

둘째, 언어의 어떤 변종도 체계 내에서의 상호 관련성이 어떠한지 파악되어야 한다는 점이다.

중부방언	경상방언
/ e / ke: (蟹)	/ E / kE:, k'i: (蟹)
/ ɛ:/ kɛ: (犬)	/ E:/ kE: (犬)
/ ɨ / kɨl (書)	/ ǝ/ kǝl (書)
/ ǝ:/ kǝ:l (옻)	/ ǝ:/ kǝ:l (옻)

양 방언의 음운체계를 하나의 결합체계(*joint system*)로 나타내면 다음과 같다.

$$\text{M (중부방언), S (경상방언)// i} \approx \frac{\text{M /e}\sim\text{ɛ/} \approx \text{/ɨ}\sim\text{ǝ/}}{\text{S /E/} \approx \text{/ǝ/}} \approx \text{u} \approx \text{o} \approx \text{a ... //}$$

두 방언 간의 음성체계를 각 방언 내의 대립과 상보적 구조 관계로 나타낼 수 있는 유형의 체계를 Weinreich는 이중체계(*diasystem*)라 불렀다. 이중체계는 관련되는 변종들의 부분적인 차이점과 유사성을 밝혀주며 그들 사이에 존재하는 대응체계의 특성을 보여준다.

구조방언학의 공헌은 둘 또는 그 이상의 방언체계 비교를 가능하게 해 주었으며 이 방언체계는 언어의 구조-역사-지리적인 3차원의 다양성을 동시에 기술할 수 있는 가능성을 보여주게 되었다.

2) 생성방언학

생성방언학에서는 음운론적 변별성을 자질 행렬(*feature matrix*)로 나타냄으로써 자료의 설명보다 방언분화형을 생성하는 규칙 발견에 치중하였다.

Saporta(1965:224)는 방언차이를 방언 간의 규칙의 상이함 또는 동일한 규칙 적용순위의 차이로 설명하고자 했으며, 공시적 기술에 있어서 규칙순위가 그 언어의 변천과정을 나타낼 수도 있다고 설명하고 있다.

방언 간의 분화형이 규칙적용 순서를 달리한 결과일 때 전통방언학자들은 개신 변화의 파장이 지리적으로 서로 상이하게 도달한 것으로 이해하였다. 그러나 생성방언학에서는 규칙적용 순서의 차이, 곧 이들 방언 중 어느 하나가 규칙순서를 재배열한 결과로 해석한다. 방언에서 실현되는 다양한 변이형은 동일한 기저형에서 ① 기저형에 적용되는 음운규칙, ② 규칙적용 환경, ③ 규칙적용 순서에 의해 설명된다.

(1) 규칙첨가

영국방언에서 *cat*, *fact*의 방언분화형이 [kat], [fakt]로 발음되는 지역과 [kæt], [fækt]로 발음되는 지역이 있을 때 이 두 지역 가운데 한 지역 방언이 더 앞서가는 변화를 경험한 방언이라는 가정이 가능하다. [a] → [æ]의 변화가 일반적이므로 기저형을 /kat/, /fakt/로 설정했을 때 후속적인 규칙 적용이 우리들의 직관과 일치하게 된다. *grass*, *laugh*, *bath*, *dance*에서 /gras/, /laf/를 기저형으로 설정하고 음운변화의 규칙을 적용하여 [gras], [græs], [lɑf], [læf]와 같은 방언분화형을 유도해 낼 수 있다.

$$[a] \rightarrow [\text{ɑ:}] \,/\, \text{—} \begin{Bmatrix} [s] \\ [f] \\ [\theta] \end{Bmatrix}$$

그러나 영국 RP에서 [grɑ:s]와 같은 분화형은 무성마찰음 앞에서 [a] → [æ]로 적용되기 이전에 장모음화 규칙이 첨가된다.

(2) 규칙소거

독일어에서는 [p, t, k]가 어두, 어중에서도 실현되지만 어말에서도 실현되는데 특히 어말에서 [p, t, k]와 [b, d, g]가 서로 교체되어 실현됨으로써 방언차이를 보인다. [tɑk](day)는 [tɑgə](days)처럼 교체되지만 [dek](deck)는 [dekə](desks)로 교체되지 않는 사실을 근거로 하여 이들의 기저형을 /tɑg/와 /dek/ 같이 설정하고 상호 다른 규칙이 적용되는 다음과 같은 규칙을 제안하였다.

$$/k/ \rightarrow [k]$$

$$/g/ \rightarrow \begin{Bmatrix} [k] \\ [g] \end{Bmatrix} \,/\, \text{——}\#$$

이 규칙은 기저형 /k/는 항상 [k]로 실현되지만 기저형 /g/는 어말에서 [k]([tak])나 [g]([tagə])로 실현된다는 것을 뜻한다. 그러나 이러한 설명은 독일어방언에서는 적용되지만 북부 스위스어나 이디시어에서는 적용되지 않는다.

(3) 규칙순위의 차이

국어에서 '참기름'에 대한 방언형이 '참지름'과 '챙기름' 등의 분화형이 있을 때 이들의 기저형을 /참+기름/으로 설정하고 이들의 표면형을 다음과 같은 규칙적용의 차이로 도출할 수 있다.

기저형	/ 참+기름 /	
	< A방언 >	< B방언 >
(1) 구개음화 규칙	참+지름	―――
(2) 자음동화	―――	창+기름
(3) 움라우트 규칙	―――	챙기름
표면형	[참지름]	[챙기름]

A방언과 B방언은 각각 상이한 규칙적용에 의해 방언분화형이 도출된다. A방언은 규칙 (1)의 적용 결과이며, B방언은 규칙 (2), (3)의 적용 결과이다. 그러나 규칙순위를 (3)−(2)−(1)의 순위로 적용시켰을 경우 표면형 도출이 불가능하게 된다. 곧 A방언에서 규칙 (1)이 적용될 때 B방언은 규칙공전이 되고 A방언에서 규칙 (3)이 공전될 때 B방언은 (3)의 규칙이 적용된다. 만일 규칙 (1), (3)이 규칙순위에 따라 적용된다면 [*챙지름]이라는 방언형이 존재해야 한다. 그런데 실제적으로는 그런 어형이 존재하지 않는다. 이 경우 구개음화 규칙과 움라우트 규칙이 동시에 적용되지 못하는 상호 출혈규칙(*bleeding rule*)의 관계이다.

(4) 규칙 단순화

영어에서 어말 / t /가 모음으로 시작되는 다른 단어 앞에서는 수의적으로 성문정지음으로 실현되므로 <규칙 1> /t/ → [ʔ]/—— # V와 같은 규칙 설정이 가능하다. 그러나 아래 예의 경우 <규칙 2> /t/ → [ʔ]/—— V와 같은 단순한 규칙에 적용될 수도 있다. "a better bit of butter"를 [ə betə bɪʔə bʌtə]로 발음할 수도 있으며 한편 [ə beʔə bɪʔ ə bʌʔə]로 발음할 수도 있다. 언중들은 복잡한 <규칙 1>보다 더 단순한 <규칙 2>의 형식으로 발음하려는 경향을 보여주고 있다.

방언분화형에 대한 생성적 기술을 하는 많은 규칙들은 역사적 규칙이나 규칙순위와 일치한다고 하더라도 반드시 공시적인 언어 내적인 근거를 토대로 하여 일반성(*generality*)과 자연성(*naturalness*)을 획득하는 방향으로 기술되어야 한다.

1.3 사회 · 도시방언학

1) 사회방언학

언어분화의 사회적 요소, 곧 계층, 성별, 연령 등과 관련한 방언차이를 연구하는 분야를 사회방언학(*social dialect, sociolects*) 또는 계층방언학(*classic dialectology*)이라 한다. 사회언어학(*social linguistic*)[2]은 사회학과 언어학을 절충한 학문분야가 아니라 그 연구 대상이 사회가 아니라 언어의 사회적 측면에 관한 분야이다.

---

2) 사회언어학(soziolinguistik)과 언어사회학(sprachsoziology)의 개념은 구분된다. 곧 전자는 언어학적 방법에, 후자는 언어학적 방법보다 사회학적 방법에 적극성을 두고 연구하는 분야이다.

2) 도시방언학

많은 인구가 집중적으로 거주하고 있는 도시 사람들의 구어를 연구 대상으로 하는 사회방언학의 일종을 가리켜 도시방언학(*urban dialectology*)이라 한다. 도시방언학은 사회방언학의 한 분야이지만 대상 방언을 도시의 다양한 계층의 구어로 한다는 점에 있어서 사회방언학과 다소 차이를 보인다. 따라서 인구의 90% 가까이가 도시에 거주하고 있는 영국과 같은 나라에서는 사회방언학적 방법에 의한 방언연구를 도시방언학이라 부르는 것이 걸맞은 말이다.

2. 각국의 방언연구 동향

2.1 독일의 방언연구

최초의 방언조사는 1876년 George Wenker에 의해 시작되었다. 그는 고지 독일어와 저지 독일어 경계지역의 자음추이(子音推移)를 중심으로 정확한 방언경계선을 밝히려는 노력의 일환으로 자연스러운 문장 40개(후에는 42개)를 표준독일어로 작성하여 각 지역의 학교 교사에게 우편질문지를 만들어 보낸 뒤에 이를 해당 방언으로 번역하여 돌려받는 방식을 채택했다.

2.2 프랑스의 방언연구

J. Gilliéron은 먼저 명확한 항목의 질문지를 고안하는 작업에

서 시작, 조사 진행 과정에서 계속적인 수정을 가하여 약 1,902 항목 가운데 항상 1,500여 항목을 포함시킨 직접조사를 시행하였다. 그리고 Edmond Edmont를 조사자로 채용하여 음성부호로 전사할 수 있는 견실한 훈련을 거친 후에 1896년에서 1900년까지 자전거를 이용하여 프랑스 전역을 순회하면서 639개 지점에서 700여 회에 걸친 면담을 시행하였다. 조사방법은 표준어 어형을 제시하고 방언형을 조사하였는데 특히 1회 질문에 대답하는 첫 응답형을 엄격하게 채록하는 직접조사였다.

2.3 영국의 방언연구

국가적인 규모의 방언조사는 취리히 대학의 Eugen Dieth와 리즈 대학의 Harold Orton에 의해 1944년에 계획된 영국 언어조사로 1948년에 착수되어 1950~1961년 사이에 실시되었다. 이 조사는 영국을 북부, 동부와 서부, 중부, 남부의 4개 지역으로 나누어 이루어졌으며, 조사지점은 농촌을 중심으로 하였고 제보자는 60세가 넘는 토박이를 대상으로 하였다. 1947년에 만든 질문지를 1948년에 수정하고 또 1952년 5차 수정본인 『영국 언어지도 작성을 위한 질문지』(A Questionnaire for a Linguistic Atlas of England)를 만들어 직접조사를 하였다.

오늘날 영국의 방언연구는 컴퓨터를 활용하여 전통적인 방언자료를 새롭게 정리하여 해석을 하는 데 치중하고 있다.

2.4 이탈리아의 방언연구

J. Gilliéron의 제자인 Karl Jaberg와 Jakob Jud는 프랑스 언어 조사 계획에 참여했다가 이탈리아와 남부 스위스의 이탈리아 방언 조사에 참여하였다. 3명의 현지 조사자에 의해 1908년부터 1911년까지 예비조사를 거친 뒤 1차 세계대전으로 조사가 잠시 중단되었다가 1921년에 재개되어 407지점에 대한 조사가 1925년에 완료되었다. 그리고 1908년에 발간된 『프랑스 언어지도』(ALF)에 자극을 받아 이탈리아 과학진흥협회에서 언어지도를 만들기 위한 위원회를 구성하여 약 7,500개에 달하는 조사항목으로 현지조사를 한 뒤에 『이탈리아 언어지도』(Atlas Linguistique Italien) 제작에 착수했다.

2.5 미국 · 캐나다의 방언연구

최근의 방언연구 동향을 파악하기 위해서는 LAUSC(*Linguistic Atlas of the United States and Canada*) 프로젝트의 역사적 전개 과정을 살펴보는 것이 필요하다. 북미의 언어지도(LAUSC) 프로젝트는 H. Kurath(1939~1943)가 『뉴잉글랜드의 언어지도』(Linguistic Atlas of New England)(LANE)를 제작하면서 시작되었다. 이 지도의 제보자 선정 기준은 교육수준과 나이를 근거로 함으로써 유럽의 다른 나라와 달리 사회계층까지도 고려하였다. 제보자 중 80%는 유형 II(보통교육을 받은 자)에 따라 선정된 것이므로 이 지도는 공통어(*common speech*)로 된 최초의 언어지도이다. LAMSAS의 새로운 지휘자인 Kretzschmar가 이 지역에 대한 새로운 연구를 시작하면서 간행한 핸드북 지도는 방대한 양의 자료를 데이터베이스화하여 전자출판으로 제작한 것이었다. 이 지도 프로젝트에 대한 정보는 현재 웹사이트 상에서도 이용할 수 있다[3]. 1996년에는 Johnson이 LAMSAS 자료를 현대적 이론과 방법을 적용하여 새롭게 해석한 『미국 남동지역 어휘 변화와 분화』(Lexical Change and Variation in the Southeastern United States)(1930~1990)를 발표하였다.

이는 55년의 시간 차이를 보여주는 1930년대 중반과 1990년대의 유사집단 자료를 비교하여 미국 남동부지역의 방언 어휘에 나타나는 시간적 변화와 변이형을 측정한 것이다.

지역별로 살펴본 미국의 방언연구 결과를 지도에 나타내면 <지도 2-1>과 같다. 미국의 언어지도 프로젝트의 성과는 <도

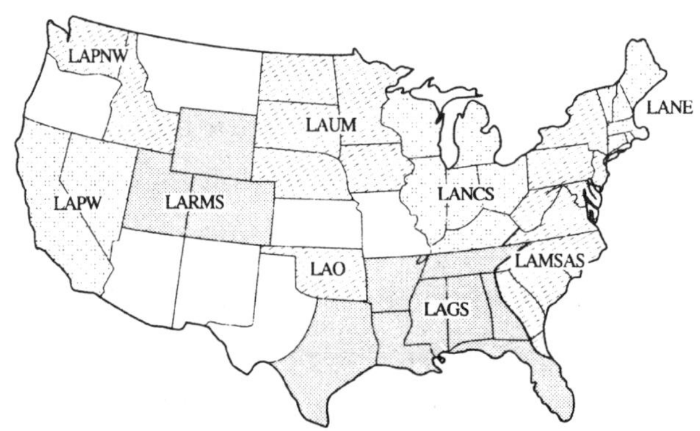

〈지도 2-1〉 미국의 언어지도 프로젝트 1931~1998
(자료출처 : LAMSAS 홈페이지)

---

3) http://hyde.park.uga.edu.에서 조지아 대학의 LAMSAS 프로젝트의 정보를 이용할 수 있다.

표 2−2>와 같다. 최근의 방언학과 관련된 중요한 연구로 Labov (1991)의 『음성변화의 새로운 분석방법』(New Way of Analyzing Sound Change)이 있는데 이는 모음체계와 관련하여 남부와 북부 방언 지역들이 통합하고 있기보다는 분화하고 있음을 보여주고 있다. 미국의 언어조사에서는 유럽과 달리 이주의 정착 역사가 짧기 때문에 조사지점 선정이나 제보자 선정에 있어서 상당한 차이를 보여준다. 조사지점은 주로 도시가 대상이 되었으며, 제보자도

		현지조사 시작	현지조사 완성	주제어 수	어휘 출판	음성 출판	지도
LANE	Linguistic Atlas of New England	1931	1933	416	1943	1943	있음
LAMSAS	Linguistic Atlas of the Middle And Atlantic States	1933	1974	1162	1949	1961	있음
LANCS	Linguistic Atlas of the North Central States	1933	1978	564			없음
LAGS	Linguistic Atlas of the Gulf States	1968	1983	1121	1993	1993	
LAUM	Linguistic Atlas of the Upper Midwest	1949	1962	208	1976	1976	없음
LAO	Linguistic Atlas of Oklahoma	1960	1962	57			
LARMS	Linguistic Atlas of the Rocky Mountain States	1988			[1971]		없음
LAPW	Linguistic Atlas of the Pacific West	1952	1959	300	1971		없음
LAPNW	Linguistic Atlas of the Pacific Northwest	1953	1963	14			없음
ANAE	Atlas of North American English	1992	2000	704		2001	있음

〈도표 2−2〉 미국의 언어지도 프로젝트의 성과
(자료출처 : LAMSAS 홈페이지)

사회계층적 요소를 고려함으로써 사회방언학적 연구의 길을 트게 한 점이 그 특징이다.

2.6 일본 · 중국의 방언연구

일본에서는 메이지(明治)시대부터 국어조사위원회를 설치하여 『음운분포조사(音韻分布調査)』(1905), 『국어법분포도(國語法分布圖)』(1906)를 발간하는 등 서구의 지리언어학의 발전과 보폭을 같이 해 왔다. 컴퓨터를 이용한 계량적 방법을 기초로 한 이노우에 후미오(井上史雄, 1984)의 '다변량(多變量) 해석법'이나 시바타 타께시(柴田武)와 쿠마가이 야스오(熊谷康雄, 1985)가 공동개발한 '네트워크법' 등 이론을 기반으로 한 방언구획의 시도 등을 주목해 볼 수 있다. 국가적 사업으로, 국립국어연구소(國立國語硏究所)가 1966년부터 1974년 사이에 『일본언어지도(日本言語地圖)』 6권(1981~1985 사이에는 축소판이 나옴)을 간행하였다. 언어지도의 전산화 계획과 더불어 추진된 『방언문법전국지도』 프로젝트는 방언학 연구 방법의 향상, 전국적인 방언지도, 방언학 연구 방법의 세계적 수준화, 국민문화의 향상, 높은 수준의 연구 지원이라는 효용성을 얻은 것으로 평가되고 있다. 전국 규모의 대표적인 방언자료집에는 방언음성을 녹음테이프에 싣고 또 그 내용을 전사한 자료집으로 『방언담화자료(方言談話資料)』(전10권)(카세트테이프 첨부. 秀英出版, 1978~1987)가 있다. 국제학술협회에서 추진하여 일본학사원(日本學士院)과 호주학술원(Australian Academy of the Humanities)이 공동으로 『태평양지역 언어지도』(Language at las of the Pacific area)를 1979년에 시

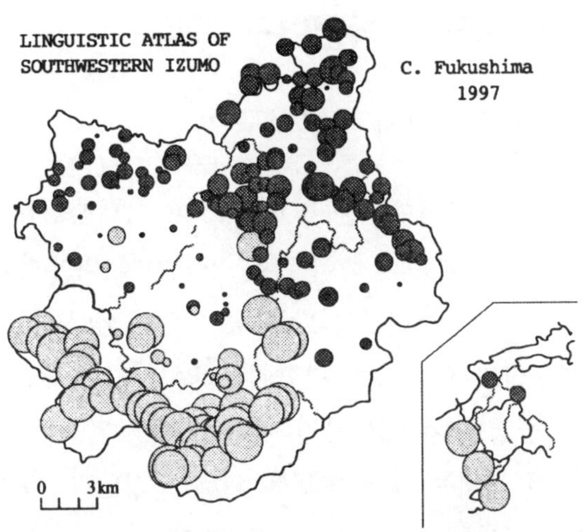

〈지도 2-2〉 Chitsuko Fukushima와 Yusuke Fukushima(2002)가 개발한 SEAL 에 의한 언어지도 작성의 예(http://www.nicol.Ac.jp/~fukusima)

작하여 1983년에 완성하였다.

중국에서는 1983년 중국사회과학원과 호주학술원의 공동연구 계획이 시작되어 1988~1990년 사이에 『중국언어지도(中國言語地圖)』(Language Atlas of China)가 간행되었다. 최근 David Prager Branner(2000)는 『중국방언의 비교의 문제점』(Problems in Comparative Chinese Dialectology)을 발간하였는데 'Miin' 방언과 'Hakka' 방언의 비교를 통한 중국방언의 분류방식에 대한 종합적인 연구이다.

3. 한국어 방언연구 동향

3.1 한국어 연구와 방언연구

한국어 연구와 방언연구는 별개의 것이 아니다. 우리 학계에서 한국어 연구라 할 때는 표준어 혹은 막연한 의미에서의 공통어를 연구하는 것이고, 방언연구라 할 때는 어떤 특정 지역방언을 대상으로 한 연구라고 인식하는 경향이 널리 퍼져 있다.

한국어는 상당한 차이를 가진 여러 개의 방언으로 구성되어 있고, 그 구체적 실체는 개별 방언에 의해 드러난다. 그리하여 방언학을 떠난 한국어학이 성립될 수 없고 그 역도 마찬가지이다. 방언도 언어의 하나이므로 언어연구의 일반 이론이 한국어 연구에도 그대로 적용될 수 있어야 한다. 방언연구가 곧 한국어 연구이므로 방언연구에도 언어이론이 적용될 수 있음은 당연하다.

3.2 한국어 방언연구의 두 가지 경향

1) 하나의 특정 방언만을 연구하는 방법

방언을 독자적인 하나의 언어체계로 간주하고, 그 방언의 음운·어휘·형태·통사체계를 다른 방언과는 독립적으로 따로 떼어 연구하는 방법이 있다.

초창기 한국 방언연구는 고어형을 방언형에서 찾아 개체사적인 뿌리를 캐내는 경향을 보여주었으나, 구조·기술언어학의 영향으로 하나의 방언을 독립된 체계로 간주하고 독자적인 기술을 목표로 하는 쪽으로 발전하게 되었다. 이후 생성문법의 영향으로 방언 차이를 적용된 규칙의 차이로 설명하려는 노력이 대두되었다.

하나의 방언을 대상으로 하는 연구에서도 그 방언에만 나타나는 개별성뿐만 아니라 다른 여러 방언과의 공통성을 밝히는 데도 유의해야 한다.

2) 두 개 이상의 방언을 비교 · 대조 연구하는 방법

둘 이상의 방언을 비교·대조할 때는 먼저 비교의 대상이 되는 각각의 방언들이 이상적으로 연구되어 그 구조적 특성이 잘 기술되어 있어야 한다. 이 두 방법에 따라 연구하기 위해서는 다음 세 가지 작업이 선행되어야 한다.

첫째, 연구 대상이 된 방언의 체계를 파악하기 위해서는 음운·형태·어휘·통사 현상을 조사할 수 있는 질문지를 만들어 좋은 제보자를 찾아 자료를 수집해야 한다.

둘째, 수집된 자료를 분석하여 비교·대조적인 연구를 하기 위해서는 자료를 해석할 수 있는 언어이론의 바탕이 있어야 한다.

셋째, 비교 대상이 되는 방언에 대하여 균질적이고 균형 있는 연구가 선행되어야 한다.

3.3 한국어 방언연구 약사

한국어 연구의 흐름은 19세기 말 이후 서양의 언어학 이론에 직접적 영향을 받아 왔다. 전통문법이론, 역사-비교언어학, 기술·구조언어학, 변형생성이론이 차례대로 유입되면서 이런 이론들에 의해 국어 연구가 이루어졌듯이 방언연구도 같은 맥락이었다.

앞으로는 사회언어학적인 관점과 접목시켜 연구하거나 또는 담화자료로서 방언연구의 영역을 확대하는 동시에 악센트 연구와 같은 소주제에 대한 보다 깊이 있는 연구가 진행되어야 할 것이다.

1) 일제강점기 이전의 한국어 방언연구

한국어와 그 방언에 대한 연구는 활발히 이루어지지 못했다. 더군다나 고대로부터 많은 기록자료들은 거의 한문으로 기록되었으며 한국어로 기록된 것은 그다지 많지 않았다. 그러나 <세종실록>(CD:029 07/08/22(戊子))조에서 '자화채(紫花菜)'를 방언으로 '도아리(到阿里)'라고 한다는 기록이나 <중종실록>(CD:036 07/08/22(戊子))조에서 "신이 듣건대 하정(河珽)이 도망할 때에 여자 옷을 입고 '너울(羅火, 방언으로 얼굴을 가리는 물건)을 쓰고서 나갔다 합니다"라는 기록 등에서 방언에 대한 인식이 부분적으로 반영되어 있다. 김정(金淨)의 <제주풍토록(濟州風土錄)>(1520)이나 김상헌(金尙憲)의 <남사록(南槎錄)>(1601)에도 방언 어휘의 기록이 남아 있다. 1790년 <인어대방(隣語大方)>에 "그런 말은 경상도 사ᄅᆞᆷ의 향음이지 셔울 사ᄅᆞᆷᄒᆞ는 말이 아니오니 말을 비홀지라도 셔울 사ᄅᆞᆷ의게 비호게 ᄒᆞᄋᆞᆸ소."라는 기록처럼 지역방언차이에 대한 기록이 남아 있다. 또 150여 년 전에 살았던 이덕무(李德懋)가 쓴 <한죽당섭필(寒竹堂涉筆)>의 '신라방언(新羅方言)'이라는 제목의 글에서와 이덕무와 거의 동시대에 살았던 홍양호(洪良浩)의 <북색기략(北塞記略)>, 간사쿠오다(小田管作)가 쓴 <상서기문습유(象胥紀聞拾遺)>

(1841)에도 남아 있다.

19세기 초반 몇몇의 서양학자들이 한국어 자료에 관심을 나타냈으나 방언연구까지 이르진 못했다. 하지만 그들이 수집한 자료는 극소수 어휘지만 언어 연구사에 매우 중요한 것으로 평가된다.

2) 일제강점기의 한국어 방언연구

식민지 통치를 위한 기초자료 조사인 '구관제도조사사업(舊慣制度調査事業)'의 일환으로 시작된 방언조사와 연구가 일본인 중심으로 시작되었다.

방언연구는 당시의 언어학 연구의 흐름에 따라 역사적 관점에 초점이 맞추어지면서 특정한 국어사적인 주제를 중심으로 방언자료가 수집되고 또 특정 방언형에 대한 지리적 분포를 조사하여 방언구획을 시도하는 경향을 보였다.

역사언어학의 영향으로 음운사적인 논제와 관련된 개체사적 연구가 주류를 이루었지만 총체적 연구로 이어지지 못했을 뿐만 아니라 제반 음운 변화를 음운 체계와의 유기적인 관련성 속에서 파악하려는 노력도 결여된 한계점을 보인다.

오구라 신페이는 문법형태소에 대한 면밀한 분석을 하지 않았을 뿐만 아니라 개별 문법 형태소의 기능에 대한 검토를 전제로 하지 않고 문법형태의 지리적 분포에만 초점을 맞추어 연구하였다.

결국 이 시기의 연구는 개별적 또는 고립적으로 음운 변화를 이루어 왔다는 한계와 동시에 음운사에 비해 문법사에 대한 연구가 큰 진전을 보이지 못했다.

3) 광복 이후의 방언학 연구

1950~1960년대부터 방언연구에 구조주의적 방법론이 적용되기 시작하였으며 연구 대상에 있어서도 주로 공시적 주제를 다루려는 경향이 일어났다.[4] 연구 대상 지역도 광역 단위가 아닌 좀 더 좁은 지역으로 한정하였다. 방언이 하나의 독자적 체계를 가진 것임을 강조하며, 각 방언의 체계를 공시적으로 기술하였다.

소방언권의 음운체계를 수립하는 동시에 곡용과 활용 현상 등, 문법구조를 체계화하려는 기술도 많이 나타났다. 이와 함께 중세국어 문헌자료를 중심으로 하여 여기에 방언자료를 보조적으로 이용하는 경향을 보여주기도 했다.

이러한 연구 경향은 이숭녕(1957), 안병희(1957), 김형규(1959)에서 시작되었으며, 이들의 논문은 방언연구에 있어 역사 언어학적 연구에서 벗어나 공시적 구조 기술을 목적으로 하는 구조 기술 방언학으로의 전환을 이루었다.

1970~1980년대에 들어서면서 개별방언에 대한 공시적 연구가 본격화되었다. 특히 이때는 연구 대상 지역의 범위를 더욱 좁혀 지역방언의 체계와 구조를 더욱 정밀히 파악하고 음운현상이나 문법현상을 체계와 관련짓는 유기적 해석의 단계로 발전한 시기라 할 수 있다.

구조주의적 방언연구는 언어의 여러 층위에 존재하는 체계성에 입각하여 공시적 체계 수립을 일차적 목적으로 한다. 공시적 체계를 파악하고 난 다음 통시적 변화는 체계의 변화라는 관점에서

---

4) 곽충구(2002), 「방언연구 50년」, 『국어학연구 50년』, 혜안. 방언연구 50년 연구사에 종합된 기술 참조

파악하려는 방법론을 보여준다.

음운론 연구는 변별적 대립을 중심으로 한 모음체계, 자음체계, 운소체계를 기술하고 이 체계를 바탕으로 하여 음운변동과 교체를 지배하는 원리를 찾아내어 규칙으로 형식화시키는 방법을 특징으로 하고 있다.

4) 1990년대 이후

언어자료의 정보화사업과 더불어 방언자료의 데이터베이스화와 검색 시스템 개발에도 활발한 연구가 진행되었다. 1990년대 이후 방언자료의 전산화 및 컴퓨터를 활용한 자료정리와 지도 작성에 관한 연구도 활발하게 진행되었다.

이 시기에 나온 방언연구가 갖는 중요한 두 가지 경향 중의 하나는 지리언어학적 관점에서 연구된 도 단위별 공시적 연구 업적들이다. 또 한 가지는 방언문헌 자료를 이용한 통시적 연구의 성과이다. 최전승(1990)의 『19세기 후기 전라방언의 음운현상과 그 역사성』, 백두현(1992)의 『영남문헌어의 음운사 연구』, 곽충구(1992)의 『함경북도 육진방언의 음운론』 등은 역시 도 단위의 역사적 방언문헌을 중심으로 한 통시적 연구의 성과라 할 수 있다.

음운론 연구의 경향은 다음과 같다. 모음체계에서 /e/와 /ɛ/를 구별하지 못하는 현상을 /e/의 상승과 연관짓는다거나 구조적 관점에서 이해하려는 발전적 모습을 보이면서 아울러 생성음운론적 관점에서 기저음소 설정에 관한 논의도 제기된 시기이다. 방언에 나타나는 구개음화, 원순모음화와 비원순모음화, 비분절음소와 움라우트 현상, 이중모음의 방언적 분화(나부/나비, 거무/거미), 이중모음의 단모음화 현상 등을 음운체계와의 유기적인 관련성 속에서 파악하려는, 음운현상을 음소체계와 관련지어 파악하려는 경향이 나타난 시기이기도 하다.

한편 통시적 정보를 공시적 음운 기술에 이용하는 태도가 나타났다. 구개음화나 움라우트 현상에서 동화주 역할을 하지 못하는 /i/는 역사적으로 /ʌi/에 소급된다는 사실이나 이중모음의 단모음화, 움라우트, 구개음화 현상에 대한 통시적 발달 단계에 따른 정밀한 제약 조건 등에 대한 미세한 관찰이 이루어졌다.

방언문법 연구도 비교적 활기를 띠게 되었다. 이 시기의 방언문법 연구는 형태소 목록을 확인하고, 환경에 따른 변이형태의 실현을 기술하고, 나아가 각 형태소의 통사 의미론적인 기능을 파악하려는 목적을 갖고 있다.

1980년대에 들어 도 단위 방언구획론이 활발하게 전개됨과 아울러 하위방언구획론에 대한 연구 성과들도 나타났다. 그리고 재외 한국인의 언어조사 및 실태 분석에도 관심을 가지게 된 시기이기도 하였다.

5) 방언조사

한국 최초의 방언조사 결과는 1936년 경성제국대학 심상과 학생 동아리인 '조선어문연구부'에서 수집한 자료를 프린트판으로 만든 『방언집(方言集)』이다.[5] 이어 오구라 신페이는 1911년부터 1933년까지 1차 방언자료를 조사하였으며, 1938년 도일(渡日)한 이후 수시로 한국을 방문하여 2차 자료 조사를 완료하였다.

5) 이상규(1998), 「조선어문연구부 편 <방언집>」, 『주시경학보』 10, 주시경학회.

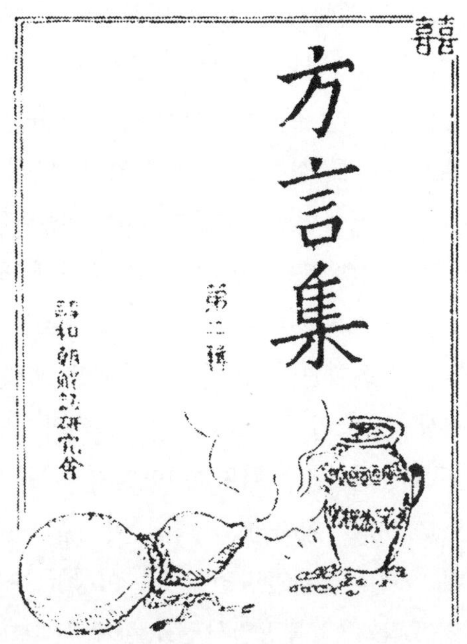

〈그림 2-1〉 朝鮮語文研究部篇『方言集』표지

오구라 신페이가 수집한 방대한 자료는 기능차원(*function level*)에 있었던 것이 아니라 역사적 주제와 관련된 형태차원(*form level*)에 있었던 것으로 이런 조사 방법은 해방 후 국내학자들의 조사에 많은 영향을 미쳤다.

해방 후 전국 규모의 방언사전 성격을 띤 김형규(1974)의『한국방언연구(韓國方言研究)』, 최학근(1978)의『한국방언사전(韓國方言辭典)』, 김병제(1980)의『방언사전』이 각각 개인의 노력에 의해 출간되었다. 특히 선덕오 · 조습 · 김순배(1990)의『조선방언조사보고(朝鮮語方言調查報告)』가 중국연변인민출판사에서 간행되었다.

한국정신문화연구원에서 1978년 남한지역을 대상으로 한 광역 방언조사 계획이 이병근, 이익섭을 중심으로 하여 수립되었다. 1979년부터 6개월 동안 조사자들에게 사전 교육을 실시하여 80년 초 6개월간 예비조사를 실시한 동시에 78년 11월부터 1년 6개월 동안 준비해 온 『한국방언조사질문지(韓國方言調査質問紙)』가 1980년 6월에 간행되었고, 1980년 7월부터 현지조사에 착수하였다.

그 외에 개별 지역 방언자료집이나 사전으로는 석주명(1947)의 『제주도 방언집』, 최학근(1962)의 『전라남도 방언연구』, 김영태(1975a)의 『경상남도방언연구』, 이돈주(1978)의 『전남방언』, 김이협(1981)의 『평북방언사전』, 현평효(1962)의 『제주도 방언연구』(자료편), 김태균(1986)의 『함북방언사전』, 이기갑(1997)의 『전남방언사전』, 김영배(1997)의 『평안방언연구』, 이상규(1994, 2000)의 『경상북도 방언자료집』, 『경북방언사전』, 김계곤(2001)의 『경기도 사투리 연구』, 국립국어연구원(1997~2000)의 『서울 토박이말 자료집』(1~3), 최명옥(2001)의 『경주방언 속담・말 사전』 등이 있다.

2000~2007년까지 문화관광부가 주관하고 있는, <한민족언어 정보화> 사업의 일환으로 방언검색프로그램(남한방언검색시스템)이 개발되었다. 이 검색프로그램에서 '가볍다'라는 어휘항목을 검색하면 아래와 같은 방언형이 제시되고, 해당 방언형을 클릭하면 남한지도상에 그 채색 분포도가 나타나는 형식으로 구성되어 있다.

가볍다

품사 형

표준어 가볍다

방언형

가갑다 <강원> <평북> <함남>

가갑따 <경남>〔울산(울주)〕

가갭다 <강원> <함남> <함북> <중국>〔연길, 화룡〕

가겁다 <강원> <함남>

가겹다 <경남> <경북> <평남> <평북> <중국>〔하얼빈, 무순〕 <전국>

가굽다 <강원> <평북> <함경>

가급다 <강원> <전국>

가밥다 <전남>〔신안, 진도〕

가방깨 <전남>

가뱁다 <전국>

가버서 <경기>

가버운 <강원> <경기> <전남> <제주>

가버웅께 <전남>

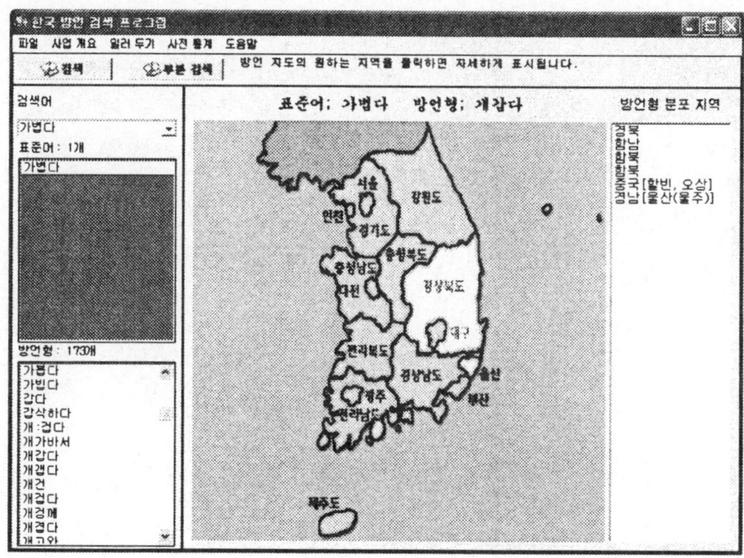

〈그림 2-2〉 한국방언검색 프로그램(남한방언 검색 시스템, 문화관광부 : 2001)

가볍다 <강원> <경기> <제주> <충북> <평남> <평북> <황해> <중국>〔개현, 심양〕 <전국>
해갑다 <경북> <함북> <중국>〔오상, 훈춘〕
해겁다 <경상> <전라> <전남>
해깝다 <경남> <경북> <함남> <함북><중국>〔태래, 계동〕 <전라>
해껍다 <경남>〔하동, 고성, 거제, 사천〕 <경북> <전라> <함북> <중국>〔화룡〕
해꼽다 <경남>
해꿉다 <경남> <평남> <평북>
핵갑다 <경북> <함북>

이 프로그램은 한민족언어정보화의 일환으로 ① 국어 어문규정 검색 프로그램, ② 남북한 언어 비교 사전 검색 프로그램, ③ 남북한 이질화된 언어 검색 프로그램, ④ 한국방언검색 프로그램(남한 방언 검색 시스템) 등이 구축되었다.

제 3 장
방언조사와 자료 처리

1. 방언조사 방법
2. 자료의 정리와 보고서
3. 방언 자료의 처리
4. 언어지도 제작
5. 자료의 해석

방언조사와 자료 처리

1. 방언조사 방법

현지에 나가서 실제로 생생한 방언자료를 수집, 채록하는 과정을 방언조사라고 하며, 조사된 자료들은 향후 연구 자료로 활용할 수 있도록 정리되어야 한다. 방언조사의 방법은 연구방법론, 조사방법, 조사대상지역의 범위, 연구의 목적에 따른 기준에 의해 다양하게 나눌 수 있다.

먼저 연구방법론에 따라 제보자 선정에 차이를 둔다. 지리언어학적인 입장에서는 조사대상지역의 순수한 토박이 말씨를 채록해야 하기 때문에, 그 지역을 대표할 수 있는 순수한 토박이를 제보자로 선정하여 방언조사가 이루어져야 한다. 그러나 사회방언학적인 목적의 조사는 언어 변이가 유발될 수 있는 여러 가지 요인, 곧 연령, 성별, 인종, 직업, 지위, 교육 정도 등을 고려한 사회계층별로 다양한 제보자를 선정할 수 있다.

조사방법은 현장에 직접 나가서 제보자와의 면담을 통해 조사하는 직접 방법(*direct method*)과 현장에서 직접 면담하지 않고 통신조사와 같은 방법에 의존하는 간접 방법(*indirect method*)으로 구분된다.

조사대상지역의 범위에 따라서도 구분된다. 조사대상을 전국적인 단위로 하느냐, 군·면 단위의 좁은 지역을 대상으로 하느냐에 따라 광역조사와 국부조사로 구분할 수 있다.

조사 연구의 목적에 따라 조사대상이 결정된다. 대상지역의 총체적인 방언체계를 파악하기 위해서라면 음운·문법·어휘·형태 및 의미에 대한 전반적인 조사가 행해져야 하지만 조사 목적에 따라 특별히 어느 한 부문(음운 또는 문법 등)을 택하여 조사할 수도 있고, 더 축소하여 음운 현상이나 문법 현상 가운데 특정의 음운 현상이나 문법 현상에 국한된 정밀 조사(모음조화나 움라우트, 시상법과 같은 특정 항목)를 행할 수도 있다.

1.1 조사 항목

직접 조사든 간접 조사든 간에 대체로 방언조사 목적에 따라 적절한 조사 항목(*item*)을 미리 선정하여 질문지(*questionnaire*)를 구성해야 한다. 조사 항목은 조사 일정과 소요되는 경비 등을 고려하여 조사 목적에 적합한 양의 항목을 마련해야 한다.

조사 항목의 내용은 조사 목적에 적합하도록 사전에 면밀한 계획에 따라 선정해야 한다. 주로 어휘·형태·음운·문법·의미 조사로 대별되는데 통상적으로 어휘·형태 항목이 가장 많은 비중을 차지한다.

조사 항목의 선정에 있어서 유의해야 할 점은 다음과 같다.

음운 조사에서 형태소 내부의 변화뿐만 아니라 형태소 경계에서의 음운 변화 환경을 고려한 제반 어휘들을 조사해야 할 것이며, 문법 조사에서는 형태·통사상의 차이를 고려하여야 한다.

조사 항목을 선정할 때에는 해당 방언의 특징을 가장 뚜렷이 나타내 줄 수 있는 항목을 우선 선정해야 할 것이다. 무엇을 조사할 것인가가 결정되면 그에 따른 질문지를 만들어야 한다.

1) 조사 항목의 선정

조사대상이 결정되면 질문지를 만들어야 하는데, 질문지를 만들기 전에 먼저 조사 항목을 선정해야 한다. 어떤 언어현상을 조사할 것인가를 결정하였다면 그 현상과 관련된 조사 항목을 찾아야 한다.

2) 조사 항목의 수

조사할 대상에 따라 항목의 개수가 다르다. 예를 들어 친족 명칭을 조사하려 한다면 그 수는 비교적 적은 편이 될 것이다. 그러나 한 방언의 어휘·형태·음운·문법 등 전체적인 조사를 한다면 조사 항목의 수는 상당히 많아질 것이다.

서면 통신 질문 조사를 하는 경우에는 많은 개수의 조사 항목을 작성하는 것은 적절하지 않다. 방언조사에 큰 관심을 갖지 않은 제보자에게 많은 양의 질문을 한다는 것이 어렵기 때문이다.[1)]

---

1) Wenker가 만든 질문지는 40여 개의 문장으로 만들어졌고 Mitzka의 것은 200여 개의 어휘 항목으로 구성되었으며, 이익섭(1981)의 강원도 지역 조사에 이용된 통신 질문지의 조사 항목 수는 약 50여 개이며, 최근 김덕호(2001)에서도 약 50여 개의 조사 항목으로 구성되어 있다.

3) 조사 항목의 배분

조사 항목이 선정되었을 때 그 중 많은 항목을 차지하는 것은 보통 어휘 부문이다. 음운이나 문법에 관한 언어현상은 어휘·형태보다 다양하게 분화되지 않기 때문에 조사 항목이 적을 수밖에 없다. 음운이나 문법 체계의 차이는 방언 사이에 다양하게 나타나지 않고 일정한 유형과 규칙적인 차이로 실현되므로 이러한 차이점을 중심으로 조사 항목이 설정되는 것이 보통이다. 통상적으로 어휘·형태 항목이 가장 큰 비중을 차지하고 다음으로 음운, 통사 차례로 항목을 배분하는 것이 일반적이다.

4) 조사의 난이도

조사 항목의 성격에 따라 조사하기 쉬운 것과 어려운 것의 차이가 있다. 어휘·형태 항목은 조사하기 쉬운 경우가 많으나 음운과 문법에 관한 조사는 간단하지 않다. 그러나 조사하기 어렵다고 꼭 조사해야 할 항목을 뺄 수는 없는 일이다. 가능한 방법을 고안하여 의도한 바의 목적에 부합하는 방언형을 이끌어내야 하는 것이 조사자의 의무이기도 하다.

1.2 질문지

현지조사에서 조사자와 제보자와의 면담은 주로 질문지에 의해 확정된 범위 내에서 행해지게 된다. 동일한 질문지를 기준으로 한 면담은 다른 지역 현지조사자들이 다양한 환경 아래에서, 그리고 일정 기간의 차이를 두고 수행하는 조사를 최대한 동질적인 흐름으로 이끌어낼 수 있다. 질문지 사용은 직접(*direct*) 또는 간접(*indirect*)으로 할 수 있다. 질문지는 사용 방법에 따라 격식적(*fomal)*, 또는 비격식적(*informal*) 질문지로 구분할 수 있다.

1) 격식질문지

격식질문지(*formal questionnaire*)는 제보자에게 질문할 내용을 종이에 써서 질문의 양식을 고정해 놓은 것이다.

여러 명의 조사원이 조사하거나 충분히 훈련되지 않은 조사원들이 조사하는 경우에는 주로 이 질문방법을 이용하는 것이 효과적이다. 그리고 전체적으로 통일된 조사를 해야 할 때나 시간적 간격을 두고 조사할 경우에도 이와 같은 격식질문지가 이용될 수 있다. 격식질문지는 조사방법의 통일뿐만 아니라 조사할 내용의 동질성을 유지할 수 있다는 장점이 있으나, 조사 상황이 형편에 따라 달라지는 경우에는 그에 따른 융통성을 갖기 어렵다는 단점이 있다.

1. '메주'를 조사할 때
   "가을에 콩을 삶아 적당히 찧어서 짚으로 둥글게 또는 네모나게 만들어 방에 달아 둔 것을 무엇이라 합니까?"

2. '입술'을 조사할 때
   얼굴의 입술을 가리키며, "이 부분을 무엇이라고 부릅니까?"

3. '다리미'를 조사할 때
"구겨진 옷을 곧게 펴기 위해서 옷을 다릴 때 쓰는 물건을 무엇이라고 합니까?"

耕 作		
001	벼	[그림 1] "이것을 무엇이라고 합니까?" (논에다 모를 심어서 키운 식물로서 그 열매를 찧으면 쌀이 됨.)
1	벼이삭	[그림 1] (벼이삭 부분 지시) "이 부분을 무엇이라고 합니까?"
		보충 ① 벼가 자라서 이삭이 팬다.
2	벼 (열매)	② 장작을 팬다.
		[그림 1] (이삭의 열매를 지시) "이 열매를 털고서 아직 껍질을 벗기지 아니한 것들을 무엇이라고 합니까?"
		주의 성장과정의 '벼'(식물)와 탈곡한 '벼'(열매)를 모두 같은 명칭으로 부르는지, 다른 명칭으로 부르는지에 유의.
002	뉘	"쌀이나 밥 속에 섞여 있는 벼(열매)를 무엇이라고 합니까?" 주의 자・모음의 정밀전사. 보충 쌀이나 밥에서 뉘를 골라낸다/발라낸다/가려낸다.

〈그림 3-1〉 「한국방언조사질문지」(한국정신문화연구원, 1981)

2) 비격식질문지

비격식질문지(*informal questionnaire*)란 조사할 항목을 표제어 정도로 삼아 리스트를 만들어 놓은 질문지를 말한다. 구체적인 질문 방법은 조사자가 미리 머릿속에 설정해 두고, 조사 상황에 따라 그때의 환경에 맞추어 적절하게 임의로 질문 내용을 변화시킬 수 있는 질문방법이다. 개인적인 연구를 위한 조사에서는 간편한 이 질문방법을 많이 이용한다. 그러나 비격식질문지를 사용하면 조사 상황에 따라서나 시간적 차이를 두고 조사할 경우, 응답형이 달라져서 조사의 통일을 기하기 어렵다는 단점이 있다.

2005년부터 시작된 <지역어조사(국립국어원)>에서 음운 조사 항목이 비격식 질문지로 구성되었다.

1.3 질문 방식

1) 직접 질문법

직접 질문법이란 표준적인 어형을 제보자에게 직접 제시하고 이 어형에 대응하는 방언형을 말하도록 하는 방식이다. 직접 질문법의 일종인 번역식 질문법은 주로 통신조사에 많이 활용하고 있다. 예를 들면 " '가위'를 이곳에서는 무엇이라고 말합니까?"라는 식으로 묻는 형식이다. 기준이 되는 어형을 먼저 제시하여 그 지역의 방언으로 번역하도록 하는 질문 방법이다.

이 방법은 제보자가 매개 언어인 표준적 어형을 알고 있어야 이용할 수 있는데, 제보자로부터 짧은 시간 내에 질문의 요지를 쉽게 파악할 수 있도록 하여 조사에 소요되는 시간을 줄일 수 있다는 장점이 있다. 그러나 번역식 질문법은 제보자로 하여금 매개언어(표준어)의 영향을 받아 고유 방언형이 도출되지 않거나 매개언어에 가까운 어형을 대답하도록 유인한다는 약점이 있다. 이 방법은 가능한 한 보조적인 조사방식으로 이용하는 것이 좋으나 이미 조사한 자료를 다시 확인하는 조사에서는 이 방법을 유용하게 활용할 수도 있다.

2) 간접 질문법

간접 질문법이란 조사하고자 하는 어형을 제보자에게 직접 알려 주지 않고 그 어형을 유도하여 말하게 하는 질문 방법이다.

영국 방언조사를 위해 Eugen Dieth와 Harold Orton(1952)이 만든 간접 질문지 형식은 명명식 질문(*naming questions*)과 완결식 질문(*completing questions*)으로 하위 유형 분류가 가능하다. 명명식 질문법은 다시 ① 대담식 질문법, ② 역질문법의 형식으로 구분되며, 완결식 질문법에는 치환식 질문법이라는 유형이 있다.

(1) 명명식 질문

명명식 질문(*naming questions*)은 그림이나 사진 또는 실물을 보여주면서 "이것을 무엇이라고 합니까?"라고 묻는 형식이다. 명명식 질문법은 실물이나 그림 등을 제시하며 묻는 방법 이외에 어떤 사물의 특징을 말로써 설명하는 방법도 포함된다. 또 직접 행동으로 동작을 보여주거나 흉내를 내면서 묻는 방법도 있다. 곧 지시식 질문, 진술식 질문, 시늉식 질문 형식을 이용한 명명식 질문법은 간접 질문법 중에서 가장 일반적으로 사용될 수 있는 질문법이다. 명명식 질문법의 하위 유형에는 대담식 질문법과 역질문법이 있다.

① 대담식 질문

대담식 질문(*talking questions*)은 한 번의 질문으로 여러 개의 낱말을 조사하는 방법이다. 직접 질문은 한 번의 질문에 방언형을 하나씩 조사하는 것임에 비해 이 조사는 한꺼번에 많은 방언형을 조사할 수 있다는 장점이 있다.

이 방법은 자연스럽게 조사할 수 있는 장점이 있고, 이야기를 나누는 방식으로 조사하기 때문에 제보자에게 조사를 한다는 딱딱한 기분이 들지 않게 해 준다. 그러나 이러한 방법이 적용될 수 있는 어휘 항목이 그리 많지 않으므로 어디까지나 보조적인 조사 방법이라 할 수 있다.

② 역질문

역질문(*reverse questions*)은 어형을 먼저 제시하고 그 개념이나 의미를 묻는 방식이다. 역질문법은 지역에 따라 동일한 방언형이 의미나 개념의 차이를 확인하려는 경우에 유용하다. 역질문법은 일반적으로 많이 이용되지 않고 특수한 어휘의 의미나 개념 차이를 파악하기 위해서 이용된다.

(2) 완결식 질문

완결식 질문(*completing questions*)은 적당한 문장을 제보자에게 구두로나 서면으로 제시하면서 질문 문장의 끝에 빈칸을 남겨 두고 그것을 메워 넣게 하는 방법이다.

구두로 질문할 경우, 빈칸을 질문문의 중간에 두어 질문의 양식을 약간 바꾸어서 이용할 수 있다. '불을 때어서'의 '때어서'를 조사한다고 할 때 "방에 불을 너무 많이 (　　) 방바닥이 뜨겁다고 한다면 어떻게 해서 방바닥이 뜨겁다고 합니까?"와 같이 물을 수 있다. 이 질문법은 앞에서 설명한 명명식 질문법과 완결식 질문법을 조금씩 절충한 방법이라고 할 수 있다. 왜냐하면 '뜨거운' 이유를 말로써 설명하는 방법이 절충되었기 때문이다.

① 치환식 질문

완결식 질문 방법의 일종인 치환식 질문(*conversion questions*)은 서면 우편 질문에 주로 이용되는 방법으로, 서로 대립이 되는 한쪽 형태를 완결식으로 대답케 하고 나머지 한쪽도 역시 완결식으로 대답케 함으로써 필요한 어형을 번갈아 대치·치환하여 방언형을 이끌어내는 방법이다. 이 방법은 명명식 질문으로는 질문하기 어려운 문법 형태소를 조사하는 데 많이 이용된다. 치환식 질문법은 서면 통신조사 방식에서 문자 해독자에게 문장으로 기술하도록 유도하는 방법으로 유용하다.

청자 존대의 활용 어미를 조사하는 데 이 방법을 활용할 수도 있다. 방에 들어온 사람을 앉으라고 말할 때 그 사람이 초등학생이라면 "얘야 여기에 앉______ ", 동네의 젊은 청년이라면 "자네 거기 좀 앉______ ", 손위의 어른이나 선생님과 같은 사람일 때 "거기 좀 앉______", 평교간의 친구일 때 "거기에 앉______" 와 같은 질문으로 청자존대의 높임에 따른 종결어미를 조사할 수 있다.

이러한 명명식 질문법의 유형인 대담식 질문법이나 역질문법, 완결식 질문법의 유형인 치환식 질문법과 같은 간접 질문방법은 매우 유용한 것 같지만 직접 질문방식에 비해 면담 시간을 많이 필요로 한다는 단점도 있다.

3) 질문지의 조직

방언분화형이 나타나리라고 예상되는 어휘나 음운, 문법 항목의 범주가 결정되면 그것이 동일한 주제에 집중될 수 있도록 의미적으로 유사한 부류끼리 모이도록 해야 한다. 곧 비슷한 항목을 순차적으로 배열함으로써 조사의 흐름을 효과적으로 유지할 수 있기 때문이다. 이때 유사한 의미 영역의 항목을 같은 자리에 모이게 한다는 것이 기본적인 원칙이다.

<어휘>

농사 : 경작, 타작, 도정, 곡물, 채소
음식 : 주식, 부식, 별식, 그릇, 부엌
가옥 : 가구, 방, 건물, 마당, 우물
의복 : 복식, 세탁
인체 : 머리, 얼굴, 눈, 코, 귀, 세수, 상체, 하체, 피부병, 질병, 생리
육아 : 발달, 재롱, 놀이
기타 : 인륜, 경제, 동물, 식물, 자연, 상태(길이, 수량, 무게, 성품), 동작

<문법>

대명사, 조사, 경어법, 시제, 사 · 피동, 연결어미, 보조용언, 부사

<음운>

단모음, 이중모음, 음장, 억양, 성조, 자음탈락, 불규칙활용, 자음축약, 경음화, 비음화, 모음조화, 움라우트

항목 배열의 예 (『韓國方言調査質問紙』, 1981)

1.4 조사지점과 조사방법

1) 조사지점의 수

질문지가 만들어지면 그것을 가지고 조사할 지점을 정해야 한다. 전국 규모의 조사에서는 방언차이가 예상되는 지점을 최대한 정밀하게 선정하는 것이 이상적이다. 군 단위 조사의 경우에는 하나의 군을 정밀히 조사하려 할 때 면 단위를 하나의 조사지점으로 정할 수 있다. 그러나 주민들의 방언 의식을 알아내어 방언차이가 있는 곳을 중심으로 조사지점을 정할 수도 있다. 한편 특정 방언 현상에 대해 관심을 갖고 조사를 하는 경우 동일한 방언권 내의 한두 지점을 선정하면 될 것이다.

2) 조사지점의 조건

조사지점의 조건으로 지리적·역사적·사회적 배경을 고려해야 한다. 이상적인 조사지점은 그 지역을 대표하는 핵방언권 지역으로서 토속적인 전통마을이며 외래 도시문화의 영향이 적은 곳이다.

3) 조사지점의 선정

조사지역으로 떠나기 전에 조사지점을 미리 선정해 두고 가는

방법과 현장에 가서 조사지점을 정하는 방법이 있다.

지리언어학적 관점에서도, 조사지점은 대체로 마을의 유래가

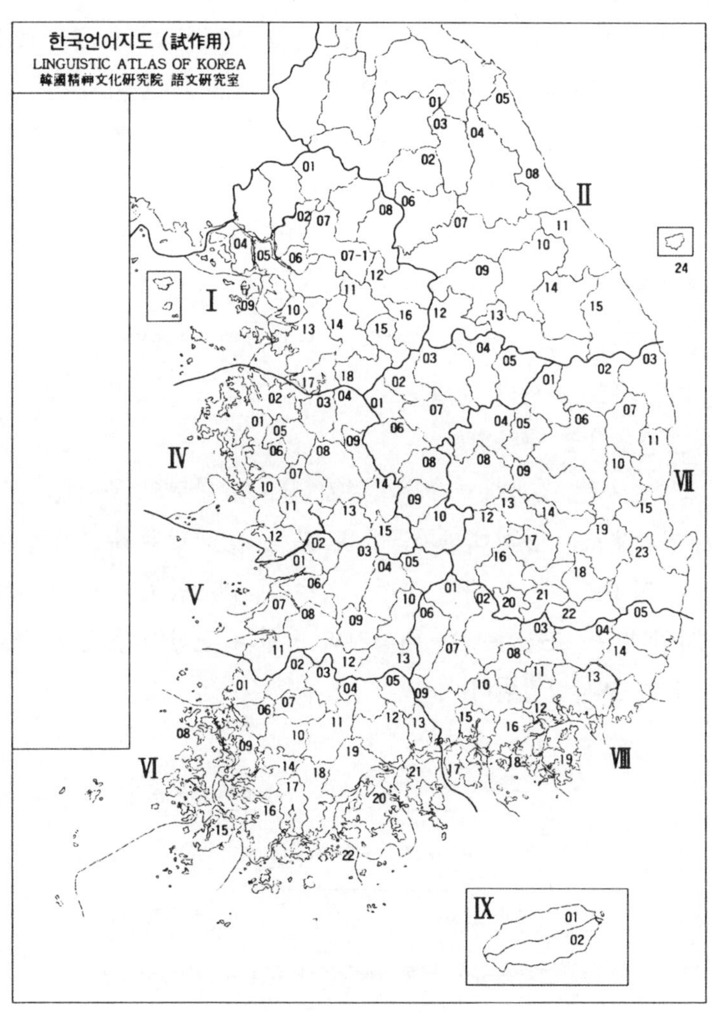

〈지도 3-1〉 한국언어지도 시작용 (정신문화연구원)

오래된 전통마을이 유리하다. 새로 생겨난 마을은 주민 중에 외지로부터 이주해 온 사람들이 많을 가능성이 있기 때문이다.

민촌(民村)과 반촌(班村) 간에는 방언차이를 보이기 때문에 미리 민촌인지 반촌인지 사전에 정보를 갖고 있어야 한다. 통상적으로 반촌의 제보자들은 한문 교육의 전통으로 비록 무학자이지만 중부방언의 영향을 받은 경우가 많이 있어 지리언어학적인 조사지점으로는 적당하지 않다.

4) 조사방법

조사방법은 대상지역의 크기에 따라 광역조사와 국부조사로 구분되고 자료 조사의 정밀도에 따라 <그림 3-2>처럼 정밀조사와 조감조사로 구분된다.

국부조사는 조사대상지역이 주로 군·면 단위의 조사인 경우이고, 광역조사는 조사대상지역이 도 또는 전국 단위의 조사인 경우이다. 정밀조사는 미세한 음성적 차이까지 포함하는 보다 정밀한 조사인 반면, 조감조사는 대상지역 방언의 전반적 특성을 파악하기 위한 조사방법이다.

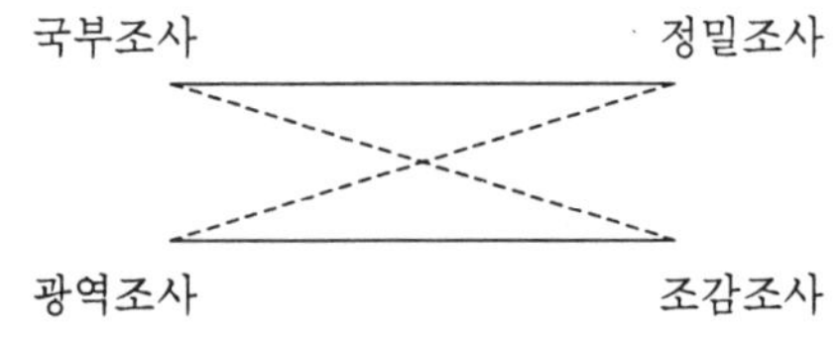

〈그림 3-2〉 국부·광역조사 및 정밀·조감조사

조사대상지역에 따라 조사방법상 유의해야 할 사항은 다음과 같다. 특정 지역의 방언체계를 기술하거나 어떤 언어현상을 정밀화해야 할 필요가 있는 조사의 경우 미리 조사 항목을 정밀화해야 하며, 그 지역 특정 언어현상을 드러낼 수 있는 조사항목을 추가 확대하는 것이 바람직하다.

하위방언권에 걸치는 등어선이나 방언구획선을 찾기 위해 인접한 양 방언에 대한 조사를 하는 경우, 조사지점은 매우 미세한 조사지점망(*réseau de points de sondage*)으로 구성해야 한다. 두 체계 사이의 방언차이를 중심으로 서로 반대 방향으로 엇갈리게 조사하는 것이 바람직하다.

방언 A ○○○ ⇨ ⇦ ○○○ 방언 B

이때 조사지점은 행정권·문화권 등을 고려하여 조사지점 간에 지리적으로 평균거리가 균질적이어야 하며 질문지 사용도 동일한 것이어야 한다. 그리고 조사지점은 원거리 대칭지점 순으로 조사가 이루어져야 한다. 왜냐하면 순차적으로 인접한 지점을 따라 조사할 경우에는 미세한 방언차이를 놓칠 수 있기 때문이다.

1.5 제보자

방언자료를 제공해 주는 사람을 제보자(*informant*)라 한다. 제보자 선정 요건은 한 곳에 정착한(*Nonmobile*), 나이 많은(*Older*), 시골(*Rural*) 출신의 남자(*Males*), 즉 NORMs이어야 한다는 것이 일반적인 기준이다.

일반적으로 제보자를 선정할 때 다음과 같은 조건을 고려하여야 한다.2)

1) 토박이

제보자는 3~4대 정도 그 곳에서 살아온 토박이(native speaker)여야 한다. 토박이라 하더라도 외지(일제 징용, 공직, 군대 생활)에 나가서 오랫동안 살다가 다시 들어온 사람의 경우 다른 방언의 영향을 받았기 때문에 적합하지 않다. 40~50대가 넘은 사람이라면 1년 이내의 외지 생활을 했다 하더라도 곤란하다. 특히 군대생활을 한 사람은 순수한 토박이말이 변질되었을 가능성이 높다. 외지는 아니라도 자기 고장 안에서 공직 생활을 오래 한 사람 또한 적합하지 않다. 더구나 현직에 있는 사람을 제보자로 써서는 안 된다. 교회 생활을 오래 한 사람도 주의해야 한다.

2) 제보자의 나이

제보자의 나이는 방언조사의 목적에 따라 약간 달라질 수 있으나 지리방언학에서는 전래적인 옛 어형을 간직하고 있는 노년층을 택하는 것이 일반적이다.

노년층이라 할 때에는 보통 60세 이상을 의미한다. 노년층은 고풍스런 언어자료를 간직하고 있다는 점 외에 쉬는 시간이 많아 조사에 응할 수 있는 시간적 여유가 많다는 장점이 있다. 또 노년

2) Silva Neto. Serafim(1955), 「Maual de Fiologia Portuguesa historia problemas Rio do rio do Janeiro」, Livaria Academica.

층은 상황에 따라 자신의 말씨를 바꾸는 일도 거의 없다.

3) 신체조건

제보자의 신체조건으로는 귀가 밝아야 하며 치아가 건강해야 한다. 아울러 언청이가 아니어야 하며 발음이 정확하고 말을 더듬지 않아야 한다. 기침을 자주 하는 해소병과 같은 지병이 없는 건강하고 영리한 사람의 경우가 이상적인 제보자라고 할 수 있다.

4) 제보자의 성별

조사 목적에 다소 차이가 있으나 지리언어학적인 목적의 방언조사에서도 제보자로 남자가 적합한가, 여자가 적합한가에 대한 것은 견해가 엇갈리고 있다. 여자는 외지의 말에 영향을 받기 쉬우며, 말을 될 수 있는 대로 우아하게 꾸미려는 경향이 있어 피하는 것이 좋다는 주장이 있다. 한편 여자가 남자보다 언어에 더 민감하고 외부와의 접촉이 적어 순수한 방언을 잘 간직하며, 이야기하기를 좋아하고 말이 많은 점 등을 들어 여자가 더 적합하다고 보는 견해도 있다.

5) 제보자의 수

하나의 지점에서 한 사람의 제보자만 쓸 것인가, 두어 사람 이상을 쓸 것인가에 대한 확고한 원칙은 없다. 형편이 허락한다면 주제보자를 한 사람으로 정해 두고, 보조 제보자 한두 명을 그 곁에 두어 주제보자가 잘 모르는 부문을 보조 제보자에게 질문하거나, 주제보자가 확실한 판단을 내리지 못하는 것을 보조 제보자에게 확인하는 방법이 이상적이라 할 수 있다.

6) 기타 조건

제보자의 교육 정도는 조사 목적에 따라 달라질 수 있다. 지리언어학적인 목적의 조사인 경우에는 문자를 해독할 능력이 없는 경우가 유리하지만 사회방언학적인 목적일 경우, 교육 정도에 의한 방언차이를 확인하기 위해 교육 정도에 따라 제보자 집단을 의도적으로 선정할 수 있다.

제보자의 직업도 선정 조건에 고려되어야 한다. 우리나라의 경우 전통적으로 농업국가이고 농촌에 순수한 방언을 간직한 제보자가 많으므로 농사짓는 사람이 적합하다.

제보자의 지능도 선정 조건에 고려되어야 한다. 제보자는 조사자의 질문 의도를 잘 파악하여 엉뚱한 대답을 하지 않는 총명한 사람일수록 좋다.

과묵한 사람보다 말이 많고 이야기하기를 좋아하는 사람이 제보자로 적합하나 무책임하고 허풍이 많아 자기 과시를 좋아하는 사람은 적합하지 않다.

최근 일본에서는 제보자에 관한 인적 관련 자료가 공개되는 점이라든지 현지 조사를 통해 개인의 사생활에 침해를 줄 수 있다는 점에서 제보자의 사생활 보호를 위한 논의가 제기되고 있다.[3)]

---

3) 오기노 즈나오(荻野綱男)(2002), 「프라이버시와 방언연구(プライバシーと 方言研究)」, 『21世

1.6 면　담

1) 사전 준비

적합한 제보자를 소개받은 뒤에 질문지 내용에 따라 구체적으로 방언조사를 행하는 과정을 면담(*interview*)이라 한다.

소개받은 제보자를 만나면 먼저 큰절로 인사를 드리고 찾아온 목적을 말한다. 처음에 마을에 관한 이야기, 예컨대 가호(家戶)의 수, 몇 대째 사는지, 외지 생활의 경험, 여행의 경험 등을 물어서 제보자의 요건을 갖추고 있는지 두루 확인한다.

2) 면담의 진행

면담을 시작할 때 유의할 것은 조사자와 제보자를 학생과 선생의 관계처럼 만들도록 해야 한다. 조사자는 제보자에게 이곳의 말을 배우기 위해서 왔다는 인식을 확고히 심어줘야 한다.

질문지의 순서에 따라 차례로 질문을 한다. 제보자가 자기 흥에 겨워 질문지에서 벗어나 다른 이야기를 하더라도 즉각 제지하지 말고 들을 수 있는 데까지 듣다가 적절한 시점에 연속되는 질문지의 차례로 다시 돌아가는 것이 좋다.

한 차례의 면담에 소요되는 시간은 한 시간 정도가 적당하다. 한 시간 정도의 조사를 끝내고 잠시 쉬는 것이 좋다. 쉴 때는 담배나 과자를 권하기도 하고, 질문과 관계없는 사적인 이야기 등을 나누어 제보자와의 인간관계를 돈독히 해 두는 것도 휴식 시간을 잘 이용하는 방법이다.

紀の方言學』, 國書刊行會.

3) 면담 장소와 숙식

면담 장소로는 동네의 사랑방, 정자, 노인정, 들판 또는 제보자의 집으로 정하는 것이 가장 이상적이다. 그러나 제보자가 마을을 가거나 일을 나가면 같이 따라 나가서 장소를 바꾸어 가면서 조사할 수도 있다.

일손을 구하기 어려운 요사이의 실정으로 제보자에게 품삯을 줄 수도 있겠지만 이것은 방언조사의 특수성을 해칠 위험이 있어 바람직하지 않다. 과다한 사례를 하는 것도 좋지 않으며, 가벼운 선물(담배, 양말, 속옷 등)이 적당하다.

1.7 녹음과 전사

조사자는 제보자가 진술하는 방언의 조사를 진행하면서 직접 전사(*transcription*)해야 한다. 그러나 조사 도중에 미처 전사하지 못한 자료나 미심쩍은 자료의 확인을 위해서 녹음을 해 두었다가 나중에 이용하는 것이 효과적이다.

최근에는 녹음된 MD나 CD를 컴퓨터에 저장할 수 있는 고성능 녹음기가 있어 담화자료를 전사자료와 함께 저장하여 활용할 수 있다.

1) 녹음기

녹음기는 현장 조사에서 전사한 것을 보충하거나 잘못된 것을 수정하는 보조적 도구로 이용된다. 그러나 녹음기에 지나치게 의존해서는 안 된다. 녹음은 발음하는 입 모양을 보여주지 못하기 때문에 현장에서 행한 전사를 일차적으로 중시해야 한다.

녹음기의 설치 요령으로는 조사를 시작하자마자 녹음기를 설치해서 분위기를 딱딱하게 해서는 안 된다. 녹음에 익숙하지 않은 시골 노인들은 녹음을 한다면 괜히 긴장하는 수도 있기 때문에 분위기를 자연스럽게 해 두고 녹음하는 것이 좋다.

2) 전사

제보자의 말을 듣고 그것을 음성기호로 기록하는 일을 전사라고 한다. 방언조사에서 가장 중요한 일은 정확하고 신뢰성 있는 전사를 하는 것이다. 전사는 성공적인 방언조사의 최종적인 요건이다.

음성기호로 전사하는 경우 주로 IPA(*international phonetic alphabet*, 국제음성기호)를 이용한다. 언어에 따라 다른 기호를 쓰거나 보조적 기호를 더 만들어 쓰기도 한다.

<모음>	i	ü(y)	ɨ	(U or ʉ)u
	e	ö(ϕ)	ə	(ŏ)o
	E		∃	
	ɛ		ɜ	ɔ
			a	
<자음>	p b p′ p^h	t d t′ t^h	č j č′ $č^h$	k g k′ k^h
	m (^{b}m)	n (^{d}n)	ny	ŋ
		l	ly	
	(ɸ)	s s′	sy	(χ)ɦ h

〈도표 3-1〉 『한국방언자료집』에서 사용한 전사부호

음성 전사는 그 정밀도에 따라 간략전사(*broad transcription*)와 정밀전사(*narrow transcription*)로 구분한다. 전자는 대체로 음운론적 단위를 구별하여 적은 음운론적 전사(음소표기 전사)에 해당하고, 후자는 음성 환경에 따른 변이음과 지역에 따라 약간씩 다른 음성차이 등을 세밀히 적는 음성적 전사이다.

자료를 채록할 당시의 주변 상황을 간략하게 기록해 두거나 채록된 자료에 보조부호를 달아 보다 정확한 정보를 기록할 필요가 있다. 이는 나중에 자료의 해석에 큰 도움이 될 수 있다.

1.8 조사원

조사원의 자질은 방언조사의 성패와 관계가 있을 만큼 중요하다. 일반적으로 방언조사원은 언어학적 기초 지식을 가진 언어학도인 경우가 유리하다. 그리고 무엇보다도 조사원은 뛰어난 음성 식별력을 지니고 있어야 한다.

현지조사란 결코 쉬운 일이 아니다. 어려운 환경 조건에서도 소기의 조사 목적에 도달해야 하기 때문에 참을성과 끈기가 있어야 하며, 지구력, 추진력, 건강한 체력을 갖춘 젊은 사람이 적당하다. 아울러 사교성과 붙임성이 있어야 하며 겸손해야 한다. 몸짓의 구사에 익숙하며 풍부한 상식을 갖춘 동시에 농촌에 대한 지식(농작물, 농사철, 농기구, 동식물)이 있는 조사자가 이상적이다.

2. 자료의 정리와 보고서

방언연구의 궁극적 목적은 단일지점 조사이든 전국 조사이든 간에 조사 자료를 언어학자나 일반 독자가 이용할 수 있도록 출판하거나 데이터베이스(dbase)를 구축하는 데 있다.

2.1 자료의 정확성과 동질성

1차 조사를 마친 뒤 자료의 정확성을 기하기 위해 아래와 같은 상황에 유의해야 한다. 급히 전사하느라고 빠뜨린 부분이나 오류가 있는지 점검한다. 기억을 되살리거나 녹음기를 이용하여 가능한 한 빨리 오류를 찾아 수정한다. 여러 사람이 함께 참여하는 조사에서는 자료의 동질성을 확인해야 한다. 필요에 따라서는 확인 조사나 재조사를 시행하는 것이 좋다.

2.2 자료 정리 방법

1) 카드정리

이용의 편의를 위해서나 전체 자료를 정리하기 위해 조사 노트에 기록된 자료를 다시 한 항목씩 카드로 옮겨 적어야 한다. 이것을 자료 정리의 제2단계라 할 수 있다. 카드에 옮겨 적을 때는 조사 항목과 관련된 정보를 되도록 상세히 적어 자료의 해석에 도움이 되도록 해야 한다.

항목 번호	I II III	항목명				정리 교열	경북 7
지역명	응답형(1)	응답형(2)	비고	지역명	응답형(1)	응답형(2)	비고
01 영풍				13 선산			
02 봉화				14 군위			
03 울진				15 영일			

〈도표 3-2〉 한국정신문화연구원, 방언자료 정리 카드

2) 팩시밀리 재생

팩시밀리(*facsimile*) 재생 방법은 조사자의 모든 정보를 파악하기에 용이하지만 비전문가가 이용하기에는 어려우며, 비록 전문가라 하더라도 자료가 분류되어 있지 않기 때문에 이용에 다소간의 불편이 있다.

3) 목록 또는 도표 형식

질문지에 주어진 모든 자료를 목록(*list*)으로 만들고 해당 지역을 약호로 표시하여 도표 형식으로 출판하는 방법이다.

목록 또는 도표 형식으로 출판하는 방법은 단일 항목에 대한 모든 응답형을 한 자리에 나타내기 때문에 서로 비교하기에 용이하다는 장점을 가지고 있다. 팩시밀리 재생이나 지도 작성 방법보다 경제적으로도 훨씬 유리하다. 그러나 이 형식은 방언분화형의

지리적 분포를 조망하거나 전이지대를 한눈에 파악하기 어렵다는 약점을 가지고 있다.

4) 사전 형식의 자료집

조사된 자료를 사전 형식으로 배열하여 자료집으로 출판하는 방식이 일반적인 방법이다. 곧 조사된 자료에 대응되는 표준어 형식을 가나다 순으로 배열한 뒤에 다시 방언자료를 지역별로 배열하거나, 거꾸로 방언형을 배열하고 거기에 대응되는 표준어로 그 뜻을 밝혀 주는 방식이 있다. 또 다른 방식으로는 지점 위주로 방언자료를 배열하는 방식도 있다.

5) 데이터베이스 구축

방언자료를 데이터베이스(*database*)로 구축하여 인터넷으로 접속하여 다운로드를 받아 활용할 수 있도록 하는 방법이 있다. 앞으로는 이러한 방법이 주로 활용될 전망이다. 최근 홍윤표와 이태영의 노력으로 2000~2001년까지 문화관광부가 주관한 한민조건어정보화 계획의 일환으로 방언검색 프로그램(남한방언 검색 시스템)을 개발하였다.

2.3 조사 보고서

조사된 자료를 정리한 뒤에는 조사 보고서 형식으로 자료의 수집 과정을 반드시 밝혀 둘 필요가 있다. 자료 보고서는 자료 조사 절차에 대한 보고서와 자료 내용에 대한 분석, 곧 연구논문으로 작성하는 두 가지 방법이 있다. 한편 녹음테이프를 작성한 경우에는 녹음기의 기종이나 녹음 방식(테이프, CD, MD, DVD 등)에 대한 정보도 기입해 두는 것이 좋다.

제보자조사표

No. ____________

조사자 이름	조사 장소
조사지 도 군 읍·면 동·리	
조사 일시 20 년 월 일 ~ 20 년 월 일	
제보자 이름 (남·여)	연령 세 (년생)
거주지	선대 거주지
직 업	경 력
학 력	병 역 ~ 년
출생지 (농촌, 어촌, 광산촌, 도, 시)	
가족사항 협조자 이름 연령 : 직업 : 학력 : 거주지	
녹음기 BA 테이프	
조사지점의 개관(역사·통혼권·교육권·경제권·교통권 등)	
제보자의 음성 특징	

〈도표 3-3〉 한국정신문화연구원, 제보자 조사표

3. 방언 자료의 처리

3.1 디지털 음성 자료 수집

1) 녹음 주변 환경

녹음 주변 환경 문제는 조사 현장에서 야기되는 문제를 최소화하는 일이다. 곧 제보자의 마이크에 대한 부담을 최소화하려는 배려가 필요하며, 주변 소음도 양질의 음성 자료를 채록하는 데 방해가 되는 요소이므로 주의해야 한다. 또한 조사자의 말과 제보자의 말이 동시에 겹치지 않도록 주의해야 한다. 또 조사 속도의 완급 문제도 고려되어야 한다.

2) 녹음기기 문제

녹음기기의 문제는 마이크와 녹음기의 기기문제와 사용법이 관련된다. 최근에는 MD 방식이나 DAT 방식의 디지털 녹음기로 채록하는 것이 일반적이다. IC 리코더 방식의 디지털 녹음기는 녹음채록시간의 문제와 조작의 간편성 및 직접 컴퓨터와 공유할 수 있다는 등 많은 장점이 있으나, 음질이 다소 떨어진다는 면에서 아직 DAT 방식의 녹음기가 일반적으로 사용되고 있다.

마이크는 변화방식, 지향성, 형상이나 용도에 따라 다양하게 분류할 수 있다. 마이크나 녹음기의 선택 기종은 음성 연구 전문 연구소와 음성 연구 전공자에게서 조언을 받아 선택하는 것이 좋다.

3.2 음성 자료의 데이터베이스 구축과 전사

1) 음성 수집과 언어자료 구축

(1) 음성 자료 수집

음성 자료 수집은 음성자료의 품질을 결정하는 중요한 역할을 한다. 음성 자료의 질을 결정하는 요소로는 화자의 품질, 음성 수집 자재와 시스템의 품질에 따라 결정될 수 있다. 먼저 화자의 품질은 음성 자료 수집에 있어서 무엇보다 중요한 인자로 곧 화자의 발성 능력이나 발성 방식, 마이크와 녹음 환경 등이 지배적 요소로 작용된다. 다음으로 음성 수집 자재와 시스템인데, 마이크와 녹음기 그리고 PC 성능이나 케이블의 품질 등에 따라 달라질 수 있다.

(2) 음성 자료 분석과 관리

음성 자료 분석과 관리 프로그램으로는 일반적으로 CSL (Computer Speech Lab)[4], Sil과 CECLIL(운소 조사용), Signalyxe, FindPhone 등이 있다. 그 외에 WaveSurfer[5], Praat[6], GoldWave

---

4) Peter Ladeforged(2003), Phonetic Data Analysis, An Introduction to Fieldwork and Instrumental Techniques, Blackwell Publishing.

5) WaveSurfer는 음향분석 프로그램의 일종으로 스웨덴 왕립기술원(Royal Institute of Technology)의 Speech, Music and Hearing과에 소속된 Centre for Speech Technology에서 개발하여 공개한 Open Source tool이다. 다른 음향분석 프로그램에 비하여 사용방법이 매우 간편하다. 또 다양한 형식의 음성 파형을 읽을 수 있으며, 특히, 여러 가지 형식의 레이블링 파일의 작성이 용이하고, 호환성이 높으며, 여러 형식과 층렬의 레이블링이 가능하여 음성 코퍼스 구축에 긴요한 도구라고 할 수 있다.

6) 프라트(Praat)는 암스테르담 대학의 Paul Boersma와 David Weenink가 만든 음성분석 및 변형 프로그램 패키지인데 이것은 인터넷 홈페이지 http://www.fon.hum.uva.nl/praat/download_win.html에서 무료로 받을 수 있다. Praat은 Kay Elemetrics에서 개발된 CSL처

나 Cooledit Pro도 있다. 음성 자료 리코딩 편집 툴은 Gold Wave 나 Cooledit Pro 등 강력한 사운드 편집 프로그램을 활용하면 유리하다. 그 외에도 방언 자료의 관리를 위한 유용한 소프트웨어로서는 Shoebox, askSam, HyperCard와 Xbas, Lingual-Linker 등이 있다[7]. 아직까지 우리나라에서는 어휘 자료를 음성 자료와 연결하여 관리할 수 있는 방언 전용 자료처리 소프트웨어는 개발되지 않았다.

(3) 파일전환

디지털 음성 변환을 위한 프로그램은 GoldWave, 거원 JetAudio, Cool Edit Pro 중에서 선택하여 사용할 수 있으나 시각적 효과를 고려하면 Cool Edit Pro가 좋다. GoldWave는 녹음시간을 따로 설정하지만 Cool Edit Pro는 녹음시간의 설정이 필요치 않고 음역의 파동을 자세히 볼 수 있는 장점이 있다. 그러나 3가지 프로그램의 실제 차이는 없다. 한편 음성자료를 MP3로 저장한 다음 음성편집기를 활용하여 언어지도 제작에 링크하는 방식도 매우 유용하다.

럼 별도의 하드웨어가 필요하지도 않고 UCLA에서 개발된 XQuirer(PCQuirer와 McQuirer) 처럼 저작권 문제 때문에 키를 장착해야 할 필요도 없다. 사운드카드가 있는 보통의 PC 환경이면 사용할 수 있다. Praat은 CSL이나 XQuirer 및 기존의 다른 음성분석 프로그램에서 사용되고 있는 거의 모든 분석 기능을 포함하고 있을 뿐만 아니라 다른 음성분석 프로그램에 없는 다양한 기능과 여러 가지 음성합성 기능까지 가지고 있다.

7) John M. Lawler & Helen Aristar Dry edited(1998), "Using Computers in Linguistics", P. 178., Routedge, London & New York.

(4) 음성 자료의 전사와 데이터 구축

디지털 녹음기(DAT)에 수집된 음성 자료는 PC에 전사 및 데이터베이스를 구축해야 한다. 음성 자료 리코딩 편집 툴은 Gold Wave(http://www.goldwave.com)나 Cooledit Pro 등 강력한 사운드 편집 프로그램이 있다. 음성 자료를 문자로 전환하는 전사 작업을 효율적으로 하기 위한 준비 단계로 대화 및 발화 단위를 구간으로 분절(*Segmentation*)해야 한다. 전사(*Transcription*) 작업은 분절해 놓은 언어 데이터에 대응하여 문자로 전사하는 과정으로, 편집 툴을 이용하여 음성 구간을 분절한 다음 분절된 구간을 반복 청취하여 전사한 뒤 저장한다. 전사 툴로는 트랜스크라이버(Transcriber) 1.4를 이용할 수 있다.

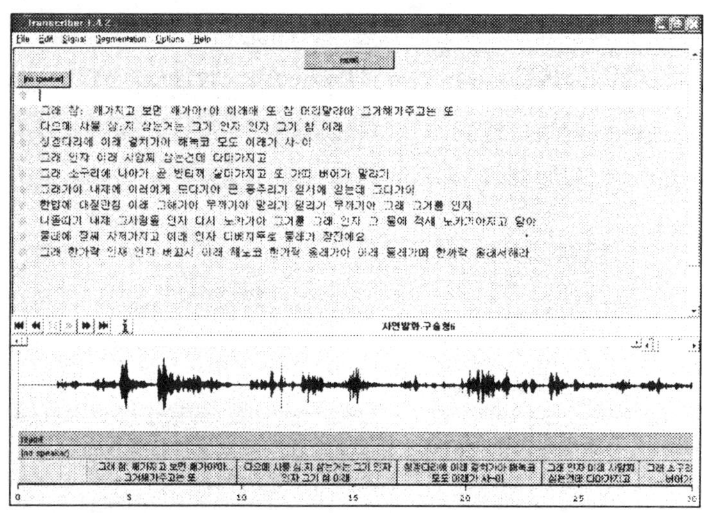

〈그림 3-3〉 Transcriber 1.4를 활용한 전사의 사례

(5) 전사 문장추출기(LineExtract)

최근 이상규(2005)가 개발한 문장추출기(Line Extract)는 XML 형태의 전사된 텍스트 문서에서 표제 항목의 번호에 따라 전사 자료만을 문장 단위로 자동 추출할 수 있는 도구이다. 여러 가지 정보나 묶음 구간을 자동으로 소거함으로써 인쇄 형태의 전사 자료집을 출판하는 데 편리하게 활용할 수 있다. 아울러 전사 과정에서 나타나는 각종 오류의 발견이나 이에 대한 수정과 교정이 용이하다는 장점도 가지고 있다.

이 문장추출기는 전사 자료와 음성 자료가 일대일 대응을 이룬 데이터베이스로 구축하는 데 활용할 수 있도록 성능을 개선해나갈 예정이다. 이처럼 조사 결과를 컴퓨터에 입력해 전산화하는 것

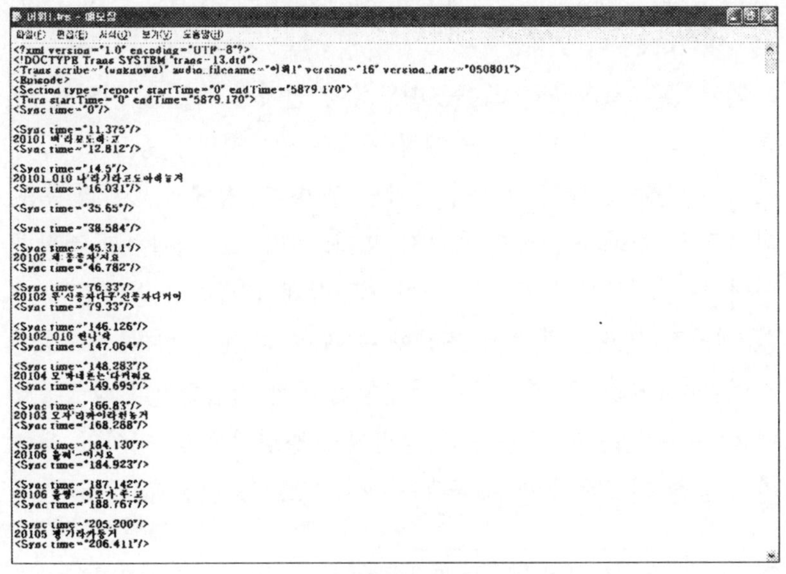
어휘1.trs - 메모장

파일(F) 편집(E) 서식(O) 보기(V) 도움말(H)

```
<?xml version="1.0" encoding="UTP-8"?>
<!DOCTYPB Trans SYSTBM "trans-13.dtd">
<Trans scribe="(unknown)" audio_filename="어휘1" version="16" version_date="050801">
<Episode>
<Section type="report" startTime="0" endTime="5879.170">
<Turn startTime="0" endTime="5879.170">
<Syac time="0"/>

<Syac time="11.375"/>
20101 배'리모도해:고
<Syac time="12.812"/>

<Syac time="14.5"/>
20101_010 나'라기라고도하데놓거
<Syac time="16.031"/>

<Syac time="35.65"/>

<Syac time="38.584"/>

<Syac time="45.311"/>
20102 제:종종자'지요
<Syac time="46.782"/>

<Syac time="76.33"/>
20102 무'신종자다무'신종자다거어
<Syac time="79.33"/>

<Syac time="146.126"/>
20102_010 천나'락
<Syac time="147.064"/>

<Syac time="148.283"/>
20104 모'자네흔는'다커쉐요
<Syac time="149.695"/>

<Syac time="166.83"/>
20103 모자'리하이라천놓거
<Syac time="168.288"/>

<Syac time="184.130"/>
20106 울째'-이시요
<Syac time="184.923"/>

<Syac time="187.142"/>
20106 울짱'-이모가 주:고
<Syac time="188.767"/>

<Syac time="205.200"/>
20105 정'기라카놓거
<Syac time="206.411"/>
```

〈그림 3-4〉 전사된 텍스트(XML) 문서

은 후속 처리를 위해 매우 유용하다. 자료를 전산화함으로써 방언 조사 결과를 여러 가지 응용 소프트웨어에 이용하는 것이 가능할 뿐 아니라, 집계를 효율적으로 처리해 주고 통계적인 분석도 가능하게 하며 자료를 반영구적으로 보존할 수 있는 등의 많은 이점이 있다.

4. 언어지도 제작

4.1 언어지도의 개념

지리언어학의 목표는 언어현상의 지리적 분포를 기술하는 데 있으며, 그 방법론은 언어지도를 매개로 하여 수집된 자료를 분석·해석하는 데 있다.

언어지도(*linguistics map*)는 지도상에 언어적 특질을 기입해 놓은 것을 의미한다. 언어지도 제작 목적은 언어지도를 통해 크고 작은 언어 경계를 확인 체계적 의미를 부여, 그 속에서 공간적 분포와 시간적 변화의 관계를 찾는 데 있다. 그러므로 정밀하고 정확한 언어 수집 자료를 분류 정리하여 지도상에 묘사하고 언어적 특징의 지리적 분포를 한눈에 조감할 수 있도록 해야 한다.

언어지도 제작은 지도상에 방언형을 직접 기입하거나 상징부호(부호, 숫자, 색상 등)로 전환한 상징지도 방식에서 더 나아가 제보자의 음성 자료를 함께 제공하는 방식[8]으로도 발전되고 있다. 지

8) 언어정보학의 발달로 음성자료의 데이터화와 검색을 위해 음성 코퍼스 구축도 활발하게 진행되고 있지만 음성자료의 코퍼스 구축과 음성 언어지도는 별개의 특징을 갖고 있다.

도에 하천이나, 산맥 등 다양한 지리적 조건을 표시한 위에 언어 분포를 묘사하는 3차원 지형도(*topography*) 형식의 언어지도[9]도 활용되고 있다. 지리정보시스템(GIS)을 활용한 언어지도는 3차원 이상의 세계로, 시간과 공간을 합성한다든지 미래와 과거의 시공간을 시뮬레이션하여 가상의 언어지리적 환경을 연출하는 수준까지 발전되고 있다. 최근에는 언어 자료를 정리, 분석하고 데이터베이스로 구축하여 전면 전산화한 방식으로 언어지도를 제작하며, 나아가 언어 분화의 다양한 요인을 지도상에 반영하는 등 언어지리학적 목표보다 더욱 확대된 방향으로 발전된다.

곧 언어지도는 "일정 지역 내에서 나타나는 언어적인 차이를 한 눈에 알아 볼 수 있도록 지도 형식을 빌려 표시한 것"(방언학사전, 2001:265)이라는 전통적인 개념처럼 단순히 2차원적 지도형식을 빌려 언어분화를 표시한 차원이 아니라, 지도나 도면 또는 3차원 이상의 화상공간에 언어적 특질을 중심으로 기입해 놓은 것도 포함된다.

그러므로 언어지도란 지리적 공간 속에서 언어분화에 관련되는 여러 가지 지리적 정보와 관련한 언어분화 양상을 종이뿐만 아니라, 온라인상의 화상양식으로 표현한 것을 포함하는 광의의 개념으로 확대하여 이해해야 한다.

---

9) John Ambrose(1980), 「Micro-scale language mapping : An experiment in Wales and Brittany」 Discussion Papers in Geolinguistics 2. North Staffordshire Polytechnic Dept. 참조.

4.2 언어지도 작성의 약사

언어지도 작성의 시발은 G. Leibniz가 언어 및 인종 분포도를 그리려고 했던 중세기로 소급된다. 방법론적인 면에서 현대 지리언어학의 방법과 유사한 시도는 19세기 독일의 G. Wenker에 의해 최초로 이루어졌으며, G. Ascoli, G. Paris, P. Rousselet 등이 로만어 방면에서 J. Winteler, Ph. Wegener 등이 게르만어의 방면에서 많은 연구 업적을 남김으로써 이 방면의 선구자적 역할을 하였다. 특히 G.Wenker와 J. Gilliéron은 지리언어학적 방언지도 작성의 선구자라고 할 수 있다.

G.Wenker(1876~1881)의 『독일언어지도』(Deutscher Sprachatlas)는 방언연구의 일대 획을 긋는 기념비적 연구물이라고 할 수 있다. 이를 통해 핵방언, 주변지역, 등어선 등과 같은 새로운 술어가 방언학에 도입되었다. Marburg 대학 도서관 직원이었던 G. Wenker는 1875년에 Rhein지방의 언어분류 작업에 착수하였으며, 1879년에 독일 정부로부터 지원을 받아 언어지도 작성 사업에 착수하였다. 이어 Wenker의 후계자인 F. Werde는 1908년부터 1912년까지 78권의 『독일어 방언지도』(Deutscher Dialekt-geographie)를 출간하였다. Gilliéron은 1902년에 시작하여 1910년에 걸쳐서 1920개의 지도가 포함된 14권의 『프랑스언어지도』(ALF)를 출판하였다. 이어 전 세계 20여 개국에서 언어지도 작성이 이루어졌다. 특히 일본에서는 『日本言語地圖』(전6권)가 1966~1974년 사이에 완간되었고, 이어서 『方言文法全國地圖』(JAG)가 1989년부터 현재까지 5권이 간행되었으며, 2003년까지 전 6권이 간행될 예정이다. 이

와 함께 일본국립국어연구소에서 전국 방언 담화자료를 데이터베이스화한 자료집성 20권을 출판 목표로 하여 현재 13권(2002년)까지 간행되었다.

지리언어학에서는 어떤 방언적 특질을 비교하여 그 분화 과정을 해석하는 것을 매우 중요한 과제로 삼고 있다. 현지조사가 완료되면 조사 질문지에 기록된 각 항목에 대한 응답형을 목록이나 사전 형식으로 정리를 한다. 그 후에는 정리된 자료들을 일목요연하게 언어지도 위에 방언형을 기입하여 판독이 용이하도록 언어지도를 제작해야 한다. 최근 컴퓨터를 활용하여 방언자료 정리 단계에서부터 언어지도 작성에 이르기까지 매우 신속하고 정확하게 처리하는 시스템이 고안되고 있다.[10)]

4.3 언어지도의 유형

언어지도의 형식은 조사 지역의 크기나 지도의 규모, 조사지점의 수, 조사 자료의 종류에 따라 결정되기도 하지만 자료의 표현 방식과 지도 작성 방법에 따라 구분할 수 있다. 또한 방언자료를 언어지도로 묘사하는 방법에 따라 손으로 그리는 방식과 PC를 활용하여 그리는 방식이 있다.

먼저 언어지도는 자료의 표현 방식에 따라 진열지도(display map)와 해석지도(interpretive map)로 구분하며, 제작 방식에 따라

---

10) 오오니시 타쿠이찌로우(大西拓一郎)(2002), 「言語地圖作成の電算化」, 『日本語學』 9. 일본국립국어연구소의 JAG 사업 책임연구원으로 일본의 언어지도 전산화의 이론을 체계화하는 데 기여하고 있다. 일본의 국립국어연구소에서는 2003년 1월 18일에 '방언지도 독법과 제작법(方言地圖の見方・作り方)'에 대한 세미나가 개최되었다.

정질적 지도(qualitative map)와 정량적 지도(quantitative map)로 구분한다.

제작방법 / 자료 표현방식	정질적 지도 (qualitative map)	정량적 지도 (quantitative map)
진열지도 (display map)	어형지도(text style locality map) 부호지도(symbol style locality map)	어형지도 (text style locality map) 부호지도 (symbol style locality map)
해석지도 (interpretive map)	어형지도(text style locality map) 부호지도(symbol style locality map) 등어선지도(isogloss map) 구조/체계지도 (structural/systematic map)	등어선지도(isoloss map) 분할지도(participation map) 언어적 거리 지도 (linguistic distance map) 이차원/다차원 지도 (dual & multi-dimentional scaling map)

〈도표 3-4〉 제작방법과 자료표현방식에 따른 언어지도의 유형

1) 진열지도

진열지도는 조사된 모든 항목의 응답형을 지도상에 옮기는 것으로 도면 위에 조사된 방언형을 직접 써넣거나 방언형에 따른 특수한 기호 또는 번호를 이용하여 조사된 방언형을 해당 지역에 기입하는 방식으로 방언형의 지역적인 분포를 드러내기 위한 지도이다.

진열지도는 조사된 방언형을 그대로 써넣거나 <지도 3-2>에서처럼 특수한 기호 또는 번호를 이용하여 조사된 방언형을 해당

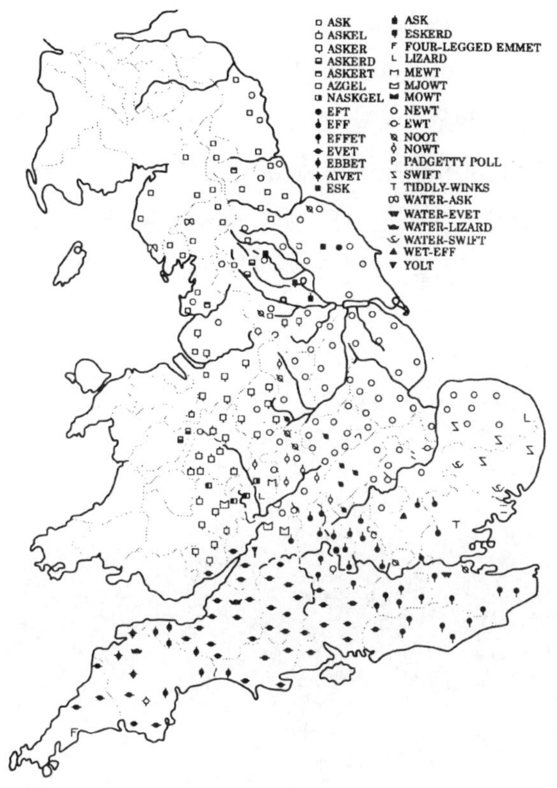

〈지도 3-2〉 진열지도

지역에 기입해 넣는 방식을 취한다. 진열지도는 방언형의 기입 방식에 따라 ① 어형지도(음성기호지도), ② 도안형지도, ③ 천연색지도, ④ 분포도지도 형식이 있다.

진열지도는 좁은 지도 안에 매우 다양하고 많은 방언형을 그려 넣어야 한다. 따라서 지도가 너무나 복잡하여 지도를 판독하거나 해석하는 데 어려움이 따르며 지도를 작성하는 데에도 많은 시간과 노력이 따르게 된다.

(1) 어형지도(음성기호지도)

원자료지도(raw data map)는 가장 일반적인 형식으로서 지도 위에 조사된 실제 방언형들을 기록해 넣거나 방언형을 특정한 상징부호나 숫자로 대치하여 기록해 넣는 방식이다. 이는 어형지도라고도 한다. 원자료지도는 지도 제작 방법에 따라 <지도 3－3>처럼 조사된 음성기호를 그대로 기입해 넣는 음성기호지도와 <지

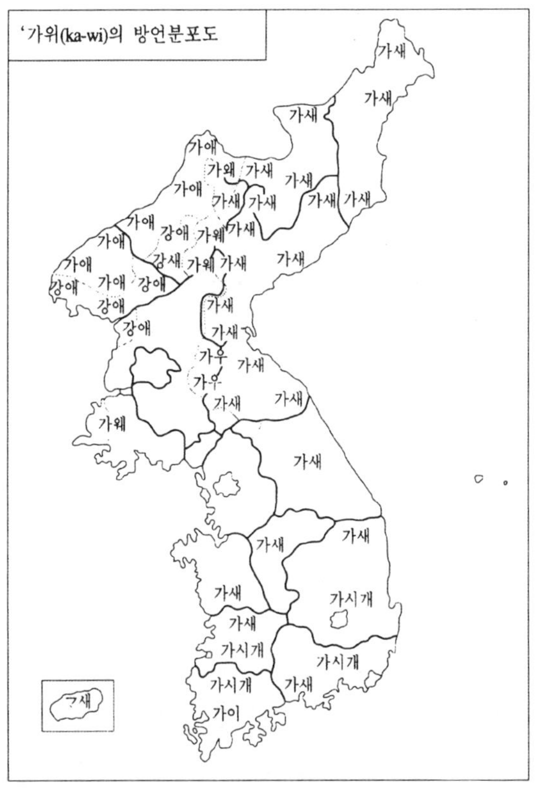

〈지도 3－3〉 '가위'의 방언분포도(김병제, 1988:241)

도 3－4>와 같이 음성형을 상징부호나 숫자로 바꾸어 넣는 일종의 부호지도(symbol maps) 및 채색을 한 천연색지도가 있다.

음성기호지도는 Jaberg와 Jud가 만든 AIS나 Kurath의 『뉴잉글랜드언어지도』(LANE)가 대표적이다. 원자료지도는 목록이나 도

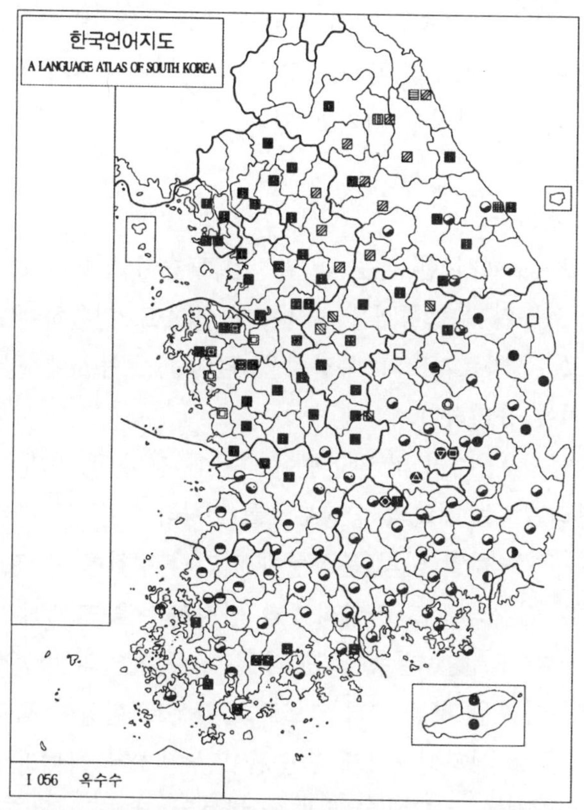

〈지도 3－4〉 '옥수수'의 방언분포(이상규 : 2002)

표 형식의 자료보다는 지리적 분포를 직접적이고 시각적으로 보여줄 수 있다는 면에서 분명한 이점이 있다. 그러나 음성기호를 그대로 기입하는 지도에서는 조사지역이 촘촘하게 밀집되어 있는 경우 너무나 복잡해서 판독하기 힘들며 조사지역이 넓은 경우에는 지도가 너무 커진다는 약점이 있다. 또 조사지역은 넓고 지도는 작은 경우 방언형을 직접 기입해 넣는 것은 불가능해진다. 만일 방언형을 부호로 대치하는 경우 음성적 세부 사항이 누락되는 경우도 있다는 약점을 가지고 있다.

(2) 부호지도

원자료지도에서 한 걸음 더 발전된 모습이 부호지도이다. 부호지도는 조사된 음성형식을 도형이나 기호로 전환하여 기입하는 방식으로, 원자료지도의 복잡성을 덜어주는 동시에 방언분포를 파악하기에 유리하다.

예를 들어 '잠자리'의 방언형이 다음과 같이 두 가지 계열로 크게 구분되면, 두 계열의 상징부호를 ○형과 □형, 두 부류로 배열하고 다시 두 계열 내의 분화형에 약간의 변화를 준 도형부호를 부여한다. 잠자리 / ○, 잠바리 / ●, 잔자리 / ◑, 잠재리 / ◉, 철겡이 / □, 철:기 / ■, 철뱅이 / ▣와 같이 두 계열의 방언형 가운데 기본형에 가까운 것을 ○과 □으로 움라우트 현상이 적용된 어형을 ◉과 ▣로 나타냄으로써 단순한 도형부호가 아니라 어휘분화에 대한 해석과 동시에 음운론적 해석을 전제로 한 도형부호를 배치하는 것이 원칙이다.

이러한 상징지도는 아주 미세한 방언형의 차이를 나타내는 데 어려움이 있을 뿐만 아니라 자칫하면 조사된 자료를 빠뜨릴 위험성이 크다. 또한 음성적으로 미세한 세부 사항이 단순화될 위험성을 안고 있다. 그러므로 이러한 상징지도는 지도 작성 이전에 항목별로 충분한 검토를 통하여 상징부호 배치에 면밀한 일관성을 기하도록 해야 한다.

2) 해석지도

단순히 현지 자료를 제시하는 것이 아니라 그 지역의 방언체계와 인접 방언체계의 상관관계를 표현한 지도가 해석지도(interpretative map)이다.

해석지도는 지역별 방언형의 분포를 구분하여 방언권을 확정지어 놓은 지도라고 할 수 있다. 따라서 미세한 방언형을 기입해 넣은 지도가 아니라 등어선을 그려 넣거나 채색을 달리하여 방언권을 나타내 주게 된다. 그러나 최근에는 지점 간의 거리와 방언형의 출현 빈도의 상관관계를 미세하게 나타내 주거나 등어선의 등급을 등어선의 굵기로 나타내어 방언권의 차이를 계량적으로 나타내기도 한다. 따라서 해석지도의 이용자를 위해서는 기초적 자료인 현지 면담 사본뿐만 아니라 테이프-리코딩까지 이용할 수 있도록 해야 한다.

그러므로 해석지도는 지역 간에 우세한 변이형의 분포가 지도상에 나타날 수 있게 해 줄 뿐만 아니라 자료에 대한 설명을 가한 언어지도이다. 해석지도는 조사된 방언을 언어지도에 표시하는 데 적절한 설명이나 해석을 가한 것이다. <지도 3-5>에서처럼 희귀한 어형은 빼 버리고 우세한 분화형을 중심으로 지도

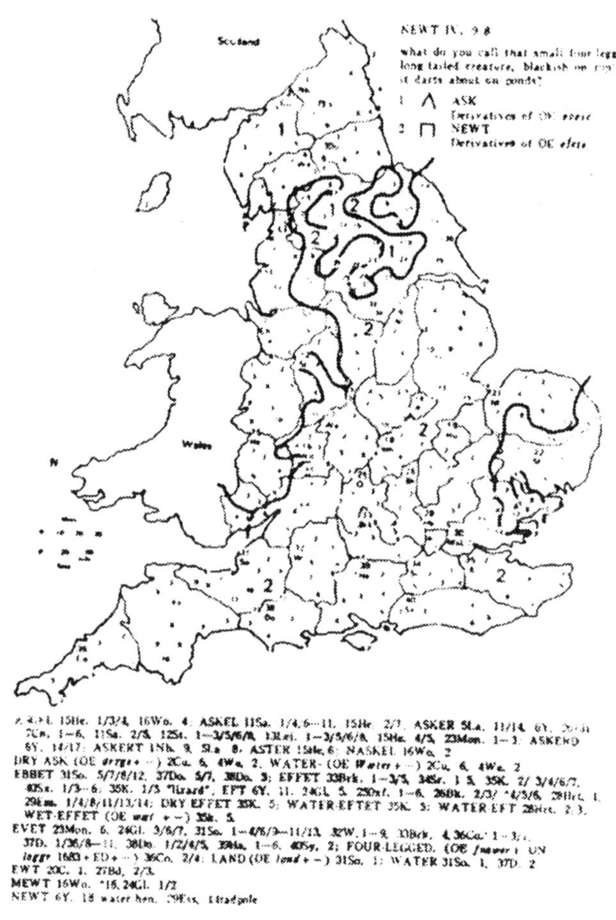

〈지도 3-5〉 해석지도

상에 그 분포를 그려 넣음으로써 방언분화의 분포 추이를 표시한 지도이다.

해석지도는 방언분화의 정보를 미리 어떤 해석을 통해 단순화 과정을 거친 지도를 의미한다.

해석지도에는 ① 방언구획지도, ② 혼합형지도(지도와 목록 형식), ③ 편집지도 ④ 등어선 지도 ⑤ 구조적 지도 등이 있다.

(1) 지도와 목록 형식

원자료지도가 안고 있는 약점을 보완하는 방법으로 『독일권 스

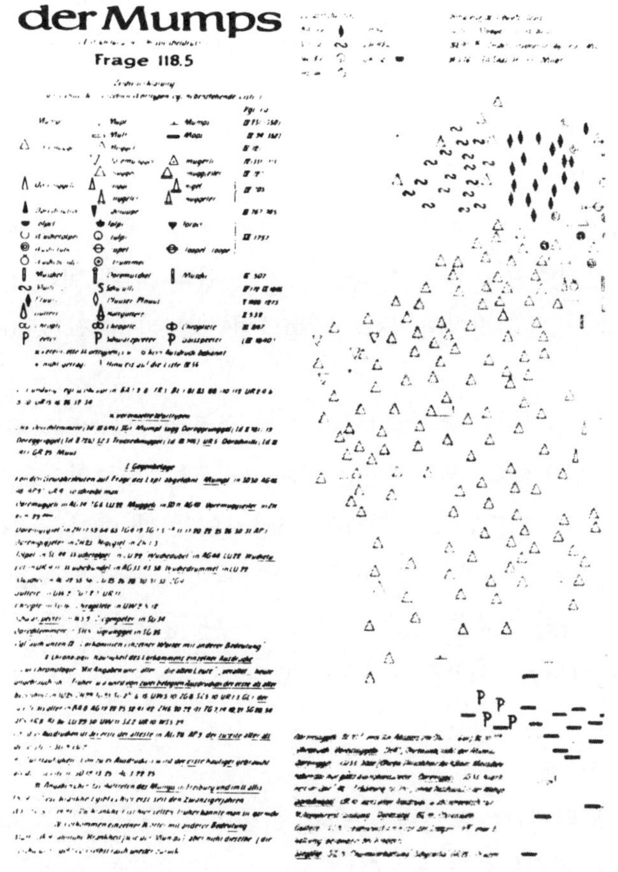

〈지도 3-6〉 지도·목록 형식의 언어지도(France, 1980:123)

위스 언어지도』(Sprachatlas de Deutschen Schweiz)에서 시도하여 방언형이나 상징기호 목록과 언어지도를 통합하여 발간하였다. 이러한 방법은 자료를 정확하게 보여준다는 면에서 활용 가치가 높지만 발간하는 데에 비용과 노력이 많이 든다.

이러한 방법의 경우 일차적으로 어휘 분포를 파악하기 위해서는 언어지도를 참고하고 미세한 음성적 정보는 목록을 통하여 확인이 가능하다. 따라서 초보자들에게도 읽기 쉽고 판독이 용이하다는 이점이 있다.

(2) 편집지도

원자료지도나 지도와 목록 형식은 모든 응답형을 하나에서 열까지 모두 보여주고자 하는 목적을 가지고 있다. 이에 반해 생생한 자료를 가지고 편집자의 해석을 반영한 지도가 편집지도(edited map)이다.

<지도 3-7>이 보여주는 것처럼 여러 종류의 그림(빗금, 음영)을 이용하여 방언형의 분포지역을 나타내 주는 일종의 도안지도(draft maps)인 분포도지도 형식은 편집지도의 한 예이다. 그러나 이러한 편집지도는 한 가지 이상의 방언형이 중복되는 것을 빗금을 겹쳐서 나타낼 수는 있으나 지역의 수나 정확한 위치 및 방언형의 출현빈도를 나타내 주지는 못한다.

(3) 등어선지도

해석지도의 가장 보편적인 유형이 등어선지도(isogloss map)이다. 어휘의 지역분화가 음성이나 음운의 차이보다는 비교적 명징

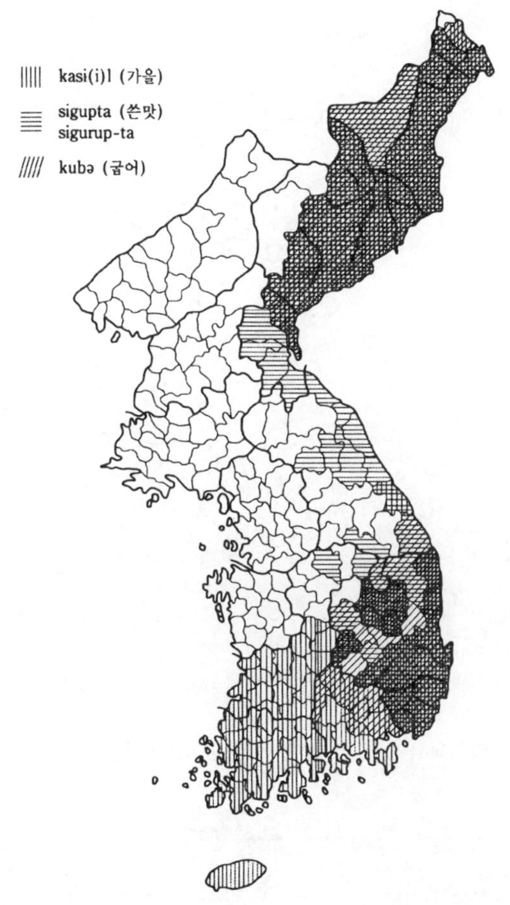

〈지도 3-7〉 방언도안(편집지도)(김형규, 1980 : 지도 10)

하게 드러나기 때문에, 등어선 지도는 지도상에 어휘 차이 지역을 가르는 분계선인 등어선이 그어진 방언지도를 말한다.

<지도 3-8>은 ewe-lamb와 gimmer-lamb의 분포를 보여준다. 분화형을 기준으로 하여 1, 2지역으로 구분된 등어선은

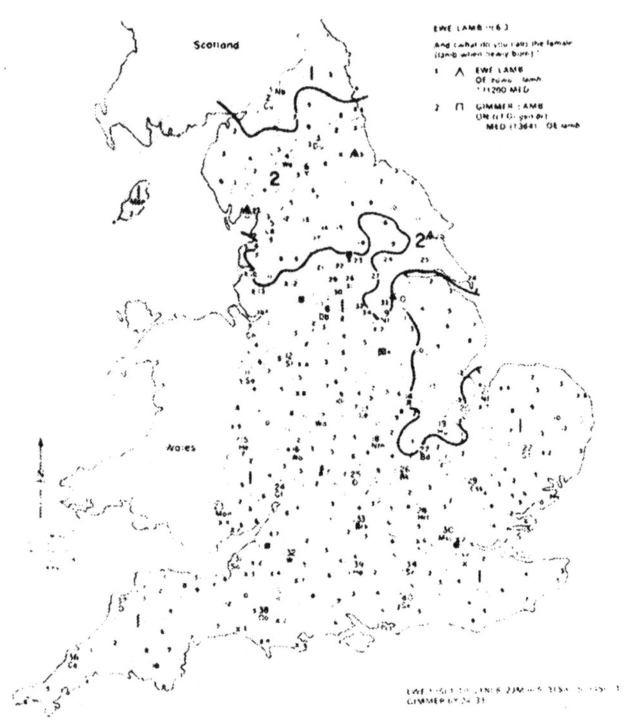

〈지도 3-8〉 영국에서 '*ewe-lamb*'에 대한 단어분포 등어선지도(WGE, 지도44)

Scotland지역과 중동부지역을 분할한다.

Orton and Wright(1974:3)는 등어선지도의 약점을 등어선이 방언분화의 정확한 지역을 나타내지 못하고 대강의 경계만을 나타낸다는 데 있다고 지적하고 있다. 등어선지도는 다른 지도보다 판독하기에 용이하지만 해석이 잘못될 가능성도 없지 않다. 그래서 Jean Séguy(1973a : 3)는 등어선으로 나타나는 곡선은 독자들에게 가공의 정보를 제공할 수도 있다고 비판하고 있다. Séguy에 의해 지역방언 간 차이의 정도를 등어선에 뚜렷이 표시하는 방법으로

<지도 3－9>처럼 대비되는 어휘 항목 수에 따라 등어선의 두께를 달리 그려 넣는 방법이 고안되기도 하였다.

이러한 방법이 보다 심화된 것으로 등어선이라는 개념을 버리고 Séguy가 제안한 언어적 거리(linguistic distance)라는 구획정리 방법을 이용하는 지도 작성방법이 있다. 이 지도는 매우 어수선하고 복잡하게 보이지만 인접 지역의 언어차이의 정도를 계량적으로 나타내 줄 뿐만 아니라 어떤 지역에 어떤 응답형이 나왔는지에 대한 정확한 정보를 제공해 준다. 이 지도에서는 두 인접 지역 사이의 응답형을 비교하여 서로 일치하지 않는 항목과 총 항목과의 백분율이 두 지역 간의 언어적 거리가 된다. 지역 간의 언어적 거리를 여러 가지 선의 두께로 나타내어 지도상에 표현한다. 이러한 방법에 의해 제작된 『가스코뉴 지역의 언어 민속지도』(Atlas Linguistique et Ethnographique de la Gascony)는 <지도 3－10>과

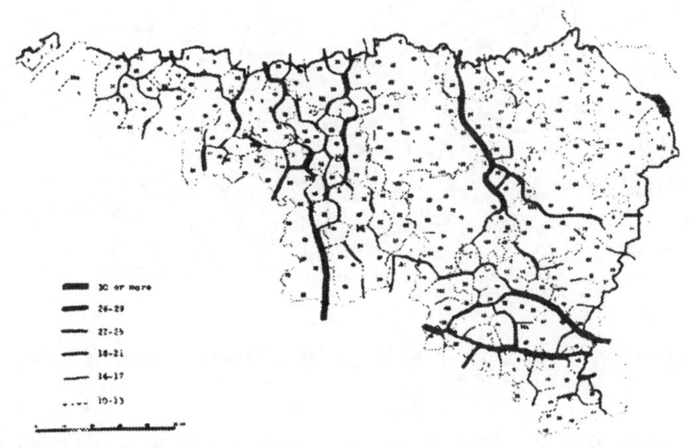

〈지도 3－9〉 벨지움의 Walloon 지역에서 등어선지도(Atwood, 1955 : 지도 1)

같다.[11)]

이러한 언어지도 형식은 방언차이의 정도를 객관적·계량적으로 보여준다는 이점이 있다. 즉 사용자에게 단순한 자료의 해석이 아닌 방언차이를 계량적으로 요약하여 제공하고 있다. 우리나라에도 최명옥(1994) 등에 의해 실제로 방언권 구획에 계량적인 방식을 응용한 언어지도가 제작·소개되고 있다.

이 밖에도 해석지도에는 최근 Fukushima(2002)가 SEAL에서

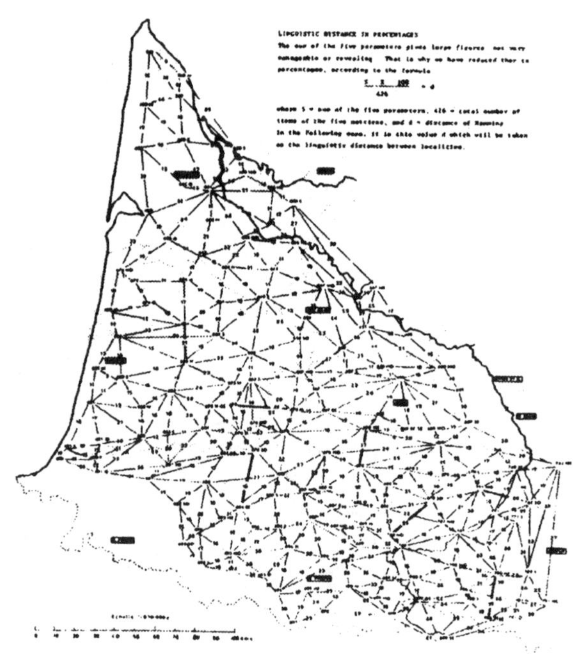

〈지도 3-10〉 Gascony에서 언어적 거리의 백분율(ALG, Vol.6 : 지도2524)

11) Jean Séguy(1954-73), 「Atlas linguistique et ethnographique de la Gascogne」, al. 6 vols in 9, parts. Paris : Centre National de la Recherche Scientifique (ALG)

제시한 ① 확산지도, ② 대조지도가 있다. 확산지도는 다양한 방언형을 상징부호로 그 분포도를 나타내며, 대조지도는 어휘분포를 계량화한 누적분포를 상징부호의 크기에 반영시킨 지도로서 방언형의 경계를 용이하게 파악할 수 있고 개신의 방향을 쉽게 예측할 수 있다.

<지도 3-11>은 SEAL를 활용한 확산지도인데 방언분화형의 빈도수를 반영하고 있어서 언어변화의 방향을 예측할 수 있다.

(4) 구조적 지도

최근에 개별 항목 또는 항목의 구조를 요약하거나 자료의 의미구조를 해석하여 공시적·통시적인 측면에서 지도화하는 실험이 이루어지고 있다. 이는 전적으로 자료에 대한 언어학적 해석에 의존하여 제작되는 지도이다. 일종의 도안지도라고 할 수 있는 구조적 지도(structural map)는 정확한 지도 형식을 이용하지 않고 지리

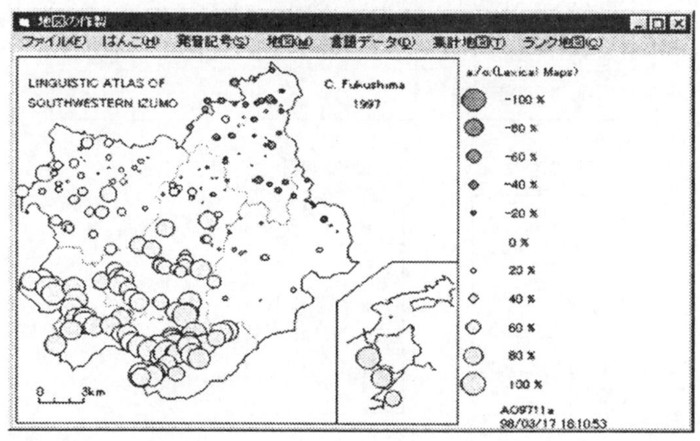

〈지도 3-11〉 확산지도(Linguistic Atlas of Southwestern Izumo, 후쿠시마 홈페이지)

적 구획을 하는 데 있어 직선을 이용하여 방언권을 그리는 지도이기 때문에 정확한 지리적 지점은 명시되지 않는다.

'카토그램'으로 방언구역을 구조적 지도로 형상화하여 방언분포를 나타내기도 한다. '졸다'와 '자불다'의 파생어인 '졸음'과 '자불음'과 '자불 -어'의 굴절환경에서 방언분포도를 카토그램으로 각각 나타내면 <지도 3－12>와 같다.

구조지도는 체계의 지리적 차이를 기술하는 데 매우 유용하지만 역시 지리적 분포에 대한 정밀성이 떨어지는 약점도 있다.

(5) 이미지 지도

<지도 3－13>과 같은 이미지 지도(image maps) 또는 인식지

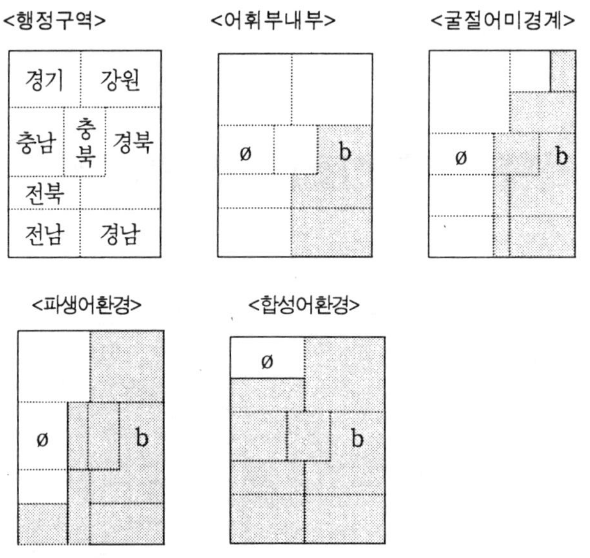

〈지도 3－12〉 '졸다', '졸음'의 방언분포

〈지도 3-13〉 인식지도(Dennis R. Preston(1989), 미국 방언에 대한 하와이인들의 인식분포도

도(perceptual iso-goloss)는 토박이 제보자들에게 자기가 거주하는 지역으로부터 어떤 지점에서 언어차이를 인식하고 있는지에 대한 설문을 토대로 하여 방언경계나 등어지대 또는 전이지대에서 보다 미세한 동·리 단위 사이로 흐르는 등어선을 발견하기 위해 고안된 지도이다.

이미지 지도나 인식등어선으로 순수한 언어학적 변이를 확인하기는 어렵지만 이미 완성된 언어지도에서 보다 미세하게 방언경계를 찾아내는 데는 유용하게 이용될 수 있다.

위에서 살펴본 원자료지도(raw data map), 지도와 목록의 조화(map and list combinations), 편집지도(edited map), 해석지도(interpretative map), 등어선지도(isogloss map), 구조적 지도(structural map)와 최근 미국에서 시도되고 있는 상징지도(image map) 등은 W. N. Francis(1983 : 105-144)가 분류한 언어지도 형식이다.

언어지도 형식은 조사 지역의 크기나 지도의 규모에 따라서 또는 조사지점의 수, 조사 자료의 종류 등에 따라서 결정되기도 하지만 ① 조사된 음성전사형을 그대로 조사지역에 기입하는 원자료지도, ② 음성형식을 도형이나 기호로 전환하여 기입하는 부호지도 형식, ③ 부호지도 형식을 선으로 그어 동일한 방언지역을 명시해 주는 선지도 형식, ④ 원자료지도 형식과 부호지도 형식을 혼합한 평면지도 형식 등은 지도 작성 방법에 따른 형식이다.

다음은 전산화 시기를 기점으로 하여 손으로 그리는 방식과 전산화 방식으로 구분하여 표현기법의 장점을 가진 유형을 중심으로 살펴보기로 한다.

3) 손으로 그리는 언어지도

백지도 상에 방언 전사형이나 또는 상징 부호를 각 지점에 직접 손으로 기입하는 방식으로 이는 인쇄 과정을 통해 다시 두 가지 형식으로 구분된다.

(1) 오프세트 기법

그림을 그대로 오프세트로 인쇄(마스터 인쇄 기법도 동일한 원리)한다.

(2) 트레싱 기법

연구자가 직접 손으로 그린 지도를 인쇄 도안사가 트레싱지에 다시 옮겨 그린다. 손으로 언어지도를 그리는 방법은 비경제적이고 정확도에 있어서 신뢰도가 떨어질 수 있다는 단점을 가진다.

특히 50년대를 전후하여 등사판으로 제작한 방언지도는 매우 조잡할 뿐만 아니라 판독을 하는 데도 어려움이 있다.

80년대 이후 PC 보급의 확대로 언어지도를 손으로 그리던 방식에서 컴퓨터를 활용하여 그리는 방식으로 전환된다.

4) PC를 활용한 전산화와 언어지도

최근 컴퓨터가 보급된 이래 언어지도 형식은 매우 다양한 모습을 보여주고 있다. 자료의 양과 형태면에서, 그리고 표현 양식 면에서, 자료 처리의 종합화와 단순화 정도에 따라서, 자료의 시각적 표현 방식 등에 따라 다양하게 지도 유형을 분류한다.

컴퓨터의 성능과 데이터베이스나 화상계열의 소프트웨어의 발달에 따른 표현기법의 차이, 혹은 언어지도 및 언어 데이터 구축 방식의 발달과정의 차이에 따라 설명하기도 한다.12)

컴퓨터의 보급이 확산되면서 PC를 활용한 언어지도 제작이 급속도로 발전한다. 방언 연구자들의 연구과제에서는 벗어난다고 주장하지만 실재 언어지도 제작 작업은 언어 자료에 대한 분석능력을 신장하는 데 매우 효과적인 교육 방식이다.13)

지도 형식은 조사 지역의 크기나 지도의 규모, 조사 지점의 수, 조사 자료의 종류 등이나 지도 제작 방법에 따라 구분, 자료의 처

---

12) 타하라히로시(田原廣史)(2002), 「コンピータと方言研究」, ≪21世紀の方言研究≫, 國書刊行會.

13) 이노우에 후미오(井上 史雄)(2002), 「言語地圖의 魅力」, ≪일본어학≫ 9월호. "지도화하면 데이터에 대한 해석이 쉬워지며 생각할 수 없었던 현상을 알게 된다. 문장이나 표에서 몰랐던 것이 보이게 된다."라는 말처럼 언어지도가 지도를 제작하는 단순한 기술적인 방식이 아니라 언어지도를 그리는 과정을 통해 언어 자료에 대한 분석과 해석에 대한 논리적 사유를 할 수 있다.

리 방식이나 지도 제작의 전산화 방법도 매우 다양하다.

최근까지 전산화된 언어지도 제작 방식은 기존에 개발된 소프트웨어를 활용하는 방식과 전면 전산화한 지도 제작 시스템을 활용하는 방식이 있다. 이 장에서는 언어지도 제작의 발달 과정을 고려한 중요성과를 중심으로 살펴보려 한다.

(1) 기존의 소프트웨어를 조합 활용한 언어지도

한국에서의 언어지도 제작 전산화 과정은 방언 자료의 데이터 구축 방식에 대한 모색, 백지도의 화상화 및 출력 방식, 방언자료의 부호화와 아울러 백지도상에 진열하는 문제 등으로 집약된다.

초창기 자료 전산화는 주로 'OHP', '보석글', '흔글'과 같은 워드프로세서를 이용, 화상 진열 및 출력 방식은 워드의 메일머지를 활용하거나 백지도 상에 그리드를 설정하여 지점을 지정하는 방식이 주로 이용되었다.

최근에는 백지도의 화상제작과 출력 문제는 개발되어 있는 패키지 소프트웨어(비트맵, 페인트 블러쉬, 포토샵, 일러스트레이터)를 활용하는 방식으로 전개되었다. 한국에서는 방언 자료의 데이터베이스 구축 과정에서 언어지도를 제작하여 출력하는 모든 과정을 전면 전산화로 처리할 수 있는 본격적인 프로그램은 개발되지 못한 실정이다.

언어지도 제작에 처음으로 정인상(1985)은 dBASE II, 김충회·홍윤표·김병선·소강춘(1991)은 dBASE III를 활용했다. 또한 메일메이지를 이용한 김덕호(2001)의 언어지도 제작 방식이 널리 보급되면서 연구자가 개인별로 화상 소프트웨어(포토샵, 아크뷰, 윈도우즈용 그림판)를 활용 등어선 지도를 제작하는(최명옥:1992, 1994, 김정대:1998, 이상규:1998, 김택구:1991) 방법이 널리 확산되었다.

이것은 손으로 그리는 것보다는 많이 발전하였지만 기존의 화상 소프트웨어의 연계로 제작하는 방식이기 때문에 엄밀하게 말하면 전면적인 언어지도의 전산화라고 말하기는 어렵다.

(2) 격자형 매트릭스 지도(Grid-matrix map) 제작

격자지도란 바탕지도 대신 전체적인 지역구도나 또는 바탕 지도를 격자창 모양으로 완전히 추상화하여 구조화한 지도 형식이다. 김충회(1992)는 보석글 II와 HANDB를 활용하여 글로토그램 방식의 전용 언어지도 제작 시스템을 처음으로 우리나라 학계에 소개하였다.

일본의 오기노 추나오(荻野綱男)는 70년대에 GLAPS(Ogino 1994)

〈지도 3-14〉 김충회 (1992), 격자지도 바탕

라 부르는 언어지도 제작용 패키지 프로그램을 개발하였다. GLAPS의 표현 방식은 크로스테이블 형식과 글로토그램 형식으로 표현한다. 가로 세로 80칼럼의 격자(*grid*)를 코드화하여 디스켓 파일로 전환하는 방식이다.

타카하시켄지(高橋 顯志)가 글로토그램 분포도를 언어지도 상에 그린 "보링 언어지도" 형식이 있다.[14] 보링 언어지도는 백지도 위에 모눈종이와 같이 구성된 격자 형식을 배치하여 각 지점 상에 언어의 분포를 그리는 방식이다. 글로토그램은 실제로는 2차원의 표현방식이지만 그 복잡한 중층의 정보를 실을 수 있을 뿐만 아니라 제보자의 정보를 백분율로 계산하여 표시하는 빈도수(%) 글로토그램의 방식도 제안하고 있다.

이는 사회언어학의 이론과도 밀접한 관계를 맺고 있을 뿐만 아니라 GIS에 의한 지도화 방식과 결합 발전될 전망을 보인다.

이와 유사한 언어지도 제작법은 영국의 언어지도 제작 프로그램인 SYMVU(하버드 대학의 컴퓨터 그래픽 실험실에서 시작됨)가 있으며, 이를 활용하여 Welsh 방언 자료를 분석한 Alan R. Thomas (1980)의 논문도 소개되었다.[15]

격자지도는 컴퓨터가 도입되던 초창기 지도상에 가로×세로의 격자망을 활용 구조화한 지도로서 카토그램 지도나 클러스트지도 형식은 GIS프로그램이 출시된 이후 공간정보의 데이터화하는 방

---

14) 타카하시겐지(高橋顯志)(2002), 「보링 言語地圖」, ≪日本語學≫ 9월호. 평면적인 언어지도를 "노두의 언어지도"라고 한다면 글로토그램으로 그린 언어지도는 "보링 언어지도"라고 명명하고 있다.

15) Alan R. Thomas(1980), ≪Areal Analysis of Dialect Data by Computer≫, Cardiff Unov. of Wales Press.

식으로 최근 활발하게 논의되고 있다.

(3) 방언검색과 언어지도 겸용

방언자료의 검색과 동시에 언어분포 지도를 확인할 수 있는 프로그램으로 세종프로젝트(2001)의 일환으로 개발된 <한국방언검색 프로그램>이 있다. 언어지도 제작 방식도 매우 독특한 아크뷰의 마스크 기법을 활용 방언 분포를 언어지도에 채색으로 표시한다.[16] 검색시스템에 부착된 방언지도는 정교함이 뒤떨어지며, 자료의 입력이 불가능하나 화상 열람의 기능은 갖추어진 프로그램이다.

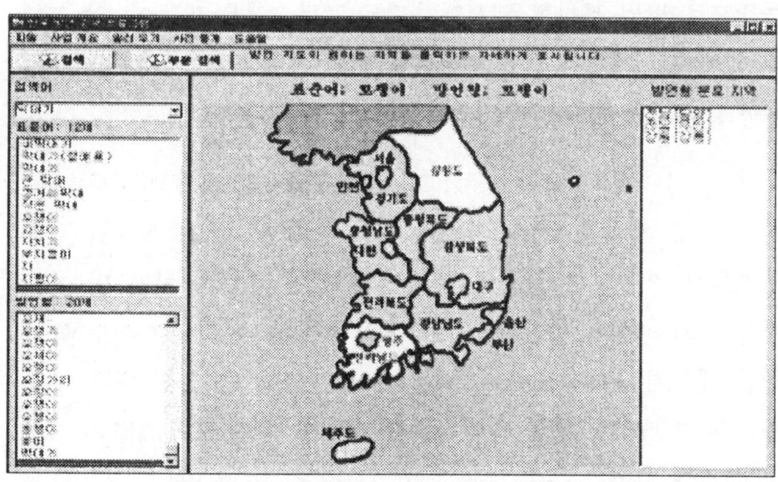

〈지도 3-15〉 세종계획(2001), 〈한국방언검색프로그램〉

16) 두길수 · 안동언(2002), 「한국 방언 검색 프로그램 개발」, ≪한국어와 정보≫, 愚山 洪允杓 敎授回甲 紀念論文集. 태학사.

(4) 상징부호 언어지도

상징부호 언어지도는 언어 형식을 대신하는 다양한 상징부호나 색상을 활용 지도상에 묘사한다. 데이터베이스를 구축하여 자동으로 언어지도를 제작할 수 있는 대표적인 시스템을 소개하면 다음과 같다.

① 일본의 국립국어연구소(2002)에서는 ≪방언문법전국지도(GAJ)≫ 제5집부터 전면적으로 상징부호 언어지도 제작 과정을 전산화했다. GAJ는 지도와 문자 그리고 방언형의 부호 또는 색깔을 화상으로 여러 장을 포개어 언어지도를 제작하는 방식(기본적으로 아도비사의 화상소프트 일러스트레이터를 활용[17])이다. 각 지점에 기호가 자동적으로 방언 분화형을 선택하도록 프로그램을 만들어, 말 그대로 언어지도 제작의 전면 자동화를 꾀한 프로그램인 LMS(*Language Map System*)을 "프라그인 LMS"라고도 부른다.[18]

② 1983년에 Chitsuko and Yusuke Fukushima가 개발한 상징부호 지도 제작용 SEAL시스템이다. 현재 SEAL은 영어판 윈도우즈에서 작동되며 앞으로 다국어의 언어 자료의 처리 및 지도 제작이 가능하다. 상징지도 제작뿐만 아니라 어휘실현 빈도를 반영한 해석지도(*Interpretative map*)까지도 그릴 수 있는 매우 우수한 프로그램이다. 한글 방언자료를 전사할 수 있도록 2003년 3개의 문자를 추가로 등록(한글 방언 자료를 한글이나 IPA로 전사가 전

---

17) 오니시 다쿠이치로(大西拓一郎)(2002), 「言語地圖製作の電算化」, ≪日本語學≫ 21호, 2002년 9월호.

18) http:\\wwwz.kokken.go.jp\henka1\index.html 사이트에서 다양한 언어지도 자료와 언어지도와 관련된 정보를 검색할 수 있다.

면적으로 가능)했다. 이상규(2003)는 SEAL을 한국 방언 자료를 처리할 수 있도록 변환하여 KSEAL이라는 이름으로 소개했다.

상징부호지도는 언어자료의 지리적 분포를 가장 효과적으로 나타낼 수 있는 방식이다. 그러나 상징부호가 언어분화를 일으키는 다양한 지역적 정보를 정확하게 반영 못한다는 한계가 있다(10만 명인 지점과 2만 명인 지점의 방언형이 대등한 상징부호로 나타낼 수밖에 없다). GIS와 연계하여 다양한 지역의 정보를 언어분화의 요인으로 설명할 수 있도록 발전될 전망이다.

(5) 음성언어지도

음성언어지도란 PC 화면상에 제작한 언어지도 위에 언어형식을 기호화한 것에다 현장조사에서 제보자의 발화인 음성을 동시에 배치한 것이다.

음성 언어지도 제작은 시판되는 소프트를 이용하여 언어지도를 만들고 음성 정보를 부가하는 방식이다. 엑셀 2000과 Filemaker Pro 5.5, Acrobat 5.0과 같은 기성의 소프트로 ① 데이터입력, ②기호 폰트 제작, ③ 기호로의 전환, ④ 백지도 제작, ⑤ Filemaker Pro로 신규 파일 제작, ⑥ PDF화와 폰트의 프로그램 과정을 거쳐 지도를 작

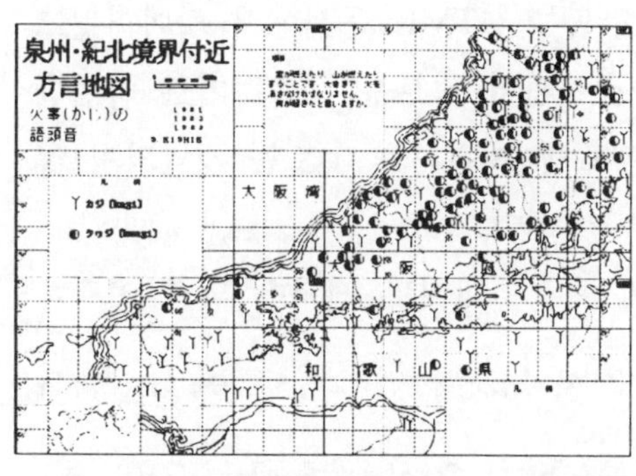

〈지도 3-16〉 키시에 신수케(岸江信介)의 홈페이지(岸江研究室)

성하고 다시 Acrobat의 링크 프로퍼티를 활용 pdf. 파일의 언어지도 기호 하나 하나를 링크 툴로 싸고 기호마다 음성파일과 연결시켜 완성한다.

전산화로 제작된 언어지도 상에 부호와 함께 생생한 제보자의 담화 자료를 제공할 수 있는 프로그램이 개발되었다. 음성언어지도는 도쿠시마대학교 키시에 신수케(岸江信介) 연구실을 중심으로 자연담화자료의 언어지도화 프로그램으로 개발되었다. GIS를 활용한 음성 언어지도 제작 시스템은 도야마대학교의 나가이세이치(中井精一) 교수가 개발한 것이 있으며, 동아시아지역의 음성언어지도 제작의 필요성과 방법에 대한 키베노부꼬(木部暢子) 교수의 논의도 있다.[19]

언어정보화의 발전과 더불어 음성 코퍼스 구축 작업이 활발하게 추진되면서 음성 자료가 지원되는 언어지도가 최근 개발되었다.[20] 한국에서도 "아래아 한글"이나 "파워포인트", "마이크로소프트 워드"에서 개체삽입(OLE:Object Linking & Embedding) 기법을 활용하거나 홈페이지를 만드는 HTML 문서에서 하이퍼링크(hyper-linker) 방식을 이용 음성언어 정보를 구축하기도 하지만 아직 언어지도와 함께 음성자료를 지원하는 지도는 개발되지 않았다.

최근 일본에서 동아시아의 음성언어지도 제작을 위한 연구가

19) 中央大學校日本學研究所(2004), 東アゼア聲の言語地圖 の作成に向けて, 日本文部科學省研究費, 聲の言語地圖 研究發表會.

20) 키시에 신수케(岸江信介)·키베 노부코(木部暢子)·이시다 유우코(石田祐子)(2002), 「聲の言語地圖」, ≪日本語學≫ 9月号. 언어지도상에 음성 데이터를 연계하여, 언어지도와 함께 생생한 제보자의 음성 데이터를 확인할 수 있는 프로그램을 소개하고 있다. 아울러 德島大學校 岸江 言語研究所 홈페이지에 음성언어지도를 공개하고 있다.

활발하다. 방언 음성자료를 골드웨이브 등의 시스템을 활용하여 음성데이터를 세그먼테이션을 하여 언어지도에 부착시키는 방식으로 음성언어지도를 제작하는 연구가 진행 중이다.[21)]

우리나라에서도 국립국어연구원에서 추진 중인 남북방언조사 계획에서 방언 음성자료의 데이터베이스화와 음성자료를 골드웨이브와 같은 전사 도구를 활용하여 음성자료를 세그먼테이션하여 전사를 하고 있다. 그러나 이들 음성데이터를 검색하고 또 이를 곧바로 언어지도에 태깅하는 과정에 대한 연구가 진행되어야 할 것이다.

(6) 방언인식 지도

인식지도(*perceptional map*)란 거주자들의 언어 인식을 조사하여 방언구획을 시도하거나 혹은 사회인식적 차이에 의한 방언의 차이를 지도에 반영한 것이다. Dennis R. Preston(1989)은 "미국 방언분포의 하와이인들의 인식도"(*Hawaiian Perception of United State Dialect Distribution*)라는 논문에서 하와이에 거주하는 사람들로부터 미국방언에 대한 인식도를 조사하여 언어나 방언구획을 한다.[22)] 한국방언 인식지도(*Perceptual Dialect Maps of Korea*)는 Daniel Long/ Isao Onishi과 임영철 교수가 공동으로 제작하였다.[23)]

---

21) 지난 2004년 9월 3일 중앙대학교에서 일본문부과학성연구비 "성의 언어지도" 연구발표회가 개최되었는데 동아시아 전반의 방언음성지도 제작의 필요성과 그 방법에 관한 논의가 있었다.

22) Dennis R. Preston(1989), ≪Hawaiian Perception of United State Dialect Distribution≫, Published by Foris Publications Holland,

23) 한국방언인식 지도는 http:\nihongo.human.metro-u.ac.jp\long\maphk-pleasantmap.htm 사이트를 참조.

(7) GIS를 활용한 다차원 언어지도

지리정보분석지원 시스템인 MANDARA를 이용하여 언어분화의 요인을 다차원적으로 해석하려는 시도가 논의되고 있다. 언어학뿐만 아니라 민속학, 사회언어학 등 다학제간의 연구회로서 앞으로 지리정보시스템(GIS)을 언어지도 제작에 활용하는 방안이 활발하게 연구될 전망이다.[24)]

도야마대학교의 나가이 세이치(中井精一)와 키베노부꼬(木部暢子) 교수의 음성지도 제작 방법에 대한 논의가 활발하게 진행되고 있다.[25)]

4.4 언어지도 제작의 현황과 미래

언어지도제작방식은 여러 가지가 있지만 컴퓨터를 활용하여 가장 용이하게 제작할 수 있는 상징부호지도인 KSEAL, Map Maker를 사용하여 언어지도 제작 방식, 음성언어지도 제작 방식에 한정하여 살펴보고자 한다.

1) KSEAL에서 언어지도 제작

(1) KSEAL에서 언어자료 구축

개인 컴퓨터를 활용하여 방언 자료를 구축하고 상징부호 언어지도를 제작할 수 있는 매우 유용한 KSEAL을 중심으로 언어자

24) 富山大學人文學部GIS硏究會(2003), ≪人文科學とGIS≫, 富山大學人文學部GIS硏究會

25) 中央大學校日本學硏究所(2004)、東アゼア聲の言語地圖 の作成に向けて, 日本文部科學省硏究費, 聲の言語地圖 硏究發表會 논문 참조

료 구축 방식에 대해 살펴보자.

이 프로그램은 일본 국립국어연구소의 LMS 시스템과 달리 다양한 언어지도와 정밀한 기호를 시스템을 활용하여 자유롭게 그려 넣을 수 있고, 어휘실현 빈도를 반영한 해석지도(*Interpretative map*)까지도 그릴 수 있는 매우 우수한 프로그램이다. 일본에서 개발한 SEAL 6.3E 판에는 한글 방언자료를 전사할 수 있도록 3개의 문자를 추가로 등록하였다. 따라서 SEAL(System of Exhibition and Analysis of Linguistic Data : 언어자료의 제시와 분석을 위한 시스템)에 의해 한글 방언 자료를 IPA로 정밀 전사가 전면적으로 가능하게 되었다.

한국정신문화연구원에서 조사한 방언 자료 "벼"의 137개 지역 방언형을 액셀을 이용하여 다음과 같이 데이터베이스를 구축하고 있다.

```
137,"c\:\Seal63E\Seal\SealData\SKorea\Ling\벼.dbs"
"*=no affix"

1,"베"
1,"베"
2,"베","벼"
1,"베"
1,"베"
1,"베"
1,"벼"
1,"베"
.................
```

1,"벼"
1,"베"
1,"베"
1,"벼"
1,"벼"
1,"베"
1,"벼"
1,"나락"
1."나락"
1,"나락"
1."나락"
....

첫 행의 137, "c\:\Seal63E\Seal\SealData\SKorea\Ling\벼.dbs"는 137은 137개 지점을 나타내고 이 자료의 패스워드와 확장자명(.dbs)를 뜻한다. 그 다음 칼럼에서 마지막 칼럼까지는 137개 지역을 나타낸다. 방언자료 첫 칼럼의 1, "벼"는 강원도 철원지역에 방언형이 1개이며, 그 방언형은 "벼"이다. 이와 같은 방식으로 방언지도 제작을 위한 방언자료를 구축하는 방식이 전산화 지도에 링크할 언어 데이터베이스가 된다.

이 자료는 KSEAL의 링크(*Link*)라는 폴더에 차곡차곡 저장하여 두었다가 지도 제작을 할 때 불러올 수 있고, 이 자료는 엑셀로 저장해 두기도 하지만 워드패드에 저장하여도 무방하다.

KSEAL에서는 이 자료를 불러와서 공통의 자료를 소팅하는 기능이 있다. 137개 지역 방언형을 소팅하면 동일한 방언형을 기준으로 재분류가 되기 때문에 자료를 해석하는 데 매우 유용하다.

(2) KSEAL에서 언어 지도 제작 순서

SEAL을 내려받은 다음 Sample 폴더의 하위 폴더 Ling에는 언어자료 데이터를 옮겨 넣고 폴더 Map에는 선 자료(Line Data)와 지점 자료(Point data), 캡션 자료(Kanji data)를 옮겨 넣는다.

① 자료 진열(Display of data)

SEAL을 구동한 다음 메인화면에 먼저 링 폴더에 있는 언어 자료를 불러서 진열을 한 뒤 자료를 소팅한다. 파일을 열어 링 폴더에 있는 db자료를 불러온다. 다음으로는 언어자료 진열(*display linguistic data*)에서 자료를 진열(*display*)한 다음 단어 종류별 목록화(*List kind of words*)에서 자료를 소트하여 저장한 다음 다시 파일로 돌아가 메인 메뉴로 나간다.

② 상징부호 배열(Set symbol)

자료 진열에서 저장된 소트파일에 빈도수가 명시된 자료에 매뉴얼을 참고 각각 상징부호를 지정한 다음 저장하면 아래와 같은 파일(.han)이 만들어져 링 폴더에 저장된다.

```
"<지도1> 벼(1-001)"
5
"나락", "나락"
49
12
12
1
0
0
```

"나랙", "나랙"
52
12
12
1
0
0
"나록", "나록"
54
12
12
1
0
0
"베", "베"
82
9
9
1
0
0
"벼", "벼"
84
9
9
1
0
0

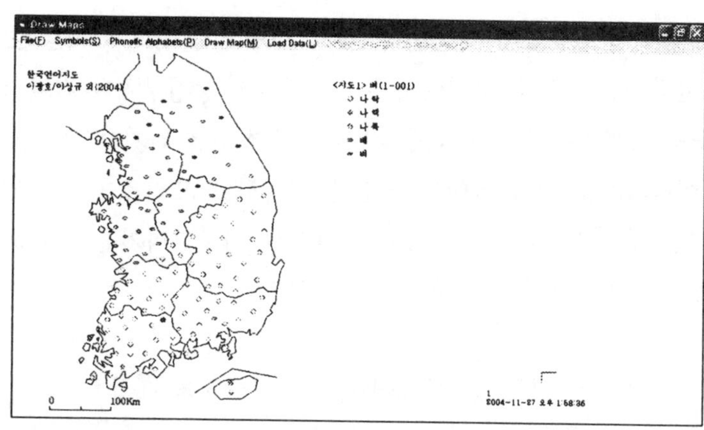

〈지도 3-17〉 KSEAL로 제작한 "벼"의 상징부호지도(이광호/이상규 외 2004)

상징부호 파일(.han)은 매우 중요하다. 예를 들어 "벼", "벼" 84 9 9 1 0 0의 정보는 다음과 같다.

"벼"(종류), "벼"(캡션)
84 심볼 번호
9 라인 색깔
9 페인트 색깔
1 부호 페인트 색깔
0 상징부호 크기
0 밝기 정도

지도를 그린 이후 상징부호의 색깔이나 크기 등의 정보를 바꿀 필요가 있을 때는 이 파일을 불러 언제든지 수정이 가능하다.

③ 지도 그리기와 인쇄

메인 화면의 지도그리기(*Draw map*)에서 언어지도를 클릭하면

지도상에 상징부호가 나타난다. 다시 파일에 들어가서 지도 크기를 설정하고 지점의 구성에서 두 개 이상의 상징부호가 겹쳐지지 않도록 오른쪽을 클릭한 다음 다시 메인 화면을 빠져나온다. 프린트 설정(Set print)에 들어가 마진을 결정하고 프린트에서 "예"를 선택한다. 다시 지도 그리기로 돌아가서 지도그리기를 클릭하면 화면이 없어지면서 언어지도가 출력된다.

2) 방언지도 제작기(MAP Maker)에서 언어지도 제작

(1) 프로그램의 특성

현장 언어 연구를 위한 분석 도구는 여러 가지가 있다. 방언지도 제작기(MAP Maker)는 현재까지 상징부호지도 가운데 가장 발전된 방식이다. 상징부호 언어지도를 제작하기 위한 도구로써 방언지도 제작기(MAP Maker)는 다음과 같은 몇 가지 장점을 가진다.

첫째, 윈도우즈 환경에서 매우 간편하게 언어지도를 제작할 수 있으며, 둘째, 방언형들을 자모순이나 빈도순으로 정렬(sorting)하는 기능을 가지고 있어 연산 및 정렬 기능을 통해 방언 자료의 분석과 해석이 용이하고, 셋째, 좌표 자동 설정 가능을 이용해 사용자가 원하는 형태의 지도를 쉽게 작성할 수 있다.

메뉴에는 '새 지도 파일 생성', '저장된 파일 열기', '지도 출력'을 비롯하여 기본 지도와 좌표 사용 여부, 랜덤 상징기호 사용 여부, 기본 폰트 사용 여부를 지정하거나 변경하는 '설정 변경', '종료', 그리고 새로운 배경 지도를 만들기 위한 '새 좌표 데이터 생성'이 있다.

(2) 지도 제작을 위한 데이터 구축

언어 지도를 제작하기 위해서는 바탕이 되는 백지도와 그 백지도의 지점 좌표가 구축된 좌표 데이터 그리고 어휘 데이터가 필요하다.

① 백지도

백지도 <그림 3-5>는 프로그램에서 기본적으로 제공되는 것으로 사용자가 원하는 어떤 그림 파일 형태의 지도를 이용하여 언어 지도를 제작할 수 있다. 사용자가 원하는 백지도는 스캐닝한 후 그림 파일로 저장하면 된다.

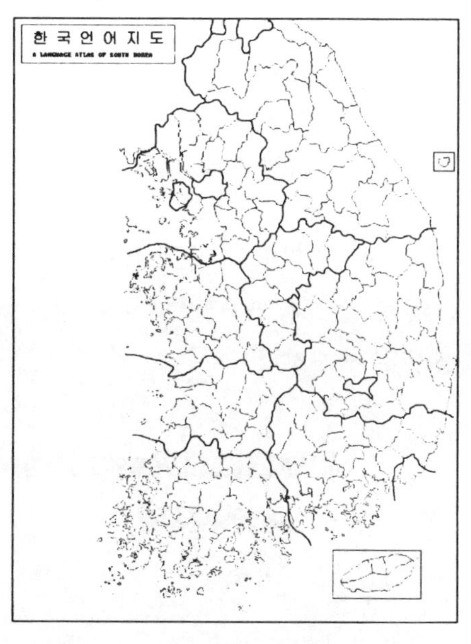

〈그림 3-5〉 MAP Maker의 기본 백지도

② 좌표 데이터

좌표 데이터는 사용자가 지정한 백지도에서 상징 부호가 나타나야 할 지점이다. 좌표 데이터 쉼표 앞부분은 그 지역의 x 좌표를 나타내고, 뒷부분은 y 좌표를 나타내는데, 보통 화상도구를 활용하여 스캔한 대상 백지도의 좌표를 하나씩 구축해야 한다. 그러나 방언지도 제작기에서는 자동으로 좌표 데이터를 생성할 수 있는 기능을 가지고 있다.

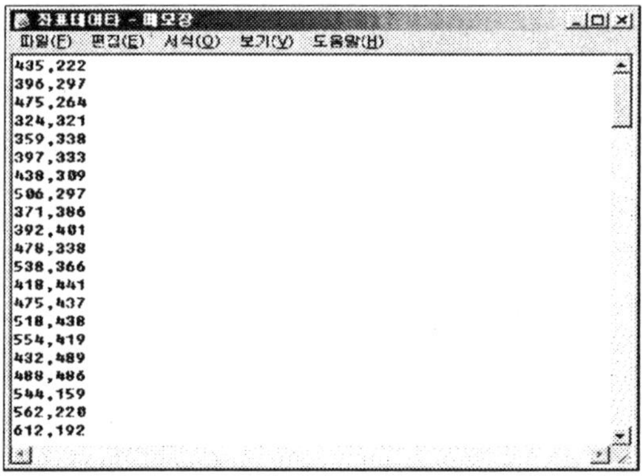

좌표데이터 - 메모장
파일(F) 편집(E) 서식(O) 보기(V) 도움말(H)
435,222
396,297
475,264
324,321
359,338
397,333
438,309
506,297
371,386
392,401
478,338
538,366
418,441
475,437
518,438
554,419
432,489
488,486
544,159
562,228
612,192

〈그림 3-6〉 MAP Maker 기본 백지도의 좌표 데이터

새로운 백지도의 좌표 데이터를 구축하는 방법은 다음과 같다.

첫째, <그림 3-7>과 같이 메뉴에서 좌표 → 새 좌표 데이터 생성을 선택한다.

지도 이미지 제작기
파일 좌표
새 좌표데이터 생성

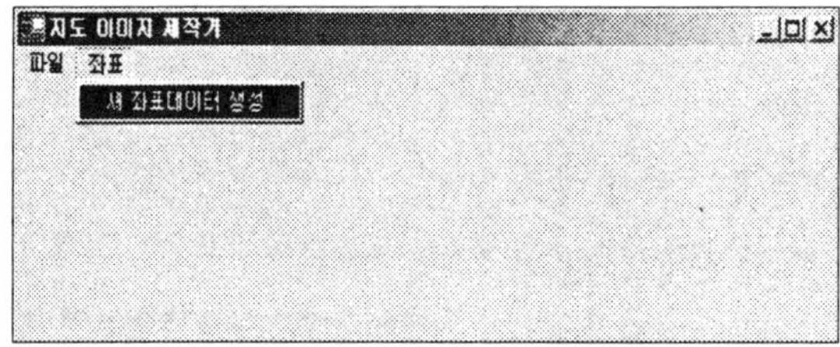

〈그림 3-7〉 새 좌표 데이터 생성

둘째, <그림 3-8>과 같이 파일 열기 팝업 창에서 좌표를 생성할 백지도 파일을 찾아 선택한다.

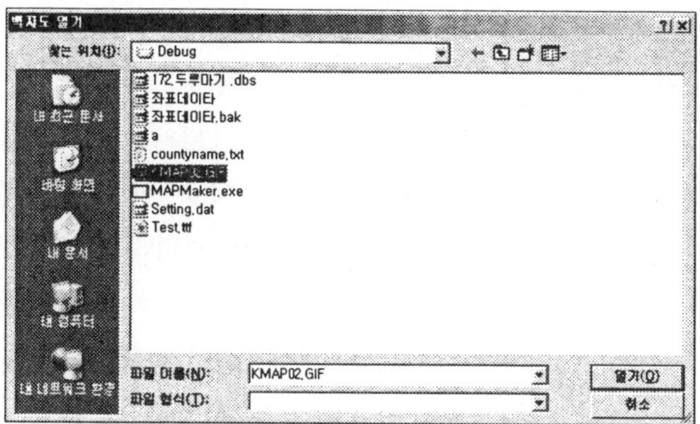

〈그림 3-8〉 백지도 열기

셋째, <그림 3-9>와 같이 지역명 파일을 선택하는 팝업 창이 나타나는데, 지역명 파일은 백지도에서 상징부호가 나타나야 할 지역 이름을 다음 <그림 3-10>과 같이 작성한 뒤 텍스트 파일로 저장한다.

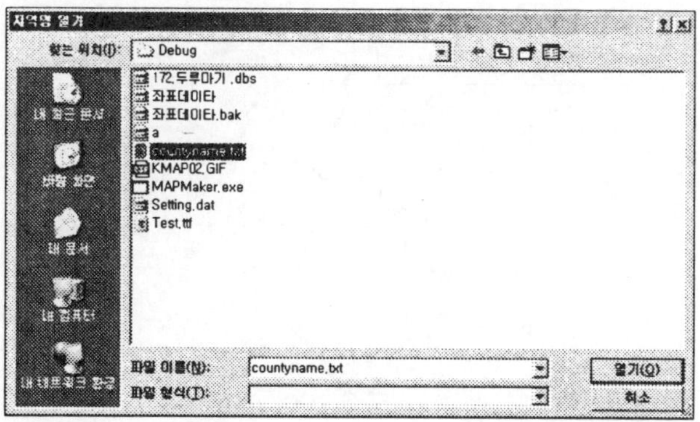

〈그림 3-9〉 지역명 파일 열기

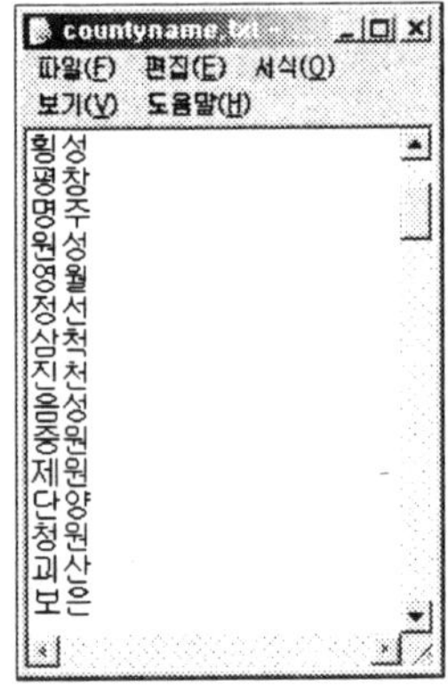

〈그림 3-10〉 지역명 파일

<그림 3-10> 지역명 파일 열기 팝업 창에서 이 지역명 파일을 선택하여 열면 <그림 3-11>과 같은 좌표 설정 창이 뜨게 되는데, 이때 지도에서 해당 지점을 마우스로 클릭하면 오른쪽 창에 클릭한 지점의 x 좌표와 y 좌표가 자동으로 설정된다. 이런 방법으로 해당 지역의 좌표를 모두 설정한 뒤 파일 → 좌표 데이터 저장을 눌러 좌표 데이터의 파일 이름을 부여한 뒤 저장하고 파일 → 종료하기를 눌러 종료하면 그 백지도의 좌표 데이터가 자동으로 구축된다.

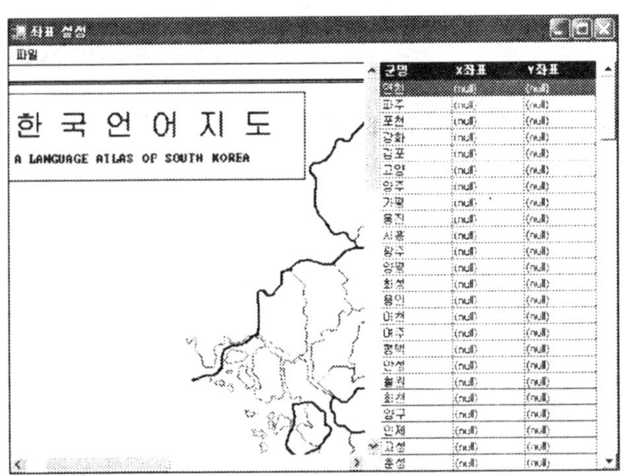

〈그림 3-11〉 좌표 자동 설정

③ 어휘 데이터

어휘 데이터는 <그림 3-12> 좌표 자동 설정과 같은 형식으로 구축한다. 첫 칼럼의 172 뒤에 오는 "두루마기"는 대표어형(표준어형)을 나타낸다. 두 번째 칼럼부터 마지막까지가 이 어휘의 지역별 방언형으로 좌표 데이터와 같은 지역 순서대로 방언형이 기록되어야 한다. 또 한 지역에 방언형이 두 개 이상일 경우에는 쉼표로 구분하여 나열하면 된다. 예를 들어 좌표 데이터의 첫 번째 지역이 강원도 철원이라면 철원 지역의 두루마기의 방언형은 "후루막, 후루매기, 두루마기"임을 뜻한다. 이 어휘 데이터는 엑셀이나 워드패드에서 작성하여 확장자명을 ***.dbs로 저장하면 된다.

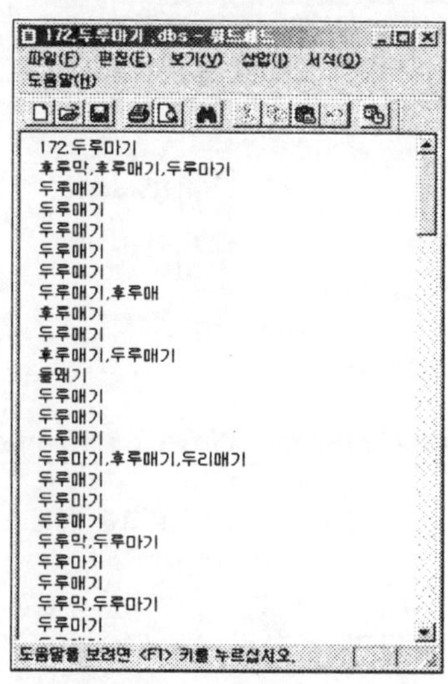

〈그림 3-12〉 어휘 데이터 형태

(3) 지도 제작법

① 프로그램 실행

㉠ 파일 복사

먼저 프로그램 실행 파일(MAPMaker.exe)과 글꼴 파일(Test.ttf)이 들어 있는 MAPMaker 폴더를 사용자의 컴퓨터에 복사한다. MAPMaker 폴더에서 글꼴 파일 Test.ttf를 복사해 C:\WINDOWS\Fonts에 붙여 넣는다.

㉡ 프로그램 실행

본 프로그램을 실행시키기 위해서는 프로그램이 복사되어 있는 폴더로 이동한 후 MAPMaker.exe 파일을 더블클릭하면 된다.

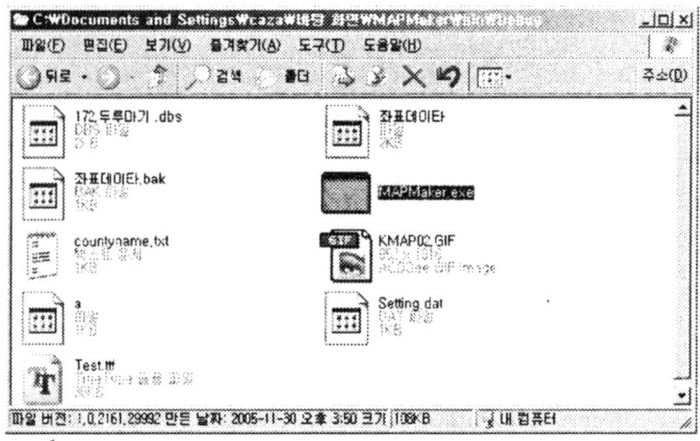

〈그림 3-13〉 프로그램 실행

프로그램이 실행되면 <그림 3－14>와 같은 창이 뜬다.

〈그림 3-14〉 프로그램 구동 화면

이 프로그램은 Microsoft.NET Framework 상에서 실행되므로 사용자의 PC에 Microsoft.NET Framework가 설치되어 있어야 한다. 따라서 실행 파일을 더블클릭했는데 프로그램이 실행되지 않고 아래 <그림 3-15>와 같은 메시지가 나타나면 사용자가 Microsoft.NET framework 1.1을 설치해야 구동이 가능하다.

〈그림 3-15〉 NET Framework Initialization Error 화면

Microsoft.NET framework 1.1은 http://www.microsoft.com/downloads/에서 내려 받아 설치하면 된다.

〈그림 3-16〉 Microsoft.NET framework 1.1 내려받기

② 지도 제작 과정

㉠ 새 지도 파일 생성

지도를 제작하기 위해서는 파일 → 새 파일 지도 생성을 누른다.

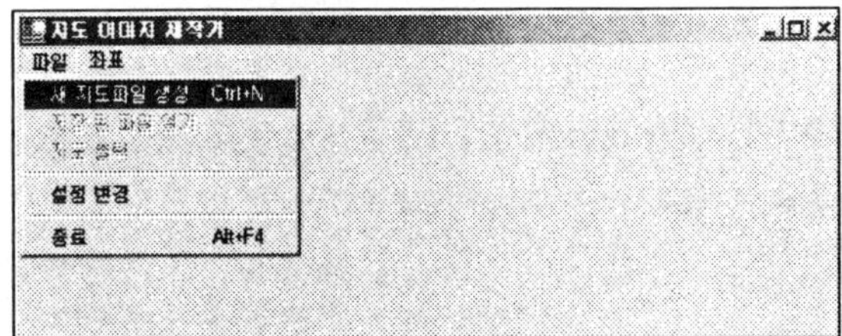

〈그림 3-17〉 새 지도 파일 생성

㉡ 바탕 지도 열기

먼저 바탕 지도를 선택하기 위한 팝업 창이 뜬다. 이때 제작하고자 하는 지도의 바탕이 되는 백지도를 찾아 선택한 다음 열기 버튼을 누른다.

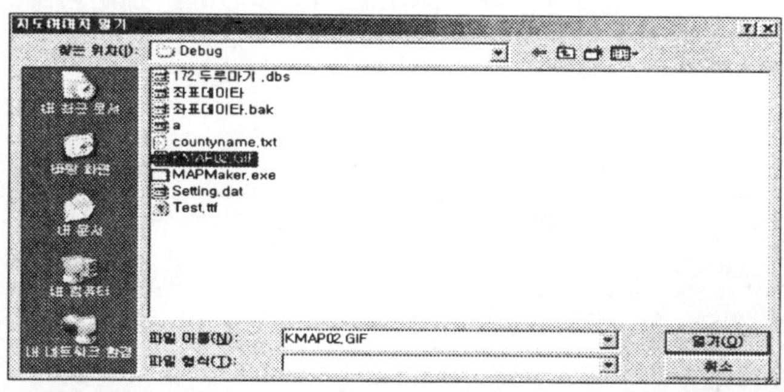

〈그림 3-18〉 백지도 열기

㉢ 좌표 데이터 열기

백지도를 열고 나면 이번에는 좌표 데이터를 선택하는 팝업 창이 뜬다. 앞에서 연 백지도에 해당하는 좌표 데이터를 찾아 선택하여 열기 버튼을 누른다.

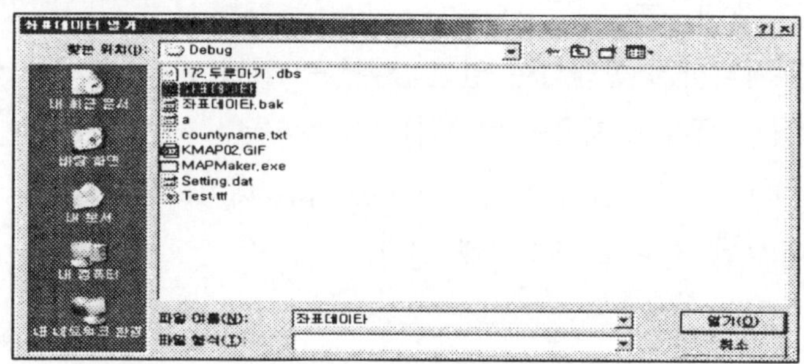

〈그림 3-19〉 좌표 데이터 열기

㉣ 어휘 데이터 열기

좌표 데이터를 선택하고 나면 이번에는 어휘 데이터를 선택하기 위한 팝업 창이 뜬다. 마찬가지로 지도로 나타내고자 하는 어휘 데이터 파일을 선택하여 열기를 누른다. 아래 그림에서는 '두루마기'의 방언 지도를 작성하기 위해 '두루마기'의 데이터베이스 파일을 선택한 것이다.

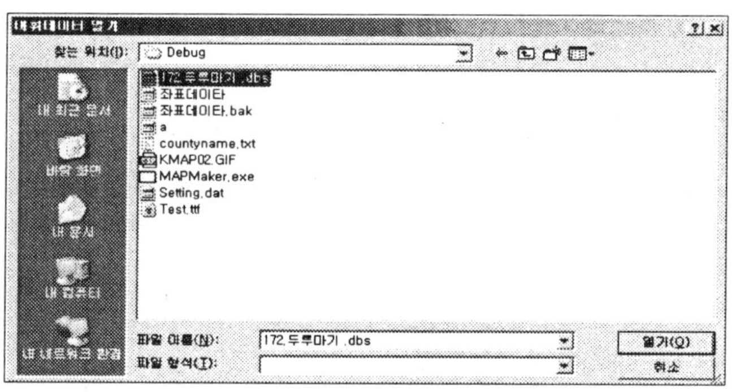

〈그림 3-20〉 어휘 데이터 열기

㉤ 상징부호(symbol) 설정

ⓐ 랜덤 상징부호

어휘 데이터까지 선택하여 열면 '파일 → 설정 변경 → 심볼'에서 랜덤 심볼 '무조건 사용하기'가 선택된 경우에는 <그림 3-21>과 같이 바로 프로그램이 무작위적으로 어휘 데이터에 심볼을 지정하여 완성된 지도가 나타나게 된다.

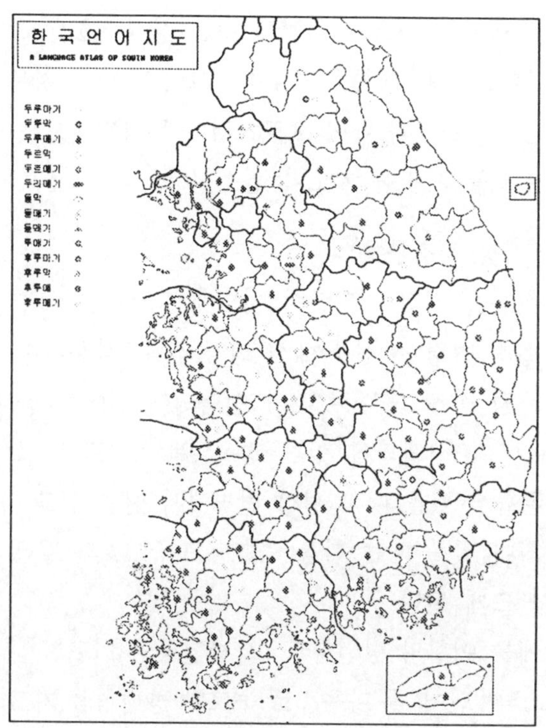

〈그림 3-21〉 랜덤 심볼 지정으로 완성된 지도

'파일 → 설정 변경 → 심볼'에서 랜덤 심볼 '물어보기'가 선택된 경우에는 팝업 창이 뜨면서 다음 <그림 3-22>와 같이 "랜덤 심볼을 사용하시겠습니까?"라는 메시지가 나타난다.

〈그림 3-22〉 랜덤 심볼 사용

이때 프로그램이 자동으로 지정해 주는 상징부호를 그대로 이용하고자 할 경우 "예" 버튼을 누른다. 그러면 위의 경우와 마찬가지로 <그림 3－21>과 같이 프로그램이 무작위적으로 어휘 데이터에 상징부호를 지정한 지도가 완성된다.

ⓑ 사용자 지정 상징부호

사용자가 심볼을 직접 지정하여 지도에 표현하고자 할 경우에는 '파일 → 설정 변경 → 심볼'에서 랜덤 심볼 '사용하지 않음'을 선택하거나 랜덤 심볼 '물어보기'가 선택되어 있어야 한다. 랜덤 심볼 '물어보기'가 선택되어 있는 경우 위 <그림 3－22>에서 "아니오" 버튼을 눌렀을 때와 설정 변경에서 랜덤 심볼 사용하지 않음에 체크되어 있을 때는 다음 <그림 3－23>과 같은 상징부호 지정 창이 뜨게 된다.

창의 왼쪽에는 어휘의 방언형과 그 방언형의 빈도가 나타난다. 파란색 바(bar)의 "단어"를 마우스로 누르면 방언형을 자모의 오름차순과 내림차순 <그림 3－24>로 정렬되며 "빈도"를 마우스로

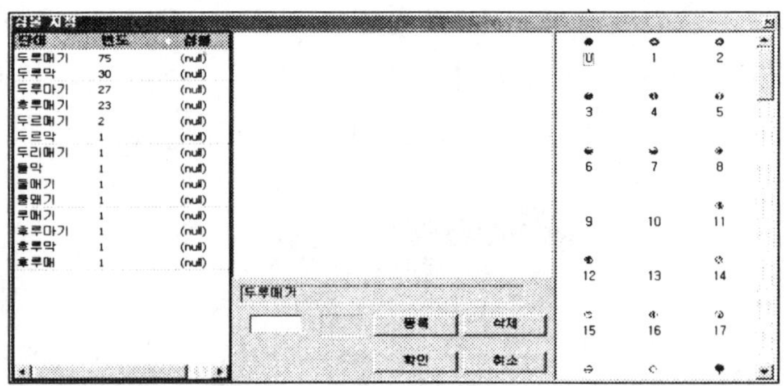

〈그림 3-23〉 사용자 심볼 지정

누르면 빈도의 오름차순과 내림차순 <그림 3-25>로 정렬된다.

어휘의 방언형을 클릭한 뒤창의 오른쪽에 있는 심볼 형태 중에 원하는 것을 선택하면 창의 중간 부분에 선택된 심볼이 나타나는데 이 심볼을 클릭하면 심볼의 색을 지정할 수 있다.

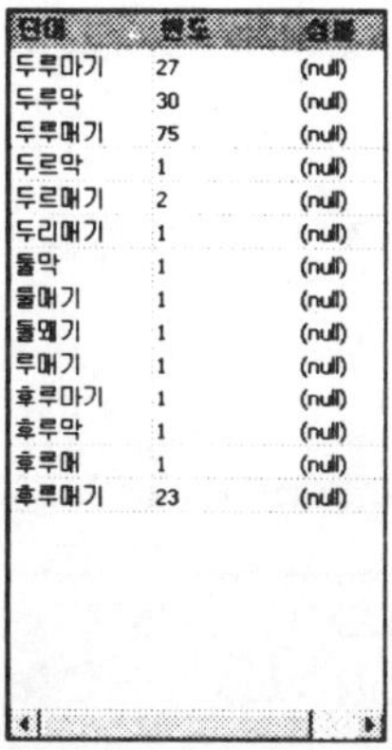

단어	빈도	심볼
두루마기	27	(null)
두루막	30	(null)
두루매기	75	(null)
두르막	1	(null)
두르매기	2	(null)
두리매기	1	(null)
둘막	1	(null)
둘매기	1	(null)
둘왜기	1	(null)
루매기	1	(null)
후루마기	1	(null)
후루막	1	(null)
후루매	1	(null)
후루매기	23	(null)

〈그림 3-24〉 자모순 정렬

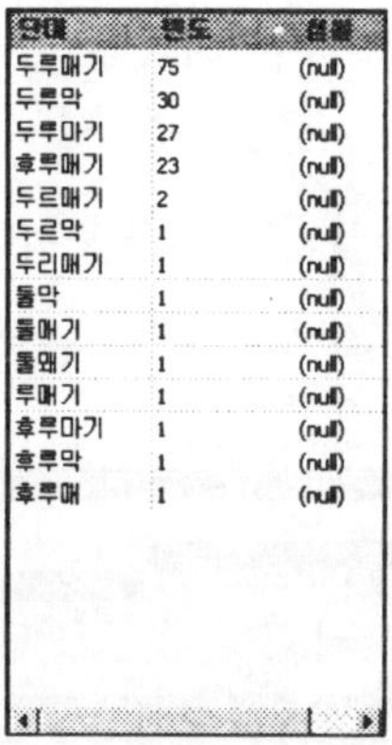

단어	빈도	심볼
두루매기	75	(null)
두루막	30	(null)
두루마기	27	(null)
후루매기	23	(null)
두르매기	2	(null)
두르막	1	(null)
두리매기	1	(null)
둘막	1	(null)
둘매기	1	(null)
둘왜기	1	(null)
루매기	1	(null)
후루마기	1	(null)
후루막	1	(null)
후루매	1	(null)

〈그림 3-25〉 빈도순 정렬

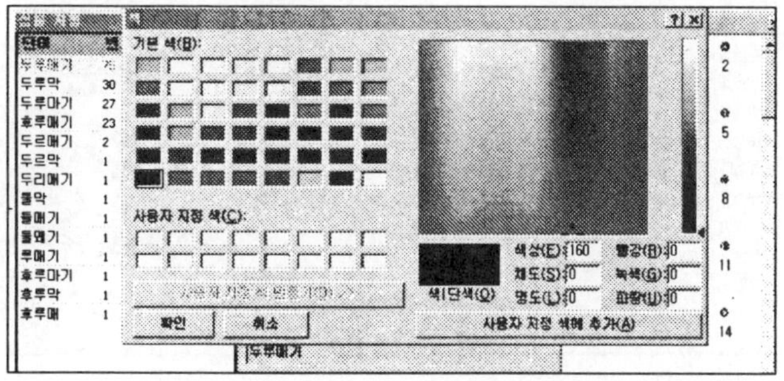

〈그림 3-26〉 심볼의 종류와 색 지정

심볼의 종류와 색을 지정한 뒤 등록을 누르면 해당 방언형에 대한 심볼 지정이 된다. 이런 식으로 모든 방언형의 심볼을 지정하고 확인 버튼을 누르면 지도가 완성된다. 이때 <그림 3－27>과 같이 완성된 지도 화면에서 메뉴를 이용해 심볼의 크기나 범례 폰트를 변경하거나 지정할 수 있다.

파일 → 맵 파일 저장을 눌러 지도를 저장한 뒤 파일 → 종료를 눌러 종료하면 된다. 이 방언지도 제작기로 그린 <그림 3－28>과 같은 지도를 통해 '두루마기'의 지역적 방언 분화의 양상을 용이하게 파악할 수 있다.

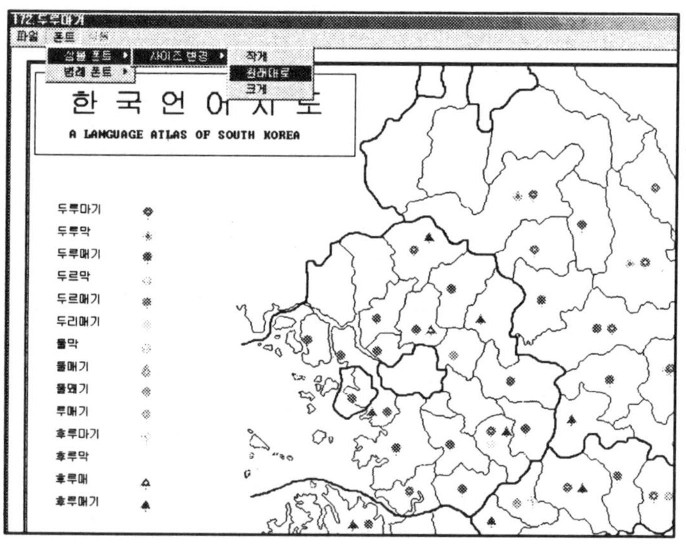

〈그림 3-27〉 완성된 지도 화면에서 상징부호와 범례 글꼴 변경

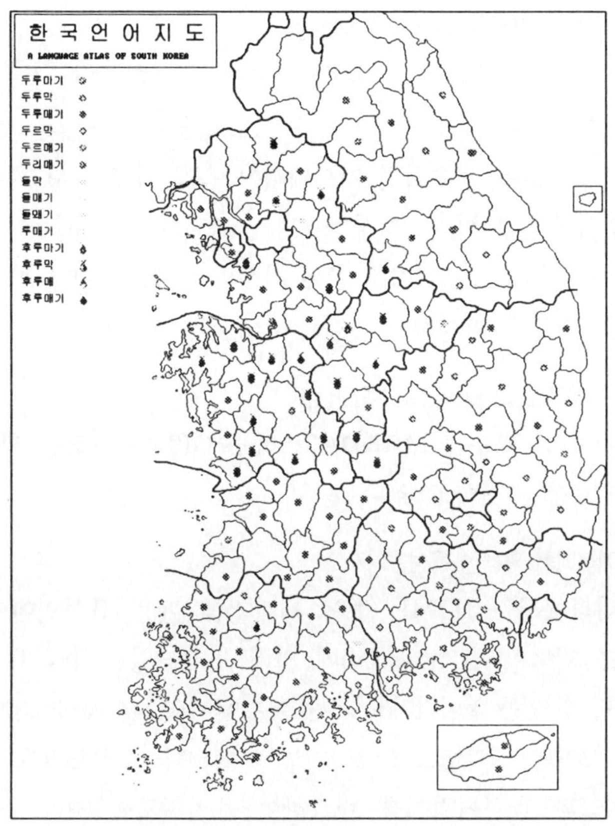

〈그림 3-28〉 '두루마기'의 상징부호지도(이상규, 2005)

3) 음성언어지도 제작

음성언어지도 제작 방식은 음성 자료의 데이터 구축 환경이 완전하지 않기에 아직 완전하게 전산화 단계에 이르지는 못하고 있다. 현재로서는 음성 자료를 하나하나 분리하여 데이터베이스화하여 이를 언어지도상에 불러 들려서 제작하는 수준에 머물고 있다.

① 기존의 소프트웨어를 활용한 음성언어지도

일본의 도쿠시마대학교 키시에 신수케(岸江信介) 연구실을 중심으로 자연 담화자료의 언어지도화 프로그램으로 개발된 것이 있는데 언어 자료를 기호화한 지도에다가 음성 자료를 링크툴로 연결한 형식의 지도이다. 엑셀 2000과 파일메이커(Filemaker Pro) 5.5, 아크로뱃(Acrobat) 5.0과 같은 기성의 소프트웨어를 활용하여 음성 언어지도를 제작하고 있다.

② GIS프로그램을 활용한 음성언어지도

나가이(中井) 교수는 MANDARA라는 GIS프로그램을 활용 음성언어지도를 제작하고 있다.

③ 웹에디터를 활용한 음성언어지도

우리나라에서는 HTML 문서 제작기를 활용 음성언어지도를 제작하는 기법이 김덕호(2004)에 의해 소개되었다. HTML 문서를 제작할 수 있는 웹에디터(MS-윈도우즈 메모장, 나모 웹에디터, Dream Weaver, WEB79 HTML, Java Script, Flash)나 파워포인트, 엑셀, 혼글 워드와 음성편집기를 링크하여 음성지도를 제작, HTML 문서 제작기 프로그램을 실행한 뒤에 새 파일을 만들고 대상지도(상징부호지도 등)를 불러와서 지도상에 지점 영역을 정한 다음 하이퍼링크로 MP3로 구축된 음성자료를 연결하여 제작할 수 있다.[26)]

---

26) 김덕호(2004), '언어지도와 제작기법', 지역어연구회 9월 월례발표회.

4.5 국내의 방언학 정보

인터넷에서 국내 언어학 정보 검색은 아직 만족할 만한 단계에 이르지 못했다. 거의 모든 대학이 인터넷에 홈페이지를 개설하였지만 언어학과나 국어국문학과 등 어문학부의 학과 홈페이지를 별도로 개설한 대학은 일부에 지나지 않고, 더욱이 홈페이지를 개설했다 하더라도 대외적인 홍보용으로 활용하고 있는 경우가 많아 실질적인 정보 제공을 기대할 수 없는 수준이다.

앞으로는 전자사전, 말뭉치, 음성자료 데이터베이스 구축을 통한 정보 보존과 공유화에 박차를 가해야 할 것이다. 아울러 생활구어나 방언이 반영된 문헌어들에 대한 종합적인 데이터베이스 구축도 절실하게 필요하다. 국어사전에서 검색되지 않는 다양한 토속어들에 대한 정보화 구축도 이루어져야 한다.

5. 자료의 해석

조사된 자료는 궁극적으로 언어지도화하거나 사전목록화하여 지리적 또는 사회적 요인에 의한 언어 분화의 과정을 유기적으로 해석하고 독자적인 방언체계를 기술하는 데 이용되어야 한다.

어휘·의미 영역은 우선 어형이나 의미의 차이를 정밀하게 고려하여 지역적인 분화를 보이는 이유를 찾아내야 한다. 따라서 상이한 방언어휘의 어원을 추적하거나 어휘·의미의 체계적인 차이가 무엇인지 정밀하게 고찰해야 한다.

음운 영역은 음운체계를 설정하고, 음운체계와 유기적인 관련성 속에서 음운변화의 정밀한 환경 조건을 확인하여 지역적인 음운규칙의 차이와 특징을 밝혀내야 한다.

문법 영역은 먼저 형태소에 대한 면밀한 분석과 기능을 밝혀내고 그들 형태소의 통사론적인 제약과 기능적인 특성이 지역적 차이를 보여주는지 면밀하게 자료를 검토해야 한다.

5.1 어휘 · 의미자료 해석

방언자료를 해석하다 보면 어휘·의미에 따른 지역별 방언차이가 가장 크게 드러날 것으로 예상된다. 그러나 지금까지의 방언연구에서 낱개의 어휘 차이에 주된 관심을 기울여 왔던 것은 이들 어휘·의미의 체계적 차이를 규명하기가 용이하지 않았기 때문이다.

어휘·의미 연구를 위해 방언자료를 검토 해석하려면 다음의 몇 가지 사항을 고려해야 한다.

① 대상물의 신·구형 차이에 의한 방언분화형(삽, 삽개래, 수굼포, 훕빠, 가래)을 고려해야 한다.

② 민·반촌의 차이에 의한 어휘의 차이(맏아배, 큰아배, 적은아배, 아재)를 고려해야 한다.

③ 민속과 관련된 어휘는 동리별로 차이(호미씻이놀이 ; 푸꾸묵는다, 꼼비기묵는다, 강석묵는다, 히추먹는다, 서리치묵는다)를 보여줄 수 있다는 점을 고려해야 한다.

④ 문화적인 요인에 따라 방언분화형을 보이기도 한다(안동지역

의 사과, 배, 고춧가루를 넣은 '식혜'와 경주 지역의 찹쌀로 만든 '점주'와 멥쌀로 만든 '단술'이 구분).

⑤ 음운변화의 결과나 개신형에 의한 신·구형의 차이(벼, 비, 베, 나락)에 대해서도 고려해야 한다.

⑥ 의미가 전이되었는지에 대한 면밀한 파악이 이루어져야 한다.

⑦ 의미변별을 위한 새로운 어휘가 출현되었는지 고려해야 한다.

⑧ 대상물의 대소관계에 따른 어휘분화가 이루어졌는지 고려해야 한다.

방언 자료를 토대로 하여 방언 어휘의 체계적 연구와 아울러 어휘 형성사, 어휘 어원론 등의 연구가 이루어져야 하며 방언 어휘의 조어 형성 과정에 대한 면밀한 검토와 더불어 지역적인 조어체계의 특성과의 차이도 밝혀야 할 것이다.

어휘의 체계적 차이를 보여주는 예로 <도표 3-5>는 반촌과 민촌, 혹은 가문의 전통에 따라 친족호칭체계가 다르게 나타나기도 한다.

또한 지역적인 어휘·의미의 차이를 보이는 예로 물리적 온도(차갑다-뜨겁다)와 생리적 온도(춥다-덥다)에 따라 대립체계를 보

<table>
<tr><th></th><th>유 형 1</th><th>유 형 2</th><th>유 형 3</th></tr>
<tr><td>백 부</td><td rowspan="2">큰아배
큰아부지</td><td>큰아배, 아부지</td><td>맏아배, 아부지</td></tr>
<tr><td>중 부</td><td rowspan="3">작은아부지</td><td rowspan="2">작은아부지</td></tr>
<tr><td>중 부</td><td rowspan="2">작은아부지</td></tr>
<tr><td>숙 부</td><td>아재</td></tr>
</table>

〈도표 3-5〉 "백부 - 중부 - 숙부" 호칭의 의미역

여준다(천시권, 1980:9). 이러한 온도 어휘의 대립 체계가 지역마다 달라 다음의 예와 같은 방언차이를 보여준다.

〈표준어〉	〈충북방언〉	〈경북방언〉
더운밥(*추운밥)	더운밥	뜨신밥
더운물(*추운물)	더운물	뜨신물
더운죽(*추운죽)	더운죽	뜨신죽
더운방(*추운방)	더운방	뜨신방

방언 어휘의 어원에 대한 연구를 위해 방언 어휘의 조어 형성 과정에 대한 면밀한 검토와 더불어 지역적인 조어체계의 특성과의 차이도 밝혀야 할 것이다.

'뜸북이'가 경북방언에서는 '무닭'으로 대응되는데 이는 '물(水)-'과 '-닭(鷄)'의 합성어이며 충북과 경북의 전이지역에서는 '뜸-북이'와 '물-닭'이 혼태되어 '뜸닭'이라는 어휘가 실현되기도 한다. 똥이 '마렵-'와 '누렵-'의 방언차이도 '몰(대소변)-+-렵(접사)-'의 파생과 '누-+-렵-'의 파생구조 차이이다(이상규 : 1991).

접사나 단어의 통합에 의한 형태론적인 요인과 어원적인 차이에 의해 방언 차이를 보이는 경우도 일반적이다. 방언분화의 중요한 원인은 어원차이에 의한 것이 음운교체에 의한 것보다 더 중요하다. '불구'와 '부루'는 어원적인 차이에 의한 것이며, '상추'와 '상치'의 분화형은 음운 교체에 의한 것이다.

(1) [*붉-v] ⇒ [불구-] ↔ [부루-]

(2) 상초(常草) ⇒ 상추 ↔ 상치

⇘ 생초(生草)

파생이나 합성으로 새로운 단어가 생겨나 방언차이를 보이는 경우도 있다. 이러한 경우는 형태론적인 요인이 음운교체와 같은 음운론적 요인보다 방언분화를 일으키는 데에 더 중요한 요인으로 작용되는 것으로 추정된다.

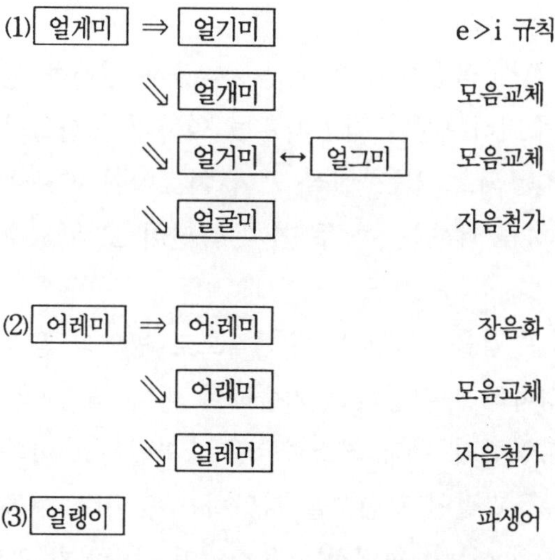

〈도표 3-6〉 '어레미'형의 어형분화

'어레미'에 대한 방언형 '얼게미'는 '얽- +- 익(접사)- +- ㅁ(접사)- +- 이'의 구성으로 어중 '- ㄱ-'이 유지된 어형으로, 충북 및 충북 북부지역과 접촉되는 경기지역에까지 실현된다. 단어 내부의 환경에서 어중 '- ㄱ-'의 소실지역과 파생어나 합성어의 환경에서 어중 '-ㄱ-'의 소실지역은 일치하지 않는다. 이러한 차이는 매우 중요한 음운의 단계적인 변화가 지리 분포에 반영되는 예이다. 이처럼 방언 어휘에 대한 어원 연구는 문헌자료의 대응을 통한 확인뿐만 아니라 방언형 간의 비교를 통해 어형성 규칙의 차이나 어휘 내부에 화석형으로 남아 있는 통시적인 음운현상을 확인할 수 있다.

5.2 음운자료 해석

방언 음운론에서는 음운체계 및 음운규칙을 수립하는 일이 주된 관심사이다. 주지하다시피 방언자료는 역사적 소산물인 동시에 지역적으로 사용되고 있는 현실 구어 자료이기 때문에 방언 음운자료를 분석하는 데에는 이 두 가지 측면이 모두 고려 대상이 된다.

방언 음운체계 수립을 위해서는 우선적으로 방언의 음성 실현을 치밀하고도 정확하게 관찰하고 기술해야 한다. 곧 모음, 자음 및 운소체계를 파악하기 위해 최소변별쌍을 확인하고 이와 더불어 음운현상과의 유기적인 관련성을 파악하는 것이다. 예를 들어 /으/와 /어/ 및 /위/와 /외/가 변별적인 음소인지 파악하기 위해 '틀(機)과 털(毛)', '기(旗)와 귀(耳)', '떼(群)와 뙤(옻)'의 대립쌍을 확인해야 한다.

자음체계의 변이는 심하지 않지만 형태음소론적인 교체를 설명하기 위해 /ʔ/를 기저음소로 설정하는 경우도 있다. '걸꼬, 걸쩨, 짓고, 짓지'와 같은 예에서 기저구조를 /kəlʔ+ko/, /čiʔ+ko/로 설정하기도 한다.

음운현상의 기술을 위해서는 음성 환경에 대한 미세한 관찰과 더불어 음운체계와의 상관성이 고려되어야 한다. 어떤 음운현상이 일시에 모든 음성 환경에 일사불란하게 적용되는 것이 아니라 지역적으로 시차성을 두고 점진적으로 확산 내지는 퇴조를 보이는 것이 일반적 경향이다.

따라서 음운자료는 먼저 어휘부나 형태부 내부에서의 변화에 초점을 맞추어야 한다. 어휘 내부에서는 다시 음절 위치나, 어두냐 어말이냐와 같은 음성 환경이 세밀하게 고려되어야 한다. 순수한 음운층위의 변화라고 할 수 있는 음운구조 규칙(*Phonological structural rule*)에 적용되는 예를 들어보자. ㄱ-구개음화는 남부방언에서는 어두음절에서만 실현되며, 동화주가 순수한 i인 경우에 실현된다. 또 무조건 변화 가운데 하나인 'ᄋᆞ'의 비음운화도 비어두음절에서 'ᄋᆞ'가 'ㅎ, ㄱ, ㅂ, ㅊ'과 같은 자음 아래에서 먼저 경험하게 되었으며 어두음절에서는 'ㄷ, ㅅ, ㅈ'과 같은 환경으로 확산된다(송민, 1986:125-129).

형태소 내부에서 일어난 음운변화는 형태소 경계를 뛰어넘어 형태음소론적 환경으로 확산되는 것이 일반적인 현상이다. 형태음소론적 구조 규칙(*Morpheme structural rule*)은 국어의 문법형태소인 굴절어미(굴절접사)와 파생접사의 환경에서 음운 규칙이 어떤 차이가 있는지 관찰하여야 한다. 굴절어미는 다시 체언과 격어미의 환경과 서술어의 어간과 어미의 환경, 파생어 환경이나 합성어 환경에 따라 음운현상이 점진적 확산 내지는 퇴조를 보이기 때문에 이들 환경에 대해 세밀한 관찰이 요망된다.

1) sɛbi(蟹), ɛbi(父), emi(母), tʰöŋil(통일), kü:geŋ(구경), üginda(우긴다)

2) kɛ:im(/ ka:m+i /), wɛŋi(/ waŋ+i /), kebi(/ kəp+i /)
s'ɛgita(/ sak+i+ta/), pɛbita(pap+i+ta /)
čɛpʰinda(/ čɛpʰ+i+nda /), meginda(/mək+i+nda /)
irənɛgi(/ irəna+ki /), kɛgi(/ ka+ki /)

위의 자료는 움라우트의 예인데 1)의 예는 어휘부 내부의 환경이고, 2)는 형태소 경계의 환경이다. 곧 움라우트의 동화주가 주격어미 '-i', 계사 '-i-', 사·피동접사 '-i-', 접사 '-ki-'인 환경이다. 지역에 따라서는 이러한 음운규칙의 적용 환경이 동일하지 않다. 전남 구례군처럼 형태론적 제약에서 완전히 해방(이승재, 1983:177)된 지역도 있지만 우리나라 대부분의 지역에서는 '가+기=*개기, 주+기=*쥐기'처럼 어미 '-ki-'의 환경에서 움라우트 현상이 적용되지 않는 형태음소론적 제약을 받고 있다.

뿐만 아니라 움라우트 현상에서 동화주와 피동화주 간에 개재자음이 어떤 성격을 갖는가 또는 동화주가 'i(y)'의 성격이 어떤가에 따라 제약을 받기도 하며 이런 제약이 지역적인 차이를 보여줄 수 있다. '가지=*개지, 까시=*깨시, 가리다 =*개리다, 가니 =*개니'의 예에서처럼 개재 자음이 [+continuent] 자질을 갖는 경우 지역에 따라 움라우트 현상에 대해 거부적이다. 따라서 음운현상을 파악하기 위해서는 음운 환경에 대해 미세한 관찰이 필요하며 통시적 정보에 대한 분석적 관찰력을 필요로 한다.

음운 현상에 대한 기술은 항상 음운체계와의 상관성이 전제되어야 한다. 앞에서 살펴본 움라우트 현상은 후부모음이 개재 자음을 사이에 두고 동화주 i(y)와 만나면 후부원순모음은 전부원순모음으로, 후부평순모음은 전부평순모음으로 바뀌는 i모음 간접 역행동화 현상 가운데 하나이다.

움라우트 현상이 적용되기 위해서는 전부모음계열에 /e/, /ɛ/, /ü/, /ö/의 단모음화 과정과 역동적인 관계가 있다고 할 수 있다. 역사적으로 이중모음이었던 이들 모음의 단모음화 과정과 움라우트 현상의 단계적 확산은 밀접한 관계를 맺고 있다고 할 수 있다.

이승재(1977:408)는 전남 구례방언에서 '으>우'와 더불어 'ᄋᆞ>오' 원순모음화 현상이 모음체계와 어떤 상관관계를 맺는지를 다음과 같이 설명하고 있다. 원순성 자음에 동화되어 '으'와 'ᄋᆞ'가 각각 '우'와 '오'로 변화한다는 사실은 '으'와 '우', 'ᄋᆞ'와 '오'가 원순성의 유무에 의한 대립짝임을 의미한다. 따라서 구례방언에서 '으', 'ᄋᆞ', '우', '오'를 모음체계 내에서 어떤 대립체계로 파악할 것인가, 곧 '으'나 'ᄋᆞ'의 수평적 원순모음화 경험과 'ᄋᆞ>아' 변화의 체계적 관점을 고려하여 모음체계를 재구하고 있다.

방언분화의 중요한 요인은 어원적 차이이거나 형태론적 차이, 또는 음운론적 차이에 기인하는 경우가 일반적이다. 한 예로 '엿기름'의 방언형의 분화 양상에 대해 살펴보자.

1) 어원적 차이	엿기름, 엿질금, 엿지름, 길검-계열
	골-계열
2) 형태론적 차이	엿질금/엿지름
	질검
3) 음운론적 차이	엿질굼
	엿질검

엿길금
엿지름
엿지럼
엿기름/엣기름/잇기름

질금/질굼
질검/절검
길굼

어원적 차이에 의해서는 '엿질금, 엿지름, 질금'계열과 '골'계열로 구분된다. 여기서 '엿질금'과 '엿지름'의 방언차이는 '엿질금'과 '골'의 차이보다 방언분화를 일으키는 중요도가 떨어진다. 곧 '엿질금'형을 사용하는 방언 화자와 '엿지름'형을 사용하는 화자 사이나 '엿질금'형을 사용하는 방언 화자와 '골'형을 사용하는 화자 사이를 비교해 볼 때 전자의 경우, 상호 의사소통력이 높다고 할 수 있다.

음운론적 요인에 의한 방언분화는 '질금'형에서 어중 '-ㄱ-'의 탈락 유무에 따라 '엿질금'계와 '엿지름'의 '질금'계, 그리고 구개음화형인 '길금'계 등으로 구분된다. '엿질금'형 가운데 '엿질굼', '엿질금', '엿질검'은 모음교체에 의한 방언분화형인데 이 경우 '질금'계의 '질굼', '질금', '질검'형과 마찬가지로 어말모음 'u', 'ɨ', 'ə' 가운데 어느 것이 가장 고형인가가 문제가 될 것이다. 그런데 '엿지름'계의 모음교체형은 '엿지름', '엿지럼'뿐이고 '*엿지룸'형이 존재하지 않지만 '질금'계에서는 '질굼', '질금', '질검'형이 존재하는 것으로 미루어 보아 어중 '-ㄱ-'의 탈락현상이나 모음교체에 의해 방언형이 분화되었다는 것을 확인할 수 있다. '엿지름'계의 '엿지름', '엿지럼'형은 모음교체형이고 '엿기름'형은 다시 '엣기름'과 'e>i' 규칙의 적용을 받은 '잇기름'형으로 분화되었다. '질금'계는 '질굼', '질검', '절검'과 같은 모음교체형과 '길굼'형으로 분화되었다. 그리고 어원을 달리하는 '골'형이 있다.

그러면 이렇게 다양한 방언분화형이 역사적으로 어떻게 분화되었는지 살펴보기 위해 이들 분화형의 변화 과정을 규칙 적용의 차이로 설명될 수 있는 가능성을 모색해 보자. 먼저 '질금'계의 다양한 방언분화형 가운데 어느 것이 가장 오래된 고형이었을까? '*질굼'형을 기저형으로 설정해야 하는 이유는 '*질음'형이 존재하지 않기 때문이다. 합성어 '엿지름'형은 존재하지만 '*질음'형이 존재하지 않는 이유가 설명되지 않기 때문에 '*질굼'형이 기저형으로 설정될 수 있다. 그리고 또 한 가지 이유는 '길굼'형과 '*길금'형의 비교를 통해 국어음운사적으로 u/ɨ 교체 규칙과 ㄱ-구개음화 규칙이 상호 피보이기 규칙(*bleeding rule*)의 관계라는 사실을 통해서 '*질굼'을 기저형으로 재구할 수 있다.

이와 같이 음운현상에 대한 자료는 음운현상의 적용 층위나 미세한 환경에 대해 정밀하게 살펴보아야 한다. 더불어 방언형의 비교나 대조를 통해 역사적 변화에 대해서도 충실하게 고려해야 한다.

5.3 문법자료 해석

문법자료는 조사도 어려울 뿐만 아니라 조사된 자료의 방언적 차이가 음운변화만큼 크지 않기 때문에 상대적으로 방언문법에 대한 관심은 크게 부각되지 않았다.

문법자료 가운데 먼저 굴절접사의 방언차이가 예상되는 것은 격어미의 형태에 대한 확인과 그 기능 차이에 대한 면밀한 검토가 요망된다. 예를 들어 주격어미 '-이', '-가'는 음운 환경에 따른 교체형이지만 지역에 따라 개음절 아래에서도 '-이'가 실현되거나 또는 '-이가', '-래' 등이 실현된다. 따라서 먼저 형태의 차이에 대해 일차적인 확인을 한 다음 그 형태의 기능과 분포에 대한 관심을 가져야 한다.

쾌가 아파 죽을따.(=코가 아파서 죽겠다)(경상)
내 몸으르 뱀이가 칭칭 감아가주고(=내 몸을 뱀이 칭칭 감아서)(경상)

예를 들어 '쾌가', '뱀이가'라는 주격형이 확인되면 이들의 기저형이 무엇인지 다시 확인을 해 둘 필요가 있다. 곧 '쾌-를, 쾌-에, 쾌-로'나 '뱀이-를, 뱀이-에, 뱀이-로'과 같은 곡용 패러다임에서의 기저형이 무엇인지 확인되었을 때 재구조화된 N+i의 어형에서 'i'가 무엇인지 검토될 수 있는 것이다.

국어의 문법범주론을 구성하는 선어말어미나 어말어미의 형태는 그 기능 및 형태소 분포, 그리고 문장 구성에 관여하는 접속어미나 내포문 구성의 형태 및 기능도 방언차이를 보여주고 있다.

니는 공부도 잘 할따.(=너는 공부도 잘 하겠다)(경상)
서울로 갔는 사람들이 디 돌아왔다.(=서울로 간 사람들이 되돌아왔다)(경상)
아배 오늘 장아 가싯니이더.(=아버님 오늘 장에 가셨습니다)(경상)
도둑놈이 순경한테 잡힌는다.(=도둑놈이 순경에게 잡힌다)(경상)

경상방언에서 추정이나 의지를 나타내는 미확정 시상선어말어미 '-겠-'은 개신형이고 이에 대응되는 '-읎-은 구형이다.[27] 경상방언에서 '-읎-'은 경어등급별 어말어미와 통합상 제약이 있는데, 해라체나 하게체에서는 자유롭게 교체될 가능성이 있으나 합쇼체에서는 구형인 '-읎-'이 분포될 수 없다. '먹겠고 / *먹-읎-고, 가겠으며 / *가-읎-며, 살겠어도 / *살-읎-어도'에서와 같은 접속어미는 또한 구형과 통합될 수 없다. 이처럼 문법형태소가 개신형과 구형이 경쟁하며 다른 문법형태소와 통합 분포되는 환경과 어떤 차이가 있는지 면밀하게 분석해 볼 필요가 있다.

경기방언에서는 '-갔는'과 같이 동명사형에서 과거시상선어말어미 '-았-'과 관형사형어미 '-는'이 통합될 수 없는데 경상방언에서는 이들의 통합이 가능하다. 이는 국어문법사에서 어느 시기엔가 이러한 통합이 가능했던 시기가 있었던 것으로 추정된다.

방언차이를 보이는 문법형태소는 축약이나 융합 등 통시론적 재구조화에 의해 공시적인 분포나 기능을 분명하게 밝히기 어려워 형태소의 분석이 불가능한 경우가 매우 많다.

㉠ 선생님이 주무신다.(경상)
㉡ 올(오늘) 같이 자아(市場) 가시더.(=오늘 같이 장에 갑시다)(경상)
㉢ 내일 또 보시더.(=내일 또 봅시다)(경상)
㉣ 이기 돌이시더.(이것이 돌입니다)(경상)
㉣ 이기 돌잇시더(이것이 돌입니다)(안동)

㉠ '주무신다'의 '-시-'는 주체존대소로 분석이 가능하지만 ㉡

27) 이상규(1984), 「경북방언의 미확정서법(1)」, 『어문론총』 18. 경북대.

'가시더' ㉢ '보시더'의 '-시-'는 '-사-(청유형태소)+-이-(상대존대형태소)'의 융합형임이 재분석에 의해 그 차이를 확인할 수 있다. 특히 ㉣의 '-시-'는 ㉡, ㉢과 표면 음성 실현형은 같지만 그 기원이나 기능의 차이가 있는 것으로 보인다. 기존의 연구에서 ㉡, ㉢의 '-시-'를 '-사-+-이-'의 융합형으로 보는 데는 이견이 없으나, ㉣의 재분석에 대해서는 견해가 다양하다.

㉣의 '-시-'에 대해 김태엽(1997), 최동주(2003), 최명옥(1980)에서는 '-ㄹ-(관형사형 어미)+-ᄉᆞ-(의존명사)+이-(지정사)+-이-(청자 높임소)+-더'의 재구조화에 의한 것으로 설명하였다. 의존명사 '-ᄉᆞ-'의 앞에 오는 관형사형 어미 '-ㄹ-'은 '미정적인 일을 나타내지 않는다'는 허웅(1975:291)의 견해에 바탕을 둔 것으로 의미상으로는 문제가 없어 보인다. 그러나 형태소의 분석과는 달리 '-ㄹ-'이 '미정'의 의미를 갖지 않고 '단정'의 의미를 나타내는 것인지에 대한 설명이 더 뒷받침되어야 할 것으로 보인다.

㉠ 恭敬ᄒᆞ야 供養ᄒᆞᅀᆞ바ᅀᅡ ᄒᆞ리로소이다(月九 9:52)
반ᄃᆞ기 부톄 ᄃᆞ외리로소이다(법화一 249)
졔ᄉᆞ 몯 보옵ᄂᆞᆫ ᄒᆞᆫ은 죽ᄉᆞ와도 몯 닛ᄌᆞ오로소이다.(달성 84)

㉡ 무디히 너기디 마ᄅᆞ쇼셔! 이도 술의 타시로송이다.(첩신 6:9)
경셰 ᄃᆡᄒᆞ여 ᄀᆞᆯ오ᄃᆡ, 셩상의 볼그시미 이에 니ᄅᆞ시니, 죵샤의 힝이로소이다.(행장20ㄴ)
심히 긔별 모ᄅᆞ오와 ᄌᆞᆷ드온 시도 닛ᄌᆞᆸ디 몯ᄒᆞᄋᆞ와 일야의 분별ᄒᆞ오며 눈믈ᄲᅮᆫ이로소이다.(달성 133)

또 다른 해석의 방법으로는 중세국어의 '-이로소이다'에 기원을 둔 것으로 신창순(1963=1984), 안귀남(2006)이 있다. 안귀남(2006)에서는 안동방언의 '-ㅅ시더'가 ㉠의 '-이로소이다'에 기원을 두며 체언과 통합하는 제약이 있는 것으로 파악하였다. 용언과 통합하는 ㉡의 '-(으)리로소이다'의 융합형인 '-ㄹ시더'와 형태가 같아지게 되면서 체언과 통합되는 '-ㄹ시더'의 'ㄹ'이 'ㅅ'으로 교체된 것으로 보고 있다.

따라서 문법적인 방언차이를 파악하기 위해서는 형태소의 분석과 분포에 대한 파악과 아울러 그 기능에 대해 면밀한 검토와 문법체계상의 차이가 무엇인지에 대해 관심을 가져야 할 것이다.

국어 방언의 경어법이나 부정법 등에 대한 연구는 개별지역별로 정밀하게 기술되고 있지만 상관관계나 국어의 통사적 발달과정을 유기적으로 설명한 연구는 부족한 편이다. 방언문법에 대한 개별적인 체계화와 더불어 대조·비교에 의한 방언문법체계 간의 유기적인 기술을 하는 데 더 많은 노력이 요구된다.

제 4 장
지리언어학

1. 지리언어학의 방법
2. 언어와 방언의 지리적 분화
3. 경계와 등어선
4. 전이
5. 지리적 확산

4 지리언어학

1. 지리언어학의 방법

1.1 지리언어학의 과제

지리언어학의 목적은 실증적이면서도 복잡한 언어사실에서 이 언어를 지배하고 있는 논리적인 언어규칙을 구명하고, 그 언어의 사적 변천과정과 언어사를 재건하는 데 있다. 언어의 역사와 계통을 분명하게 체계적으로 밝히기 위해 지리언어학은 나아가 개별 방언의 공시적 체계를 밝힐 수 있을 뿐만 아니라 방언 간의 비교를 통한 역사적 연구에도 기여할 수 있다. 그러므로 지리언어학이 언어의 역사를 밝히거나 공시적인 체계화를 위해서는 우선 언어 형식들이 지역적으로 어떻게 분화하고 또 어떤 변종을 보이고 있는지를 조사해야 한다. 지역적 변종을 지도에 기입하는 작업을 통해서 지역적 분포를 발견해 내고 그것을 설명함으로써 시간에 따른 지역적 변종의 변화 요인을 추정한다.

지리언어학의 연구 방법은 우선 크게 두 가지로 구분된다. 첫째는 역사적 관점에서의 지리언어학의 연구이고, 둘째는 공시적 기술언어학적 관점에서의 지리언어학적 연구이다. 이 두 가지 관점에서 지리언어학의 세부적 연구 과제를 요약하면 다음과 같다.

1) 역사언어학적 관점 : ① 계통적 관계 수립, ② 방언분화와 구획, ③ 비교방언학, ④ 방언의 고립 변화, ⑤ 사회방언학적 변화
2) 기술언어학적 관점 : ① 자료의 수집 및 정리, ② 사전 및 방언자료 데이터 구축이나 CD 작업, ③ 어휘·음운·어법·악센트 등의 체계적인 기술, ④ 텍스트 구축(방언담화 자료의 채록과 데이터베이스화)

역사적 관점에서의 지리언어학적인 연구는 방언 비교를 통한 계통적 관계를 수립하거나 방언 구획이나 언어 분화 양상에 대한 연구로 그 폭을 넓히는 동시에 주제의 다양화를 꾀해 왔다. 그러나 방언의 고립, 변화의 문제라든지 사회방언학적 변화에 대한 연구는 활성화되지 않았다. 앞으로는 개별 방언의 형성사 구축과 더불어 개별 언어사의 재구라는 보다 근본적인 목적에 도달해야 한다.

지리언어학적인 연구는 역사적인 관점에서 출발하여 기술언어학적 설명과 구조언어학의 영향으로 개별 방언을 체계화하고, 방언분화형에 대한 구조와 체계를 보다 정밀화하는 방향으로 발전하였다. 그러나 우리나라에서는 기술언어학적인 관점에서 지역방언 자료의 수집 및 정리, 자료를 공유할 수 있는 사전이나 방언자료 데이터를 구축하는 성과가 매우 부족한 편이다. 그러므로 현지조사를 통한 방언담화 자료의 채록과 데이터베이스화를 구축하는 것이 앞으로의 과제이다.

1.2 지리언어학의 방법

지리언어학의 방법으로서 고찰해야 할 중심적 과제는 그 언어

의 지리적 분포를 이용해서 언어사를 구성하는 것이며, 이는 바로 지리언어학자에게 부여된 독자적인 활동이며 임무이다.

따라서 그것은 당연히 언어사의 다른 연구 방법인 비교언어학과 비교되어야 한다. 비교언어학 연구를 위한 재료는 현대어의 구어(口語)에서도 과거의 문어(文語)에서도 찾을 수 있지만, 지리언어학은 오로지 한결같은 현대어의 구어에서 찾을 수 있다.

비교언어학이 구성하려는 언어사는 여러 언어 사이에 존재하는 분열 관계의 역사이다. 그러나 지리언어학은 될 수 있는 한 세밀한 단계로 나누어서 분열과 통합의 관계를 구성하려고 한다. 그리고 그것은 파롤(parole)이다[1].

비교언어학이 구성하는 역사의 정점에는 공통조어라고 하는 것이 있다. 그것은 모든 동일한 계통의 언어는 분열된다는, 궁극적으로는 단 하나의 언어이고 현재에도 과거에도 존재하지 않는 추정에 의한 가상의 가공물이다. 지리언어학은 이러한 가공물을 반드시 필요로 하지 않으며 적어도 그 가공물을 찾는 것이 목적은 아니다.

비교언어학에서는 다른 언어와의 동일 조건하에 있어서 음운의 조직적인 대응관계인 음운법칙을 찾는 일을 가장 중시한다. 음운법칙의 조직성을 증명하려고 했던 결과가 음운법칙의 비조직성을 밝혀내는 상황 속에서 새로운 지리언어학의 방법이 태동하였다.

비교언어학은 여러 언어를 대상으로 하지만 문헌언어사학(文獻言語史學)과 한 언어의 언어사를 대상으로 한다. 개별 언어사를 구

1) 지리언어학이 구성하는 것이 파롤(parole)의 역사라고 하는 것은 지리언어학에서는 랑그(langue)라고 하는 가설적 존재로서의 추상적 언어를 설정할 필요가 없다는 의미이다.

성하는 문헌언어사학(文獻言語史學)은 주로 문헌의 언어를 다루지만 공통조어를 추정하는 것을 목적으로 삼지 않는다는 점에서 지리언어학과 공통점이 있다.

여러 방언을 비교해서 방언 간의 분열 관계를 분명히 하고 그 언어의 조어(祖語)를 추정하는 방법으로 한 언어 내의 방언을 비교하는 역사언어학이 있는데, 이것이 위에서 말한 비교방언학이다. 비교방언학과 지리언어학의 차이는 당연한 것이며 단지 비교방언학이 지역을 고려한다는 점에서는 지리언어학과 공통적이다.

이상에서 언급한 지리언어학, 비교언어학, 문헌언어사학, 비교방언학의 방법에 대해서 그 특징을 정리하여 나타내면 다음과 같다.2)

	지리언어학	비교언어학	문헌언어사학	비교방언학
문어를 재료로 한다	−	+	+	±
많은 지역의 언어를 다룬다	+	+	−	+
파롤의 역사를 다룬다	+	−	−	−
지역의 차이를 다룬다	+	−	−	+

1.3 지리언어학의 기본적 가설

1) 지리언어학과 구조언어학의 가설

지리언어학의 기술문법적 성격과 구조문법적 성격의 관계는 어떠한가? 그 관계를 다음과 같이 요약할 수 있다.

2) 시바따 타케시(柴田 武)(1969), 『言語地理學の方法』, P. 9-19, 筑摩書房. 참조.

첫째, 지리언어학이 과거의 언어 변천의 흔적과 그 요인을 탐구하려고 하는 것이라면, 구조언어학은 현재에 있어서의 언어구조를 밝혀내려고 한다. 지리언어학은 시간의 차원, 구조언어학은 공간의 차원의 문제를 대상으로 삼고 있음을 의미한다.

둘째, 지리언어학은 동일 지역사회의 성원이라고 해서 반드시 동일한 언어를 사용하지는 않는다고 생각하는 반면에, 구조언어학에서는 동일 지역사회 성원은 거의 동일한 언어를 사용한다는 전제를 가지고 있다.

셋째, 구조언어학은 언어 요소의 사이에는 내재하는 질서와 관계인 구조체계가 있으며, 지리언어학에서의 언어형식은 지역적으로 질서 있는 지리적 분포를 갖는 것이다. 언어의 지리적 분포라는 것은 언제나 언어의 역사를 대변하고 있다고 하는 가설이다.

그러면 언어의 지리적 분포에는 예외 없는 질서가 있을 것인가? 무질서한 언어지도는 한 장도 없을 것인가? 무질서한 언어지도란 몇 개의 언어형식이 지역적으로 현저하게 있고 그 각각이 고유의 분포지역을 가지고 있지 않는 것을 말한다. 무질서한 언어지도가 나타나는 것은 혼재하는 언어형식 중에 어떤 것이 표준어(文語)이거나, 개신형이거나, 이질적 제보자가 섞여 있거나 언어자료의 분류가 잘못되었을 때, 다른 의미를 나타내는 언어형식이 있을 때이다(시바따 타께시, 1969:17-18).

지리언어학의 기본적 가설을 극단적으로 말하면 개인을 하나의 지점으로 간주하여 그들의 언어 분포도를 그리지 않으면 안 된다고 보지만, 현실적으로 불가능하며 그럴 필요도 없다. 하나의 마을에서 한 사람을 선택해서 조사한다고 해도 이미 한 사람의 언어가 그 지역사회 성원이 사용하는 언어와 동일한 것이라는 구조언어학의 가설을 이용하고 있는 셈이다.

2) 지역사회의 동질성과 이질성

구조언어학의 가설이 현실적으로 어느 정도 해당될 것인지 검증하기 위해 시바타 타께시(柴田 武, 1969 : 20)는 다음의 두 가지 가설을 세워 한 지역사회 내의 언어의 동질성과 이질성을 검토하였다.

첫째, 하나의 지역사회의 성원은 과연 동일한 언어를 사용하고 있는가?

둘째, 하나의 지역사회에서 선택한 제보자를 다른 사람으로 바꾸면 분포도에 차이가 나타날 것인가?

이 두 가지 가설에 대한 검증 결과를 살펴보자. 먼저 첫째 가설에 대해서는 어떤 하나의 지역사회 성원 전원을 조사하기 위해 일본 니가타현(新潟懸) 청해(青海)마을에서 1961년 당시 16세대 80명이 사는 작은 마을을 조사하였다. '화재(かさい)'의 어두음절에 대한 연령별 사용자 분포는 다음과 같다.

kasaiかさい(火災)	~1910년생	1915~1934	1935~1955
kwa-	*6명	7명	0명
ka-	0명	3명	24명

그 결과 이 마을의 언어가 통일되어 있지 않다는 점은 분명하지만, 3개의 연령층으로 구분해 보면 노년층과 젊은층에서 각각

kwa-(6명) 또는 ka-(24명)로 통일되어 있는 모습이 잘 드러난다. 지역사회 내부 성원 간의 차이는 꽤 현저하지만 한편 언어의 동일성도 결코 작지 않다는 사실이 입증된다.

둘째, 제보자를 바꾸면 지역 전체의 분포가 달라질 것인가에 대해 시바타 타께시(1969)는 1957년, 1959년, 1961년 사이에 3회에 걸쳐 동일 마을을 동일한 계획으로 연속해서 조사했다. 제보자가 평균 70세이어서 사실은 2년 사이에 어쩔 수 없이 제보자를 바꾼 지점도 꽤 있다. 이러한 의미에서 자료 제보자의 교체가 개개 항목의 분포에 어느 정도 차이가 생기게 하고 있는지 살펴보았다. 그 결과 어휘 항목 '약지(藥指)'의 1957년 분포도와 1959년의 분포도를 비교해 보면, 'ben(i)'의 분포지역도, 'ben(i)-tsuke(jubi)'의 분포지역(1.3-4圖)도 극히 잘 일치한다는 사실을 입증하였다.[3] 또한 지점마다 언어형식이 동일한지 어떤지를 검토해 본 결과 14지점(10% 이하)만이 불일치를 보이고 있다는 사실을 밝혀냈다.

위의 두 가지 가정에 대해 한 지역사회 내의 동질성과 이질성을 검토한 결과 지역사회의 언어는 성원 간에 상당히 일치하지만 완전히 일치하지는 않는다. 또한 제보자를 바꾸어도 지역 전체의 분포도가 바뀌지 않는데, 각 마을마다 노인층의 언어를 잘 대표하는 듯한 제보자만 선택한다면 상당히 일치도가 높은 언어자료를 채록할 수 있다. 지리언어학에서는 그 언어의 불일치 현상에 대해 주목해서 그것을 변화 양상으로서 해석하려고 하는 것이지만, 지리언어학도 어떤 단계에서는 구조언어학의 가설을 따르지 않을

---

3) 시바타 타께시(柴田 武)(1969), 『言語地理學の方法』, 地圖 1.3-4, 筑摩書房 참조.

수 없음을 잘 보여준다.

1.4 지리언어학의 용어

1) 지리언어학과 언어지리학

지리언어학이라는 용어는 언어학 발달 과정에서 연구 방법의 관점이 어디에 초점이 놓이느냐에 따라서, 그리고 외국어로 된 학술용어를 번역하는 과정에서 언어지리학, 방언지리학, 지리언어학, 지리방언학 등과 같이 매우 혼란스럽게 사용되어 왔다.

지리언어학(*geographical linguistics*)과 언어지리학(*linguistic geography*)이라는 용어는[4] 전혀 다른 관점에 놓여 있는 용어가 아니다. 역사·비교언어학의 발달과정에서 언어의 지리적 분포에 대한 관심이 처음으로 나타난 시기에 소장언어학자와 전통방언학자들에 의하여 언어지리학이라는 용어가 주로 사용되었다. 그 후 구조방언학자인 W. G. Moulton에 이르러 지리언어학이라는 용어를 사용하게 되었다. 인구어에서 수식-피수식의 관계에 있는 linguistic + geography(언어지리학)는 후자, 곧 피수식어인 지리학에 초점이 놓이는 데 비하여, geographical + linguistics(지리언어학)이라는 용어는 언어학적 관점을 강조하는 것이다. 따라서 국내의 연구자들도 "지리학적인 방법론을 이용한 언어학"이라는 측면에

4) 지리언어학과 언어지리학의 개념은 구분되기도 하지만 이것은 내용적인 차이라기보다는 학문의 관점 변화에 의해 규정된 차이라고 할 수 있다. 그러나 이병근(2001:26)은 그 개념 차이를 다음과 같이 파악하였다. "방언 특징들의 지리적 분포에 기초하여 궁극적으로 언어사를 재구하는 임무를 삼는 분야는 지리방언학(areal linguistics)이며, 방언지리학 또는 언어지리학은 지리학의 한 분야이다."

서 '지리언어학'이라는 용어를 주장하고 있다(김덕호:2002, 한영균:1985, 1986). 즉 '지리언어학, 지리방언학'이란 술어는 '사회방언학, 사회언어학'이라는 술어에 병립적인 대응체제로 이해할 수 있는 장점이 있기 때문에 선호하는 편이다.

2) 사용어와 이해어

보통 우리가 제보자로부터 얻는 자료는 "이 의미를 나타내는 데 사용하는 언어형식"이지 "이 의미를 나타내는 데 사용하지는 않지만 이해는 할 수 있는 언어형식"은 결코 아니다. 전자를 사용어(使用語)라고 한다면, 후자는 이해어(理解語)이다(시바타 타께시, 1969:40-57).

사용어와 이해어는 분명하게 구분할 수 있을 듯하지만 실은 뚜렷이 구분지을 수 없다. 이해어는 지금부터 사용할지도 모르는 단어일 경우가 있다. 때로 그것이 문화적 중심지에서 전파되는 것이라면 그 주변지역에서는 언젠가는 이것을 사용하게 될지도 모른다. 이해어는 실제로 사용하지 않더라도 들어서 이해가 되는 언어이다. 그렇다고 한다면 사용어는 옛날 언어인 이해어보다 새로운 언어라고 말할 수도 있다. 반대로 지금은 사용하지 않지만 옛날에 사용했기 때문에 이해할 수 있다고 하는 언어도 이해어이다. 이 경우에는 이해어가 옛날 단어, 사용어가 새로운 단어가 된다. 이렇게 해서 사용어와 이해어를 구별하는 것은 단순히 공시태에 있어서의 문제만은 아니다.

실제적으로 이해어에 관해서 정보를 얻으려면 단지 한번의 방언조사로는 불가능하다. 동일한 조사표로 같은 항목을 사용어와 이해어의 양면에서 질문하는 것은 일반적으로 곤란하기 때문이다. 그렇긴 하지만 미리 예견되는 언어형식을 알고 있다면 그것을 사용어로서 묻는 조사표에서 먼 곳에 떨어뜨려 놓으면 조사할 수 없는 것은 아니다. 그러나 원칙적으로 첫 번째 조사로 그 단어의 분포지역을 분명하게 한 다음에 제2차 조사표에 이해어의 항목을 더하는 것이 좋다.

2. 언어와 방언의 지리적 분화

언어의 변화는 언어 체계 내부의 변화뿐만 아니라 시간, 지역 정치, 행정, 문화 등의 외적인 요인에 의해서도 일어난다. 방언의 분화는 언어가 변하는데서 발생한다. 한 방언에서 새로이 시작된 언어의 변화를 '개신'이라 하고, 이 언어적 개신이 확산되어가는 언어적 개신의 물결을 '언어적 개신파'라고 한다. 방언분화는 이 언어적 개신파의 확산에 의해 이루어진다. 언어의 개신은 시간적으로 한 시점에서 일률적으로 일어나지 않으며 지역적으로 한꺼번에 일어나는 것도 아니다. 대개 어떤 지역에서 개신이 먼저 이루어지고 점진적으로 그 개신의 영역이 전파되어 확대되는 양상을 보이는데 이를 '확산'이라 한다.

기원이 동일한 언어나 방언분화 및 전파에 대한 이론적 가설로는 계통수설(*Tree theory*), 파동설(*Wave theory*), 어휘통계설(*Lexicostaistic theory*)이 있다.

2.1 계통수설

계통수설은 하나의 단일한 언어체계가 시간이 경과함에 따라 여러 개의 언어로 분화되어 발달되어 가는 과정이 마치 나뭇가지가 벌어지듯이 분화된다고 보는 이론적 모형으로, 소장문법학자인 Schleicher(1868)에 의해 제안된 가설이다. 이것은 두 언어체계가 하나의 단일한 언어에서 개별적인 발달 단계를 나타내는지, 또는 공통조어를 가지고 있는 두 개의 친족 언어를 이루고 있는지를 보여준다.

그러나 계통수설은 동일한 언어변화가 한 나뭇가지에서뿐만 아니라 여러 나뭇가지에서 시차를 두고 출현할 수 있다는 점을 배제하고 있다. 즉 변화가 순전히 우연성에 의해 따로 떨어진 두 지역에서 독자적으로 출현된 경우가 종종 있는데 이러한 경우에는 두 언어가 동일한 계통이라고 설명할 수 없다는 기술상의 한계점이 있다.

2.2 파동설

언어나 방언의 분화에 대한 파동설은 J. Schmidt(1872)에 의해 제기된 것으로 마치 조용한 호수에 돌을 하나 던졌을 때, 파장이 멀리 확산되지만 중심지에서 멀면 멀수록 그 확산의 힘이 줄듯이 언어개신이 중심지에서 주변으로 확산된다는 이론이다. 이 이론은 친족관계를 맺고 있는 여러 언어들을 서로 비교했을 때 어떤 언어적 특질이 지리적 거리와 언어적 거리 간에 일정한 상관관계를 맺고 있다는 이론이다.

계통수설에서 주장하는 기원적 친족 관계를 파동설에서는 언어 공동체의 지역적인 분할모형으로 바꾸어 놓았다. 그러나 언어나 방언의 분화가 반드시 지리적 차원을 따르는 것은 아니다. 가령 지리적으로 가까이 있으나 언어적인 차이를 보이는 두 언어가 있다고 가정할 때, 이 두 지역은 정치적인 힘에 의해 하나의 언어로 통합될 수 있기 때문이다. 따라서 파동설은 언어나 방언의 분열이 엄격하게 지리적인 선을 따르는 경우에만 설명이 가능하다는 취약성을 보이고 있다.

2.3 어휘통계설

계통수설과 파동설은 음운변화가 완전히 규칙적이라는 소장문법학자들의 가설에 기초를 두고 있다. 그러나 어휘통계설은 음운변화는 완전히 규칙적이지 않으며 전체적인 변화라기보다는 변화를 겪은 범주의 한 어휘 항목 개개에 작용한다는 가설에 기초를 두고 형태소나 음운 체계의 유사성의 정도를 측정하는 이론이다.

방언차이의 정도(*degree of dialect difference*)를 측정할 수 있는 어휘통계법(lexico-statistic-method)은 M. Swadesh에 의해 개발되고 Wang(1969)에 의해 이론적으로 보완되어 나타나게 되었다.

3. 경계와 등어선

3.1 등어선과 방언경계

1) 등어선의 개념

등어선(等語線, *isogloss*)이라는 용어는 1892년 라트비아의 방언학자인 J. G. A. Bielen-stein이 처음으로 사용하였다. 이 용어는 등온선이 평균 기온이 같은 지점들을 연결하는 선을 나타내듯이 '같은 언어(동일 iso + 언어 gloss) 특징을 가지는 지점들을 연결하는 선'을 의미한다. 그러나 실제적으로 어떤 지역을 가로 지르는 분계선이 있으면 그 한쪽은 같은 언어 특징을 가진다는 의미로서 쓰이는 것이 일반적이다. 곧 등어선은 언어 특징의 차이를 보이는 두 지역을 가르는 분계선으로 정의할 수 있다. 방언지도를 작성해 보면 서로 다른 방언들이 갈리는 경계선이 드러나게 된다.

<그림 4-1>은 등어선이 단선으로 나타나 등어선 그 자체가 언어 경계선이 되지만 실제로 이러한 사례는 극히 드물게 나타난다. 대부분 <그림 4-2>와 같이 등어선이 다발로 실현되어 등어선속(*isogloss bundle*)을 형성한다.

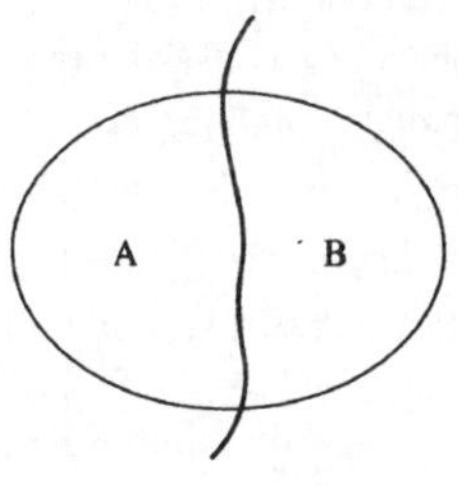

〈그림 4-1〉 단선등어선

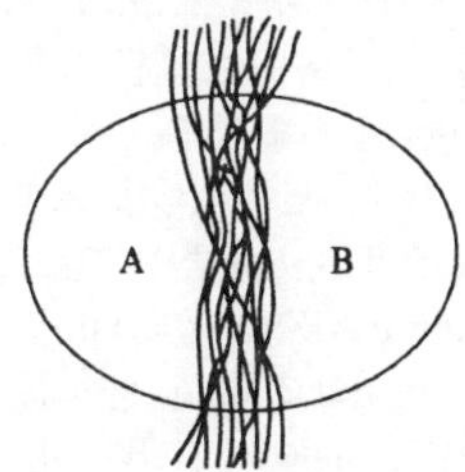

〈그림 4-2〉 등어선속

2) 등어선속

등어선은 음성, 음운, 어휘, 문법, 의미 등의 차이에 의해 그어지게 된다. 그러나 각각의 언어적 특징이 지역별로 일치하는 것이 아니어서 방언권이 분명하게 구분되는 것이 아니라 다만 등어선이 다른 지역보다 집중적으로 나타날 경우 그곳을 경계로 방언권을 나누는 것이 보통이다. 이와 같이 여러 개의 등어선이 하나의 다발 형식으로 공존하고 있을 때 이를 등어선속(isogloss bundle)이라 한다.

<지도 4－1>은 등어선속의 가장 전형적인 예이다. 이 등어선속은 프랑스 동서를 가로질러 달리는데, 이는 프랑스를 분할하는 몇 개의 등어선이 같은 장소에 동시에 존재하는 등어선속으로서 중요한 방언구분을 표시해준다. 이 등어선속에 의해 분할되는 프랑스의 북부와 남부 간의 최초의 방언 구획은 일찍이 1284년 시인 Bernat d'Auriac에 의해 규정되었다. 그는 북부와 남부에서 각각 사용되는 'yes'에 대한 단어로부터 북부지방은 langue d'oil(오일말)이라고 하였고, 남부지방은 langue d'oc(오크말)이라는 용어를 만들어 냈는데,[5] 이는 현재도 방언분화를 규정하는데 종종 사

---

5) 기원전 1000년 무렵 프랑스에 켈트족이 정착하였다. 그 중에 고올지방에 자리 잡은 고올족은 고유한 문화를 형성하였고, 그들은 켈트어를 사용였다. 이후 기원전 120년 고올지방은 로마 제국에 의해 정복되면서 고올지방의 언어는 라틴어로 동화되었다. 다시 게르만족이 침입하면서 게르만어의 확산으로 라틴어는 변질되어 방언화하게 된다. 이 방언의 북부는 오일말langue d'oil, 남부는 오크말langue d'oc로 분화된다. langue d'oc라는 용어는 남부지방에서 oui(=yes, 긍정대답)의 의미로 사용된 단어 oc(<라틴어 hoc)로부터 생겼다. 이는 남부 언어가 라틴어의 잔재임을 반영하는데, 비교적 라틴 모어에 가까우나 말로만 사용되었을 뿐이고 글로는 사용되지 않았다. 이에 반해 파리를 중심으로 하는 일드프랑스의 제후들이 세력을 확장함에 따라 북부의 오일어 중에서 사용되는 '프랑스앵(Francien)이 문장어의 표준이 되어 마침내 '고대 프랑스어'가 된다. 그런데 현재 프랑스의 북서부에 있는 브르타뉴

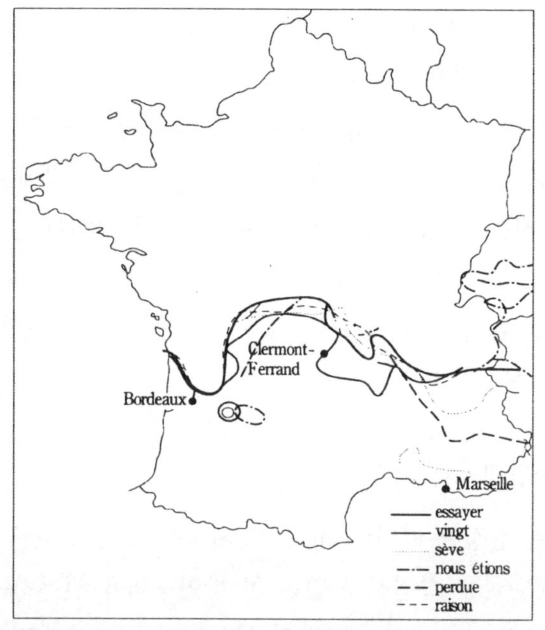

〈지도 4-1〉 프랑스의 남북을 양분하는 등어선속(Jochnowitz, 1973)

용되고 있다.

이는 Gilliéron과 Edmont의 프랑스어 방대한 자료에서 추출된 9개의 등어선속 중의 하나로서 가장 중요한 것으로 간주되고 있는 것은 거칠기는 하지만 그 등어선과 일치하는 것을 보여주는 것은 문화적 상관관계로부터 나온 것이기 때문이다. 그러므로 이러한 등어선속들은 중요한 언어적 차이가 나타나는 지역을 기술할 뿐 아니라 다양한 사회적, 문화적 차이가 나는 지역을 기술한다는 데 의미가 있다.

(Bretagne) 지방의 언어는 프랑스어와는 아주 다른 언어의 모습을 갖고 있다. 이 언어는 다름 아닌 5세기 켈트족이 사용하던 켈트어가 현재까지 유지되고 있음을 보여주는 예이다.

프랑스어는 부분적으로 로마화한 북부의 켈트족과 완전히 로마화한 남부의 비켈트족 사이의 고대 인종적 분열에 기인한다. 이러한 역사적 환경 속에서 등어선속과 여러 비언어적 경계사이에서 대략적으로 일치하는 것을 발견할 수 있는데, 그 밖에도 농업 경작법이나 지붕의 양식, 법체제도 프랑스를 분할하는 주요 언어학적 등어선속과 밀접하게 관련이 되어 있다. 즉 특정 지역에 사는 사람들은 그들이 사는 장소 의식과 공동체 의식을 창출해 낼 수 있음을 잘 보여준다.

3) 방언경계

방언이란 한정된 지역 내의 언어 체계를 뜻하기 때문에 한국어의 여러 방언군을 설정하는 일은 곧 방언구역을 결정하는 일이다. 방언경계(dialect boundary)는 방언구역을 이루는 것으로 방언 특징을 보여주는 등어선속으로 가능하기 때문에 어떤 외적 요소, 즉 지리·문화적인 요소와의 상호 관련성 속에서 찾아야 한다.

전통방언학에서 방언경계를 찾는 일은 불가능한 것이었지만 구조방언학적 관점에서는 각 방언체계의 상이한 구조적 관계의 비교를 통해 방언경계를 지을 수 있는 것으로 파악하였다. 이병근(1969 : 48)은 방언경계를 지을 수 있는 전제조건으로 첫째, 방언에 있어서의 언어유형을 구조로 파악해야 하며, 둘째, 일정한 지방적인 방언 내에서의 분화의 사회적이고도 문체적인 구조를 조사해야 하며, 셋째, 지역적인 언어분화의 구조를 연구할 때 가능한 것으로 보았다.

3.2 등어선의 유형

조사된 자료를 언어지도로 작성하여 등어선을 그릴 경우 대부분 등어선은 무질서하게 서로 교차되는 혼란된 모습을 보이게 된다. 따라서 이러한 등어선 유형이 언어 변이의 규칙성을 설명하는 초기 방언학자들의 강력한 주장들을 포기하도록 유도하였다. 그러나 등어선은 주요한 음성법칙과 어휘대응의 짝을 어형지도로 작성해 내는 방향으로 발전되었다.

1) 단일등어선과 이형등어선

등어선은 그 수에 따라 단일등어선과 이형등어선으로 나뉜다. 어떤 지역 화자들의 언어 특징이 만일 △, ○으로 각각 실현된다고 가정했을 때, 단일등어선은 <그림 4-3>과 같이 두 가지 변종(△, ○)이 나타나는 두 지역 사이를 통과하는 하나의 등어선을 말한다. 이것은 두 조사 지점 사이에 있는 임의의 지점이나 조사된 적이 없는 지점을 통과한다. 그러므로 아래와 같이 알려지지 않은 지역을 임의로 분리하는 위험을 안고 있기 때문에 덜 정확하다.

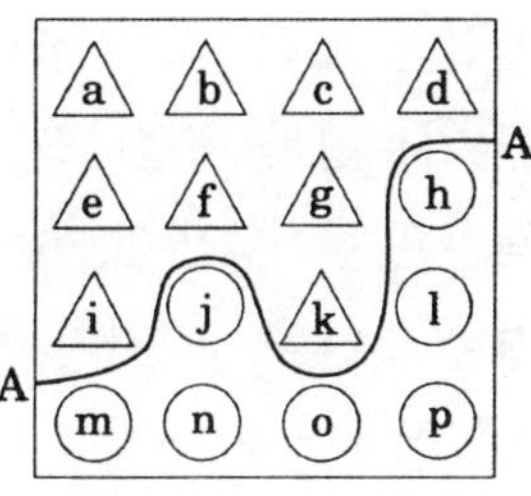

〈그림 4-3〉 단일등어선

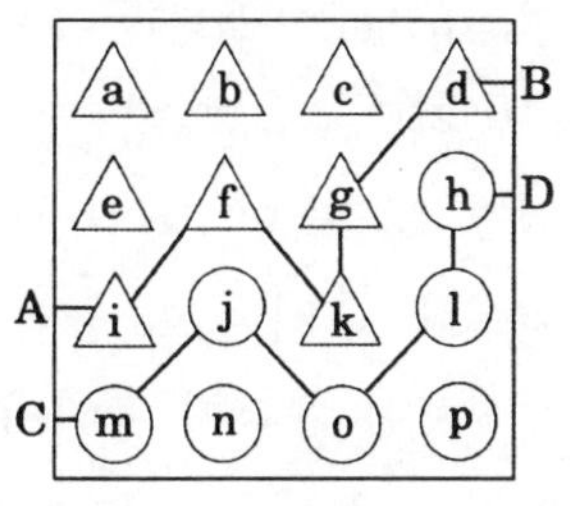

〈그림 4-4〉 이형등어선

반면에 <그림 4-4>는 △특징과 ○ 특질을 갖는 화자들의 위치에 따라 연결되어 있는 이중등어선, 이형등어선(heterogloss)이다. 이는 Speitel이 단일등어선의 문제점을 극복하기 위해 사용한 것으로 마주하고 있는 두 지점이 대립적인 변종을 사용하고 있을 경우 동일한 변종을 사용하고 있는 지점들을 열거한 두 개의 등어선으로 접촉 영역에 대한 보다 정밀한 정보를 제공해 줄 수 있다. 그러나 등어선 사이에 있는 화자들에 대한 정보를 놓칠 가능성이 있기 때문에 사전에 정확한 자료 조사가 선행되어야 할 것이다.

2) 부채형 등어선

고전적인 한 예로 고지 독일어와 저지 독일어를 분리시키는 등어선인 소위 '라인 강의 부채(Rheinish Fan)'는 베를린 약간 북쪽을 가로질러 네덜란드로 흘러 동서로 뻗쳐 있다. 이 방언 분할의 특징은 원시독일어(Pro-Germanic)의 *p, *t, *k의 방언분화형을 반영한 것이다. 곧 저지 독일어에서는 정지음으로 남아 있으나 고지 독일어에서는 마찰음, 파찰음으로 발전되었음을 반영하고 있다. 곧 dorp(마을)이 저지 독일어에서는 [dorp]으로 고지 독일어에서는 [dorf]로 대립된다. 또 dat(저것)는 [dat]와 [das]로 각각 대응되며, maken(만들다)은 [makən]과 [maxən]으로 각각 대응된다.

<지도 4－2>에서 저지 독일어와 고지 독일어를 분리시키고 있는 특성들이 그 연장선의 대부분은 거의 일치를 하는 등어선을 이룬다. 그러나 이 등어선은 라인 강과 만나는 지점에서 마치 부챗살처럼 제각기 흩어져 있기 때문에 '라인 강의 부채'라고 명명되었다. 부채형 지역과 다른 지역 간의 근본적인 차이는 부채 지역에서 더 넓게 분기된다는 점이다. 이 '라인 강의 부채'는 방언

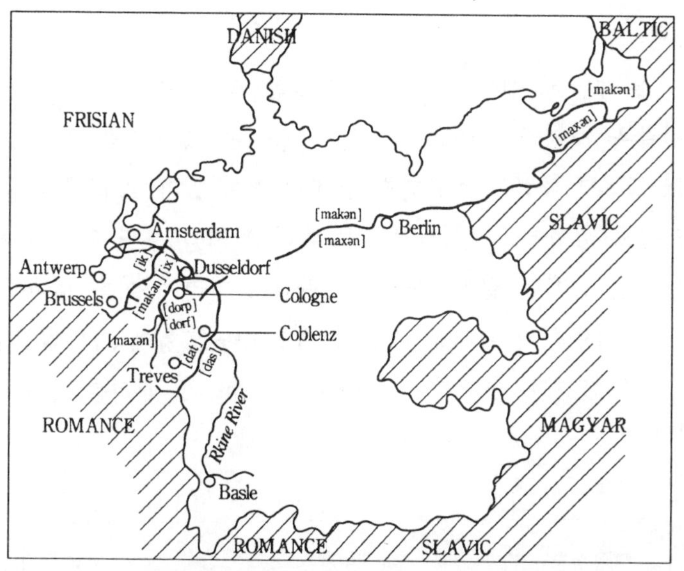

〈지도 4-2〉 저지 독일어와 고지 독일어를 가로지르는 부채형 등어선 (Bloomfield, 1933 : 334)

학자들에게 교훈적인 예가 되었다. 왜냐하면 방언분화는 언어학자들의 음성법칙과 무관하게 각각 독자적인 방향으로 진행된다는 명징한 실례가 되기 때문이다.

3) 교차형 등어선

교차형 등어선은 가로와 세로로 엇갈린 등어선이다. Edward Sapir는 교차등어선에서 보여주는 다양한 방언 특질을 유형화하였다. 오랜 정착 역사를 지닌 전통적인 마을인 독일의 버브샤임(Bubsheim), 뎅킨겐(Denkingen), 뵈팅겐(Bütingen) 마을은 매우 인접해 있는 마을인데 언어적으로 독특한 결합을 보여주는 지역이다.

<그림 4-5>에서 버브샤임 마을은 A, B 특질에 의해 다른 두 마을과 차이를 보이고 뎅킨겐 마을과는 E 특질을, 뵈팅겐 마을과는 C, D 특질을 공유하는 관계에 놓여 있다. 그러나 이들 지역은 서로 공유하고 있는 특질에 따라 짝지을 수도 있으나 짝지음에 어떤 명백한 결속력도 없고 관점에 따라 차이를 보여줄 수 있다. 이 등어선의 교차는 최초의 거주지나 고향에 가까워질수록 언어의 다양성이 증가한다는 사피어(Sapir)의 원리를 입증하는 것이다.

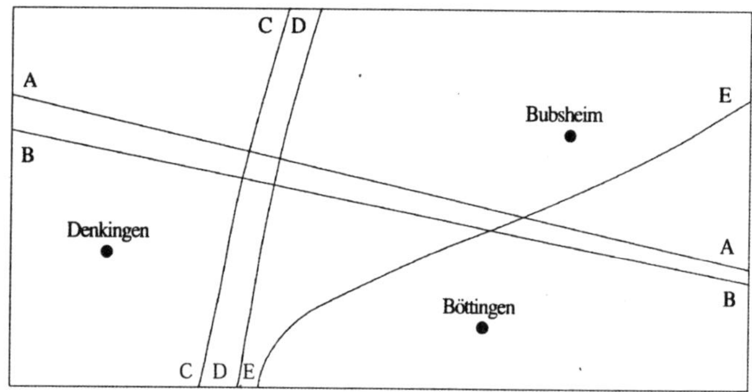

A 등어선의 북부에서는 'end'가 [ɛ:nt], 남부에서는 [aynt]로 실현되며,
B 등어선의 북부에서는 'bean'이 [bawn]으로, 남부에서는 [bɔ:n]으로 실현되며,
C 등어선의 서부에서는 'colour'가 [fa:rb]로, 동부에서는 [farb]로 실현되며,
D 등어선의 서부에서는 'old'가 [a:rt]로, 동부에서는 [alt]로 실현되며,
E 등어선의 서부에서는 'to mow'가 [mɛ:yə]로, 동부에서는 [mayə]로 실현된다.

〈그림 4-5〉 독일의 버브샤임과 뎅킨겐과 뵈팅겐 마을의 교차형 등어선
(J. K. Chamber & P. Trudgill, 1980)

4) 특이한 등어선

앞에서 살펴본 부채형 등어선이나 교차형 등어선과는 달리 서로 연결되어 있지 않으면서 조사 지역을 한 지역 이상으로 구분시키는 등어선으로 이를 '특이한 등어선'이라고 한다. 한 언어 특성이 둘 이상의 일부 지역에 존재하지만, 그 일부 지역에서는 다르거나 반대되는 특성이 나타나는 어떤 지역에 의해 이러한 등어선이 형성된다. <지도 4-3>에서 검은 점이 찍혀 있는 곳은 모음 뒤에 오는 r이 발음되는 지역이고(Rhotic, 혹은 r이 완전히 나타나는)[6], 그 나머지 지역은 r이 발음되지 않는 곳이다. 이 유형은 이전의 어떤 개신에 의해 널리 퍼진 언어 특성의 이동에 있어서 최근 단계를 가리킨다. 보다 이른 시기에는 고립된 지역에서 현재

〈지도 4-3〉 영국의 특이한 등어선(Chanbers and Trudgill)

---

6) 영국의 Rhotic 방언들은 랭커셔의 리버풀 근처의 남부 시골과 Northumberland의 가장 보수적 화자들(NORMs) 중에서 발견된다(Trudgill 1974c). rhotic 지역의 불연속적 분포는 rhotic 방언이 영국의 잔재(Relic) 특질임을 가리킨다.

나타나는 특징들이 중간영역에서도 발견되는데, 이는 잔재특질(Relic Feature)이고 중간 영역은 그 개신의 진행을 보여준다. 이 개신의 특질은 드문드문 흩어진 고립지역에 더 오래된 특질을 남기게 되었다.

3.3 등어선의 등급화

등어선은 지역 간의 방언 차이를 나타내는 데 동일한 가치를 가지지 않기 때문에 분리된 지역을 정확하게 나타내지 못한다. 단지 어떤 언어적 특질과 다른 특질 사이에 대강의 경계를 나타내 줄 뿐이다. 따라서 언어적 특질의 비율을 공간적 전파와의 상호관련성과 더불어 조사하지 않으면 안 된다. 어쨌든 등어선들을 일정한 척도에 따라 등급을 매기는 것을 등어선의 등급화라고 한다. 이러한 관점에서 등어선을 등급화하는 몇 가지 이론에 대해 살펴보고자 한다.

1) J. K. Chamber & P. Trudgill의 이론

J. K. Chambers & P. Trudgill(1980)은 등어선의 유형별 등급을 매겨서 등어선 수와 유형별 등급을 곱한 값을 기준으로 하여 계량적인 지수로 등어선을 등급화하였다. 그의 이론인 등어선의 유형별 등급화는 언어구조의 여러 층위, 즉 어휘·음운·형태·의미·발음·음소 등의 구조적인 중요성에 따라 등급을 매기는 것이다.

언어구조상 가장 피상적인 유형은 '1'로 평가되는 낮은 점수를

주고 가장 중요한 것에는 가장 높은 점수인 '7'로 평가하여 각 유형을 지수화할 수 있다. 등어선의 언어 구조적 여러 층위 중에서 어느 것에 관련되느냐에 따라 각 등어선을 유형화할 수 있는데, 등어선을 유형별로 앞에 명기된 번호 1~7까지 지수화하는 값을 주어 계량적으로 등어선을 등급화한다.

어휘적 등어선은 1, 발음적 등어선은 2, 음성적 등어선은 3, 음소적 등어선은 4, 형태적 등어선은 5, 통사적 등어선은 6, 의미적 등어선은 7점으로 평가한다. 만약 2개의 형태적 등어선들로 이루어진 등어선속은 8점(2×4=8), 3개의 어휘적 등어선들로 이루어진 등어선속은 3점(3×1=3)이다. 따라서 방언 구획을 할 때 형태적 등어선속이 어휘적 등어선으로 이루어진 등어선속보다 더 중요한 기능을 하게 된다.

① 어휘적 등어선

어휘적 측면에서 지역별 어휘의 대립을 나타내는 등어선인 어휘적 등어선(*lexical isogloss*)이 있다. 이는 어원을 달리하는 단어들을 구분하는 등어선이다. 그런데 어휘적 등어선은 형태소 환경에 따라 차이를 보이는 경우가 많기 때문에 반드시 형태론적 환경을 고려해야 한다. 예를 들면 표준어 '부추'를 일부 지역에서는 '정구지', 일부 지역에서는 '솔'이라고 하여 차이를 보이는 등어선을 어휘적 등어선이라고 한다.

② 발음적 등어선

발음적 등어선(*prounciation iso-gloss*)은 단어 내의 음소 차이를 나타내는 등어선이다. 이는 어휘등어선과 같은 것으로 간주하기 쉬운데, 어휘론적 요인에 의하지 않고 단어 내에서의 음소의 차이를 보이는 등어선으로 지리적 분포를 나타내는 등어선을 말한다. 예를 들면 '잠자리'의 방언형으로 '자마리, 나마리, 잔자리, 잼재리, 잼자리, 철기, 철갱이' 등이 있는데 이들 중에서 '자마리, 나마리, 잔자리' 등은 어휘적 요인에 의하지 않고 음소적 차이에 의해 지리적 분포를 나타내는 발음적 등어선이 된다. J. K. Chamber & P. Trudgill(1980)은 어휘차이가 발음차이보다는 화자에 의해 의식적으로 조절되거나 변화되기 쉽기 때문에 발음등어선이 어휘등어선보다 더 비중이 높은 것으로 등급화하는 것이 타당하다고 하였다.

③ 음성적 등어선

음성적 등어선(phonetic isogloss)은 음성적 차이를 보이는 등어선이다. 이것은 어떤 지역이 다른 지역에 비해 더 일반적이거나 부가적인 음운규칙을 가지고 있어서 두 지역 간에 음성적 도출형의 차이를 보이는 등어선이다. 예를 들어 '거지'의 방언형이 [kə:ji], [kㅋ:ji], [kɨ:ji] 등으로 실현된다. '거지'에 대한 음성적 등어선은 '[kə:ji]', '[kɨ:ji]'(/ɨ/ : /ə/ 변별지역), '[kㅋ:ji]'(/ɨ / : /ə/ 비변별지역)와 같이 3종류의 음성적 등어선으로 그어질 수 있다.

④ 음소적 등어선

음소적 등어선(phonemic isogloss)은 음소 목록이 다른 두 지역을 구분짓는 등어선이다. 예를 들면 '/ɨ/ : /ə/, /e/:/ɛ/' 등의 최소한의 변별쌍에서 음소적 변별력 유무에 따른 방언분포를 나타내는 등어선을 말한다. 음소적 등어선은 최소한의 변별쌍에 의한 음성차이의 구조적 내지 체계적 차이라고 할 수 있다. J. K. Chambers

& P. Trudgill(1980)은 등어선을 등급화할 때 음운론적 측면에서의 등어선이 어휘적 등어선보다 훨씬 구조적 중요성을 지녔기 때문에 음운적 등어선에 비중을 두어야 한다고 제안하고 있다.

⑤ 형태적 등어선

문법적 등어선(*grammatical isogloss*)은 형태적 등어선과 통사적 등어선으로 하위 구분을 할 수 있다. 형태적 등어선(*morphological isogloss*)은 굴절(곡용, 활용), 파생상의 차이에 의한 등어선이다. 예를 들면 음운론적 조건에 의한 변이형으로 실현되는 주격조사 '-이', '-가' 중에서 모음 뒤에 실현되는 '-이' 지역과 선행음절이 폐음절인 환경에서 실현되는 '-이가'로 실현되는 지역 간의 등어선을 형태적 등어선이라고 한다.

⑥ 통사적 등어선

통사적 등어선(*syntatic isogloss*)은 문장 구조상의 통사적 차이에 의한 등어선이다. 통사적 등어선은 조사상의 어려움이 있을 뿐만 아니라 그 분포가 매우 산발적으로 나타나기 때문에 깊이 있는 연구가 이루어지지 않았으며, 다른 등어선 유형과의 상관관계에 따른 등급화 문제에 대해서도 연구의 진전이 없었다. 천시권(1965), 이기백(1969)에서는 경북방언의 하위방언권을 의문형어미에 따라 '-여', '-능교', '-니껴'에 따라 구분하였는데, 이는 통사적 등어선에 따른 방언구획을 잘 보여준다.

㉠ '-니껴'형 : 안동, 예천, 의성, 봉화, 영양, 영주, 울진, 청송 일부, 영해

㉡ '-능교'형 : 대구, 달성, 경산, 청도, 고령, 성주, 칠곡, 군위, 영천, 경주, 월성, 영일, 포항, 청송, 영덕(어촌마을)지역

㉢ '-여'형 : 상주, 선산, 김천, 금릉, 문경, 예천

⑦ 의미적 등어선

의미적 등어선(*semantic isogloss*)은 형태가 동일하면서 의미가 다른 경우의 등어선을 말한다. 그런데 의미가 동일하면서 형태가 다른 경우의 등어선을 어휘적 등어선이라고 한다는 점에서 의미적 등어선도 어휘적 등어선과 상관성을 지니고 있다.

예를 들면 방언형 '아재'는 지역에 따라 '미혼의 숙부'를 의미하기도 하지만, '5촌 당숙'이나 '고모, 이모'를 의미하기도 하는데, 이와 같이 어휘의 의미에 따라 방언을 구분할 때 의미적 등어선이라고 할 수 있다

그러나 이러한 등어선 등급화에 있어서 전제되어야 할 일은 모든 등어선을 철저하게 확인해야 한다. 만약 등어선속 중에서 높은 값을 가진 등어선을 한두 개 빠뜨리고, 등어선속의 지수 수치를 부여하거나 그것을 비교하는 것은 쓸모없는 일이 되고 만다.

2) Jean Séguy의 언어적 거리측정법

등어선의 등급화에 의한 방언측정법(*dialectometry*)[7] 이외에 Jean Séguy(1973)의 언어적 거리(*linguistic distance*)에 의한 방언구획 방법이 있다. Séguy는 인접지역 언어 간 차이의 정도를 나타내기 위해 등어선의 두께를 나타내는 합성적 선(*composite line*)을 이용하고 있다. Séguy의 언어측정법의 개념은 인접지역

---

7) J. K. Chamber & P. Trudgill(1980)가 사용한 'dialectometry'라는 용어를 이익섭(1981 : 8))은 '방언 등급 측정법'으로 번역하였다.

과 수집된 모든 방언자료의 대비를 통해 일치하지 않는 항목수의 백분율로 환산한다. 이 백분율이 바로 '언어적 거리'라 할 수 있다.

이러한 방법으로 『가스코뉴 지방의 언어민속지도』(AGL)를 작성하였다. 김충회(1990)는 이러한 방법을 이용하여 충북방언 구획을 위해 45 이상을 • • •, 35~44 사이를 ━, 25~34 사이를 ═로, 18~24 사이를 ┄, 19 이하를 ─로 표시하여 충북방언 구획도를 <지도 4－4>처럼 작성하였다.

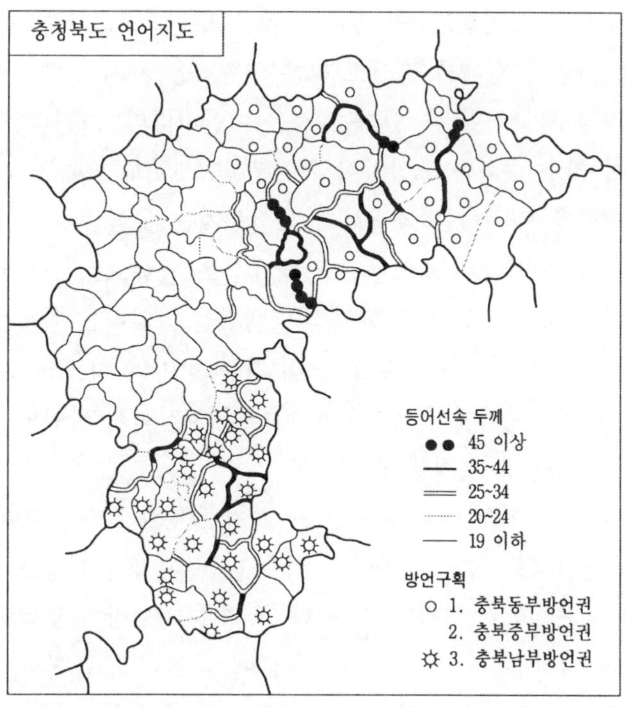

〈지도 4－4〉 방언측정법에 의한 방언구획의 예 (김충회, 1990:175)

3) Hans-Henning Speitel의 계량적 방법

Hans-Henning Speitel(1969)은 「영국과 스코틀랜드 국경에 인접한 등어선의 지역적 유형」(An areal typology of isogloss near the Scottish-England border)이라는 논문에서 우편질문지로 실시한 스코틀랜드 언어조사 자료를 토대로 하여 어휘적 등어선의 등급화를 시도한 바 있다. 이를 분포 유형상의 등급화라고 할 수 있다. 이 조사에서 어휘적 등어선 중에도 상당한 변종이 존재한다는 사실이 확인하였다. 스코틀랜드와 영국의 국경주위의 지역 집단에서 나온 조사 결과만을 연구한 Speitel은 어휘항목의 분포를 다양한 방법으로 유형화할 수 있다는 것을 발견하고, 다른 유형들을 분류하는데 각 형태들은 서로 다른 영향력을 가지고 있기 때문에 이에 따라 등급화할 수 있다는 점을 제안하였다. 그러나 각 유형에 대한 지수 수치를 고안하여 언어분할(*linguistic separation*)의 상대적 비중을 결정하는 계량화에 도달하지는 못했다.

예를 들면 영국과 스코틀랜드 경계선을 중심으로 조사된 자료를 토대로 하여 Speitel은 한쪽 지역에서만 나타나는 항목을 양쪽 지역에 같이 나타나는 어휘보다 더 강한 방언의 지표(*indicator*)로 설정하고, 양 지역에서 독특하게 나타나는 강력한 방언의 어휘를 분리자(*divider*)로 설정했다.

<지도 4-5>에서 어휘 분포는 세 가지 유형으로 구분된다. 첫째가 <유형 1>로 국경 양쪽에서 서로 다른 지역적 어형을 가지고 있는데 이는 a/b로 나타낼 수 있다. 국경은 지도상 슬로웨이 퍼스(Sloway Firth)에서 버위크(Berwick)에 이르며 동쪽에서 서쪽까지 지도를 가로지르며 단절하는 빗금으로 나타난다. 남쪽, 곧 영

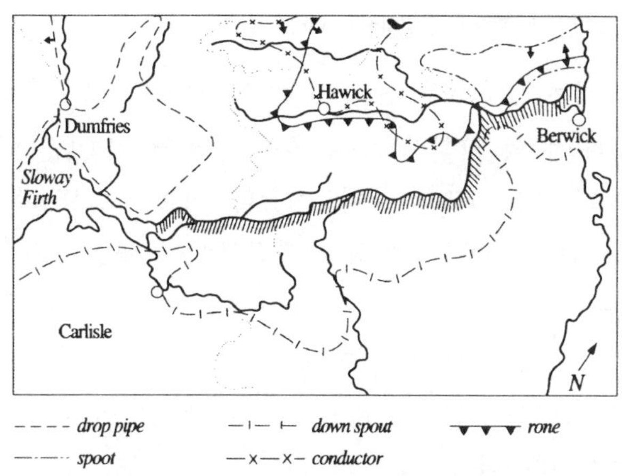

<지도 4-5> 스코틀랜드 영국 국경을 따라 실현되는 '*drain pipe*'의 어휘 분포도 (Speitel, 1969 참조)

국 지역에서는 down spout의 북쪽 한계를 보여주는 이형등어선이 지나고 있으며, 국경 북쪽에서는 네 개의 다른 어휘들이 분화되어 있다. 서부에서는 drop pipe가, 중부에서는 conductor가, 동부에서는 spoot가, 중부와 동부에서는 rone이 분포되어 있으며 두 가지 방언형이 공존하는 지역도 있다. 이처럼 '계량적 방법'이라는 것은 양 지역에서 지역어형을 a/b로, 표준어형을 x로 나타낼 경우 이들 어형의 지리적 분포를 몇 가지 하위 유형으로 구분하는 방법이다.

4) M. Swadesh의 어휘통계법

Swadesh는 시간단위 1,000년에 대한 기본 어휘의 잔존 평균을 81%(R)로 잡고 경과 시간을 (t)로 잡아 <공식> log = log R÷t로 계산하여 어휘변화속도와 잔존율을 계산하였다.

5) 시바타 타께시(柴田武)의 네트워크법

일본에서는 도우죠우 오사무(東條操)(1954)와 오쿠무라 미쯔오(奧村三雄)(1958)의 방언구획론을 토대로 하여 시바타 타께시(柴田武)(1985)의 '네트워크법'이 제안되었다. 이것은 조사지점 간의 네트워크를 이루며 이들 간 상호 관련성과 긴밀성에 따라 방언을 구분하는 방식이다. 예를 들면 조사지점 간에 (a, b, c, d)/e, f, g 또는 (a, b, c, d, e)/f, g 또는 (a, b, c, d)/e/ f, g와 같은 관계를 갖는다면 방언권 A는 (a, b, c, d) 또는 (a, b, c, d, e)로 구분이 가능하다는 방식이다.

4. 전이

전통방언학에서 인접한 방언 간의 특질을 경계 짓는 등어선이 갖는 기본적인 가정은 언어적 변이가 지리적으로 돌발적(*abrupt*)이라는 것이다. 그러나 언어 변이가 돌발적인 것만이 아니라 점진적이라는 데 대부분의 방언학자들이 동의를 하고 있다. 구어상의 변이가 양극단에 존재하는 것이 아니라, 연속체에 따라 퍼져 있어 언어 변이는 돌발적이면서도 점진적인 양면성을 가지고 있다고 할 수 있다. 등어선에 의해 구획된 개별 방언들은 독립적이기보다는 서로 영향관계를 맺고 있는 것은 언어의 개신이 파동처럼 차츰 세력을 확대하여 나가기 때문이다.

4.1 전이지역

지리방언학에서 지역방언은 언어개신이라는 기준에서 세 가지 유형으로 구분할 수 있다(Alva L. Davis, 1950:264). 핵방언지역(*core, focal dialect*) 혹은 초점지역과 잔재지역(*relic area*), 전이지역(*transition area*)이 그것이다.

1) 전이지역의 개념

대체로 등어선은 한 곳으로 뭉쳐져서 흐르지만 그렇지 않은 경우도 많다. 특히 등어선이 서로 엇갈리게 흐르는 경우에 인접하는 양 방언이 접촉하는 지역에서 '전이지역'이 흔히 발견된다.

개신파의 물결이 초점지역으로부터 점점 멀리 퍼져 나가다가 그 세력이 약화되는 마지막 지역을 상륙거점이라고 하는데, 이 상륙거점이 서로 교체되어 넓은 지역을 형성하는 경우를 전이지역이라고 한다. 즉 두 개 이상의 개신형이 침투하는 지역으로 상이한 규칙이 공존하는 지대를 전이지역 또는 전이지대라고 하는데, Anttila(1972:298)는 완충지대(*buffer zone*)라고 명명하기도 했다.

<그림 4-6>에서 A기지방언의 특질이 B기지방언 지역의 D

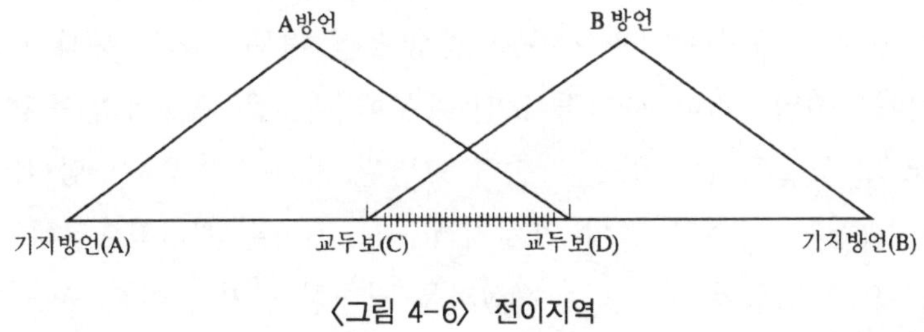

〈그림 4-6〉 전이지역

지역까지 미칠 때 D지역을 A방언의 교두보(beach head)라 하고, B기지방언의 특질이 C지역까지 미칠 때 C지역을 B방언의 교두보라 한다. 이때 양 기지방언의 특질이 교차되는 C－D지역을 전이지역(transition area) 또는 전이지대(transition belt, zone)라 한다. 양 방언의 특질이 마지막으로 와 닿는 교두보가 일정한 폭을 가질 때를 전이지역이라 하며, 이들의 폭이 아주 좁거나 거의 하나의 등어선과 일치할 때 우리는 방언경계(dialect boundary)라 한다. 다시 말하면 전이지역은 양 방언의 규칙인 규칙 1과 규칙 2가 공존하거나 이 두 규칙이 통합된 제3의 규칙이 공존하는 지역을 뜻한다(Antilla, 1972:298).

2) 초점지역, 잔재지역, 언어섬

초점지역(*core area*)은 정치·경제·문화적으로 우월성이 있는 중심지역으로 언어 개신파를 방사하는 지역을 뜻한다. 그리고 개신이 출발된 된 곳을 방사의 중심 또는 핵방언지역(*core, focal dialect*)이라고도 한다.

어떤 지역에서는 새로운 언어변화의 물결인 개신파가 여러 방향에서 다양하게 밀려올 수 있다. 한편 자연환경이나 사회적인 이유로 외부 물결이 잘 미치지 못하거나 차단된 지역이 있을 수 있다. 주로 산맥이나 강과 같은 자연적 조건 때문에 외부 문화가 차단되는 지역이거나 사회적 요인 때문에 새로운 개신파의 물결이 뒤늦게 도달하거나 또는 완전히 고립된 지역이 있을 수 있다.

<그림 4－7>과 같이 잔재지역(*relic area*)은 지리적으로나 문화적으로 고립된 지역으로 개신파를 최대한 받지 않아서 오랜 고

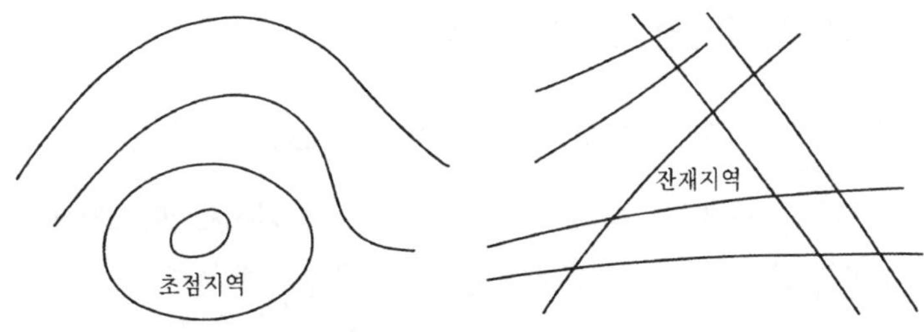

〈그림 4-7〉 초점지역과 잔재지역

형을 유지하는 지역을 말한다.

한편 개신파가 거의 도달하지 않거나 또는 사회·문화적인 요인 때문에 인접한 지역과 전혀 다른 언어체계를 가진 지역을 '언어섬(*language island*)'이라 한다. 예를 들면 다음과 같다. 첫째, 제주도와 같이 육로 교통이 오랜 세월 동안 차단된 지역은 동일한 국어이지만 의사소통이 매우 어려운 언어체계를 지니고 있다. 둘째, 경북 안동시 북후면 옹천리는 고려시대에 부곡, 역촌이었던 곳이다. 따라서 이 지역의 방언은 독특하여 인근 안동지역의 말씨와 차이를 보여 언어섬을 형성하고 있다. 셋째, 경북 영풍군 풍기지역에는 1930년대부터 『정감록』의 태백과 소백 사이 지역에 외란이 없다는 풍설에 따라 함경도민이 집중으로 이주해 와 살고 있다. 지역주민의 60%를 차지하는 이들은 아직 함경도 말씨를 사용하고 있어 하나의 언어섬을 형성하고 있다. 넷째, 전통적 반촌인 경북 안동군 무실마을 주민 70세대가 1980년대 임하댐 공사로 인해 집단으로 300여 리가 떨어진 민촌 마을인 경북 선산군 일선마을('새무실마실'이라고 지칭)에 집단촌을 형성하고 살고 있는데, 이들도 이주의 역사에 의해 언어섬을 형성하고 있다.

4.2 전이지역 방언의 유형

1) 병존방언과 융합방언, 혼합방언의 개념

전이적인 방언을 좀 더 자세하게 알기 위해서는 화자들이 사용하는 음성적 변이역의 지리적 분포를 면밀하게 살펴보아야 한다. 일례로 영국의 동부 앙글리아의 북부방언에서 후설비원순이완고모음 [ʊ]의 음성적 변이형인 [ʊ̞], [ʊ̝]의 분포지역, 중설비원순모음인 [ʌ]와 이들의 음성적 변이음인 [ʌ̞], [ʌ̝]의 분포지역과 중설비원순모음인 [ɤ]와 변이음인 [ɤ̝]가 실현되는 지역적 차이가 예상된다.

<지도 4－6>에서 [ʊ]와 [ʌ]가 혼합된 방언도 얼마간 예상되는데 아마 단일하게 [ʊ]를 가진 지역과 [ʌ]를 가진 지역 사이의 중간 지역도 예상할 수 있을 것이다. 만약 중간 지역들을 '더 북부적' 혹은 '덜 북부적'이라는 면에서 구별한다면 임의적으로 그 연속체의 중간을 '병존방언(*mixed lects*)'이라 할 수 있다. 북부와 남부 병존방언은 음소 /ʊ/와 변이음으로는 변인 (u)의 발생에 의해 중화된 /ʌ/를 가지고 있다.

이 밖에도 [ʌ]와 [ʊ]의 융합형인 [ɤ]의 실현이 어떻게 나타나는지 살펴보아야 한다. [ɤ]는 [ʌ]보다 더 높은 조음 위치에서 실현되지만 [ʌ]와 같이 중설비원순화되거나 [ʌ]와 [ʊ]의 중간적인 것이 되어서 다른 두 음과 밀접한 관계를 갖게 된다. 이는 Leioestershire의 서부와 노폴크의 동부에 집중되어 있음을 보여준다.

곧 [ɤ]는 (u)와 거의 같은 것으로 다른 [ʌ]와 [ʊ] 두 음의 음성적 특질들을 결합하고 있다. 다시 말하자면 [ɤ]의 발음은 진행 중에 있는 이 변화의 경쟁적인 [ʌ]와 [ʊ] 음성유형들 간의 융합으로서 연속체의 어느 극에서도 존재하지 않는 발음이거나 반대로 양극에 동시에 존재하는 발음으로 '융합방언(*fudged lects*)'이라 할 수 있다.

<지도 4-6>의 서쪽 가장자리 두 개와 서쪽 끝부분은 북부 병존방언지역이 있고, 이와는 달리 <지도 4-7>에는 북부 방언지역에 속하는 두 지점에 북부 융합방언지역이 있다.

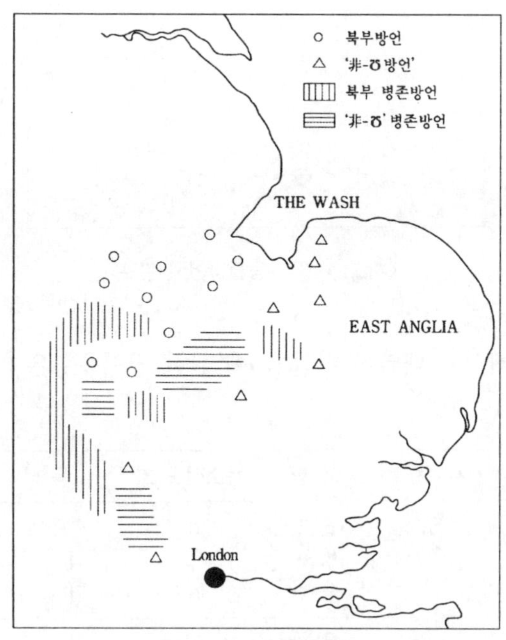

<지도 4-6> 전이지역에서 병존방언의 분포

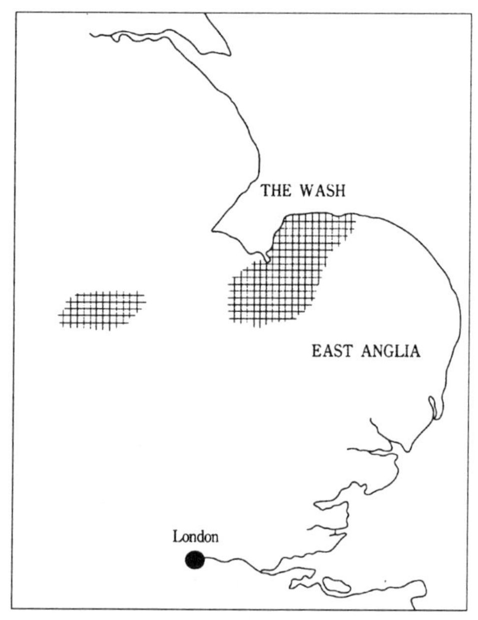

〈지도 4-7〉 융합방언의 분포

방언연속체상에 배열된 변인 (u)에 관한 방언유형은 다음과 같다.

지 수	유 형	음소적 구조	음 성
100	순 수	/ʊ/	[ʊ]
	병 존	/ʊ/	[ʊ, ʌ]
	융 합	/ʊ/	[ʊ, ɤ]
50			
	융 합	/ʌ/	[ʌ, ɤ]
	병 존	/ʌ/	[ʌ, ʊ]
0	순 수	/ʌ/	[ʌ]

〈도표 4-1〉 연속체상의 방언유형

<도표 4-1>에서 동부 앙글리아지역에서 북부지역의 음소는 /ʊ /이고, 남부지역의 음소는 /ʌ /이다. 이들 지역의 방언연속체상에 두 방언이 어떻게 병존하고 융합하는지 살펴보기 위해 각각의 방언형의 음소 실현형의 지수를 100과 0으로 가정했을 때 두 방언의 음소가 변이음으로 공존하는 지역을 '병존방언'이라 하고, 제3의 음성실현형으로 실현되는 경우를 '융합방언'이라 한다. 이상의 병존방언과 융합방언의 유형분포를 통합하면 <지도 4-8>과 같다.

<지도 4-8>은 방언 유형에 관한 지리적 분포를 나타낸 것이

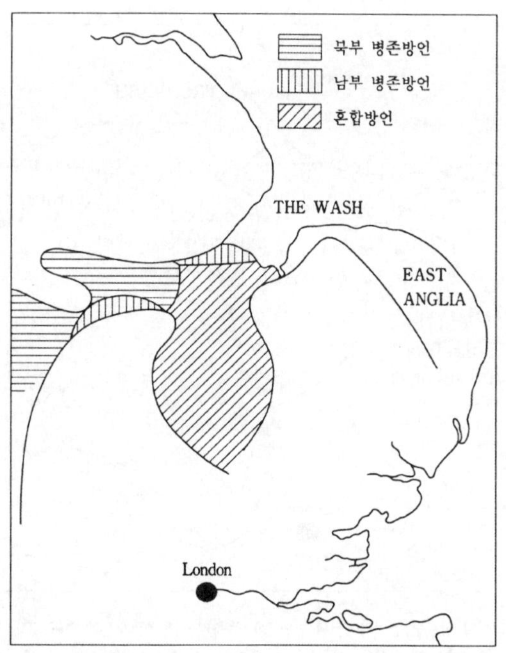

〈지도 4-8〉 이스트앙글리아와 동부 중앙지역에서 변인 (a)에 대한 전이지역

다. 진행 중의 변화가 남쪽에서부터 북쪽을 향하고 있음을 알 수 있다. 북쪽을 향한 선을 개신의 교두보(beach head)로 남쪽을 향한 선을 그들의 기지(base)로 간주할 수 있으며 그 사이의 지역을 전이지역이라고 할 수 있다.

또 다른 전이지역의 방언 유형의 예이다. 동부 앙글리아지역에서 변인 (a)도 장모음화라는 변화를 겪게 되었는데, 중세영어에서 ɑ는 전방적 마찰음 앞에 올 때 [a :]로 실현되었다. 그런데 이 변화는 지역에 따라 때로는 [a:]가 [ɑ:]로 후설화하거나 [a]가 때때로 [æ]로 전설화하였다.

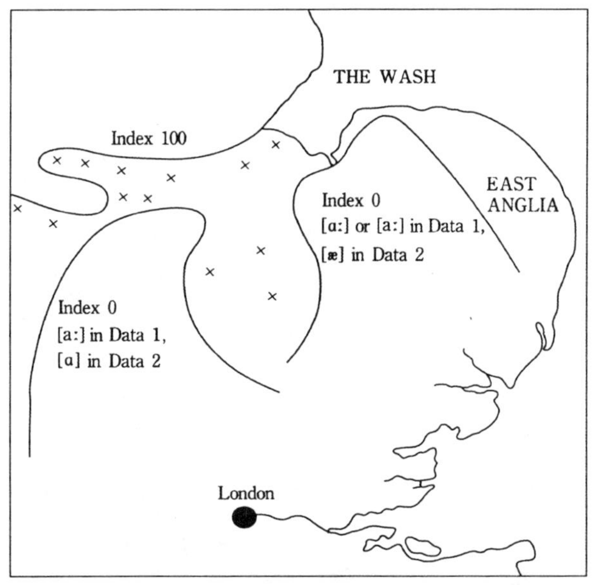

이스트앙글리아와 동부 중앙지역에서의 변인 (a). 북쪽의 선은 이 개신의 (지수 100) 교두보이고, 남쪽의 두 선은 (지수 0) 개신의 기지이다. 그 중간의 ×는 전이적인 방언의 발생을 나타낸다.

〈지도 4-9〉 이스트앙글리아와 동부 중앙지역에서의 변인 (a)

이러한 두 변화가 일어난 지역의 개신은 장단 대립에서 음성적 변화로 바뀌게 되었다. after, ask, basket과 같은 자료 1(장음화와 음성적 변이를 겪은 예)과 ant, bag, bat와 같은 자료 2(장음화를 겪지 않고 음성적 변이를 겪은 예)에서 오직 [ɑ:]로만 실현되는 화자를 지수 100이라 가정하고 다른 어떤 모음으로만 발음하는 경우 지수 0이라 하자. 앞에서와 같은 방법으로 방언 개신의 남쪽 하한선을 기지로 설정할 수 있으며 각각의 교두보는 쉽게 정해질 수 있으나 그 기지는 두 가지 유형으로 구분된다.

자료 1에서 [a]와 [a:]의 장단 대립이 예상되는 지역과 음성적 변이가 차이를 보이며 대립되는 지역, 곧 자료 1에서 [a:]를 가지는데 자료 2에서는 [æ]를 가짐으로써 두 방언 간에 음성적 변이형에 의해 차이를 보이는 경우가 있다.

이와 같이 전이지역에서는 우리가 기대할 수 있는 다양한 방언 유형들이 발견된다. 동부 앙글리아와 동부 중앙지역에서 변인 (a)의 분화에 대한 유형을 도표 상에 나타내면 <도표 4−2>와 같다.

지 수	유 형	음소 구조	음 성	
			자료 1	자료 2
100	순 수	/a/	[a]	[a]
50	병 존	/a/	[a, a:, ɑ:]	[a]
	병 존	/a:/ ; /a/	[a:, a̲:, a]	[a]
	혼 합	/a:/ ; /æ/	[a:, ä:, aˑ, æ:, a]	[æ, æ, a]
	융 합	/ɑ:/ ; /æ/	[ɑ:, ɑˑ, ɑ, a:, aˑ]	[æ]
0	순 수	/a:/ ; /æ/	[a:]	[æ]
	순 수	/a:/ ; /a/	[a:]	[a]

〈도표 4−2〉 이스트앙글리아와 동부 중앙지역에서 변인 (a)에 대한 방언연속

지표 지수가 50인 경우를 분기점(*dividing point*)으로 설정할 경우 어떤 방언에서는 [a:]와 [ɑ:]가 발생하며 반장음 [aˑ]와 [ɑˑ]도 발생되는데 이들은 융합방언으로 간주할 수 있다. 융합된 모음들이 발생하는 지역은 동부 앙글리아 최북단 방언이다. 이들 지역간에 변이음의 실현을 지수로 나타낸 것이다.

또한 <도표 4-2>에서는 유사한 모음 변이형을 갖는 혼합(*scrambling*)이 발생한다. 동쪽 기지방언에서처럼 [æ]로 실현되거나 세 가지 다른 방향에 있는 방언과 같이 [a]로 실현되기도 한다. '혼합방언(*scrambled lects*)'은 병존방언과 융합방언의 단순한 결합으로 단일한 방언에서 병존적 요소와 융합적 요소가 함께 발생하는 지역의 방언이다. 음성적 융합이 반드시 교두보 지역 부근에서만 실현되는 것은 아니다.

2) 전이지역에서의 방언 혼합 양상

전이지역에서 나타나는 다양한 방언 유형은 음성적 변이의 지리적 차이뿐만 아니라, 형태·어휘·의미분화에 따라서도 실현되고 있다.

(1) 전이지역에서의 음성적 변인 (e)에 의한 분화

경북 상주군 화북면은 행정구역상 경북이지만 충북방언의 개신파를 받고 있는 전이지역이다. 경상방언과 충청방언이 인접한 전이지역에서 변인 (e)의 분화와 방언 유형에 대해 살펴보자.

'테(輪)', '떼(群)', '게(蟹)', '메-'와 같은 어휘에서 '테(輪)'가 경북 상주 기지방언에서는 [t^{h}E]로 실현되고, 충북 보은지역 기지방언에서는 [t^{h}e]로 실현되지만 전이지역에서는 [t^{h}I]로 실현된다.

<도표 4－3>은 변인(e)의 음성실현에 따라 병존방언과 융합방언으로 구분됨을 보여준다.

지 수	유 형	음 소	음성실현
100	순 수	/E/	[E]
	병 존	/E/	[i], [E]
	융 합	/E/	[E], [i], [I]
50			
	융 합	/e/	[e], [i], [I]
	병 존	/e/	[e], [i]
0	순 수	/e/	[e]

〈도표 4－3〉 경북 · 충북 전이지역에서 변인 (e)

(2) 전이지역에서 형태, 어휘분화

전이지역의 언어분화 양상은 언어 변화의 역사적인 과정을 이해하는데 매우 유리하다. 따라서 전이지역어는 통시음운현상을 해명하는데 이용되기도 하였다(이병근:1976). 경상 · 충청 양 기지방언의 조어형을 비교하면 어휘분화의 추이를 알 수 있다. '곁두리'(아침과 점심 또는 점심과 저녁 사이에 일꾼들에게 주는 음식)에 대응되는 어휘의 분포는 <도표 4－4>와 같다.

어 형	상주기지방언	전이지역	보은기지방언
곁두리	참:	참:	
		새:	새:
	새참:	새참:	
		새밥	새밥

〈도표 4－4〉 경북 · 충북 전이지역에서 어휘분화

경북과 충북 전이지역에서 8개의 어휘를 중심으로 언어의 개신 방향과 전이지역의 분화양상을 살펴보자. <도표 4-5>의 8개 조어형을 중심으로 양 기지방언형의 실현빈도를 그래프로 나타내면 <그림 4-8>과 같다.

양 기지방언의 어휘실현 빈도를 보면 경북 상주군 보여(4)와 상주군 화서(6)지역은 행정구역상으로는 경북이지만 충북방언의 개신을 많이 받고 있으며, 충북 마로면 소여(9)지역은 행정구역상으로는 충북지역이지만 경북방언의 영향을 많이 받고 있다. 아울러 양 기지방언을 30~70% 정도 영향을 주고받는 개신지역은 경북 금천(5), 경북 화서(6), 충북 관기(7), 충북 적암(8)지역으로 상당히 폭넓은 전이지역을 형성하고 있다.

	(1)	(2)	(3)	(4)	(5)	(6)	(7)	(8)
1 상주	절굿대	허리띠	미영씨	기히비개	연깡개	돌개바람	마구깐	자불음
2 사벌	절굿대	허리빵	미영씨	기히비개	연깡개	돌개바람	오양깐	자불음
3 양지	절굿대	허리띠	미영시	기히비개	연깡개	돌개바람	마구깐	졸음
5 금천	절굿대	허리띠	미영씨	기히비개	연자세	돌개바람	마구깐	졸음
4 보여	절굿대	허리띠	목화씨	기히비개	연자세	돌개바람	마구깐	졸음
6 화서	도굿대	허리빵	미영씨	귀휘비개	연자세	회오리바람	마구깐	졸음
9 소여	도굿대	허리띠	목화씨	기히비개	연자세	돌개바람	오양깐	졸음
10 오천	도굿대	허리띠	목화씨	귀휘비개	연자세	회오리바람	오양깐	자불음
7 관기	도굿대	괴리띠	목화시	귀이개	연자세	회오리바람	마구깐	졸음
11 사직	도굿대	허리빵	목화씨	귀이개	연자세	회오리바람	오양깐	졸음
8 적암	도굿대	괴리띠	목화씨	귀지개	연자세	회오리바람	오양깐	졸음
12 보은	도굿대	괴리띠	목화씨	귀이개	연자세	회오리바람	오양깐	졸음

〈도표 4-5〉 경북·충북 전이지역에서 8개 조어형 분포(이상규, 1991 : 24)

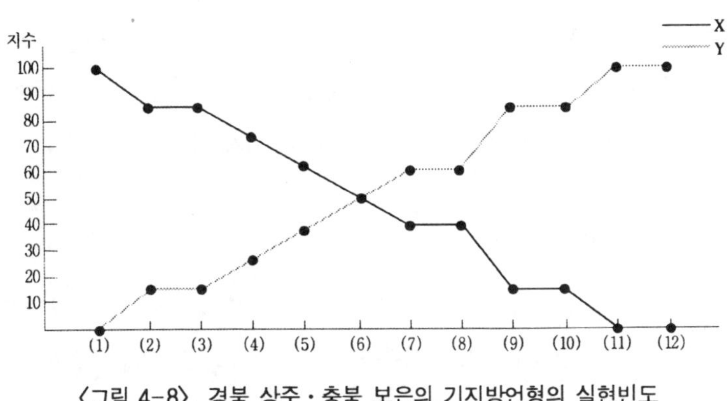

〈그림 4-8〉 경북 상주·충북 보은의 기지방언형의 실현빈도

(3) 전이지역에서의 의미분화

두 방언에서 한쪽에서는 '벼'를 '베, 비'라고 하고 다른 한쪽에서는 '나락'이라고 할 때 이들이 접촉하는 전이지역에서 두 방언형이 공존하면 어휘적인 공존방언이지만 이들의 의미에 차이가 나는 것을 고려하면 이들을 공존방언이라고 볼 수 없는 경우가 있다. 논에 심어져 있거나 볏단에 붙어 있는 상태는 '나락'이라고 하고 탈곡하여 낟알의 상태로 된 것은 '베'라고 구별한다면 이들은 두 방언의 융합으로 보아야 한다.

5. 지리적 확산

5.1 언어의 공간적 확산

언어의 변화는 한 사회 집단에서 다른 집단으로, 한 어휘에서 다른 어휘로, 한 언어 환경에서 다른 언어 환경으로, 또는 지역적으로 한 지점에서 다른 지점으로 전파된다. 이 가운데 언어의 공간적 확산이 어떻게 이루어지는가에 대해서 살펴보자.

1) 인접지역의 확산

영어에서 *rule*, *lute*와 같은 단어에서 /j/가 /u:/ 앞에서 탈락되는 변화는 지리적으로나 사회계층적으로 확산되고 있는 변화 중의 하나이다. 지리적으로는 영국 동부지역에서 계층적으로는 노동자 계층에서 높은 빈도로 /j/가 탈락되며, 어휘에 따른 변화의 빈도 차이도 보여준다. 이러한 점진적 변화는 등어선으로 나타내기가 어렵기 때문에 무시해 버리기 쉽다.

전술하였듯이 언어개신의 확산은 지리적으로 보다 멀리까지 영향을 미칠 수 있다. 역사적으로 연관성이 없는 언어일지라도 지리적으로 인접해 있는 경우 공통의 특질을 공유하는 예가 많이 있다. 예를 들면 유럽에서 전설원순모음 [ü], [ö]는 핀란드어 · 스웨덴어 · 노르웨이어 · 덴마크어 · 독일어 · 네덜란드어 · 프랑스어 지역에서 실현된다. 그런데 북동부 이탈리아 방언에서도 이들 모음이 존재하는데, 표준 이탈리아어나 그 외에 이탈리아 지역에서는 이들 모음이 존재하지 않는다.

이런 유형의 지리적 특징은 대부분 한 방언에서 기원하여 언어경계와 관계없이 이웃으로 퍼져나가는 인접성의 영향(*neighbourhood effect*)으로 생겨난 것이며, 이러한 확산이 대규모로 일어난 지역을 언어권(*linguistic area*)이라 한다. 언어권을 형성하는 지역으로 유럽에서 가장 유명한 지역은 발칸반도로서 알바니아어 · 불가리아어 · 마케도니아어 · 루마니아어의 4개 언어가 공통적으로 후치 정관사를 갖는다.

2) 건너뛰기 확산

언어 확산의 또 다른 양상으로서 지리적으로 인접되지 않는 지역으로 건너뛰기 확산(*jumping diffusion*)이 이루어지기도 한다. 예를 들면 유럽에서 목젖음 /r/이 프랑스에서는 마찰음이나 지속음 [R] 또는 [ʁ]과 같이 설배목젖음(*dorsal uvular*)으로나 연구개설전음(*velar trill*)으로 발음되기 시작하였다. 이러한 변화는 파리에서 개신파가 확산되기 시작하여 1780년 코펜하겐에 이르렀고 1890년에는 남부 스웨덴까지 전파되었다.

<지도 4−10>은 오늘날 유럽에서 목젖음 /r/의 분포를 나타내고 있다. 이 지도는 파리에서 수천 마일 떨어진, 곧 노르웨이 남부와 서부지역에서 300여 년이 지난 오늘날 이러한 개신이 진행되고 있다. 이처럼 한 도시의 중심에서 다른 도시의 중심으로 건너뛰기 확산이 이루어지기도 한다.

3) 도시 위계에 따른 확산

대체로 언어 확산의 중심은 정치 · 경제 · 문화적 중심 도시인 경우가 일반적이다. 그런데 이러한 도시의 위계와 언어 확산이 상관관계를 맺고 있다는 사실이 최근 정밀하게 연구되고 있다.

예를 들면 시카고 영어의 모음 /æ/가 bad [be^{ə}d]에서처럼 [æ]에서 점차 상승되어 [ɛ]를 거쳐 [e^ə]로 실현되는 현상은 시카고 시와 도시 규모가 비슷한 북미의 여타 도시들에도 확산되어 나타나고

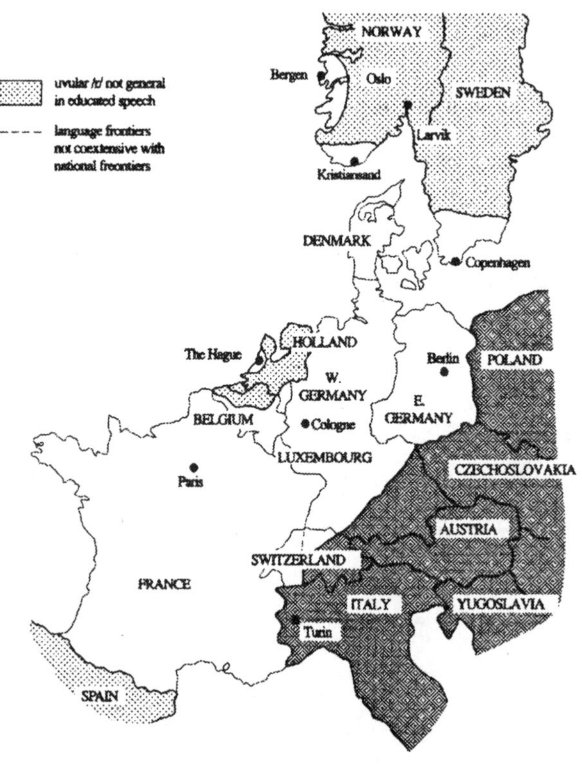

〈지도 4-10〉 유럽에서 목젖음 / r /의 분포 (P. Trudgill, 1974 참조)

있다. 북부 일리노이주 시카고 지역에서 /æ/ 상승에 대한 지표 수치를 나타내면 다음과 같다.

(æ)−1 = [eᵊ]

(æ)−2 = [ɛ]

(æ)−3 = [ɛ˕](하강된 ɛ)

(æ)−4 = [ɛ˔](상승된 ɛ)

(æ)−5 = [æ]

<지도 4-11>은 모음 상승의 지리적 분포를 보여주고 있다. 그런데 중심 도시 시카고가 /æ/ 상승 현상의 확산에 있어서 핵심적 역할을 하고 있는 것은 분명한 사실임에도 불구하고, 시카고와의 거리는 무관한 관계인 것으로 나타났다. 다시 말하면 방사 중심지인 대도시 시카고로부터 그와 비슷한 규모의 다른 도시 혹은 보다 작은 도시로 개신의 건너뜀이 이뤄진다는 것을 보여주는데, 이는 곧 '도시 위계에 의한 확산'이라고 말할 수 있다.

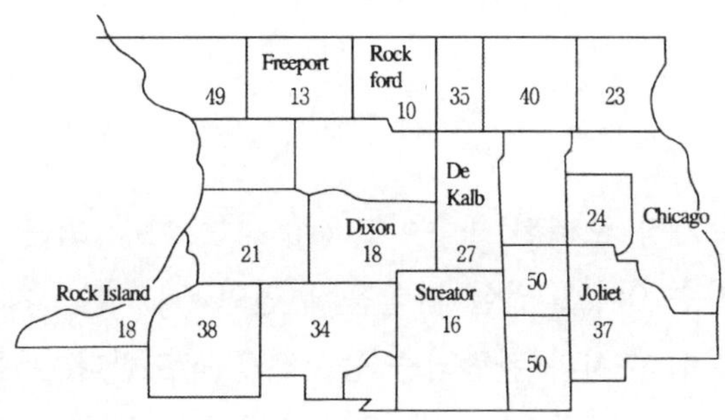

〈지도 4-11〉 북부 일리노이에서 /æ/ 상승

5.2 공간적 확산에 대한 지도상의 표시

1) 지수 등어선(index isogloss)

언어개신의 확산에 중심지역이 매우 중요한 역할을 하고 있다는 사실을 알 수 있었다. 방언지도가 사회적 정보를 제공하지 못할 만큼 충분히 상세하지 않으면 이러한 사실을 확인하기 힘들다. 이러한 문제를 극복하기 위해 사회방언학에서 주로 사용하고 있는 계량적 기법(*quantitative technique*)과 같은 방법을 이용하면, 언어 변이의 점진적 현상을 언어지도에 기입할 수 있게 될 것이다.

점진적 전이 상태(*gradual transition situation*)를 언어지도에 반영하는 계량적 기법의 예를 살펴보자. 노르웨이의 부룬레인(*Brunlanes*) 반도에서 sjø 'sea'와 skjœre 'cut'에서 철자상에 sj와 skj에 대응하는 (sj)발음 변인은 다음과 같다.

(sj)－1 = [sj]
(sj)－2 = [ʃj]
(sj)－3 = [ʃ]
(sj)－4 = [ʂ]

(sj)-1은 가장 오래된 발음이고 (sj)-4는 가장 최근 발음이다. (sj)-1은 지수 0이고 권설 마찰음 변인인 (sj)-4는 지수 300로 나타내어 지수 수치와 관련되는 등어선을 작도한다. 부룬레인 반도를 육각형의 격자형으로 구획하여 구획별로 현지조사를 수행한 이후, 중심지역 a와 b를 가진 두 개의 육각형 칸이 각각 150과 15라는 sj의 지수 수치를 가지고 있고 이들 사이의 거리가 15mm 떨어져 있다면 a로부터 10mm, b로부터는 5mm의 위치에 a와 b의 사이를 지수 수치 100인 곡선형 등고선을 그릴 수 있다.

<지도 4－12>는 변인 (sj)가 [sj]에서 [ʃ]를 거쳐 [ʂ]에 이르는 점진적인 변화가 라비크(*Larvik*)에서 외부로 전파되고 있음을 보여주며, 라비크보다 훨씬 작은 도시인 스태번(*Stavern*)과 네블룽햄(*Nevlungghamn*)으로 건너뛰고 있음도 보여주고 있다.

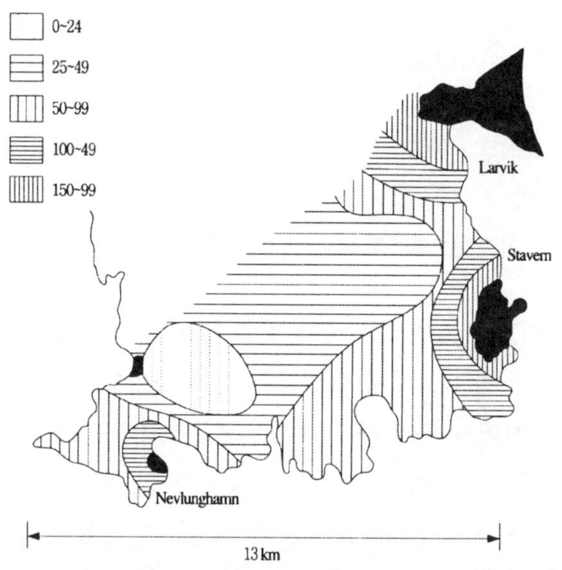

〈지도 4-12〉 부룬레인에서 70세 이상의 화자들의 변인 (sj)지수 등어선

2) 인력모델

점진적 변화 과정에 있는 변화의 지리적 분포를 지도상에 나타내었다면, 그 다음 단계로 왜 이러한 분포가 현재 상태에 이르렀는지 평가를 해야 한다. 언어개신의 확산에 대한 설명과 예언력을 가진 지리적인 확산 모델의 한 예가 인력모델(*gravity model*)이다. 하나의 중심 도시가 다른 한 중심도시에 미치는 영향은 두 중심도시의 상대적인 인구 규모에 비례할 것이라는 가정에 입각해서 두 중심도시 간의 언어 확산의 영향을 설명하기 위한 모델이 인력모델이다.

$$Iij = S \cdot \frac{PiPj}{S(dij)^2} \cdot \frac{Pi}{Pi+Pj}$$

Iij = j 중심지에 대한 i 중심지의 영향

P = 인구

d = 거리

S = 기존하는 언어적 유사성의 지수(지수가 높을수록 유사성이 크다.)

예를 들어 j가 노리취일 때 S의 값은 같은 주인 노포크(*Norfolk*)에 있는 다른 중심도시에 대해서는 4, 이스트앙글리아에 있는 다른 중심 도시에 대해서는 3, 남동 중심지역에는 2, 영국의 다른 중심 도시에 대해서는 1, 그리고 그 외 지역은 0으로 설정하여 인구는 천 명 단위로, 거리는 마일로 계산하면 다음과 같은 영향력의 지수가 산출된다.

중심지	노리취에 대한 다른 지역의 언어 영향력 지수
런던	156
입스위치	11
버밍험	5
글래스고	0

이러한 사실은 노리취에서 일어나는 거의 모든 언어개신이 런던 구어에서 비롯된다는 관찰과 일치한다. 그러나 이 모델이 안고 있는 문제점은 노리취 주변의 소도시가 런던과의 거리나 인구 규모 때문에 노리취보다 런던의 영향을 더 많이 받는다고 예측될지 모르지만, 실은 상대적인 거리 때문에 런던보다 노리취의 영향을

더 받는다는 사실이다.

현재 런던으로부터 이스트앙글리아 지방으로 확산되고 있는 한 가지 특질은 hum/ʌm/과 hat/æt/에서 /h/탈락 현상이다. 이 주변 도시에서 변인 (h)의 탈락 지표 수치는 다음과 같다.

모델의 예측 순위	중심도시	(h)지수
1	입스위치	56
2	노리취	44
3	로웨스토프	40
4	G. 야르마우스	33
5	K. 린	21

도시 간 (h)탈락 지수가 인력모델에서 예측되는 순위와 일치한다는 사실을 알 수 있다. 곧 /h/ 탈락이 런던에서부터 각 도시 간의 지수 차이와 이들 예측도가 일치한다는 면에서 설명력을 가지고 있다. 그러나 이 모델에서 부적절한 면도 많이 발견된다. 예측과 실제가 일치하지 않는다는 사실을 근거로 하고 언어 확산 과정을 지연시키거나 촉진시키는 인자들을 고려하여 다른 변인을 첨가할 필요가 있다.

제 5 장
사회방언학

사회방언학

1. 사회방언학의 형성과 발달

언어의 변이는 지리적 요인뿐만 아니라 사회적 요인에 의해서도 생겨난다. 20세기 과학문명의 발달에 따른 매체의 급진적인 변화와 도시의 발달로 인구의 유동이 활발해 지면서 사회적 요인에 의한 언어 변이는 심화되었다.

세대·성별·계층·직업·종교·종족 등의 사회적 요인과 언어 분화의 상관관계를 연구하는 분야를 사회방언학(*sociolect* 또는 *social dialect*)이라 한다. 최근 다양한 사회계층에 따른 언어 변이가 언어의 지리적 분화와 마찬가지로 중요하다는 인식과 더불어 사회과학의 계량화 방법의 조명을 받으면서 사회방언학이 발달하기 시작하였다. 사회방언학 연구는 언어변화의 실제적 기제를 이해하는 데 이바지할 뿐만 아니라 통시적 연구에도 적절한 해결의 실마리를 제공해 주는 것으로 판명되었다.

사회방언학이라는 용어는 1926년 Vincente Garcia de Diego가 처음으로 사용하였고, Karl Jaberg는 방언조사에서 사회 층위에 따른 차이를 반영하였다. 1930년대 H. Kurath는 『미국과 캐나다의 언어지도』(Linguistic Atlas of the United States and Canada,

LAUC) 작성을 위한 뉴잉글랜드 지역 조사에서 교육 수준과 연령을 기준으로 사회적으로 상이한 계층의 제보자를 선택하여 최초로 사회방언학적인 관점에서 제보자를 선정하려는 노력을 보였다. R. I. McDavid(1948)의 「남부 캐롤라이나에서 나타나는 혀 꼬부린 /r/에 대한 사회적 관점에서의 분석」(Post vocalic /r/ in South Carolina)이라는 논문은 사회언어학적 관점에서 언어현상을 분석한 최초의 연구 결과이다.

사회방언학적 연구가 본격적으로 시작된 것은 1960년대 초반 William Labov가 미국 뉴욕시의 언어를 통계적인 분석(*quantitative analysis*) 방법을 이용한 것이 시초였다. 사회방언학적 주요 연구 성과는 뉴욕시를 중심으로 William Labov(1972a)의 연구, 영국 레딩 대학교 Peter Trudgill(1974a)의 영국 노리취 방언연구, James & Lesley Miroy(1976, 1977, 1978)의 북아일랜드 벨파스트 지역의 사회방언학적 연구 등으로 이어져 왔다.

1990년대에 들어와서 미국 펜실베이니아 대학에서 Telsur 프로젝트라는 이름으로 음성과 음운론 연구가 세부적으로 추진되었다. 그 결과가 Labov & Ash & Boberg(2001)가 편집한 『미북부 언어지도』(The Atlas of North American English(ANAE):Phonetic, Phonology and Sound Change)이다.

최근의 사회방언학과 관련된 중요한 연구로는 Labov(1991)의 『음성변화의 새로운 분석방법』(New Way of Analyzing Sound Change)이 있다.

Kretzschmar와 Schneider(1996)는 『언어조사 자료의 계량적 분석』(Introduction to Quantitative Analysis of Linguistic Survey Data)을

출간하였으며, Wolfram & Schilling-Estes(1998)의 『미국 영어:방언과 분화형』(American English:Dialects and Variation)에서는 미국 영어에 대한 자료수집의 방법과 그 예들을 제시하고 있다.

1.1 W. Labov의 연구

W. Labov는 1961년 뉴잉글랜드 해안의 Martha's Vineyard섬의 방언조사 결과와 1966년 뉴욕시에서 사회조사 방식으로 선정한 집단 사이에 나타나는 언어 변이와 개인어의 내부에서 일어나는 언어 변이의 불일치는 언어체계 내에서 특정한 분야에서 한정되어 실현된다는 사실을 발견하였다.

W. Labov는 발화의 스타일을 일상 스타일(*causal style*), 격식 스타일(*fomal style*), 단어나열식 스타일(*word-list style*), 최소대립쌍 읽기 스타일(*minimal fair reading style*)로 구분하는 동시에 사회계층을 0에서 9까지 저계층(*lower class*), 노동계층(*working class*), 중하류계층(*lower middle class*), 중상류계층(*upper middle class*)으로 구분하여, 언어 변이와 말의 스타일 및 사회계층과의 상관관계에 있어서 일정한 경향성이 있다는 사실을 발견하였다.

<도표 5-1>은 단어나열식 읽기와 최소대립쌍 읽기 스타일이 최고 수치를 나타내며, 변인(r) 발화 스타일 지수가 중하류 계층(6~8)이 중상류 계층(9)을 가로질러 상승하는 모습을 보인다. W. Labov의 연구는 사회집단 간에 극심한 언어의 차이가 있으나 언어사회 전체에 두루 통용되는 규범의 체계가 존재하고 있으며 일정한 범위 내에서 언어 변이형이 실현된다는 사실을 밝혀냈다. 그

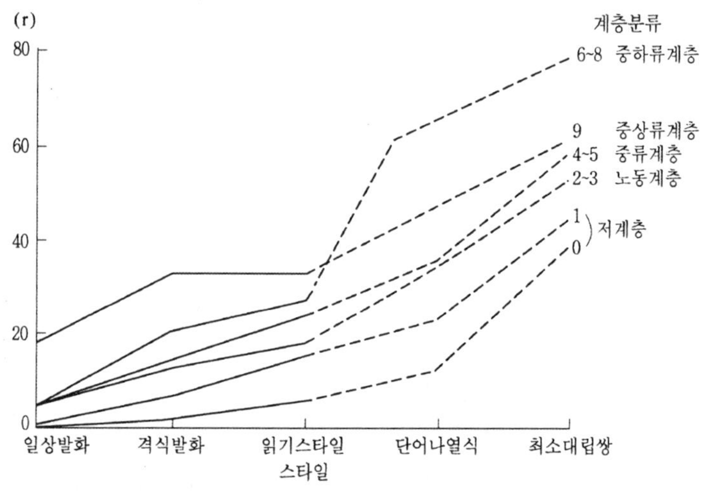

〈도표 5-1〉 변인 (r)의 발화 스타일 지수 (T. Bynon, 1977 : 201)

리고 이러한 사회집단 내부에 존재하는 변이는 화자가 속해 있는 사회계층과 밀접한 관계가 있으며, 개인어에 나타나는 변이는 발화 스타일과 밀접한 관계가 있다는 것을 중시하였다.

W. Labov와 그의 제자들은 최근에는 사회방언학적 방법뿐만 아니라 지리언어학적 분포에도 흥미를 두고 있다. Labov & Ash & Boberg(2001)의 『북미언어지도』(The Atlas of North American English, ANAE)는 지리적·사회적 관점의 통합화가 시도된 사례라고 할 수 있다.

1.2 R. Shuy와 A. Wolfram의 사회방언연구

Roger Shuy(1968)는 디트로이트시를 9개 구역으로 나누어 해당지역의 학교에서 5명의 제보자와 그의 부모 형제를 대상으로 언어조사를 실시하였다. 그는 제보자를 교육, 직업, 주거상태를 기준으로 해서 4군으로 나누어 사회계층과 언어와의 상관성에 대해 연구하였는데 그 결과는 1968년에 「디트로이트시의 사회방언학적 연구」(A Study of Social Dialects in Detroit)라는 보고서로 작성되었다. 그는 사회계층과 나이, 성별과 같은 사회적 요인과 언어 변이가 밀접한 관계를 맺고 있다는 사실을 밝혀냈다.

A. Wolfram은 R. Shuy의 디트로이트 언어조사 때 면접한 제보자 가운데 흑인 48명을 따로 뽑아 흑인 영어를 연구하여 1969년에 『디트로이트의 흑인 구어에 대한 사회언어학적 기술』(A Sociolinguistic Description of Detroit Negro Speech)을 출판하였다. A. Wolfram의 연구 이후 흑인 영어에 대한 연구가 활기를 띠게 되었고, 이는 사회방언학 발달에 지대한 영향력을 끼쳤다고 할 수 있다.

1.3 P. Trudgill의 영국 사회방언연구

영국 사회방언에 관한 중요한 업적으로 1974년 Peter Trudgill이 간행한 『노리취 영어의 사회적 차이』(The Social Differentiation of English in Norwich)가 있다. 영국의 노리취 지역을 중심으로 사회계층과 스타일, 성별, 인종 등의 사회적 요인과 언어 변이의 상관관계를 규명한 연구로, 영국의 사회방언학 연구의 길잡이 역할을 하고 있다. 특히 사회계층을 중위중류층, 하위중류층, 상위노동층, 중위노동층, 하위노동층의 5개 집단으로 구분하고 발화 스타일을 일상 스타일(*casual style*), 격식 스타일(*formal style*), 문장읽기 스타일(*reading passage style*), 단어리스트 스타일(*word-list style*)로 구분하여 언어 변이와의 상관관계에 관하여 연구하였다.

한 예로 'walking, running, fishing'에서 '-ing' 발음의 변이형인 [n], [ŋ]이 사회계층과 발화 스타일 간의 상관관계에서 [n]변인이나 비표준어의 사용 경향이 여성보다는 남성이 더 많이 사용하고 있다는 사실이 밝혀졌다.

<도표 5-2>는 비격식적 스타일에서 변인 (ng), 즉 [ŋ]의 사용을 살펴보면 노동자계층 화자들에게는 [ŋ]변인의 사용이 아주 낮고, 중류계층 화자들은 매우 높다는 사실을 확인할 수 있다.

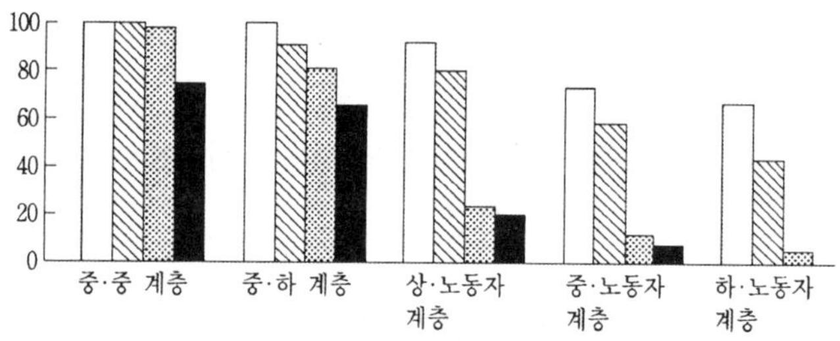

〈도표 5-2〉 노리취 지역의 변인(ng)의 사회계층 및 발화 스타일과의 상관관계 (H. Hudson, 1980 : 154)

1.4 Gumperz의 연구

Gumperz는 인도의 Khalapur 지역의 사회방언학적 현지조사를 토대로 1958년 「북부 인디언 마을에서의 방언차이와 사회계층」(Dialect Differences and Social Stratification in a North Indian Village)이라는 논문을 발표하였다. 이 지역에서는 몇몇 부락 단위로 사용하는 방언과 시장을 중심으로 하여 부락방언 화자들이 공동으로 사용하는 지역방언, 또 도시 단위에서 통용되는 표준 힌디어와 같은 3가지 방언이 다 쓰이는데 Gumperz는 그 중 부락방언만을 대상으로 하여 그것이 이 마을의 사회계층에 따라 어떤 언어차이를 보여주는가를 관찰하였다.

이 지역의 사회계층은 상류계층인 승려계층(Brahman), 무사-지주 계층, 상인계층이 있고 중류계층으로는 기능공 및 노동자, 하류계층으로는 무산노동자, 청소부 등으로 구성되어 있다.

이 지역의 계층별 제보자에 대한 조사에서 방언변이는 지역적인 분화를 보여주는 것이 아니라 사회계층에 따라 특정한 방언분화가 이루어진다는 사실을 규명하였다.

1.5 James & Lesley Milroy의 연구

James & Lesley Milroy의 북부 아일랜드 벨파스트 지역에 대한 사회방언학적 연구는 현장 연구를 통해 진정한 의미의 비격식적 방언연구를 시도했다. 특히 언어 변인과 사회 망상조직(사회 네트워크 이론)의 구조가 어떠한 영향을 미치는지 밝혀주고 있다.

Milroy(1987)는 노동자계층의 화자는 전통방언을 충실하게 유지하지만 중류계층은 RP(Receive Pronounce, 수용발음)에 민감하게 반응한다는 사회방언학적 논의의 근거를 경제적인 요인에서 찾고자 노력하여 그것이 곧 경제적 기반에 근거한 사회 망상조직의 차이로 설명하고 있다.

1.6 한국의 사회방언연구

한국에서의 사회방언학 연구는 거의 불모지라고 표현해도 과언이 아니다. 언어 변이의 요인인 사회적 계층이나 성별, 인종, 학력 등과 언어 변이의 체계적인 상관성에 대한 규명은 이루어지지 않고 다분히 국어학 연구의 여기(餘技)로 다루어져 왔다.

그러나 언어집단의 언어 변이와 속도에 대한 연구를 행한 장태진(1975, 1977)의 연구에서 사회구조와 언어 변이에 대한 상관성 규명에 관심을 표방한 이래 사회언어학과 방언학의 이론 소개와 더불어 김혜숙(1991)의 「현대국어의 사회언어학적 연구」와 박영순(1976)의 「국어 경어법의 사회언어학적 고찰」, 박경래(1984, 1986, 1989, 1991)와 정인상(1989)의 일련의 연구에서 국어 사회방언학적 연구의 가능성을 보여주고 있다. 이미재(1988)의 「언어변화에 관한 사회언어학적 연구」는 경기도 화성방언을 중심으로 경음화, /ㄴ/첨가 현상, 모음의 장단, /에/ : /애/의 중화, /의/의 단모음화에 대해 성별 및 사회계층에 따른 변이 양상을 규명하였으며, 박경래(1993)는 「충주 방언의 음운에 대한 사회언어학적 고찰」에서 단모음 '외, 위' 및 '에, 애'와 움라우트 현상, 이중모음의 단모음화 현상과 연령, 학력, 성별과의 상관성에 대한 연구로서 국어의 사회방언학적 연구를 위한 모델을 제시하였다. 특히 세대 차이와 언어 변이와 상관성에 대한 박경래(1993)의 연구는 앞으로의 사회방언학 연구의 방향을 제시한 면에서 주목된다. 한국에서 사회언어학적인 언어분화의 요인인 민·반촌언어에 대한 연구나 농·어촌에 대한 연구도 기대할 수 있다. 이익섭(1976b)은 「한국 어촌방언의 사회언어학적 고찰」에서 이러한 가능성과 방향을 제시하고 있다.

이미재(1988)의 「언어변화에 관한 사회언어학적 연구」, 이익섭(1994)의 『사회언어학』과 이정복(1992)의 「경어법 사용에 대한 사회언어학적 연구」와 이정복(1997)의 「컴퓨터 통신분야의 외래어 및 약어 사용 실태와 순화방안」 등의 연구 성과도 있다.

안귀남(2000, 2003, 2004), 서보월(2003)에서는 안동지역 및 예천지역어의 동성마을을 대상으로 친족호칭어의 분화 양상을 고찰하였다.

2. 사회방언학과 도시방언학의 자료수집

사회적 요인을 고려한 사회방언학적 연구조사는 1930년경 H. Kurath가 처음으로 『미국과 캐나다의 언어지도』에서 시도했다. 전통방언학은 시골을 중심으로 초점이 맞추어졌으나 다양한 사회계층의 언어 연구를 위해서는 도시를 중심으로 연구가 이루어질 수밖에 없었다. 도시방언학(*Urban dialectology*)은 시골지역으로부터 도시로 이주해온 다양한 사회계층의 제보자를 대상으로 하여 언어 변이와 사회계층 간의 상관관계를 체계화하려는 노력을 보였다.

2.1 자료수집

전통방언학과 사회방언학의 가장 기본적인 차이점은 자료수집

방법에 있다. 전통방언학에서 제보자는 나이가 많고 시골에 정착한 남자들(NORMs)이어야 하며 또한 교육을 받지 않아야 하고 여행 경험이 없는 사람이어야 했다. 그러나 사회방언학에서는 자료의 대표성을 추출하기 위해서 사회 구성원들의 모든 계층이 동등하게 선정되어야 한다.

한편 제보자가 발화 환경에 따라 다양한 언어적 변이를 보여주기 때문에 계층에 따른 전형적인 제보자를 얻는 것만으로는 충분치 않다. 이것은 제보자가 발화 환경에 따라 다양한 언어적 변이를 보여준다는 것을 의미한다. 그래서 W. Labov는 다른 언어 변종보다 더 체계적이고 규칙적인 '비형식적 구어'를 얻어내기 위한 방법으로 전화 청취 방법을 사용하였다.

2.2 제보자의 분류

사회방언학에서는 제보자를 몇 십 명에서 수백 명에 이르기까지 동원하기도 했다. 작업 순서상 먼저 다양한 사회계층의 제보자를 계량화하고 분류해야 한다. 예컨대 연령이나 성별에 따라 제보자를 집단으로 묶는다든지 교육이나 사회적 지위, 직업, 수입, 주거 상태 등에 따라 사회계층을 몇 개의 층으로 분류해야 한다.

W. Labov는 1966년 뉴욕 동부구역의 맨해튼에서 토박이 88명을 제보자로 하여 교육, 직업, 수입을 기준으로 계층을 0에서 9까지 10단계로 분류하였다. 하류층(0~2), 노동층(3~5), 중류층(6~9)으로 3등급으로 묶거나 이를 더 세분하여 6등급으로 묶기도 했다.

J. K. Chambers & P. Trudgill(1980)은 노리취 영어 연구를 위해 표본이 된 60명의 화자들을 직업, 수입, 교육, 아버지의 직업 및 주택과 거주지역을 근거로 하여 MMC(중위중류계층), LMC(하위중류계층), UWC(상위노동계층), MWC(중위노동계층), LWC(하위노동계층)으로 구분하였다.

제1군 : 20－49
제2군 : 50－79
제3군 : 80－109
제4군 : 110－134

R. Shuy는 디트로이트 시에서 10년 이상 거주한 702명의 제보자를 선정하여 교육, 직업, 주거상태를 기준으로 하여 7등급(1. 대학원수료, 2. 대학수료, 3. 대학 1~2학년, 4. 고졸, 5. 고등학교(10년 이상), 6. 중학교(7년 이상), 7. 초등학교(6학년 이하))으로 나누어 각 제보자가 해당하는 교육, 직업, 주거상태상의 세 가지 등급의 숫자를 곱하여 얻은 숫자로 4군의 제보자 계층을 구분하였다. 이 분류방법에 따르면 숫자가 적을수록 상류계층에 속하고 많을수록 하위층에 속한다.

H. Kruth는 『뉴잉글랜드 언어지도』(1939~1943년) 작성을 위한 조사에서 제보자 유형을 다음과 같이 3가지로 분류하였다.

유형 1 : 공식적인 교육을 거의 받지 않음, 독서를 거의 하지 않음, 제한된 공식적인 교제를 하는 사람.

유형 2 : 상당히 공식적인 교육, 즉 보통 고등학교 교육, 폭넓은 독서, 많은 사회적 교제를 하는 사람.

유형 3 : 우수한 교육, 즉 보통 대학교육, 폭넓은 독서, 광범위한 사회적 교제를 하는 사람.

이들 3가지 유형에다 연령을 기준으로 하여 각각 두 가지 하위 유형으로 다시 구분하였다.

유형 1 : 늙은이 또는 구식으로 간주되는 사람.
유형 2 : 중년 또는 더 현대적으로 간주되는 사람.

2.3 자료의 계량적 분석방법

사회방언학에서 언어의 변이를 계량적으로 분석하는 점도 전통 방언학과 크게 구별되는 점 가운데 하나이다. 곧 전통방언학에서 자유변이(*free variation*)라고 지칭되던 것도 사회적 또는 언어적 요인에 의해 제약을 받는 것으로 간주하고 있다. 그러므로 변인이 실현되는 비율은 각기 상황에 따라 달라질 수 있다. 곧 형식적 발화 상황이나 화자의 사회적 지위 등과 같은 사회적인 요인과 상호 관련성이 있다.

예를 들면 노리치 영어에서 변인 (t)는 어두음절에서는 [t]로 되지만 비어두음절에서는 [t]나 [?]로 실현된다. 따라서 변인 (t)는 두 개의 변이형을 갖게 되며 개인이나 집단 간에 그 변이형의 실현 지수 수치(*index score*)를 계량적으로 산출할 수 있다.

tea	[ti:]
between	[bəˈtwi:n]
bitter	[ˈbɪtə]~[ˈbɪʔə]
bit	[bɪt]~[bɪʔ]

노리취 영어에서 변인 (t)는 세 가지의 변이형을 갖는다.

(t)−1 = [t]
(t)−2 = [tʔ]
(t)−3 = [ʔ]

이런 유형의 변인들에 대한 계량적 지수는 다음과 같은 방법으로 계산된다. 가령 테이프에 녹음된 어느 화자의 변인 (t)의 예를 7개 가지고 있는데 그 가운데 (t)−1의 예는 2개이며, (t)−2의 예는 3개, (t)−3의 예는 2개라고 가정할 때 그 지수 계산은 다음과 같다.

2×(t)−1 =	2
3×(t)−2 =	6
2×(t)−3 =	6
7	14

지수의 총합을 (t)의 수로 나누면 14÷7=2이다. 그러므로 이 화자에 대한 변인 (t)의 지수는 2.0이다. 이와 같은 방법으로 산출 가능한 지수는 1.0에서 3.0까지 관찰될 수 있는데 지수 수치를 0으로부터 시작하기 위해 산출 수치에서 1을 뺀 후 다시 100을 곱

하면 그 수치는 100에서 200까지 나타난다. (t)−1의 지수 수치는 0이고, (t)−2의 지수 수치는 100이고 (t)−3의 지수 수치는 200이 된다.

개인에 대한 수치와 달리 집단에 대한 수치를 계산하는 방법은 두 가지가 있다. 하나는 개인에 대한 지수 수치를 계산한 뒤에 그 수치를 평균하는 방법이고, 두 번째 방법은 집단을 개인처럼 다루어 전체로서 그 수치를 계산하는 방법이다. 첫 번째 방법은 어떤 변인 전체에 대해 소수의 예만을 얻었을 때 이용되는 방법으로 우발적인 개인의 오차를 제거하기 위해 사용되며, 두 번째 방법은 가장 간단한 방법으로 통상적으로 이용된다.

2.4 사회방언학과 관련되는 술어

언어의 다양성이란 지리적 또는 사회적 요인에 의해 다양한 분화형을 갖게 된다. 곧 언어의 분화형이란 언어, 방언(지역적 사회적 방언), RP(수용발화), 사용형(*Register*), 양층언어(*Diaglossia*), 차용(*Borrowing*), 상업어(*Pidgins*) 등을 포괄하는 개념이다.

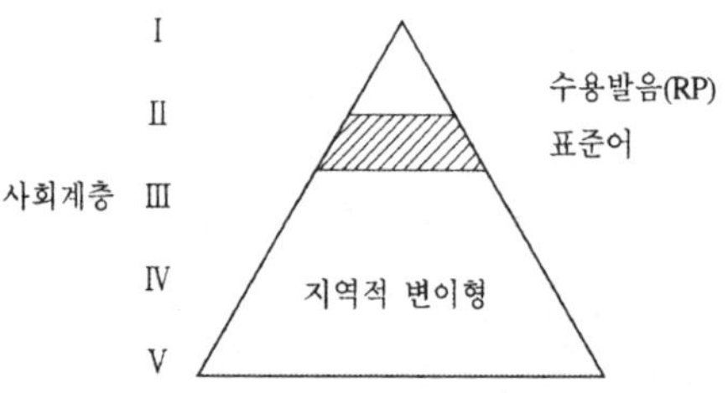

〈그림 5−1〉 지역변이와 사회적 변이와의 상관관계 (K. M. Petyt, 1980 : 29)

1) 방언과 수용발음

사회계층상 상위계층의 언어는 사회적 변이가 적은 편이지만 하위계층의 사람들은 사회적 변이가 큰 것이 일반적인 경향이다. 통상적으로 상위계층의 사람들은 표준어 교육을 받았기 때문에 말씨는 지역적 말씨(*regional accent*)이지만 어휘나 어법은 주로 표준어를 사용하는데 이를 수용발음(*receive pronounce*), 곧 통용발음이라고 한다.

2) 방언과 사용형

사용형(*Register*)은 런던학파의 용어로 사회언어학적 용어로서는 언중들의 '언어 사용상 분화형'(*varieties according to user*)(R. A. Hudson, 1980:48), 곧 사용자를 기준으로 한 변이형을 의미한다. 어떤 화자가 상이한 환경에서 동일한 의미이되 다른 말씨를 사용하는 것을 말한다. 예를 들면 동일한 화자가 아침인사를 나누는데 한 곳에서는 "아침 잡샀는교?"라고 말을 하지만 다른 곳에서는 "안녕하십니까?"라고도 말한다.

사용형의 변이형은 언어의 장(*field*), 수단(*mode*), 양식(*tenor*)과 같은 세 가지(Michael Holliday, 1978:33) 유형에 따라 구분되기도 하며, 격식성 또는 전문성(Dell Hymes, 1972)과 같은 기준에 따라 구분되기도 한다.

격식성, 전문성	We obtained some sodium chloride.
격식성, 비전문성	We obtained some salt.
비격식성, 전문성	We got some sodium chloride.

비격식성, 비전문성　We got some salt.

이처럼 방언의 변이형과 사용형의 변이형 간에는 유사성도 있지만 대개 사용형의 변이형은 텍스트에서 발견된다는 점에서 차이를 보인다.

3) 방언과 양층언어

한 언어의 표준형태에는 격조 높은 언어와 격조 낮은 언어의 두 형식이 공존한다(C. A. Ferguson, 1959). 격조 높은 언어형식, 곧 공용변이형(*high variety*)은 공식적인 상황이나 문서 등에서 사용되며, 격조 낮은 언어형식, 곧 일상변이형(*low variety*)은 일상담화에서 주로 사용된다. 교육을 받은 비표준어지역 화자들은 일상대화에서는 비표준어지역 방언형을 구사하고, 일정한 공식적인 자리에서는 표준어에 가까운 RP(*Receive Pronounce,* 통용발음)구어를 사용한다. 이때 교육을 받은 비표준어지역 화자들은 사회계층에 따른 사회방언의 변이형으로 '양층언어(*Diglossia*)'를 구사하고 있다고 할 수 있다. Joshua Fishman(1971:75)은 파라과이에서 공용변이형으로는 서반아어를 사용하고 일상변이형으로는 인디언어인 과라니어(Guarani)어를 사용하는 경우도 양층언어 사용의 사례로 간주하고 있다.

4) 방언과 차용

인접한 방언과 방언 또는 언어와 언어 간에는 상호 영향을 주고받는다. 이처럼 문화 접촉을 전제로 한, 언어나 방언 접촉에 의

한 언어변화를 총체적으로 '차용(*Borrowing*)'이라고 한다. 차용은 음운차용, 어휘차용, 문법차용의 형식이 있다.

5) 방언과 상업언어

'상업언어(*Pidgins*)'는 일종의 무역언어(*trade language*)로 규정할 수 있으며, 상거래에 필요한 서로 다른 언어사회에서의 언어소통을 위해 생성된다. 상업언어는 상이한 언어사회에 속한 구성원들 간의 의사소통을 위해 형성된 것이다. 예를 들면 교역상 의사소통을 위해 만들어진 피전영어(*Pidgon English*)는 중국어나 포르투갈어, 말레이시아어가 섞여 있는 영어를 의미한다.

상업언어의 어휘는 주로 지배계층의 언어를 바탕으로 하고 통사와 음운은 피지배집단의 언어와 유사한 절충형식을 띠고 있다. 상업언어에는 굴절형태가 나타나지 않는 점도 특이하다.

6) 방언과 토박이어에 정착된 혼교어

'혼교어(Creoles)'란 두 개의 언어가 혼교(混交)할 경우 하위언어를 사용하는 사람들이 지배적 언어, 곧 상위자들이 사용하는 언어를 습득함으로써 발생하는 제3의 중간 언어를 말한다. 혼교어란 원래 상업언어였던 것이 다양한 언어와 문화 배경을 가진 사람들이 결속하여 새로운 사회를 구성할 때, 그 사회 내부에서 의사전달을 위해 정상적인 일상언어로 발달된 것을 의미한다. 예를 들면 서부 아프리카어를 사용하는 화자들이 집단으로 노예로 붙잡혀와 대규모 농장에서 공동생활을 영위하면서 목표언어인 영어를 불완전하게 습득함으로써 나타나는 언어는 혼교어에 해당된다. 그리고 카리브 해안의 혼교어는 영어와 프랑스어를 기반으로 하여 나타난다. 혼교어는 기층언어와 목표언어가 혼합된 방언을 의미하는데 만일 규범 목표언어와 수평화가 일어나면 혼교어의 해체화가 이루어졌다고 할 수 있다.

3. 언어의 사회적 분화

사회방언학에서는 언어분화와 사회적 요인과의 관련성에 대해 깊은 관심을 기울여 왔다. 이 장에서는 사회계층, 말투, 성별, 연령, 세대, 인종집단, 사회조직망과 같은 사회적 요인과 언어분화의 상관관계에 대해 살펴보기로 한다.

3.1 사회계층

P. Trudgill(1980)은 노리취 영어에 대한 현지조사에서 사회계층적 요인에 따라 변인(ng)이 분화된다는 사실을 확인하였다. 현재분사형 walking과 going에 나타나는 접미사 –ing의 발음이 /ŋ/과 /n/으로 이들 발음이 /ˈwɔ:kˈŋ/이나 또는 /ˈwɔ:kn/으로 발음될 수 있다.

(ng)–1 = /ŋ/

(ng)–2 = /n/

이와 같은 변종에서 나타나는 변인은 사회계층과 밀접한 관계를 맺고 있다. 노리취의 연구에서 표본이 된 60명의 제보자들을 직업, 수입, 교육, 아버지의 직업, 거주지역을 근거로 하여 중위중류계층(MMC:middle middle class), 하위중류계층(LMC:lower middle class), 상위노동계층(UWC:upper working class), 중위노동계층(MWC:middle working class), 하위노동계층(LWC:lower working class) 등의 5개 집단으로 분류하였다.

이와 같은 사회계층의 화자들의 발음과 (ng)변인 상호 간의 관련성을 사용빈도 수치로 나타내면 다음과 같다.

	(ng) →	[n]
중위중류계층	MMC	3
하위중류계층	LMC	15
상위노동계층	UWC	74
중위노동계층	MWC	88
하위노동계층	LWC	98

이러한 상호관계는 사회계층적 지위와 (ng)변인과 상호 분명한 관련성이 있음을 보여준다. 즉 노동계층에서는 (ng)−2/n/의 변이형이 더욱 많이 나타난다. 아울러 사회계층상 하위중류계층(LMC)과 상위노동계층(UWC) 간에 수치상 현격한 차이가 있음을 보여주며, 이는 영국의 방언연구에서 중요한 관심사가 되었다. 말씨와 사회계층 간의 관련성은 양자택일의 문제가 아니다. 항상 모든 집단이 다른 비율로 두 변이형을 함께 사용하고 있다. 그것은 경향성이나 확률의 문제이다.

또 다른 한 예는 변인 (a)와 (t)가 사회계층 간의 분화를 보이는데, 이를 도식화하면 다음과 같다.

	(a:) → [ɑ:] (*cart, path*)	(t) → [ʔ] (*better, bet*)
MMC	42	83
LMC	98	123
UWC	160	178
MWC	178	184
LWC	187	187

노동계층의 화자들이 (t)변이형보다는 [ʔ]를 더 많이 사용한다는 점과 중류계층의 화자들이 cart에서 평균적으로 후설모음 [ɑ:]에 가까운 모음을 발음하고 있으며, 반면 하위노동계층에서는 200명 가운데 최대한 187명의 화자들이 전설모음 [a:]로 발음하고 있음을 보여주고 있다.

또한 변인 (h)는 웨일즈 영어와 잉글랜드 영어에서 가변적이다. hammer와 heart에서처럼 어두 h가 발음되기도 하고 발음되지 않기도 한다. 영국에서 우월한 말씨인 통용발음(RP)에서는 h가 발음되므로 상류계층에서는 하류계층에 비해 h가 많이 유지되고 있을 것으로 기대된다. 즉 (h)−1 = [h]와 (h)−2 = zero가 지역에 따라 계층 간에 어떤 변이를 보이는지 계량적 수치로 나타내면 다음과 같다.

(h) → zero		
	브래드포드	노리취
MMC	12	6
LMC	28	14
UWC	67	40
MWC	89	60
LWC	93	60

이 수치는 두 지역에서 h-탈락이 사회계층과 직접적인 상호 관련성이 있음과 어떤 사회계층 집단이든 h-탈락 백분율이 노리취보다는 브래드포드가 더 크다는 사실을 보여주고 있다.

이러한 연구들은 최근 사회방언학에서 발음과 사회계층 간의 분명한 계량적 상호 관련성을 보여준다. 즉 (ng)→[n], (a:)→[ɑ:] (cart, path)(t) → [ʔ](better, bet), (h) → zero로의 변화는 모두 상류계층보다는 하류계층에서 더 잘 나타나고 있음을 보여준다.

이런 종류의 계량화 작업은 지금까지 알려지지 않은 언어차이를 드러내 주며, 언어 변이에 대한 설명을 위한 길을 열어주고 있다. 나아가서 사회계층적 언어 차이가 왜 이렇게 일어나는지 설명할 수 있는 가능성을 제시해 주기도 한다.

한국에서는 민·반촌어의 변인과 사회계층과의 상관관계에 대한 연구나 어촌방언과 농촌방언의 차이 등에 대한 체계적 연구가 이루어져야 할 것이다.

3.2 말투상의 차이

화자의 발음 방식은 형식적 말투(*formal style*)와 일상적 말투(*casual style*)로 구분된다. 화자가 자신의 말씨에 주의를 기울여 발음하는 경우를 형식적 말투라고 하고, 주의를 기울이지 않고 발음하는 자연스러운 말씨를 일상적 말투라 한다. 정확성을 기하기 위해 화자가 자신의 발음에 주의를 기울이는 말투를 문장읽기 말투(*reading passage style*), 또한 준비된 어휘항목을 제보자로 하여금 소리 내어 읽도록 하여 얻어진 말투를 단어나열식 말투(*word list style*)라 한다. 이 4가지 말투는 실생활 속의 특정 상황에서 언어적 행동이 어떻게 표출되는지의 상관관계를 보여준다. 노리취 영어에서 변인(ng)에 대해 사회계층과 말투 유형과의 상관성을 수치로 나타내면 다음과 같다.

(ng) → [n]

	WLS	RPS	FS	CS
MMC	0	0	3	28
LMC	0	10	15	42
UWC	5	15	74	87
MWC	23	44	88	95
LWC	29	66	98	100

이 수치에서 형식적 말투와 일상적 말투 간에 변인이 일관성 있게 나타난다는 사실을 확인할 수 있다. (ng)변인에 대한 [n]의 사용 정도가 상이한 사회 집단 계층 간 차이를 보여주고 있다는 분명한 사실은 세로열과 가로열이 규칙적으로 증가하고 있으며, 그 추이는 말투의 상황이 바뀜에 따라 같은 방향으로 변화하고 있다는 점에서 확인된다.

3.3 연령, 세대

연령 또는 세대간의 언어차이는 매우 분명하게 드러나는 사실이다. 사회적 요인으로서 연령이란 세대간의 차이와 개인 연령 차이로 구분하여 언어분화와의 상관성을 이해해야 한다.

먼저 세대간의 차이를 알기 위해 노년층과 청년층의 언어를 대비해 보면, 분명한 언어차이가 인식된다. 경상방언에서 70대의 노인층에서는 '지둥(柱), 질가(路邊)'와 같이 ㄷ-구개음화가 된 어형을 사용하지만, 20대 청년층은 그렇지 않다. 뿐만 아니라 노인층에서는 '개구리', '강까, 강가'와 같이 발음하여 어두경음화는 아직 실현되지 않으며 어중경음화는 변이형으로 실현되는 경향을 보이고 있다. 그러나 청년층에서는 어중경음화뿐만 아니라 어두경음화까지 확산되어 '깨구리', '강까'와 같이 발음하고 있다. 이러한 차이는 세대 간의 언어차이의 한 예라고 할 수 있다.

<도표 5-3>에서는 충북 괴산군 연풍지역에서 연령별, 남녀 성별에 의한 어휘별 움라우트 지수를 도표로 나타낸 것이다. 이 조사에서 40대 이하의 화자들에게는 움라우트가 실현되지 않고

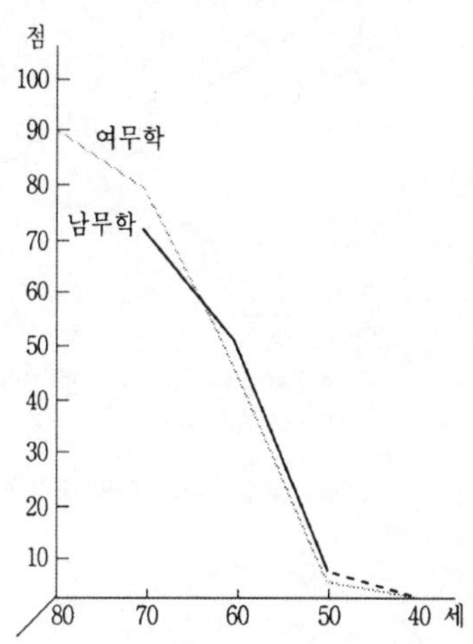

〈도표 5-3〉 충북 연풍지역에서 성별·연령에 의한 움라우트 적용지수 (박경래, 1984:73)

50대는 미약하게 나타나며, 60, 70대 순으로 연령이 높으면 높을수록 움라우트가 자유롭게 실현되는 사실을 보여주고 있다. 이처럼 40대 이하의 연령층에서 움라우트 현상을 거부하는 가장 큰 이유는 새로운 교육제도의 도입으로 학교 교육을 받은 세대이기 때문이다.

이와 같이 연풍지역에서 실현되는 움라우트 규칙은 세대 간의 차이를 보여주는 점진성의 규칙이다. <도표 5－4>는 40대 이하 세대에서 움라우트 규칙이 상실하는 원인을 규명한 것으로 그 변인을 결정하는 요소는 학력임을 잘 보여준다(박경래, 1984:75).

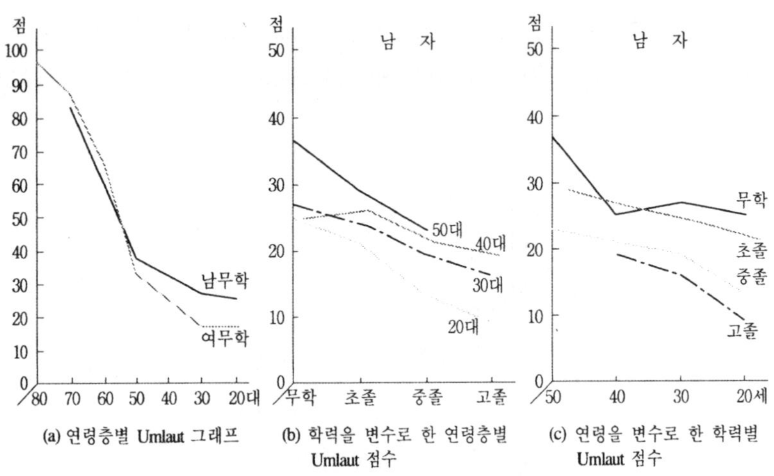

〈도표 5－4〉 충북 연풍지역에서 성별, 학력, 연령에 따른 움라우트 적용지수 (박경래, 1984 : 75)

3.4 성별

언어분화는 화자의 성별과 매우 밀접한 관련성이 있는 것으로 알려졌다. 노리취 영어에서 변인(ng)의 성별에 따른 분화의 예를 살펴본 결과, 각 사회 집단에서 남성화자들은 여성화자들보다 (ng)를 [n]으로 발음하는 경향이 더 많았다. 형식적 구어에서 화자의 성별에 따른 (ng)의 변인을 수치로 나타내면 다음과 같다.

(ng) → [n]

	합계	남성	여성
MMC	3	4	0
LMC	15	27	3
UWC	74	81	68
MWC	88	91	81
LWC	98	100	97

위의 수치에서 (ng)분화는 성별과 사회계층에 따라 매우 일관된 유형을 보여주고 있다. 이처럼 모든 조건이 같은 경우, 여자는 남자보다 평균적으로 (ng) → [ŋ]변이형을 더 많이 사용하며, 남자는 여자보다 (ng) → [n]변이형을 더 많이 사용하고 있음을 알 수 있다.

또 다른 한 예로는 스코틀랜드의 글래스고우 지방에서 (i)변인과 성별과의 관련성에 대한 보고가 있다. hit, fill, pin에서 /I/는 (i)−1[ɪ] (i)−2[ɛ˔](i)−3[ɛ](i)−4[ə˔](i)−5[ʌ˔]의 5개 변이형을 가진다. 이러한 5가지 (i)변이형과 성별과의 관계를 수치로 나타내면 다음과 같다.

(i) → [ʌ]

	합계	남성	여성
MMC	102	124	80
LMC	147	179	115
UWC	184	187	180
LWC	194	200	188

가장 비(非)-RP적(통용 발음답지 않은)인 글래스고우 발음으로 입이 최대로 열리는 중설적인 발음은 노동계층 구어에서 많이 실현되는데, 화자의 성별에 따라서는 남성이 여성보다 사회적 우월성이 낮은 이런 변이형을 더 많이 사용하고 있었다.

3.5 인종집단

동일한 언어를 사용하는 상이한 인종 집단 간의 언어 변이는 질적 혹은 양적인 차이가 발견된다. 미국의 흑인 영어와 백인 영어에서 발견되는 전형적인 변종의 한 예가 계사 be의 사용법이다. 계사가 탈락된 문장과 축약된 문장, 그리고 완전한 문장의 예를 살펴보면 다음과 같다.

	완전형	축약형	탈락형
is	She is nice.	She's nice.	She nice.
are	We are going.	We're going.	We going.

두 인종 집단 간에 위에서 제시한 세 가지 구어형식의 사용빈도를 나타내면 다음과 같다.

	is		are	
	흑인	백인	흑인	백인
완전형	54	38	17	34
축약형	18	60	6	45
탈락형	28	2	77	21

인종집단 차이에 따라 언어변인이 생겨난다는 사실은 상대적이지 결코 절대적인 것은 아니다. 곧 평균적으로 흑인들이 백인들보다 계사(*Copura*)를 탈락시키는 경향이 훨씬 강한 반면에 백인들은 대체로 계사를 축약시키는 경향이 강하다.

3.6 사회조직망

사람들은 일반적으로 그들이 속해 있는 사회조직 구성원들에 의해 언어적 영향을 많이 받게 된다. 특히 특별한 집단 속에 융화가 빨리 되는 사람은 그 집단에서 더 주변적인 사람들과 다소 다른 언어적 특성을 갖게 된다. 왜냐하면 집단의 영향이 주변적인 구성원에게 덜 강력하고 덜 지속적이기 때문이다. 뉴욕시의 할렘(Harlem, 貧民街)에 살고 있는 10대 갱인 제트족에 대한 연구에서 W. Labov는 이들의 언어행위에서 계사를 탈락시키는 빈도가 집단 성격에 따라 다르다는 사실을 확인하였는데, 핵심집단일수록 계사 탈락 비율이 높았다.

아래의 수치를 통해 사회 집단 조직 사이에는 언어 사용과 분명한 상관성이 있음을 확인할 수 있다.

계사 탈락 백분율

100점	핵심집단	70
200점	핵심집단	63
100점	이차집단	61
200점	이차집단	56
	주변집단	33
	어중이들	36

이와 유사한 예로 뉴욕시의 푸에르토리코인 가운데는 흑인집단과 빈번한 관계를 맺고 있는 이들은 그렇지 않은 집단에 비해 흑인 영어에 대단한 영향을 받고 있음이 아래와 같이 입증되었다.

/ai/ → [a:]로의 단모음화 백분율

흑인 화자들	77
흑인과 접촉하고 있는 푸에르토리코인	70
그 외 푸에르토리코인	40

이와 유사한 예로 영국 레딩(*Reading*)시에 사는 10대들의 구어에서 비표준어인 현재시제 -s의 사용백분율과 집단 간에는 상호 관련성이 있음을 확인할 수 있다. 곧 "I wants, They goes, You knows"처럼 비표준어형인 -s를 사용하는 빈도는 다음과 같다.

집단 1 (거리문화에 동화하려는 정도가 매우 높은 집단)	77.4%
집단 2 (거리문화에 동화되려는 정도가 높은 집단)	54.0%
집단 3 (거리문화에 동화되려는 정도가 보통인 집단)	36.6%
집단 4 (거리문화에 동화되려는 정도가 낮은 집단)	21.2%

거리문화에 동화하려는 정도가 매우 높은 집단인 집단 1이 가장 높은 수치를 나타내고 있다. 소년들이 거리문화(*street culture*)에 접하여 그들 자신과 동질화하려는 정도가 높은 집단일수록 비표준적 문법 형태를 사용하는 빈도가 높았음을 잘 보여준다.

3.7 개별적 특성

사람들의 언어행위에 미치는 특성 중 사회적 야망(*social ambition*)의 정도에 따라 언어 변이가 발생되기도 한다. 북부 아일랜드에 있는 콜러레인(*Co-lerain*) 근처의 한 마을에서 10명의 제보자들의 구어에서 사회적 야망에 따른 변인 (ng)의 실현 지수를 조사한 결과 아래와 같이 야망이 높을수록 (ng) → [n] 변이의 실현 정도가 낮았다.

집단	(ng) → [n] 지수	제보자수
1. 비야망적	89	4명
2. 꽤 야망적	55	2명
3. 야망적	42	1명
4. 대단히 야망적	5	3명

이처럼 언어의 사회적 변이는 연령, 성별, 인종 등의 사회계층적 요인과 같은 사회적으로 매우 분명한 분화 요인뿐만 아니라, 개인적 야망과 같은 미묘한 요인들에 의해 결정되기도 한다는 사실을 알 수 있다.

4. 사회언어학적 구조와 언어개신

4.1 지표와 표지

사회집단과 언어개신은 밀접한 관계를 맺고 있으며 말투의 변화 추이는 사회적 요인과 더불어 늘 일정한 방향성을 갖고 있다. 구어의 변화 방향에 주목한다면 언어 변이에 따른 계층 차이가 날 때 모든 계층의 화자들은 보다 높은 지위의 변이형을 사용하려는 경향성이 높아진다. 이처럼 말투의 변이는 사회계층적 변이의 직접적인 결과라고 할 수 있다.

<도표 5-5>는 사회계층과 말투 차이에 따른 노리취 영어의 (ng)의 지수를 그래프로 나타낸 것이다. 노리취의 변인 (ng) → [n]에 대한 지수는 대화 상황의 형식성(*formality*)이 일상적 말투로부터 단어나열식 말투로 바뀔 때 모든 노동자계층과 중류계층에 걸쳐 증가되고 있다. 어느 사회 집단이든 간에 말투의 추이가 늘 같은 방향으로 진행되고 있다는 사실은 두 변이의 유형 간에 어떤 상관관계가 있음을 의미한다.

그러나 사회계층적 차이에 영향을 받는 변인들이 반드시 말투의 변이를 나타내지는 않는다. 앞에서 살펴본 바와 같이 노리취의

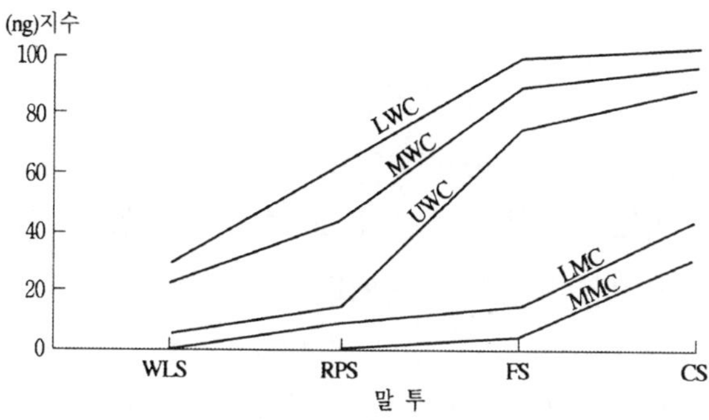

〈도표 5-5〉 계층과 말투에 따른 노리취의 (ng)지수(P. Trudgill, 1974a 참조)

변인 (a :)는 사회계층적 변이는 보여주지만, 말투상의 변이는 보이지 않는다. 그러나 변인 (ng)는 사회계층, 성별, 연령뿐만 아니라 말투 변이에도 지배되며, 예리한 성층(*sharp stratification*)관계를 보여준다. 노리취 영어에서 (h), (t), (ng)의 변인은 사회집단 간의 상관관계가 예리한 성층(*sharp stratification*)관계를 보여주며, 체계적인 말투에 영향을 미치는 것으로서 사회계층적 요인과 말투 변이에 함께 지배되는 변인을 표지(*marker*)라고 한다. 반면 어떤 변인과 집단 간의 상관관계가 완만한 성층(*gradient stratification*) 관계를 유지할 경우 이는 언어 공통체에서 비선호적인 것으로 체계적인 말투 변화에 영향을 미치지 못하는 (a :)와 같은 변인을 지표(*indicator*)라고 한다.

1) 언어변화

어떤 변인이 지표이라기보다 표지인 경우 그 변인은 언어집단 내에서 비호의적인 비평의 대상이 된다. 따라서 노리취에서는

(h), (t), (ng)와 같은 변인을 [zero], [ʔ], [n]으로 발음하는 것은 비표준 발음이기 때문에 공공연한 비판의 대상이 되며 언어공동체에서는 선호하지 않은 발음이다.

표지와 지표를 구분하기 위한 또 하나의 기준으로 표지는 언어변화와 상관성이 있다는 사실이다. 곧 어떤 한 언어 공동체에서 표지가 되는 하나의 변인 안에서 2차 요인은 그 변인이 진행 중에 있는 언어적 변화와 관련되어 있음을 시사한다.

<도표 5－6>은 하위중류계층(LMC)과 상위노동계층(UWC) 그래프 사이에 사회집단 간 언어적 상관관계의 명백한 차이를 보이는 예리한 성층화로서 널리 알려진 예이다. <도표 5－6>의 변인 (0)에 의해 설명되는 계층, 성별, 또는 연령 변이뿐만 아니라 말투 변이에도 지배되는 변인들을 표지라 하고, 말투 변이에 지배되지 않고 완만한 성층화를 보이는 <도표 5－7>의 변인(a:)를 지표라 부른다.

대조적으로 지표인 변인(a:)은 상대적으로 안정되어 있는 것처

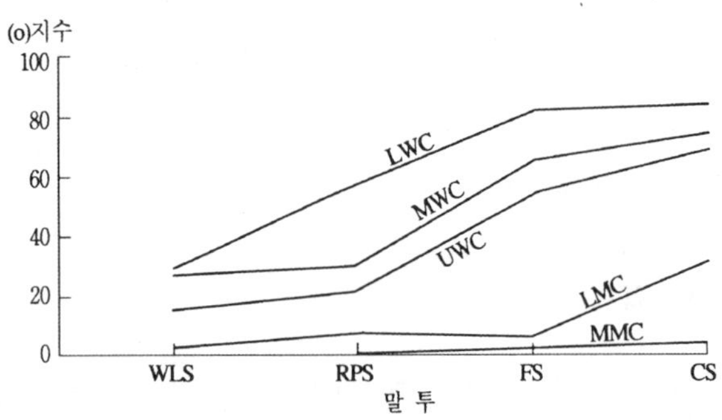

〈도표 5－6〉 계층과 말투에 따른 노리취의 (0)지수(P. Trudgill, 1974a)

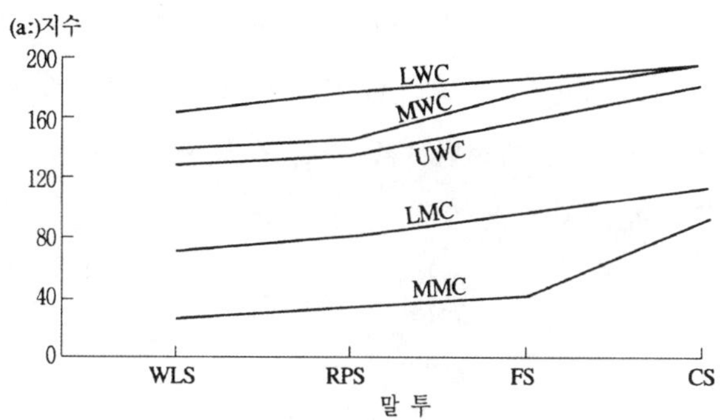

〈도표 5-7〉 계층과 말투에 따른 노리취의 (a:)지수(P. Trudgill, 1974a)

럼 보인다. 따라서 화자들은 언어변화에 관여하고 있는 어형의 사회적 중요성을 많이 의식하고 있는 것 같다.

만일 한 변인이 어떤 특정 구어 공동체에서 단순한 하나의 지표일 경우, 그 지표는 표지의 변인이 나타내는 것보다 그 언어공동체의 계층 차이를 나타내는 데 있어서 덜 결정적인 역할을 한다. 곧 변인이 표지일 때보다 지표일 때 화자는 그 변인을 덜 의식하는 것처럼 보인다. 왜 화자들이 다른 것보다 어떤 변인의 사회적 관계에서 더욱 민감한가를 생각하기 위해 우리는 발음과 철자법, 언어적 변화, 그리고 음운론적 대립과 같은 요인들을 살펴보아야 한다.

2) 음운론적 대립

노리취 영어의 *rule*, *rude*와 같은 단어에서는 r 뒤에 y발음이 소실되어 [ru:l], [ru:d]로 실현된다. 이러한 변화는 [t], [d], [n] 뒤의 환경으로 확산되어 pew[pu:], music[mu:zIk]으로 발음된다.

곧, 노리취 영어에서 변인 (yu)는 2개의 변이형을 갖는다. [yu:] 변이형은 RP 발음으로 노리취 중류계층에서 빈번히 나타나지만 분명하게 특정 계층에서만 나타나는 것도 아니다. 곧 (yu)는 음성적 차이가 아닌 음운론적 변이형인 표지이다.

cute —— coot
beauty —— booty
hugh —— who
feud —— food

영국 영어에서 최소 대립쌍인 이들 단어가 노리취를 중심으로 입스위취, 캠브리지, 브레드포드 지역에서는 동음이의적이다. 결과적으로 이들 유형의 변인은 표지의 특징을 보여주는 것이다.

3) 상투형

언어 변인은 화자들의 인식에 따라 차이를 보여주기도 하지만 시간에 따라 변할 수도 있다. 결과적으로 언어적 변인들은 지표의 범주에서 표지의 범주로 이동할 수 있으며 그 역의 변화도 가능하다.

예를 들어 사회 구성원 가운데 일부만이 참여하여 발생하는 경우의 변인은 지표로서 출발한다. 영국 영어에서 /t/의 성문폐쇄 변이음(*allophone*)[ʔ]는 하류계층에서 발생하여 상류계층과 차이를 보이는 아래로부터의 변화(*change from below*)에 대한 사례이다. 이 변이형이 사용 빈도가 점차 증가함으로써 이 지표가 표지로서의 자리를 획득하게 된다. 곧 사회계층과 분명하고도 예리한 성층관계를 보여줌으로써 표지로 굳어지게 된다.

또 다른 사례는 영국 상류계층에서 off를 /of/ 보다는 /ɔ:f/로 발음하는데 이는 위로부터의 변화(*change from above*)이다. 일종의 귀족적 발음인 상투형(*stereo-type*)으로 언어변화의 일반적 방향과는 뒤바뀌게 하는 요인이 되기도 한다.

4.2 실제시간과 현장시간

진행 중에 있는 언어변화에 대해 연구하기를 원한다면 특정한 언어공동체를 연구하고 나서 최소한 20년이 지나 다시 조사를 해야 한다. 이것을 실제시간(*real time*)에 있어서의 언어변화 연구라 할 수 있다. 실제시간에 따른 연구는 언어확산의 정밀한 기술이 가능하지만 그것은 현실적으로 어려움이 많이 따른다. 따라서 최근에는 특정 언어공동체에서 늙은이와 젊은이의 구어를 비교해서 거기서 나타나는 어떤 차이를 언어변화의 결과로 추정하는 '현장시간(*apparent time*)'의 언어변화를 조사하는 방법이 쓰인다. 현장시간 상의 개신에 대한 연구는 성별, 사회계층, 지역과 같은 독립변인을 동일하게 유지하면서 연령이 다른 사람들이 사용하는 언어조사를 포함하고 있다.

현장시간에 있어서 언어변화를 규명한 예로 노르웨이의 퇸스베르그 시의 방언연구 결과가 있다. 부정사(不定詞)의 어말 비강세모음이 오슬로 중류계층과 표준 노르웨이의 보쿠말어에서는 /-ə/인데 비해 하류계층에서의 변종은 /-æ/ 또는 /-ɑ/로 실현된다.

<도표 5-8>에서 단어별·제보자 연령별 변종의 실현 분포를 보면 /æ/는 /ɑ/로, 다시 /ə/로 변화되어 가고 있다는 사실을 알 수

있다. 이러한 현장시간에 입각한 연구는 비교 집단 간의 시간 간격을 제한한다는 불리한 점이 있다. 그러나 현장시간에 의한 연구는 자료의 통일성이라는 측면에서 유리한 점은 있다.

	남자 화자들				여자 화자들		
표준어형 :	*gjøre* '행하다'	*stjele* '훔치다'	*drepe* '죽이다'		*dette* '떨어지다'	*drepe* '죽이다'	*love* '약속하다'
나이				나이			
78	æ	æ	æ	76	æ	æ	æ
74	æ	æ	æ	49	æ	æ	æ
52	æ	æ	æ	46	æ	ə	ə
52	æ	æ	æ	46	ɑ	ə	ə
46	æ	æ	æ	43	ɑ	ə	ə
27	ɑ	ɑ	ɑ	26	ə	ə	ə
20	ɑ	ə	ə	19	ə	ə	ə
17	ɑ	ə	ə	17	ə	ə	ə
17	ɑ	ə	ə	17	ə	ə	ə
16	ɑ	ə	ə	16	ə	ə	ə

〈도표 5-8〉 노르웨이 퇸스베르그에서 부정사형 어미의 변종

5. 사회언어학적 확산

5.1 언어확산 이론 모형

언어나 방언의 경계가 끊임없이 변하면서 언어확산이 이루어지는 이유는 무엇인가? Bailey, Gut, Wike, Tillery, Sand(1993)의 『언어확산의 몇 가지 양상』(Some Patterns of Linguistic diffusion)에서는 언어확산을 3가지 모형으로 설명하고 있다. 지리적 확산이

론의 모형인 '파동설 모형(*wave model*)'과 사회적 확산이론의 모델인 '하향계층 모형 및 인력설(*hierarchical model, gravity model*)', '상향계층 모형(*contrahierarchical model*)'[1])이 그것이다.

'파동설 모형(*wave model*)'은 지리적 확산이론의 모형이고, '하향계층 모형 및 인력설(*hierarchical model, gravity model*)'과 '상향계층 모형(*contrahierarchical model*)'은 사회적 확산이론의 모형이다.

첫째, 접촉성 확산모형이 있다. 거리 및 시간과 관련시킨 지리적 확산 모형의 하나인 '파동설 모형'은 마치 호수에 떨어진 조약돌의 파형이 물결을 이루며 외곽으로 퍼져나가는 영상으로 언어도 어떤 중심에서 외곽지역으로 파장을 일으키듯 확산되는 이론이다. 이는 인접한 지역과 인접에 의해 확산되기 때문에 '접촉성 확산(*contagious diffusion*)'이라 부르기도 한다.

언어확산은 사회적 공간의 사회적 계층과도 관련이 있으므로 개신형이 어떤 지역을 건너뛰기도 하고 고립되기도 한다. 그렇기 때문에 단순히 거리와 시간만을 고려하는 파동설은 다양한 요인에 의한 확산의 다양성을 해명하지 못하는 약점을 갖고 있다. 그래서 언어확산 이론이 사회언어학적인 관점과 결부되어 논의되는 쪽으로 발전되고 있다.

둘째, 사회적 확산이론 모형 중에서 하향계층모형이 있다. 사회적 확산이론 모형의 하나인 '하향계층 모형' 이론은 언어개신형의 확산은 한 지점에서 다른 지점까지의 거리뿐 아니라 인구밀도

---

1) '*hierarchical model*'과 '*contrahierarchical model*'에 대응하는 용어를 찾기 어렵긴 하지만 내용을 살펴보면 전자는 문화적 우위에 있는 언어가 문화적으로 하위에 있는 언어에 영향을 미치는 유형이므로 '하향계층 유형'으로, 후자는 앞의 경우와 상반된 양상을 보여 시골지역어가 도시지역에 영향을 미치므로 '상향계층 유형'으로 번역하였다.

에도 영향을 받는다는 것이다. 변화는 대개가 역사적으로 문화 중심지였던 대도시에서 시작되어 점진적으로 인구밀도가 희박한 지역으로 파급된다. '하향계층적 모형' 이론은 인구밀도가 높고 대인접촉이 많이 이루어지는 쪽으로 확산을 촉진시키기 때문에 시골지역까지 개신을 시키지 못한 채, 인구의 중심지에서 다른 지역으로 언어개신형이 건너뛰기도 한다. 실제로 변화가 대도시에서 소도시로 진행되기에 이것을 '폭포식 확산(*cascade diffusion*)'[2)]이라고 부르기도 한다.

또한 '하향계층 모형'은 거리와 인구밀도 혹은 통신망의 요인 등을 고려해야 할 뿐 아니라, 다른 사회적 구조나 물리적 요인도 고려해야 한다. Labov(1972)는 상류계층이나 중류계층에 속한 구성원들은 다른 계층의 구성원들보다 개신을 더 빨리 받아들인다고 지적하고 있다. 게다가 여자와 청소년 계층이 일반적으로 새로운 발화형태에 훨씬 더 빨리 적응한다는 것이다. 이와 같이 확산에 대한 연구를 위해서는 지역뿐 아니라 연령, 성별, 사회·경제적 계층까지도 고려해야 할 것이다.

셋째, 사회적 확산이론 모형 중에서 '상향계층적 모형'이 있다. 언어변화는 단순히 인구밀도의 문제와 상호작용하는 부산물만은 아니다. 방언자질에 부가된 사회적 의미가 언어변화의 확산에 중대한 영향을 끼칠 수 있다는 것이다. 그래서 Bailey와 Wike과 Tillery와 Sand(1993)는 '하향계층적 모형'과 상반된 확산 패턴에 대해서도 지적하고 있다. 오클라호마에서 '*fixin' to*'는 처음에 시골지역에 집중되어 있었으나, 2차 세계대전 이후에는 더 큰 인구

---

2) 이를 건너뛰기(jumping) 확산이라고도 한다.

의 중심지로 확산되기 시작하여 지금은 대부분 주의 도시지역에 퍼지게 되었다. 그래서 이들 학자들은 *'fixin'to'*가 전통적 남부언어의 표지로서 간주된다는 사실을 지적함으로써 이것을 확산의 '상향계층적 모형'으로 설명하고 있다.

그런데 이상의 3가지 확산의 모형은 한 지역에서 함께 존재할 수도 있다. 오클라호마 언어 조사에서 '[ɔ] - [a] 병합'에 대해서는 '폭포식 확산'을, *'fixin´to'*의 확산에 대해서는 '상향계층적 확산'을, *'field : filled'*나 *'kill : keel'*과 같은 단어에서의 '[ɪ]와 [ɛ]의 병합'에 대해서는 '접촉성 전염식 확산'의 모습을 각각 보여주고 있는 것이다. 따라서 방언 변이형의 의미를 지리적·인구학적으로 관련시킬 뿐 아니라, 3가지 모형이 동시에 상호 관련지어 고찰할 필요가 있다.

국어의 언어확산에 관한 연구는 아직 불모지역이나 다름없다. 특히 전통적인 농촌사회가 붕괴되고 있는 시점에서 사회도시방언학 쪽으로 관심의 폭을 넓힘으로써 전통적 방언학과 사회방언학의 교류를 통한 보다 진전된 사고와 방법론에 대한 고찰이 이루어질 수 있을 것이다.

5.2 사회적 확산의 개신자

연령, 성별, 사회계층, 종족집단, 지리적 환경 등과 같은 독립변인과의 상관성 속에서 특정 변인의 선봉에 서 있는 사회집단을 확인할 수 있다. 이와 같이 언어를 확산하는 사회적 개신의 주도권을 가진 요소를 사회적 확산의 개신자(*innovator*)라고 한다.

1) 사회적 계층에 따른 개신

사회적 언어확산에서 사회계층(*social class*)이 가장 그럴듯한 독립변인으로서 개신자 역할을 하고 있는 것으로 판명되었다. 사회계층상 상류, 중류, 노동자 계층으로 분류한다면 상류, 노동자 계층은 가장 안정적, 보수적 경향을 보이지만 중류계층은 가장 유동적인 계층이라고 할 수 있다.

<도표 5-9>가 보여주는 것처럼 사회계층과 언어 변이의 상관관계에 대한 P. Trudgill(1974a)의 노리취 영어의 변인(e)에 대한 연구 결과에서 상위노동계층(UWC), 중위노동계층(MWC)은 변화의 개신자들로서 하위노동계층(LWC)보다 더 중설화 추세를 보이고 있다.

2) 성별에 따른 개신

<도표 5-10>은 북부 아일랜드 동부 벨파스트의 노동자 청교

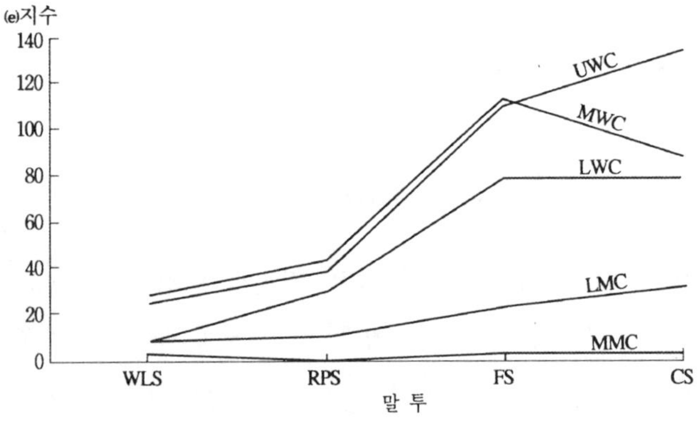

〈도표 5-9〉 노리취에서 변인 (e)에 대한 계층 차이 (P. Trudgill, 1974a)

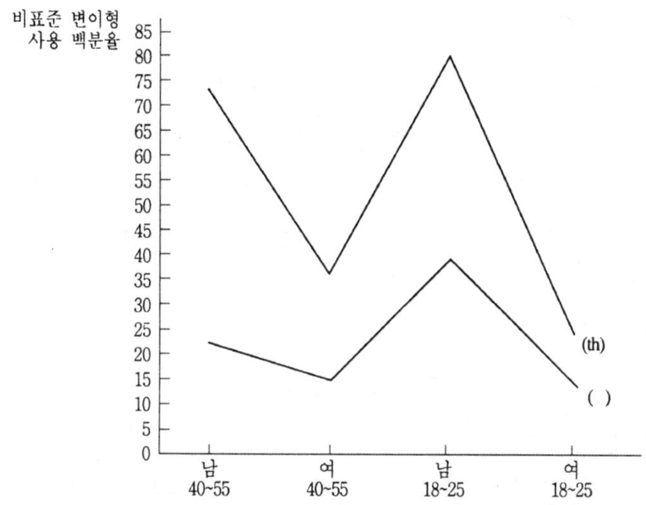

〈도표 5-10〉 벨파스트 벨리마가레트에서 두 변인에 대한 성별, 세대별 차이 (Milroy, 1976)

도들이 살고 있는 벨리마가레트에서 변인 (th)와 (ʌ)의 남녀 간 비표준형 사용 지수가 일정한 상관관계가 있음을 보여준다. *mother*, *brother*, *other*, *both*에서 어중의 [ð]의 삭제 백분율과 *pull*, *push*, *took*의 비원순 [ʌ]모음 발음의 백분율에 대한 남녀·세대별 상관관계는 여자들이 남자들보다 더 표준 구어 쪽으로 언어개신을 하고 있다.

왜냐하면 벨리마가레트 지역의 남자들은 가톨릭교와 청교도 사이의 분쟁 때문에 동부벨파스트 지역 밖으로 거의 출입하지 않지만, 여성들은 비교적 자유롭게 외부지역으로 직장을 구해 다니는 사회 환경 때문이다. 따라서 이 지역 언어변화의 개신자들은 바로 여성들이다.

3) 연령에 따른 개신

계층이나 성별과 관계없이 연령에 따른 언어개신의 예는 뉴욕시에서 나타나는 변인 (ʌy)인데, 이는 1940년대부터 나이 많은 하류계층 화자들이 나이 많은 상류계층 화자들보다 [ɜɪ]을 더 빈번하게 사용하고 있는 것으로 알려졌다(Allen F. & Hubbel, 1973).

bird, *curl*, *shirt*에서 음절핵이 [ɜɪ]로 발음되는 추세의 세대별 계층별 발생목록은 다음과 같다.

연령	계층 1(상)	계층 2(중)	계층 3(하)
15~29	—	5 / 6	2 / 7
30~49	1 / 1	—	—
50~59	1 / 1	1 / 1	1 / 3
60~69	—	—	3 / 3
70~	3 / 3	0 / 1	3 / 3

이 자료는 다양한 계층과 연령의 화자들에 대한 [ɜɪ]의 발생 상관관계를 나타내고 있다. 나이 많은 하류계층 화자들이 나이 많은 상류계층 화자들보다 [ɜɪ]을 더 빈번하게 사용하고 있음을 알 수 있다. 연령에 따른 [ɜɪ]사용 성층(*stratification*)에서 개신 방향이 사용자의 연령에 따른 것일 뿐만 아니라 계층에 따른 것이기도 한 것을 나타내고 있다.

5.3 사회계층에 따른 어휘확산

언어개신을 사회논리적 변인과 관련시킴으로써 언어확산의 사회언어학적 양상에 관한 중요한 정보를 얻을 수 있다. 지금까지 언어개신을 수단으로 하여 언어현상의 확산에 대한 설명을 하고자 하는 노력은 끊임없었다.

예를 들어 구조주의 관점에서 어떤 언어 L이 시기적으로 1단계에서 음소 /n/이 연구개 자음 앞에서 [ŋ]으로 실현되고 다른 위치에서는 [ŋ]으로 실현되다가, 2단계에서는 연구개 자음이 어떤 위치에서 탈락되는 변화가 있지만 연구개 비음이 유지된다면 2단계에서 /n/과 /ŋ/의 두 음소를 갖게 된다. 생성문법에서는 1단계 언어 L은 /n/이 연구개 자음 앞에서 비음으로 동화되는 규칙을 갖고 있으며, 2단계에는 /n/이 연구개자음 앞에서 비음 동화(*nasal assimilation*)되는 규칙 이후에 연구개 자음 삭제규칙을 설정함으로써 1단계보다 2단계에 규칙 하나를 더 첨가하여 설명하게 된다.

구조주의와 생성문법, 이 두 이론이 가지고 있는 공통의 문제는 어떤 환경에서 변화가 초래되느냐는 것이 아니라, 어떤 수단에 의해 변화가 수행되느냐는 것에 있다. 곧 1단계와 2단계 중간 시기의 언어 L의 변화가 어떠했느냐가 문제이다. 갑자기 음소 /ŋ/이 나타났거나 또는 연구개 자음 삭제규칙이 생겨났다고 말하기는 어렵다. 이 중간단계의 언어변화에 주의를 기울임으로써 음소변화와 규칙첨가의 시작과 완결 사이의 발전 단계에 관한 의문이 풀릴 것이다.

언어변화는 형태소에서 형태소로 어휘부 전반에 점차적으로 확산된다는 어휘확산(*lexical diffusion*) 가설이 이러한 문제에 대한 해결의 실마리를 갖고 있다.

1단계 시기에 /n+k/가 [ŋk]로 실현되다가 2단계 시기 사이의

1-1 단계에서는 [ŋk]와 [ŋ]이라는 공시적 변이형(*synchronic variation*)이 공존하다가 1-2단계에서는 그 목록의 다른 형태소들은 다양하게 실현되고 특정 형태소에서는 유일하게 [ŋ]으로만 실현되는 단계를 거쳐 모든 어휘부에 [ŋ]으로 확산된다. 변화 전 시기의 [ŋk]가 변화 후의 개신형 [ŋ]으로 바뀌는 과정에서 공시적 변이형 [ŋk]나 [ŋ]으로 실현된다.

시간	1 단계	1-1 단계	1-2 단계	2 단계
변이형	[ŋk]	[ŋ], [ŋk]	[ŋ], [ŋk]	[ŋ]

어휘확산 가설은 '음운론적 변화는 어휘적으로 점진적이다'(*phonological change is lexically gradual*)임을 잘 보여주며, 확산이 일정한 비율로 발생한다고 보고 있다. A → B 변화에서 그 역사적 중간 단계에 있는 'A → A 혹은 B의 단계'의 규칙을 생성문법에서 말하는 새로운 규칙의 첨가로 설명하기는 어려운 것이다. 어휘확산 가설은 <그림 5-2>가 보여주듯 S-곡선(S-Curve)상 80% 이상 혹은 20% 이하의 상황에서 변화의 시작과 끝을 포착할 수 있다.

시작단계나 완결단계보다 중간단계에 있어서 확산속도가 훨씬 빨라진다는 가정에 의한 S-곡선 모델에서의 어휘확산 진행 S-곡선은 언어변화에 있어서 화자의 개인적 진행과정을 기술하는 현장시간의 변화를 반영해 주는 것이다.

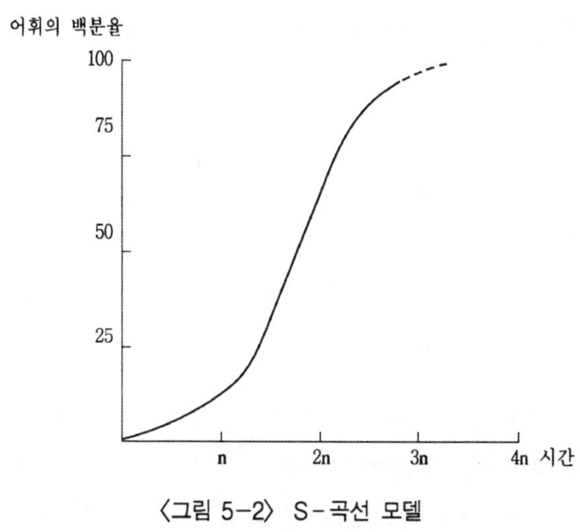

〈그림 5-2〉 S-곡선 모델

5.4 사회적 변화의 역사성

연령 집단 간에 나타나는 언어행위의 차이가 진행 중에 있는 변화를 반영하고 있는 경우는 보편적인 현상이다. 세대 간의 차이가 반드시 역사적 변화과정을 반영하지는 않는다. 그러나 연령 집단 간의 언어차이에 대한 연구는 사회계층적 요인에다가 시간을 도입하는 것이 되지만 이는 언어분석에 있어서 실제시간의 단위는 될 수 없는 것이다.

Massachusetts주에 있는 Marthar's Vineyard의 섬에서 W. Labov (1963)가 실시한 조사 연구에서 역사적 변화가 실제로 이 지역에서 수행되었다는 사실이 확인되었다. 변인 (aw)의 첫 번째 모음이 중설화를 보이지 않았다가 최근에 연령 집단에 따라 실현되는 중설화의 음성적 연속체를 다음과 같이 네 개의 영역으로 구분하였다.

aw=0 [aʊ] 중설화되지 않음
aw=1 [a˔ʊ]
aw=2 [ɐʊ]
aw=3 [əʊ] 완전히 중설화됨

<도표 5－11>은 제보자들의 연령별 변인 (aw)의 분포를 지수로 나타낸 것이다. 제보자의 연령은 90세에서 31세까지 분포되어 있는데 1933년 New England 언어지도 작성 시에 변인 (aw)지수 계산 방식에 따라 계산되었다.

이 도표에서 실선으로 표시된 어휘부류는 무성저해음 앞에서 (aw)가(예 *house, out, mouth*) 실현되는 경우이고, 점선부분은 휴지나 기타 자음이 (aw)앞에(*town, found, now*) 실현되는 경우이다. 그래프 우측 첫 칸의 상단의 수치는 무성저해음 앞의 환경에서 출현되는 단어 숫자이고, 하단은 그 이외의 환경에서 출현되는 단어의 숫자이다. 마지막 칸에는 개인별 화자들이 획득한 지수를 나타낸다.

이와 같이 중설화 현상을 지배하는 조건은 이중모음의 음성적 환경과, 비언어적 요건인 제보자의 연령이다. 이 지역에서 이중모음(aw)의 중설모음화 과정은 (ay)가 밟아온 과정을 동일하게 밟고 있다. 곧, 1930년대 (ay)의 첫 번째 모음이 무성자음 앞에서 중설화되다가 1960년대에는 모든 환경에서 중설화된 것과 마찬가지로 (aw)도 모든 환경에서 중설화될 가능성을 예측할 수 있다.

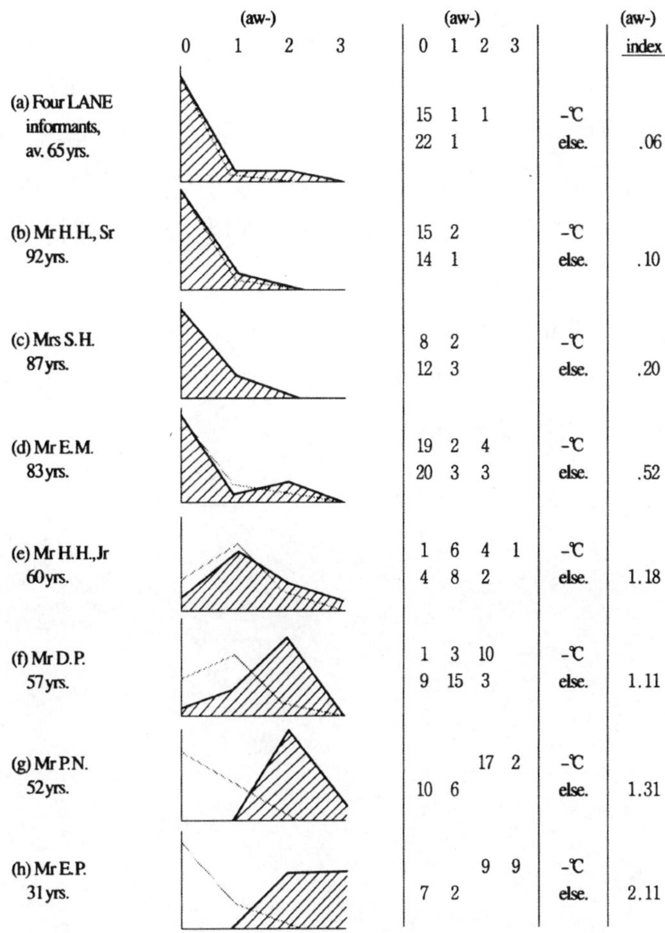

〈도표 5-11〉 변인 (aw)에 대한 개인 화자별 지수(Labov, 1972:274)

또 다른 예로는 뉴욕시에서 변인 (eh)와 (oh)가 젊은 화자들이 사용하는 비격식 발화에서 고모음 [ɪ:ᵊ]와 [ʊ:ᵊ]로 변화하는 과정을 관찰할 수 있다. 이러한 변화가 중하류계층과 상위노동자계층의 격식발화 상황에서는 저모음 [æ:]와 [ɔ:]로의 과도교정(*hyper-correct form*)을 야기하였다. 이들 계층에서는 고모음화된 [ɪ:ᵊ]와 [ʊ:ᵊ]로 발음하는 것은 사회적 지탄의 대상이 되는 것으로 인식하고 있다. (eh)의 변화가 (oh)의 변화보다 선행하였으며 (eh)는 말의 스타일, 계층, 연령이 변화의 함수이며, (oh)는 말의 스타일, 계층, 연령과 (eh)의 변화가 함수가 된다.

이러한 변화는 음운체계의 구조 변화를 가져오지는 않았지만 사회적 요인에 의한 변인의 비교를 통해 역사적인 점진적 변화를 추적할 수 있는 좋은 예이다.

제 6 장
한국어 지리방언학

1. 음운체계
2. 음운현상
3. 형태 · 문법체계
4. 어휘 · 의미체계
5. 한국어 방언구획

6 한국어 지리방언학

1. 음운체계

1.1 모음체계

개별 방언의 음운체계는 음소 대립과 분포를 고려한 최소변별쌍의 확인을 통해 수립하였다. 그러나 최근에는 음운체계와 음운현상 간의 구조적인 관련성을 고려한 체계적인 접근이 이루어지고 있다. 표준어의 기반이 되는 서울방언은 다음과 같이 10개 단모음 체계이다.

	−back		+back	
	−round	+round	−round	+round
+high	i	ü	ɨ	u
−high, −low	e	ö	ə	o
+low	ε		a	

방언에서 음운을 연구 대상으로 할 때 각 방언의 단모음 체계에 대한 논의들은 /ㅔ/, /ㅐ/나, /ㅓ/, /ㅡ/의 변별 여부, /ㅚ, ㅟ/가 [Ø], [y]로 실현되는지, [we], [wi]로 실현되는지를 고찰하는 것이다. 논의된 단모음 체계와 특징을 요약하면 다음과 같다.

지역	단모음	특징
경기방언	10모음	/이, 에, 애, 위, 외, 으, 어, 아, 우, 오/
	7모음	젊은층(이병근 · 박경래, 1992:18) /이, 에/애[E], 으, 어, 아, 우, 오/
강원방언	10모음	강원 전 지역(이익섭, 1981:92), 아래 지역 제외한 지역.
	9모음	서남 영동방언권인 영월 · 평창 · 횡성지역 /이, 에, 애, 외, 으, 어, 아, 우, 오/
경북방언	6모음	예천지역(안귀남, 1988) /이, E(에/애), ㅋ(어/으), 오, 우, 아/
	7모음	문경 · 안동 · 예천 · 의성지역(정철, 1988:2, 신승원, 1982:1)/이, E(에/애), 어, 으, 오, 우, 아/
경남방언	8모음	서남 일부 지역(김영태, 1975:257), /이, 에, 애, 으, 어, 아, 우, 오/
	6모음	대부분 지방(김영송:1963) /이, E(에/애), ㅋ(어/으), 아, 오, 우/
충북방언	10모음	노인층/이, 에, 애, 위, 외, 으, 어, 아, 우, 오/
	7모음	젊은층이나 경북인접의 단양지역(박경래, 1992:74) /이, E(에/애), 으, 어, 아, 우, 오/.
충남방언	10모음	/이, 에, 애, 위, 외, 으, 어, 아, 우, 오/
	9모음	젊은층 /이, E(에/애), 위, 외, 으, 어, 아, 우, 오/
전북방언	10모음	김제, 장수 [애]의 조음 점이 좀 더 높고, 고창지역 [어]의 조음점이 조금 낮고, 순창지역 [에]는 조금 높고, [어]는 조금 낮음(이승재 1987:267)
	9모음	전북고창/이, E(에/애), 으, 어, 아, 우, 오, 외, 위/(소강춘 1989:19)
전남방언	10모음	서부지역(이기갑, 1984, 1986)
	9모음	전남동부지역(이기갑, 1984, 1986), 경남과 인접한 구례, 광양, 순천, 고흥, 보성지역(이기갑 1986:20). /이, E(에/애), 위, 외, 으, 어, 아, 우, 오/
평안방언	8모음	/이, 에, 애, 으, 어, 아, 우, 오/
함경방언	9모음	/이, E(에/애), 으, 어, 아, 우, 오, 외, 위/
	8모음	육진방언 /이, 에, 애, 으, 어, 아, 우, 오/(곽충구, 2001:99)
황해방언	9모음	/이, 에, 애, 으, 어, 아, 우, 오, 외/(김영배1984:289)
제주방언	9모음	/이, 에, 애, 으, 어, 아, 우, 오, ᄋᆞ/

지금까지 살펴본 우리나라 도 단위별 지역 방언의 모음체계는 최대 10모음체계에서 최소 6모음체계의 지역적 차이를 보여주고 있다.

1.2 자음체계

한국어의 자음체계는 /ㅂ/ : /ㅍ/ : /ㅃ/, /ㄷ/ : /ㅌ/ : /ㄸ/, /ㅈ/ : /ㅊ/ : /ㅉ/, /ㄱ/ : /ㅋ/ : /ㄲ/이며, /ㅂ/, /ㄷ/, /ㅈ/, /ㅋ/를 무표계열로 하고 이에 유기성과 후두긴장성을 상관표지로 하는 소위 삼지적 상관속을 형성한다. 다만 /ㅅ/ : /ㅆ/만 대립되고 /s^h/는 존재하지 않는 체계적 공백을 형성하고 있으며 대개 경기방언은 다음과 같이 14개의 자음체계를 유지하고 있다.

/ㅂ, ㄷ, ㅈ, ㄱ/
/ㅍ, ㅌ, ㅊ, ㅋ/
/ㅃ, ㄸ, ㅉ, ㄲ/
/ㅅ/
/ㅆ/
/ㅁ, ㄴ, ㅇ/
/ㄹ/

자음체계의 지역적인 차이는 거의 나타나지 않지만, 경상방언에서는 치조마찰음의 평음 /ㅅ/과 경음 /ㅆ/의 대립 유무에 의한 방언차이를 보여준다. 그리고 함경지역에서 /ㅈ /음의 음가가 중세국어와 비슷한 [ts]로 실현되어 방언차이를 보여준다. 중부방언인 경기도지역과 충남 일부 지역에서는 [dnik'ihada](닉기하다), [bmul](물)과 같은 이중조음(coarticulation)이 실현되기도 한다. 또한 어중 '-ㄱ-', '-ㅅ-', '-ㅂ-'의 잔재를 반영하는 방언차이가 고대국어 단계의 자음체계와 어떤 상관관계가 있는지에 관해 그동안 많은 연구가 이루어졌으나, 확연히 정리할 수 있는 단계는 아니다. 황대화(1999)는 어중 자음이 주로 동북방언, 육진방언, 동남방언에 많이 잔류하고 있어 한국방언권을 동서로 구분하는 기준이 될 수 있음을 제시하기도 하였다.

1) /ㅆ/ : /ㅅ/

경상방언 중에서 대구, 울산 등 일부 지역은 /ㅆ/과 /ㅅ/의 변별성이 없어 '쌀(米)'과 '살(肉)'이 구분되지 않는다. 18세기경 경상방언을 반영하고 있는 예천 용문사판본 <念佛普勸文>에서 '솔고/쏠고(燒)'의 혼기가 나타나는 점을 고려하여 ㅅ-계 경음화가 이루어진 것으로(김주원, 1984) 보고 이들 간의 변별성이 있었던 시기를 인정하고 있다. 그러나 백두현(1989)은 경북 서북지역 판본인 <語錄解>와 필사본 음식자료인 <음식디미방>에서 'ㅆ'의 표기 빈도가 높음을 이유로 들어 17세기에 이미 'ㅅ' 경음화가 확립된 것으로 보고 있지만 /ㅅ/과 /ㅆ/이 어떠한 과정을 밟아 중화되었는지는 분명하지 않다.

2) /ㅈ/, /ㅊ/의 음가와 방언차이

중세국어의 'ㅈ', 'ㅊ'은 ㄷ-구개음화 현상을 해명하는 과정에서 치조음이라는 사실이 밝혀졌다(이기문, 1964, 1972, 허웅, 1965).

이와 함께 평안방언에서는 아직까지 ㄷ-구개음화가 실현되지 않는 이유는 'ㅈ', 'ㅊ'의 음가가 [ts], [tsʰ]이기 때문이다. 그 외의 지역에서는 치조음 [ts]에서 구개음 [tʃ]로 변화된 이후에 ㄷ-구개음화가 실현된 것이다.

허웅(1965)은 치조음 'ㅈ'이 구개음으로 변화된 것보다 ㄷ-구개음화가 선행하여 'ㄷ>ㅈ'으로 변화한 다음 'ㅈ'이 [ts]>[tʃ]로 음가가 변화되었다고 보았다. 반면 이기문(1972)은 'ㅈ'의 음가가 [ts]>[tʃ]와 같이 구개음으로 바뀐 다음 'ㄷ>ㅈ'의 구개음화가 발생된 것으로 보고 있다. 전자는 음운현상이 음가의 변화에 앞서는 것으로 보고 있으나, 후자는 음가의 변화 이후에 음운현상이 일어난 것으로 보고 있어 관점의 차이를 보인다.

평안방언에서는 '더기(저기), 낭심(양심)'에서처럼 'ㄷ'이 치리음으로(*post-dental*)로 실현되며, 'ㅈ'은 치간음 내지는 치경음으로 실현된다(김영배, 198 :70). 따라서 오늘날까지 평안방언에서는 ㄷ-구개음화가 실현되지 않는다.

3) ㅿ, ㅸ의 변화

ㅿ, ㅸ의 변화형에 대한 지리적인 분포를 토대로 방언권을 설정한 오구라 신페이(1944)이나 이숭녕(1967)의 연구에서부터, 60년대 이후 이들의 변화 환경에 대한 정밀화 작업과 아울러 형태소 구조 차이에 따라 상이한 지리적 분포를 보인다는 진전된 논의가 이루어졌다.

고대국어의 자음체계에 무성정지음 /*p, *t, *s, *k/을 추정하는 이숭녕(1958, 1960)은 이들이 유성음 환경에서 [*b, *d, *z, *g]로 변하여 일부는 유지되고 일부는 약화·탈락하였다는 견해가 있다. 이러한 견해에 대해서는 무성정지음이 유성음 환경에서 약화 탈락하는 규칙이 일반적이지 않으며, 또한 이들의 변화 환경이 뚜렷하지 않다는 면에서 설득력이 약하다. 다음으로는 무성정지음 /*p, *t, *s, *k/에 대응되는 유성마찰음 /*b, *ð , *z, *ɣ/의 대립을 보이며 y, r−v 환경에서 *p>*b로 y, r, n−v 환경에서 *s>*z의 변화를 수행했다(이기문, 1972a).

지금까지는 ㅿ, ㅸ이 독자적인 음소로 설정될 수 있는지 또는 어느 시기에 어떤 환경에서 지역적으로 어떤 차이를 보여주는가라는 문제가 주된 관심사였다. 고대국어 단계에서 ㅿ, ㅸ이 자음체계상 유성마찰음이었는지 유성정지음이었는지 논란의 대상이 되어 왔다. 양주동(1942), 이기문(1972)은 고대국어 단계에 유성마찰음으로 체계적 대립을 보여 왔던 것으로 보고 있지만, 이숭녕(1967)은 고려시대에 들어와 무성정지음에서 유성음 환경에서 유성음화하여 지리적 확산이 이루어진 것으로 보고 있다. 이기문(1972)은 ㅂ>ㅸ의 변화 환경을 단순히 유성음 환경이 아니라 y, r, z와 모음 간에서 실현된다는 변화 환경을 정밀화하였고 김완진(1974)은 변화 환경에 따라 변화 과정이 상이하다는 견해를 제기하였다. 따라서 중부방언에서 예외적인 변화형들과 그 외 방언에서 예외 변화형들을 형태소 구조상의 환경 조건에 따른 변화 과정의 차이로 설명할 수 있게 되었다.

ㅿ, ㅸ의 방언지리적 분화형을 이숭녕(1967)은 <지도 6−1>, <지도 6−2>와 같이 지리적 분포를 밝히고 있다. ㅸ>오/우 변화를 경험한 지역은 평안도, 황해도, 경기도지역이며 ㅂ으로 유지되

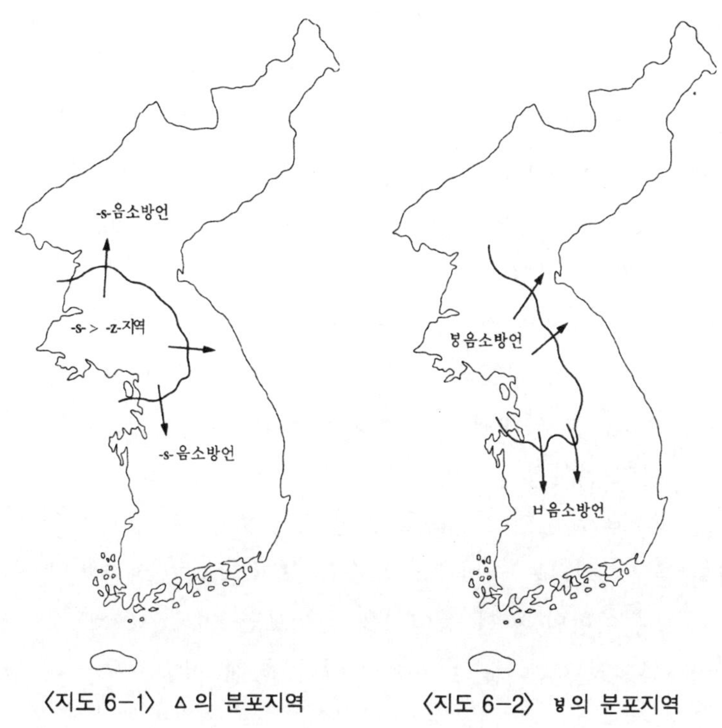

〈지도 6-1〉 ㅿ의 분포지역 〈지도 6-2〉 ㅸ의 분포지역

는 지역은 그 외의 지역이다. ㅿ, ㅸ의 변화를 변화 층위를 고려하지 않고 분포지역을 결정할 것이 아니라, 변화의 층위를 고려하여 보다 정밀한 방법으로 분포지역을 결정해야 한다. ㅿ, ㅸ의 변화는 어휘부 내부에서와 형태소 경계, 특히 합성어의 환경에서 지리적 분포의 차이를 보여준다. 형태소 경계에서의 변화 가운데 특히 용언의 경우는 어휘부 내부의 변화 지역과 일치를 보이지만 합성어의 경우 경기방언에서도 ㅅ, ㅂ으로 대응되기 때문에 이들의 변화 층위를 고려하여야 한다. '웃음'의 분포지역과 '잇-어' 또는 '대범'과 '덥-어'의 분포지역은 분명하게 차이를 보여준다. 15세기

'대범/대윕'이 교체되다가 '대범'으로 '웃음'과 '웃음'이 교체되다가 '웃음'으로 실현된 경기방언에서조차 '잇-어'나 '덥-어'는 'ㅿ> ø', 'ㅸ>오/우' 변화를 경험했다. 그러나 경상방언을 포함한 경기방언 충북방언과 인접한 방언지역까지 용언의 활용 환경에서는 'ㅿ> ø', 'ㅸ>오/우' 변화를 경험했으나, 합성어 환경에서는 변화를 경험하지 않았다.

'-ㅸ-' 유지형은 소백산맥 동쪽인 동남지역을 중심으로 동해안방언권을 따라 분포되어 있다. 오구라 신페이(1940)이나 고노로쿠로(1945)에 의해서도 한반도 동서를 구분하여 동부지역에 '-ㅸ-'형의 반사형이 잔존해 있고, 서부지역에서는 'ㅸ>오/우' 개신형이 주로 분포되어 있음을 밝힌 바가 있다. 곧 '-ㅿ-'의 반사형의 분포지역과는 정반대의 모습을 보여주고 있는 셈이다. 어중 '-ㅿ-' 유지형의 방언 등어선을 그어보면 어중 '-ㅸ-', '-ㄱ-' 유지형과 많은 차이를 보여주고 있다. 종래 어중 '-ㅿ-'의 방언 반사형은 '-ㅸ-'과 더불어 동남방언에 곧 신라방언의 흔적이었다고 생각하던 것과는 많이 다르다. 어중 '-ㅿ-', '-ㅸ-'의 약화탈락도 어휘내부에서와 형태소경계에서 실현지역의 차이를 보여주고 있다. 어중 '-ㄱ-'의 약화탈락형을 반영하는 방언의 분포는 '-ㅸ-'의 유지형과 비슷한 양상을 보여준다. 단지 함경남북도 지역에 이르는 북부동부지역까지 발견된다는 점에서 어중 '-ㄱ-'의 약화 탈락현상의 진원지는 황해도 서남부지역에서 남동진한 현상으로 추정된다.[1] 어중자음의 약화과정이 음운층위에 따라 방언적 분포 차이를 보여주고 있다는 점을 고려한다면 종래 '-ㅸ-',

1) 이상규(2001), 「남한 방언 어휘의 지리적 분화의 양상」, 『어문론총』 32, 경북어문학회.

'-ㅿ-'을 고대 신라어의 음소를 일괄해서 인정하는 문제는 재고될 개연성을 가지고 있다.

김경숙(1997)과 황대화(1999:186)에서 '-ㅸ-', '-ㄱ-' 의 대응관계가 동부방언과 서부방언을 구획하는 기준이 되지만, 어중 '-ㅿ-'의 방언 반사형의 분포는 이와 다르다는 점을 분명히 하고 있다. 따라서 어중 '-ㅿ-'이 중부방언과 서부방언에서만 약화·탈락하는 과정을 거쳤으나, 나머지 지역은 '-ㅅ-'으로 그대로 유지되어 어중 '-ㅸ-', '-ㄱ-'의 변화과정과는 달리 설명될 가능성이 있다.

1.3 운소체계

한국어 운소체계는 주로 성조와 음장이 지역에 따라 방언분화를 보이고 있다. 경상방언과 함경방언은 성조가 변별적인 기능을 하며, 경기·강원·전라·황해·평안방언은 음장이 변별적인 기능을 하지만, 제주방언은 성조나 음장이 모두 비변절적인 기능을 갖는다.

음장은 단어의 첫음절에서는 변별적이지만 둘째 음절 이하에서는 단음으로 실현되는 경향을 보인다. 그러나 경남방언에서는 첫음절의 장음이 단음으로 실현되기도 한다. 중세어에서 성조는 '몰(馬) / 말(斗) / 말(言):'이 거성(고조), 평성(저조), 상성(상승조)의 대립을 가지고 있었다. 그런데 현대 경상방언과 함경 일부방언에만 성조가 남아 있다.

방언의 성조 연구는 주로 경상방언에 대한 연구가 집중적으로 이루어져 왔다. 경상방언에서는 3개(고조(H), 저조(L), 상승조(R))의 성조소가 있는데 경북지역과 경남지역이 차이를 보인다. 곧 경남방언에서는 고조와 저조만이 대립을 보이는 반면에 경북지역에서는 고조와 저조, 상승조가 각각 시차성을 보여준다.

한국어는 운소를 기준으로 하여 크게 세 가지 방언권으로 구분된다. 곧 장단이 변별적인 음장방언 지역과 '저조, 고조, 상승조'가 변별적인 기능을 보이는 성조방언지역, 그리고 음장과 성조 모두 비변별적인 무음장, 무성조방언지역으로 구분된다. 음장은 대체로 비어두음절보다 어두음절에서 변별적 부담량이 크며, 성조방언은 상승조 성조소 유무에 따라 하위방언이 구분된다.

2. 음운현상

2.1 움라우트

움라우트 현상은 후부모음이 동화주 'i(y)'에 의해 전부모음으로 바뀌는 간접, 역행 동화이다. 이 현상의 개신 핵지역은 남부지역이었으며 북부로 확산된 '남농북희(南濃北稀)(김완진, 1975)'의 지리적 분포를 보이고 있다. 움라우트 현상은 현재 남부방언인 경상·전라방언에서뿐만 아니라 평안·함경방언에서도 강력히 실현되는 현상이다.

그동안 움라우트 현상을 모음체계와 관련시켜 점진적 발달 단계와 변화 환경을 정밀하게 기술하는 등의 연구가 있었다. 움라우트 현상의 동화주는 순수한 i(y)라는 사실의 확인, 개재자음의 유형과 제약관계, 피동화음의 단모음화 과정, 움라우트의 적용 층위 등에 대한 기술과 더불어 지역별로 규칙성의 차이를 발견하려는 노력이 있었다.

움라우트 현상을 전부모음 계열의 단모음화 이후에 진행된 현상으로 파악하는 견해(김완진, 1963)와 18세기 이전에 후설모음에 'i(y)'가 첨가되는 과정과 그 이후 단모음화되는 과정을 역사적으로 수행한 현상으로 파악하는 견해가 있다(최전승, 1986). 전자의 견해로서는 움라우트라는 용어를 사용하지만 후자의 경우 i-모음 역행동화라는 술어를 사용하면서 18세기 이전에는 개재자음의 실현이 수의적이었으나 그 이후에는 필수적인 것으로 파악하고 있다. 개별 방언에서 전부모음 '에, 애, 외, 위'가 단계적으로 단모음화한 시기가 각각 다르기 때문에 움라우트의 확산 과정도 전부모음의 단모음화 시기에 따른 순차적 변화가 이루어졌다.

움라우트 현상의 제약 조건으로 동화주가 'ʌy, ɨy, wi'의 단모음화나 e>i에 의한 이차적 'i(y)'인 경우(ᄆᆞᄃᆡ>*매디, 나비>*내비)움라우트가 실현되지 않는다. 개별 방언에서 움라우트 현상에 따른 방언차이는 주로 개재자음의 범위나 음운적용 층위에 따라 결정된다. 개재자음이 [+cor] 자질을 가진 'ㄹ, ㄴ, ㅅ, ㅈ, ㅊ'이 개입되면 제약이 따르지만 개재자음이 'ㄹ'이더라도 피동화주의 onset가 'ㄷ', 'ㄴ'인 경우 제약이 면제된다(김완진, 1963:78). 개재자음이 'ㄹ'인 경우 지리적 어휘확산이 어휘별 계량적 차이를 보여주는데 전국적인 제약분포를 현재로서는 확인할 방법이 없다.

움라우트 현상의 형태론적 제약에 따른 방언분포는 <도표 6-1>과 같다. 명사나 동사의 형태소 내부에서는 전국적으로 움라우트

	명 사			동 사		부 사		활용	곡용
	[−파생]	[+파생]		[−파생]	[+파생]	[−파생]	[+파생]		
		[−이]	[−기]						
서울	+	+	−	+	+	−	−	−	−
제원	+	+	?	+	+	*	*	−	−
괴산	+	?	?	+	+	?	?	*	−
충남	+	+	*	+	+	*	*	*	+
풍기	+	+	−	+	+	−	−	−	+
문경	+	?	?	+	+	?	?	−	*
월성	+	+	−	+	+	−	−	−	*
울주	+	+	−	+	+	−	−	−	*
함양	+	+	*	+	+	−	?	?	+
고성	+	+	+	+	+	?	?	+	+
전주	+	+	*	+	+	*	*	−	*
임실	+	+	+	+	+	*	*	−	*
전남북서부	+	+	*	+	+	?	?	?	+
남원	+	+	−	+	+	*	*	*	+
함경방언	+	+	*	+	+	?	*	−	*
평안방언	+	+	−	+	+	−	−	−	−
제주방언	+	+	+	+	+	−	−	−	−

+ : 실현, − : 실현되지 않음, * : 부분적으로 실현, ? : 미조사

〈도표 6−1〉 움라우트 현상의 음운환경에 따른 지역 차이 (최명옥, 1989 : 34)

가 실현되었으며, 형태소 경계에서는 곡용의 환경이나 파생·합성의 환경에서는 지역적인 차이를 보여주고 있다. 명사에서 파생접사 '-기'에 의한 움라우트는 거의 적용이 되지 않지만 명사화 파생접사 '-이'는 비교적 생산적으로 움라우트를 실현시키고 있

다. 이러한 이유는 파생접사나 주격 또는 계사 '-이'는 선행어간과 밀착되어 있어 형태소 경계에 대한 의식이 뚜렷하지 않기 때문이다.

움라우트 실현에 운소의 제약 조건은 음장지역어에서는 피동화주가 장음일 때이고(이병근, 1969:84), 성조지역어에서는 동화주가 장음(최명옥, 1980a:157)이거나 피동화주가 저조 장음(서정목, 1981:50)일 때이다.

2.2 구개음화

구개음화 현상은 국어음운사 연구나 개별 방언의 음운론적 연구에 있어 중요한 논의의 대상이 되어 왔으며, 지금까지의 연구에 의해 구개음화의 실현 시기와 실현 환경에 대한 정밀한 관찰, 그리고 실현 이유와 확산과정에 관한 문제들이 상당 부분 밝혀지게 되었다. 구개음화는 일찍부터 남부방언과 동북방언에서부터 그 세력을 중부방언으로 확산시켰으나 아직 서북방언과 육진방언에서는 확산되지 않은 음운 현상이다. 황대화(1999:215)에서는 구개음화 현상을 중심으로 우리나라 방언권을 동서로 구획하는 하나의 기준으로 제시되기도 하였다.

구개음화는 /n/, /s/, /t/, /k/, /h/, /l/이 동화주인 구개모음 /i/, /j/의 직접역행동화의 결과 [ɲ], [ʃ], [č], [ç] 등으로 변화되는 것을 뜻한다. 그러나 /n/, /s/, /l/의 구개음화는 필연적 변화에 속함으로써 음운론적 변별력을 갖지 못한다.

ㄷ-구개음화의 시기에 대해 서남방언과 동남방언에서는 16세

기 말엽에 완성(안병희, 1972, 1978)되었으며, 경기방언에서는 17세기 중기 내지 말기(안병희, 1957)에 일어났다는 견해와 'ㅈ, ㅊ'의 음가가 치찰음 [ts]에서 경구개음 [tʃ]로 바뀐 이후인 18세기(이기문, 1964, 1972a)에 실현된 현상으로 파악하는 견해가 있다. 경상방언에서는 16세기 후반에 발생하여 17세기에 완성된 것으로 보며, 이는 어휘부 내부와 어두와 비어두에서 거의 동시에 실현된 현상이다(백두현, 1992:340). 서북방언이나 육진방언에서는 '덩기(電氣), 됴(好)-'와 같이 구개음화가 실현되지 않고 'ㄷ'의 음가가 치경음으로 실현되고 있으며, 역구개음화의 예로 '다꾸(자꾸), 덜구(확), 딸(短')-'이 실현되고 있다. ㄷ-구개음화의 조건은 ㅈ이 치경음 [ts]에서 구개음 [tʃ]로 바뀐 이후에 가능한 현상으로 이미 15세기경 이러한 변화(진짓, 月釋 1-36)가 시작되었을 가능성이 있었던 것으로 보인다. 이 현상은 어휘부 내부에서 형태소 경계로 확산된 것으로 동화주 i(y)가 기원적으로 이중모음 'wi, ʌi'나 e>i에 의한 2차적 'i(y)' 모음인 경우에는 이 현상이 적용되지 않는다(어ᄃᆡ>어디, 데->디-). 다시 말하자면 / ti /와 / tʌy /의 두 유형에서 통시적으로 / ti /의 경우만 구개음화에 적용되는 형태음소론적 제약이 따르고 있다.

ㄱ-구개음화 현상은 경상・전라방언과 함북방언에는 개신형이 퍼져 있으나 경기・황해・평안방언까지는 확산되지 못하였으며, 그 실현 조건도 어두음절에 한정되어 실현된다. 그러나 합성어 환경에서는 단어경계를 뛰어넘어서는 비어두음절에서도(등겨[waŋ+čə], 왕겨[tɨŋ+čə]) 가능하였는데 지역에 따라 형태론적 제약을 받는다. 18세기경에 경상방언이 반영된 ㄱ-구개음화의 예가 <重刊

杜詩諺解>의 '져으레(杜重 7-28)'에서 처음으로 발견된다. 경상방언에서 ㄱ-구개음화는 동화주가 'yə'인 경우는 동화주 'i'의 환경과 마찬가지로 자유롭게 실현되지만 'yo, yu'인 경우에는 드물게 나타난다.

ㅎ-구개음화 현상은 전라방언에서는 송광사본 <四法語(1577)>에서 최초로 나타나며, 경상방언에서는 17세기 전기에 존재했다(백두현, 1992:345). 경기방언에서는 16세기말 <宣祖大王諺簡>에서 발견되며 평안방언에서는 ㅎ-구개음화가 실현되지 않는다. 경상방언에서 ㅎ-구개음화는 ㄱ-구개음화와 달리 동화주가 'ya, yə yo, yu'이더라도 i(y)의 경우와 마찬가지로 자유롭게 실현된다. ㅎ-구개음화는 ㄱ-구개음화와 마찬가지로 음절 위치상 어두음절에서만 실현된다는 제약 조건은 대부분의 방언에서 적용된다.

2.3 전부모음화

경구개음 'ㅈ, ㅊ' 또는 치조음 'ㅅ'이나 유음 'ㄹ'에 후행하는 모음 '으'가 '이'로 변화는 현상을 '전부모음화'라 한다. 중부방언에서 전부모음화는 19세기에 들어 치찰음 아래에서 '으'가 '이'로 변화됨으로써 이루어지게 되었다(이기문, 1972a:203). 전부모음화는 통시적으로 공간적 분화 양상이 상당히 달랐던 것으로 추정되는데, 평안방언에서는 18세기 말엽 내지 19세기 초에 성립되었으며(김영배, 1984:166), 전라방언에서는 '주무시다'가 '지무시다'로 실현되는 예를 들어 원순모음화 현상보다 더 빠른 시기에 성립되었을 가능성을 시사한 바(최전승, 1986:315) 있다. 경상방언에서는

18세기 후기에 먼저 '스>시' 변화가 성립된 후 '즈>지' 변화가 성립되었으며 20세기에 들어 형태소 경계의 환경까지 확산된 변화로 파악하고 있다(백두현, 1992:257).

전부모음화 현상도 움라우트 현상과 마찬가지로 확산 중인 음운변화인데 20세기에 들어서면서 표준어의 영향으로 퇴조의 길을 걷게 된 현상이다. 개별 방언 간에 이 현상이 어떻게 단계적인 확산을 경험했는지에 대해서는 개별 방언의 통시성이 규명되지 않았기 때문에 전모를 파악할 수는 없다.

경상방언에서는 어휘부 내부의 음절 위치에 상관없이 경구개음 'ㅈ, ㅊ'이나 치조음 'ㅅ' 아래에서 '으'가 '이'로 변화했으며, 형태소 경계에서는 체언의 경우와 용언의 경우 각기 차이를 보인다. 체언의 말음이 치찰음이나 유음 'ㄹ'로 끝나며 격어미 '-을, -으로'와 결합하여도 전부모음화가 적용되지 않는다(꽃-+-을=*꼬칠, 꽃-+-으로=*꼬치로). 그러나 말음이 치찰음이나 유음으로 끝나는 용언의 경우 어미 '-으니, -으며'와 결합하면 전부모음화가 실현된다(벗-+-으니=빼싱이, 벗-+-으면=빼시머, 가르-+으면=가리머).

전부모음화 현상은 어휘부 내부에서는 어두, 비어두 환경과 관계없이 대부분의 방언에서 확산되었으나 형태음소론적 환경에 따라 차이를 보인다. 이러한 사실은 어휘부 내부에서 '스>시', '즈>지'의 단계적 변화에 이어 형태소 경계로의 확산은 용언의 어간이나 어미의 환경에서 먼저 확산되었으나 체언의 어간과 격어미의 환경에까지 확산되지는 못한 것이다. 경상방언에서는 용언의 어간말음의 환경도 치찰음에서 유음 'ㄹ'까지 확산되었음을 알 수 있다.

2.4 원순모음화

원순성 자음 아래에 비원순모음 '으'가 통합되면서 '으'가 원순모음 '우'로 바뀌는 현상을 '원순모음화'라 한다. 원순모음화 현상이 P-rule에서는 17세기 말에 완성된 것이지만 MS-rule에서는 지리적인 실현 차이를 보여주고 있다.

경상방언에서는 원순모음화 현상이 직접순행동화 현상이 아니라 순행 또는 역행 동화가 가능하며 동화주가 원순성 모음인 경우까지 적용영역이 확대되고 있다.

체언의 경우 ① 주제격 : -으, -은, -으는, ② 대격 : -을, -으, ③ 조격 : -으로, -으르, -으르>, ④ 향격 : -으로, -으르, ⑤ 원인격 : -으래, ⑥ 속격 : -으, ⑦ 여격 : -으게 등의 환경에서 용언의 경우 '-으'를 포함하는 어미와 통합하는 환경에서 실현되는 원순모음화는 지역에 따라 분포 차이를 보여주고 있다. 남부방언이나 북부방언에서는 활용이나 곡용의 환경, 곧 굴절의 형태소 경계에서는 제약이 거의 없는 음운 현상이다.

원순모음화 현상은 곧 /으/와 /우/가 원순성 자질에 의한 대립짝임을 의미한다. 그런데 /어/ : /우/와 동일한 계열에 속하지만 다른 서열에 있는 /어/와 /오/는 이러한 대립을 보이지 않는데 이는 통시적으로 '오'의 대립짝이던 'ᄋᆞ'를 잃고 '어'를 새로운 대립짝으로 맞아들이게 되었기 때문인 것으로, 모음체계 조정 이후에도 과거의 기제를 벗어나지 못한 결과로 보인다(이병근, 1970).

2.5 어간말자음군 단순화

용언이나 체언의 어간말음자음이 겹받침인 경우에 모음이 아닌 자음으로 시작하는 어미와 연결되거나 또는 단독형으로 실현될 때 어간말자음군이 단순화되며, 또한 지역적인 방언분포의 차이를 보여주고 있다.

곧 국어에서 세 개의 자음이 형태소의 연결자음으로 실현되는 경우 중간 자음을 탈락시키는데 3자음 가운데 'ㄹ'이 포함된 경우 'ㄹ'을 탈락시키거나 혹은 그 외의 자음을 탈락시킨다. 현재로서는 전국적으로 어간말자음군 단순화 현상의 지리적 분포를 논의할 단계는 아니지만 C_1C_2의 자음군 가운데 C_1이 'ㄹ'이고, C_2가 [+cor]인 경우 어간말음 단순화 현상의 방언차이가 나타난다. C_1C_2 구조에서 C_2가 [+cor]이면 C_2가 탈락하는 현상은 전국적인 공통적 현상이지만 C_2가 [−cor]인 경우 C_1이 탈락하는 지역은 경상방언 일부 지역이며 그 외 지역은 대부분 C_2가 탈락한다.

어간말음이 '-ㄺ'의 경우 경상방언 가운데 전라방언이나 충청방언과 인접한 지역은 '-ㄱ'으로, 나머지 경상방언 지역은 '-ㄹ'으로 실현되며 그 외의 모든 지역에서는 '-ㄱ'으로 실현된다. '-ㄼ'의 경우도 '-ㄺ'의 경우와 거의 비슷하게 나타난다. 예를 들어 '닭'의 경우 '달'로 실현되는 지역은 충청방언과 인접한 지역을 제외한 경북전역과 전라방언과 인접한 경남 서부지역인 함양·산청·진주·함안·거제·하동·남해지역을 제외한 지역이며, 나머지 지역은 '닥'으로 실현된다. 전라남도 중서부지역에서는 어말자음군 단순화가 실현되지만 동부지역인 구례·광양·여천·승주·곡성지역에서는 원래의 자음군을 고수하고 있다. 또한 중서부지역에서는 체언과 용언의 자음군 단순화 양상은 매우 다르다. 곧 체언의 경우 단순화가 실현되지만 용언의 경우 두 자음군 사이에 '-우-'를 개입시켜 '떫다'가 '떠룹다'로 실현된다(이기갑, 1986:56).

따라서 어간말자음군 단순화 현상은 남부방언과 그 외의 방언지역과 경계를 형성하고 있으며, 남부 방언 가운데 전라방언과 경상방언이 또한 차이를 보여주고 있다.

2.6 경음화

경음화 현상은 어휘부 내부에서의 환경과 음절경계 환경에서 관찰된다. 특히 어휘부 내부의 어두음절에서 경음화 현상은 수의적인 실현을 보이며, 또한 방언차이를 보여주는데 지역별로 남부방언에서 북상되는 과정에 있는 현상이다.

대개 어두경음화가 실현되지 않는 지역은 제주방언이며, 경음화가 강화된 지역은 남부방언권이며 중부방언 그 이북지역의 방언은 경음화가 어휘에 따라 수의적으로 실현되고 있다. 어두경음화의 지역적 분포는 남부방언에서 가장 먼저 개신형으로 진행되고 있으며, 함경·평안·경기방언이 그 중도적인 모습을 보이며, 제주방언이 가장 보수적인 경향을 띠고 있다. 그러나 황해방언과 함남방언은 여타 중부 이북 지역의 방언보다는 경음화가 현저하게 실현된다. 장태진(1982:76-77)은 오구라 신페이의 자료 가운데 '까치'를 기준으로 경음화 실현 지역을 계량적으로 다음과 같이 제시하고 있다.

이 자료는 지역별 어두음절의 경음화의 개신적 발달과정을 잘 보여준다.

	제주	함경	평안	중부	경상	전라
경음	0%	77%	57%	96%	100%	100%
연음	100%	23%	43%	4%	0%	0%

이미 표준어에서 어두음절의 경음화가 실현된 어형에 대응되는 방언형이 연음으로 대응(버꾸기, 족박, 두껑)되는 제주방언은 경음화의 개신 속도가 가장 느린 지역이라고 할 수 있다. 반면 표준어가 연음인데 경음으로 대응되는 남부방언은 어두경음화의 개신이 가장 빠른 지역이다. 남부방언 가운데 전라남도와 경남방언이 개신적 어두경음화가 훨씬 우세함을 보여주고 있다.

어두경음화는 방언차이를 보여주고 있는 개신적 음운 현상 가운데 하나이다. 제보자의 사회적 위치에 따라서 실현 분포의 차이를 보여줄 가능성이 크기 때문에 사회방언학적 측면에서의 개신 방향에 대한 앞으로의 연구가 이루어질 것으로 기대한다. 어중 경음화 현상의 확산 과정은 문헌자료의 분석과 함께 지리적 분포를 고려한 연구가 이루어진다면 경음화의 개신 지역과 확산 방향, 그리고 변화 추이를 보다 면밀하게 기술할 수 있을 것으로 보인다.

3. 형태 · 문법체계

3.1 한국어 방언 형태론

국어방언의 조어체계에 대한 연구는 거의 무관심 속에 있었다. 개별 방언의 합성어나 파생어의 목록과 형태론적 분포 제약 및 의미차이에 대한 정밀한 기술이 선행되어야 이들에 대한 비교연구가 가능하다. 그러나 아직 이러한 단계에 이르지 못하였기 때문에 방언조어에 대한 기존의 연구 성과를 중심으로 연구의 필요성과 연구방법에 대해 개관해 보고자 한다.

방언조어에 대한 연구의 필요성은 첫째, 합성어나 파생어 형성과 같은 형태론적 구성에서는 언어변화의 통시적 정보를 발견하기가 쉽다. 곧 굴절어미에서보다 파생어나 합성어의 경우 언어변화의 보수성을 띤 화석형이 종종 발견된다. 다시 말하면 합성이나 파생에 의해 새로운 어휘화 과정을 경험한 형태론적 구성에서 화석형이 어기(*root*)나 어간(*stem*) 또는 접사(*suffix*) 속에 남아 있을 가능성이 많다. 그러므로 굴절의 환경에서보다는 파생이나 합성어의 환경에서 실현되는 조어형을 기준으로 방언경계를 작성하는 작업은 언어지도를 작성하는 데 보다 풍부한 통시론적 정보를 발견할 수 있다.

둘째, 종래 지리방언학에서 방언지도를 작성하여 방언차이를 설명하는 데 어휘 낱낱을 대상으로 방언지도를 그리는 방법을 많이 이용해 왔다. 예를 들어 '나락'과 '벼'와 같은 분화형의 지리적 분포를 언어지도에 단선적으로 그려 넣는 방법이다. 이러한 방법은 어휘형태의 기저형을 확인하기가 쉽지 않을 뿐만 아니라 음운·형태·의미 차이를 충분히 드러낼 수 없다. 어휘의 분화형의 지리적 분포 차이를 통해 그 방언의 역사를 설명하는데 활용하는 방안으로 합성어나 파생어의 조어체계를 비교를 통한 방언지도가 작성되는 것이 이상적이다. 예를 들면 '모래'와 '몰개'의 어휘 방언분포와 '어레미'와 '얽게미'의 방언분포도는 상당한 지리적 차등성을 보여준다. '모래'의 분포지역은 중부지역에서 거의 경상북도 경계지역에까지 확산되어 있지만 '얽게미'의 분포지역은 중부 경기도 안성 지역과 함경북도 지역까지 확산되어 있다. 어중 '-ㄱ-'의 소실과정이 어휘 내부에서와 형태소 경계에서 차이가 지리적 분포에 반영된 예라고 할 수 있다. 이러한 두 장의 방언지도의 비교를 통해 음운변화는 층위별로 지리적 확산과정이 달랐음을 확인할 수 있다.

따라서 개별 방언의 조어형식의 특징에 대한 체계화 작업은 국어음운사에 대한 해석에도 많은 기여를 하게 될 것이다. 뿐만 아니라 개별 방언의 조어형식적 특성을 규명하기 위해서도 조어체계에 대한 공시적 연구는 매우 중요하다.

1) 조어형의 지리적 분화

어휘형태사 연구를 위해서는 방언의 지리적 분포를 먼저 확인하고 해당 어휘 형태소에 대응되는 특정 방언별 형태소의 의미, 기능의 확인을 통한 체계적인 방언차이의 원인이 규명되어야 한다.[2)]

먼저 음운론적 요인에 의한 조어형의 지리적 분화로서 체언이

2) 이상규(1998), 「계열어의 방언분화 양상」, 『추상과 의미의 실제』, 박이정.

나 용언의 어기에 굴절어미가 결합하면 형태론적 교체에 의해 음운변화가 초래될 가능성이 크지만 합성어나 파생어에서는 새로운 어휘화 과정을 경험하게 됨으로써 새로운 개신파의 영향을 입을 가능성이 적은 것이다.

경기방언의 '졸다'와 경상방언의 '자불다'의 파생어인 '졸음'과 '자불음'의 분포지역이 '졸다'와 '자불다'의 분포지역과 일치하지 않는다. 'ᄌᆞᄫᆞᆯ->자불-'과 같이 어휘 내부에서의 'ㅂ>ㅸ'변화와 'ᄌᆞᄫᆞᆯ-+-음>자부름'과 같은 형태소 경계에서의 변화 시기가 일치하지 않기 때문이다. 곧 경상방언과 충청방언의 접경지역에서는 '졸음'과 '자불음'이 공존하고 있다.

경기방언의 '어레빗'과 경상방언의 '얽개빗'이 대응을 보인다. '얽-+-ᄋᆡ'와 '빗'이 결합한 합성어에서 '-ㄱ-'의 약화 탈락한 지역과 '모래'와 같이 어휘부 내부에서의 '-ㄱ-' 약화 탈락한 지역적 분화가 일치하지 않는다. 합성어나 파생어 환경에서의 '-ㄱ-' 탈락지역은 경기지역 가운데에서 남부지역은 제외가 되나 어휘부 내부에서의 탈락현상은 경상방언 경계까지 확산되어 있다.

충북방언의 '엿기름'이 경상방언에서는 '엿질금'으로 대응된다. 어휘부 내부에서 ㄱ-구개음화가 보편적으로 실현되는 충북 보은 방언의 '엿+기르-+-ㅁ'과 같은 합성어 환경에서는 ㄱ-구개음화에서 제외된다.

이처럼 음운변화라는 요인은 합성어나 파생어 형성에서 어기가 신형 또는 구형이냐에 따라 어휘분화를 일으키기도 하고 어기가 비어휘화하여 접사로 변함으로써 지역 간의 합성어 대 파생어의 대립을 보여주기도 한다. 한편 통시음운 현상이 합성이나 파생의 환경에서 보수적인 화석형으로 남아 있기도 하나 그렇지 못한 경우도 있다.

다음으로 어기나 접사의 차이에 의해 어휘가 지리적 분포 차이를 보여주는 경우도 있다. 먼저 각기 어기가 달라 조어형의 방언분포가 차이를 보이는 예가 있다. 경기·충청방언에서 '마렵-'이 경상방언에서 '누럽-'과 대응된다. 경기방언의 '마렵-'은 중세어 명사 'ᄆᆞᆯ(소변 또는 대변)-+-업-(접사)'가 결합한 파생형용사이며, 경상방언의 '누럽-'은 '누-+-럽-(접사)'이 결합한 파생형용사이다.

이와 같이 형태론적 측면에서 합성어나 파생어가 방언차이를 보이는 이유는 어기가 다르거나 접사가 달라서 각각 상이한 어휘분화를 보여주기 때문이다. 어기가 다른 경우 구형의 어기와 신형의 어기가 대치함으로써 방언차이를 보여주기도 하며 접사가 다른 경우 신구형의 대립 또는 의미, 분포차이에 기인하므로 방언간의 접사의 목록이 달라지기도 한다.

2) 조어유형의 차이와 방언차이

합성어나 파생어의 방언차이는 각각 상이한 어기나 접사의 결합으로 생겨난다. 한 방언이 합성구성인 데 비해 다른 방언은 파생구성이어서 방언차이를 보이기도 하고 한 방언이 단일어인데 다른 방언이 파생구성이기 때문에 방언차이가 생겨날 수도 있다. 그리고 양 방언이 모두 합성이나 파생구성이지만 합성과 파생의 차이에 따라 방언차이를 보일 수 있다.

파생구성 대 합성구성 :		뜸북이(경기) / 무닭(경상)
단일어 대 파생구성 :		키(경기) / 챙이(경상)
합성어 :	A+B / C+B	목화씨, 목화밭(경기) / 미영씨, 미영밭(경상)
	A+B / A+C	솥뚜껑(경기) / 솥두베(경상)
	A+B / C+D	김치(경기) / 짠지(경상)
파생어 :	F_1+A / F_2+A	호불애비(경기) / 홀애비(경상)
	F_1+A / F_1+B	수캉아지(경기) / 숙강생이(경상)
	A+F_1 / A+F_2	귀에지(경기) / 귀챙이(경상)
	A+F_1 / B+F_1	대장깐(경기) / 불미깐(경상)
	A+F_1 / B+F_2	숨기다(경기) / 가물리다(경상)

조어 유형에 의한 방언차이는 합성어인 경우 두 개 이상의 어기나 어간의 결합 과정에서 상이한 어휘형태소의 합성에 따라 방언차이를 보이는 경우가 있으며, 파생어의 경우 어기나 접사가 다르거나 또는 그 둘 다 상이함으로써 방언차이를 보여주게 된다.

(1) 합성구성 대 파생구성에 의한 방언차이

한 방언에서 파생구성이 된 어휘가 다른 방언에서 합성구성이 된 어휘로 대응됨으로써 방언차이를 보여준다. 경기 충청방언의 '뜸북이'가 경상방언에서 '무닭'으로 대응된다. 경기방언에서 실현되는 '뜸북이'는 '뜸북(의성어)-+-이(접사)' 구성의 파생구성이지만 경상방언에서 실현되는 '무닭'은 '물(水)-+-닭(鷄)'의 합성구성이다. '뜸북이'보다 '무닭'이 훨씬 고어형인데 중부방언에서는 합성어 '무닭'에서 개신형인 파생어 '뜸북이'로 바뀐 형태이다. 그 이유는 충청방언과 경상방언의 접경지역에서는 '뜸북'과 '무닭'이 혼태(*blending*)된 일종의 융합방언 형태인 '뜸닭'이라는 형태가 잔존해 있기 때문이다.

'도토리'와 '꿀밤' 중에서 전자는 충북 이북지역에서, 후자는 경북지역에서 실현된다. '도토리'는 '도톨(의태어)-+-이(접사)' 구성인 파생어이고, '꿀밤'은 '꿀(密)-+-밤(栗)'의 합성어이다. 윷놀이나 종경도 놀이에서 '마지막 말'이라는 방언형이 경기 충북 방언에서는 '끝-+-말'이라는 파생구성을 보이지만 경상방언에서는 '막-+-이(접사)'와 같은 파생구조를 보인다.

(2) 단일어 대 파생구성에 의한 방언차이

방언 간에 단일어 대 파생어의 대응으로 방언분화를 보이는 예가 있다. '키, 치'와 '챙이, 칭이'가 방언차이를 보여준다. 곧 '키'는 ㄱ-구개음화를 경험하지 않은 방언에서 실현되고 '치'는 ㄱ-구개음화를 경험한 방언에서 실현된다. '키-+-앙이' 파생구성에서 구개음화와 i탈락규칙, 모음조화 및 비자음약화가 실현되어 '챙이, 쳉이, 채이, 칭이, 치이'와 같은 방언분화형이 실현된다. '멍'과 '멍당구', '뼈'와 '뼈다구'의 대응도 이러한 단일어 대 파생어 구성의 대응을 보이는 예이다.

(3) 합성어 구성차이에 의한 방언차이

합성어 구성에서 동일한 어기가 음운변화에 의해 서로 다르게 화석화하여 합성을 이룬 결과, 방언차이를 보이는 예에 대해 먼저 살펴보자. 경기방언의 '마름'과 경상방언의 '말밤'이 대응되고 있다. '말(藻)-+-밤(栗)'의 합성구성은 어휘형태소 경계에서 ㅂ>

ㅸ>오/우 변화를 경험하지 않은(대범/대범, 한범/한범, 대밭/대밭) 경우이고, 경기방언의 '마름'은 '말밤>말왐>말암>마름'의 변화를 수행한 예이다.[3)] 따라서 '마름'은 음운변화에 의해 합성어 구조에서 단일어로 화석화한 어휘인 반면 경상방언에서는 합성어로 존재하고 있다.

먼저 AB/CD, 곧 선행어기가 각기 다른, 합성구성으로 방언차이를 보이는 예를 살펴보자. '목화'와 '미영'이 '씨'와 '밭'과 합성구성을 이룰 때 경기방언에서는 '목화씨', '목화밭'이 실현되지만 경상방언에서는 '미영씨', '미영밭'으로 실현되어 방언분화를 일으킨다. 경기방언에서 '회오리바람'은 경상방언에서 '돌개바람'의 대응형이나 '종자씨'와 '볍씨'와 같은 대응형이 선행 어기가 다른 방언분화의 예이다.

둘째, AB/AC, 곧 후행하는 어기가 다른 합성구성으로 방언분화를 일으키는 예가 있다. 경기방언의 '다니다'는 경상방언에 '댕기다'로 대응되는데 '다니다'는 '돋(走)-+니(行)-'의 합성구성이다. 그리고 '댕기다'는 '돋(走)-+걷(步)-+니(行)-'의 합성동사 구성이다. '풀귀얄'과 '풀비', '콩나물'과 '콩질금', '연자세'와 '연감개'도 후행어기가 각기 달라 방언차이를 보이는 예이다.

셋째, AB/CD, 곧 선후행 어기가 각각 다른 복합구성에 의한 방언차이를 보여주기도 한다. 경기방언의 '김치'는 '침(沈)-+-채(菜)'의 한자어 복합구성이지만 경상방언의 '짠지'는 '짜-+-ㄴ-+-지(-디히>지)'와 같은 합성구성이다. '계란'과 '달갿'과 같은 대응도 이와 같은 예이다.

3) 이병근(1998), 「마름(菱仁)의 어휘사」, 『방언과 국어학』, 청암김영태박사회갑기념논문집.

(4) 파생어 구성차이에 의한 어휘분화

파생어 구성차이에 의한 어휘분화는 어기의 차이나 혹은 접사의 차이에 의해 이루어진다. 어기와 접사의 통합 환경에 따라서 어휘분화가 어떻게 실현되는지 살펴보자.

첫째, 동일한 어기에 접두사가 달리 실현되는 예는 다음과 같다. 경기 충북방언의 '홑이불'이 경상방언에서는 '호분이불'로 대응된다. '홑이불'은 'ᄒᆞ옺(單)>홑-+-이불'의 파생구성이며, '호분이불'은 'ᄒᆞᄫᆞᆯ(獨)>호불-+-ㅅ-+-이불'(호ᄫᆞᆯ니블>호븐니블>호분이불)의 파생구성이다.

경기·충청방언에서는 'ᄒᆞ옺(單)>홑'은 [-유정] 명사에 통합되는 접사이지만, 'ᄒᆞᄫᆞᆯ>홀(獨)'은 [+유정] 명사(홀아비)에 통합되는 접사이다. 그러나 경상방언에서는 '홀'이 [-유정] 명사에도 통합되어 '호분이불'과 같은 파생구성이 가능하다. 경기방언의 '장닭'과 경상방언의 '숙닭'의 대응도 이와 같은 유형이다.

둘째, 접두사는 동일하지만 어기가 서로 달라 방언차이를 보이는 경우가 있다. 그러나 접두사는 동일하나 어기가 서로 다른 예는 극히 찾아보기 힘든다. '신나물'과 '씬냉이',. '수캉아지'와 '숙강생이', '숫염소'와 '숙얌생이'처럼 접사가 재구조화하여 차이를 보이는 예들이 있다.

셋째, 동일한 어기에 접미사가 달라 방언차이를 보이는 예도 있다. 파생어 구성에서 방언분화의 가장 큰 요인인 유형이다. 경기방언의 '벌레, 버러지'가 경상방언에서는 '벌거지, 벌기, 벌겡이'와 같은 방언형으로 실현된다.

*벌게>벌에>벌레

*벌게-+-어지=벌거지>벌어지>버러지

*벌게>벌기

*벌게-+-엉이=벌겡이, 벌깅이

위와 같은 방언분화형의 비교를 통해 '벌레'의 기저형이 '*벌게'임을 알 수 있다. 경기방언에서는 어중 '-ㄱ-'이 탈락하여 '벌레'나 파생어 '버러지'가 실현되고 어중 '-ㄱ-'이 잔존해 있는 경상방언에서는 '벌기' 또는 파생어 '벌거지, 벌겡이'가 실현된다.

경기 충북방언의 '머리카락', '눈꼽', '방맹이', '겁찔', '거러지'가 경상방언에서 '멀커딩이', '눈꼽째기, 눈초재기', '방마치', '껍데기', '걸뱅이'로 각각 대응되는데 이들은 동일한 어기에 접사가 달리 실현됨으로써 방언차이를 보여주는 예들이다.

다음으로는 동일한 용언의 어기에 사·피동접사가 달리 실현되어 방언차이를 보이는 예이다.

경기 충청방언	경상방언
숨기-	숭구-, 숭쿠-
남기-	넝구-, 넝쿠-
깨우-	깨꾸-, 깨힝-
줄이-	줄구-, 줄쿠-
실리-	실끼-
살리-	살리-, 살루-
녹이-	녹쿠-
삭이-	삭쿠-

'실기-'와 '알기-'와 같은 파생구성은 16세기 경상방언을 반영하는 <七大萬法>에 나타나는데(오종갑, 1982), 공시적으로 '알구-'는 '알-+-기-+-우-'와 같은 사동접사의 중가형이다. '넘기-', '넝구-'에서 '-구-'는 '-기-+-우-'의 중가형이다. '녹이-'와 '녹쿠-'에서 경기·충청방언의 접사는 '-이/히-'이지만 경상방언에서는 '-히-+-우-'의 중가 형식이다. 이처럼 사·피동접사의 중가형은 문헌자료에서도 확인할 수 있다.

中興主를 세시니(龍歌 11)
평등왕ᄋᆞᆯ 세ᅀᆞᄫᆞ니(月釋 1-15)
훤히 새 ᄠᅳ들 세도다(杜初 6-2)

'자-', '서-'가 '재우-'나 '세우-'로 실현되는데 이는 '자-', '서-'가 접사 '-이-'와 '-우-'가 결합된 중가 형식이다. '세-'는 '셔-'의 사동형으로 중세어에서는 접사 '-이-'가 일반적으로 통합되었으나 여기에 다시 '-우-'가 중가되어 '세우-'가 생겨난 것이다.

'줄이-'와 '줄구-'의 대응형은 다음과 같이 장형 사동형식에서 형태소 통합에 의해 '줄구-'가 생겨난 것이다.

줄쿠- = '줄게-+ᄒᆞ-+-이-+-우-'>*줄기후->줄쿠-
발쿠- = '바르게-+ᄒᆞ-+-이-+-우-'>*발기후->발쿠-
숭쿠- = '숨게-+ᄒᆞ-+-이-+-우-'>*숨기후->숨쿠-

경상방언의 '줄쿠-, 발쿠-, 숭쿠-'와 같은 사동형은 장형 사동형식에서 단형 사동 형태로 변화된 예이다.

넷째, 접미사는 동일하나 어기가 달리 실현되어 방언분화를 일으킨 예는 '졸음/자불음', '대장깐/불미깐', '달꾹질/깔딱질' 등이 있다.

다섯째, 어기와 접사가 모두 달리 실현됨으로써 방언차이를 보여주는 예가 있다. 경기 충청방언에서 '떨어뜨리-'가 경상방언에서는 '널쭈-'로 실현된다. '떨어뜨리-'는 '떨어-+-뜨리-'의 파생구성이며, '널쭈-'는 'ᄂᆞ리(降)-+디(落)-+-우-'의 구성으로 어기나 접사 모두가 달리 실현된 예이다. 경기 충청방언의 '거러지'와 경상방언의 '동냥바치'도 어기와 접사가 각각 다른 방언분화형의 예이다. '거러지'는 '걸(乞)-+-어지'의 파생구성이고, '동냥바치'는 '동냥-+-바치'의 파생구성으로 '걸-+-뱅이', '걸-+-엉-+-뱅이'와 같은 파생구성이 공존하고 있다.

3.2 방언 굴절체계

문장에서 서술어에 대해 체언들의 문법적 관계를 실현시키는 격범주와 이를 구체적인 형태소로 나타내는 격형태를 구분하여 개별 방언이 갖는 체계적 검토가 이루어져야 하지만 본장에서는 우선 격어미의 형태, 통사적인 특징의 지역적 차이에 대해 중점적으로 살펴보고자 한다.

국어의 굴절어미는 격어미, 특수격어미, 첨사가 포함된다. 격어미는 주격, 속격, 처격, 조격, 대격, 공동격, 호격으로 구분하고 특수격어미는 여격표시격어미, 공동격어미, 비교표시격어미, 출발표시격어미, 도착표시격어미로 구분하고 첨사는 선택표시 첨사, 주제 및 대조표시 첨사, 공평 및 열거 표시 첨사로 구분한다.[4)]

1) 격어미

(1) 주격어미

문장에서 주어 자리를 나타내는 문법범주에 실현되는 주격어미의 형태는 지역적으로 매우 다양하게 실현된다. 주격어미는 대체로 체언의 어간 말음이 개음절인 경우 '-가'가 폐음절인 경우 '-이'가 실현된다. 그러나 경상방언이나 함경방언의 일부지역에서는 체언어간의 말음이 개음절임에도 불구하고 '-이'가 사용된다. 함경방언과 전북·강원 및 경상방언의 일부 지역에서는 주격어미로 '-이가'가 실현되기도 한다. 그리고 평안방언과 제주방언에서는 '-가'에 대응되는 '-래, -리'가 주격어미로 실현되기도 한다.

17세기 후반까지 '-이, -ㅣ, zero' 주격형태가 사용되었으나 '-가'가 생겨남으로써 주격형태는 일정한 변화가 일어났다. 현재 경상·강원방언이나 평안방언에서 실현되는 개음절 아래에서 주격 '-이'가 실현되는 현상은 경기방언에서도 20세기까지 나타났다. 이러한 현상은 평안방언이나 경상방언에서 화석형태로 실현되고 있다.

코이 큰 에미내 말이요? (평남 안주·개천·덕천·령원, 평북 대부분지역)
더기 바다이 뵙내다. (평남 안주·개천·덕천·령원, 평북 대부분지역)
저 논에 모이 디기 좋다. (경북 안동·울진·영덕·청송)

---

4) 황대화(1999), 『조선어방언연구』, 료녕민족출판사, 심양. 참조.

그기, 이기, 저기 맞다. (= 그것이, 이것이, 저것이 맞다)(경상)
나이 오십을 넘어가 아들로 밧다. (=나이가 오십이 넘어서 아들을 보았다)(경상)

평안·경상방언의 일부 지역에서는 체언의 말음이 개음절인데 주격어미 '-이'가 실현되는 환경은 주로 '아, 어, 오, 우'로 끝나는 체언말음이다. 함경, 전라, 강원, 경상방언의 일부 지역에서 체언의 말음이 폐음절인 환경에서 주격어미 '-이가'가 실현된다.

당신너 말이가 찻아 왓소.(함남·함북 대부분 지역)
저 절이가 난지 사십년이 되오.(함남·함북 대부분 지역)
이 뱀이가 누렁뱀이오.(경북 울진·영일·영덕·포항·경주·청송·안동)
코이가 아파서 빙원에 댕기왔다.(경북 울진·영일·영덕·포항·경주·청송·안동)

이러한 현상은 '나(年齡)-+-ㅣ>나이', '나(我)-+-ㅣ>내'와 같이 주격어미 '-ㅣ'가 선행음절의 모음과 결합하여 단모음으로 실현된 18세기경 어간과 어미의 형태소 경계가 형태론적 재분할(*morphological recutting*)되는 재구조화과정에서 주격어미 '-가'가 첨가된 것이다[5]. 주격어미로 '-이가'가 실현되는 지역은 주로 육진지역을 포함한 함경도지역과 동해안지역을 따라 경북 경주지역에 이르기까지 분포하고 있다.

개음절로 끝난 체언 아래에 주격어미 '-래', '-라'는 방언에

5) 김병제(1965), 『조선어방언학개요』, 사회과학출판사.
이상규(1983), 「경북지역의 주격 -이가」, 『어문론총』 17. 경북대.
정용호(1988), 『함경도방언연구』, 교육도서출판사.
김백련(1992), 『조선어 음운과 형태』, 김일성종합대학출판사.
황대화(1999), 『조선어방언연구』, 료녕민족출판사.

따라 다양하게 실현된다. 곧 '-래(레)'는 서북방언에서, '-라'는 중부(황해, 충남)방언에서, '-리'는 서북방언과 중부(황해도)에서, '-라'와 '-래'는 중부방언에서 실현되고 있다.

갈 새래 있갔나?(함경)
누구라 갔다왔시까?(황해)
소래 달아 낫이요.(평안, 함남 장진)
누구래 그런 소리 햇슴메.(평안, 함남 장진)

평안방언에서 실현되는 주격어미 '-래'는 종결어미 '-라'가 대상적 성격을 띠면서 주격어미로 전용된 것으로 추정된다. 주격어미 '-래'는 '-라(종결어미)-+-이(주격어미)'의 형태소 구성으로 이루어진 것이다. 제주방언에서는 주격어미로 '-리'가 실현되며 제주방언과 전라방언에서는 '나, 너'에 직접 주격어미 '-가'가 실현된다. 제주방언에서 주격어미 '-리'는 'ᄒᆞ루, ᄀᆞ루'와 같은 한정된 어휘에서만 실현된다.

븟루리 영 지느냐?(제주)
루리 빗이 거멍하다.(제주)
느가 집이 가반디아?(제주, 전남 목포 · 해남 · 여수 등)
나가 그리 가키여.(제주, 전남 목포 · 해남 · 여수 등)

이상에서 주격 형태에 나타난 방언적 특징을 살펴보았다. 개음절 체언 아래에서 '-이'가 사용되거나 폐음절 체언 아래에서 '-이가'가, 그리고 주격어미 '-래'의 실현 등은 모두 한국어의 격형태의 발달과정과 긴밀한 관계를 갖고 있다.

존칭주격어미로 알려진 '-께서'는 경상방언에서는 실현되지 않는다. 그 형태소 구성은 존칭여격의 특수격어미 '-께'와 첨사 '-서'의 통합형이다. 주격어미 '-이 /가'와 수의적으로 교체되는 지역도 매우 넓게 분포되어 있다.

집단을 나타내는 체언의 주격어미인 '-에서'는 서술어가 동작동사인 경우에 실현되며, 대부분의 방언에서도 실현되고 있다.

(2) 속격어미

속격어미는 체언과 체언의 관계를 연결시키는 기능을 하며 특수격어미와의 통합은 허용하지 않는다. 속격어미 '-의'에 대응되는 방언형태는 평안·경기일부 방언에서는 '-에'로 실현되고, 함경·경상·전라방언에서는 '-으' 또는 '-이'가 실현된다. 이들 속격어미의 형태는 의미나 기능적인 면에서 큰 차이를 보여주지 않고 단지 음운론적 이형태로 간주된다. 경상·전라방언에서는 합성어에 화석형으로 잔존하는 속격어미로 '-오', '-우'가 남아 있다.

중세국어에서 속격어미는 '-ᄋᆡ, -의'가 주로 사용되었으며, 처격어미 '-엣, -옛, -앳'이 사용되기도 했다. 유정물 체언 아래에서만 실현되는 '-ᄋᆡ, -의'와 비유정물 체언 아래에서 실현되는 '-엣, -옛, -앳'은 문법적 기능면에서는 기본적으로 동일하였다. 속격 '-ᄋᆡ, -의'는 ᄋᆞ의 비음운화와 더불어 17세기를 전후하여 '-의'로 단일화되었다. 속격어미 '-의'는 이중모음의 단모음화 과정에 '-으'와 '-이'로 실현됨으로써 방언분화를 일으킨 것이다.

평안·경기방언에서 실현되는 속격어미 '-에'는 체언말음이 개음절이거나 폐음절일 경우 모두 실현된다.

놈에 물건을 개 갓이요.(평안)
나에 고향은 여기서도 만이 가야 함무다.(평안)
자식들에 행복을 생각하는 거지요.(경기)

경상방언에서는 속격어미 '-으'와 '-에'가 있으며, 선행체언의 말음절이 순음으로 끝나는 경우 '-오/우'로 실현된다. 한편 대명사 '너', '저' 다음에 속격어미는 '-거'가 실현된다.

남우 자식을 거다받짜 다 헛일이대이.(경상)
나으 어린 시절을 회상하머(경상)
달구집(=닭의 집)(경상)
용오알(=용의 알)(경상)
너거 집(경상)

방언에 화석형으로 잔존하는 소격어미 '-오', '-우'는 합성어에서 잔존한다. '너거'는 '니(대명사)+녁(쪽)+으(속격어미)'의 통합형이 융합된 것이다[6]. '닭구통', '닭구장', '닭구비실', '닭구똥'(경상, 전라)의 예처럼 속격어미는 NP_1+{-으, -에, -우}+NP_2 구성에서 NP_1<NP_2와 같이 소유의 관계나 또는 부분과 전체의 관계인 경우 '사람 행실이 발라야지(경상)', '소 대가리(경상)'에서처럼 속격어미의 생략이 가능하다.

---

6) 이상규(1990), 「경북방언의 격어미 형태구성과 기능」, 『어문론총』 24. 경북대.

(3) 처격어미

처격어미는 서술어가 나타내는 행위나 상태에 대한 처소를 나타내는 격형태로 부사적 성격이 강하여 특수격어미와의 통합이 자유롭다. 처격어미 '-에'는 전라방언에서는 '-으', '-이', '-여'로 제주방언에서는 '-의', '-레', '-더레'가 실현되며, 경상방언에서는 '-에'로 실현된다. '집(舍), 밖(外)'과 같은 체언 아래에서는 '-이'가 '방(房)', '장(市場)'과 체언 아래서는 '-아'가 실현된다.

집이 퍼떡 가거레이.(경상)
날로 백끼 못나가구로 한다.(경상)
느네 집이 가반디아(제주)
아바이너 집이 곰배 잇슴둥.(함경)
우리 집이 그렁거 없다이.(함경)
한집이 모두 여러 포대식 따무다.(평안)
사우네 집이 갓사와요.(평안)
장아 내캉 가재이.(경상)
저 마다아 놀아래이.(경상)

처격어미 '-에'에 첨사인 '-서'가 통합되면 재격(*adressive*), 또는 출발점을 나타내는 탈격(*ablative*)의 기능을 갖는다. 함경방언과 평안방언 및 육진방언에서는 '-에서'가 없고 '-셔', '-이셔'만 실현되며, 경상방언에서는 처격자리에 대격어미 '-을', '-를'이 실현되기도 한다.

설에 온내이.(경상)
밥 묵꼬 들에 나온나.(경상)

저 뒤에 집이 있었어.(전라)
산 밑으 집을 짓고 사지라오.(전라)
집으 들어가 보앗서라오.(전라)
빅고레 가키엔 햄수까?(제주)
바당더레 괘기 잡쟁 가쿠다.(제주)

처격어미 '-에'에 도구나 방향을 나타내는 조격어미가 통합된 '-에로'는 도달격(*goul*)의 기능을 갖는다. 그러나 '-에로'는 조격어미 '-으로'로 실현된다.

경상방언에서는 처격어미 '-에'에 첨사 '-다가'가 "정나아다가 돌미이로 넚뿟다.(경상)"처럼 통합되기도 하는데 서술어가 타동사인 경우에만 통합이 가능하지만 자동사인 경우에는 "*아직 묵꼬 장아다가 갔다 = 아침 먹고 장에 갔다(경상)"처럼 통합이 불가능하다. 경상방언에서는 처격자리에 "학교를 간대이(경상)", "산을 소풍 간다(경상)"처럼 대격어미 '-을/를'이 실현된다.

잇날에 어린 시절에 사이가 좋았다.(경상)
*어린 시절에 잇날에 사이가 좋았다.(경상)
산골짝에 옹당아 가가지고(경상)
*옹당아 산꼴짝에 가가지고(경상)

이들의 기저격은 처격이지만 이동이나 공간적 방향 또는 목표를 나타내는 서술어가 이동동사인 경우 경상방언에서는 대격어미의 실현이 가능하며, 처격이 중복되어 실현되면 아래의 예처럼 시간적으로 빠른 순서로, 그리고 공간적으로는 넓은 것이 선행하여 실현된다.

(4) 대격어미

경기방언을 중심으로 한 대부분의 방언에서 대격어미는 선행 체언의 말음이 개음절인 경우 '-를'이나 '-ㄹ', 폐음절인 경우 '-을'이 실현된다. 함경방언에서는 '-르', '-으'가 실현되는데, 선행 체언의 말음이 개음절인 경우 '-르'가 폐음절인 경우 '-으'가 사용된다. 역사적으로 대격의 기본형태가 '-ㄹ'이며 '-으'나 '-르'가 중가되어 '-을/-를'이 형성되었다.

손님 대접으 잘 못햇슴메.(함경)
쇠르 몰구 가우다.(함경)
스집 갈 때 가매르 타구 갓스(함경)

경상방언에서 대격어미는 '-으를', '-으르', '-(으)로'뿐만 아니라 '-(으)로', '-(으)르'가 실현된다. 특히 경남방언에는 대명사 '나, 니(너), 지(저)'는 대격어미 '-로'에 'ㄹ'를 첨가하는 것이 매우 특징적이다.

이 집은 학교를 만들면 좋겠소(경상)
큰 아는 밥으르 묵는데이(경상)
술로 망이 묵어가주고 정신이 없데이.(경상)
단 손에 농사로 항이 잘 될 택이 있는교?(경상)
날로 보고 가지 말라꼬 칸다.(경상)
내가 오데 질로 멀칼라갰습니꺼?(=내가 어데 저를 꾸중하려고 했습니까?)(경상)

경상방언의 이러한 현상을 고려해 보면 고대에 대격과 조격의 격범주가 미분화된 단계가 있었을 것으로 추정이 된다.

(5) 조격어미

조격어미는 행위나 상태의 도구, 자격, 수단 등의 의미기능을 하며 선행 체언이 [+구체물, +보통]의 자질을 가져야 한다. 조격어미는 일반적으로 '-으로'가 실현되는데 경상방언에서는 "일반적으로 바가(경상)", "학생으로 해야 할 일을 충실히 해야한다(경상)"에서처럼 '-으로' 또는 '-을/를+가지고(가주고, 가이고)'로 실현된다.

(6) 공동격어미

경상방언에서 공동격어미 '-와/과'는 거의 사용되지 않고 특수격어미 '-하고', '-가', '-이고', '-이랑', '-이야', '-캉'이 실현되며, 전라방언에서도 '-허고/허구'나 '-랑/이랑'이 대용되고 있다.

(7) 호격어미

경상방언에서 호격어미는 '-아/야'와 '-애이', '-요'가 있다. 선행체언이 [+유정, -존대] 자질을 갖는 경우 '-아/야'가 실현되며 선행체언의 음절말음이 개음절이면 '-야'가 폐음절이면 '-아'가 실현된다. [+유정, +존대] 자질을 갖는 경우 '-요'가 실현된다. 경상방언의 특징인 호격 '-애이' [+유정, -존대] 자질을 갖는 경우에서만 실현된다. 어른이 아이들을 부를 때 사용되는 '-애이'는 거리가 멀거나 두 번 이상 부르는 경우에 실현되며 '-아/

야'와 수의적인 교체가 가능하다.

2) 특수격어미 및 첨사

(1) 여격표시 특수격어미

중부방언에서 여격어미는 선행 체언이 [+유정]인 경우에는 '-에게'나 '-께'가 실현되며, 선행 체언이 [-유정]인 경우 '-에'가 실현된다. [+유정] 체언에 실현되는 여격어미로 '-끼'(함경방언), '-으게'(전라방언, 제주방언)가 실현되며, [-유정] 체언에 '-으'(전라방언)가 실현된다. 특히 '-한테', '-인데', '-보고'(경상방언)는 유정물이나 비유정물 체언에서 모두 실현된다[7].

이 책으 뉘게 주라는게오.(함경)
운전수끼 말하무 된다이.(함경)
동호으게 주고 왔지라오.(전라)
나같은 농군으게 그렇거 없습네다.(전라)
할매{-한테, -보고, -인데} 보이 드리라.(경상)

'-게', '-으게', '-끼'는 선행 체언이 [+인간, +존경] 자질을 갖는 경우 통합되며 '-한테'는 [+유정]의 자질을, '-보고'는 [+인간] 자질을 갖는 선행 체언에 통합된다.

(2) 공동격표시 특수격어미

공동격어미 '-와/과' 대신에 경상방언에서는 '-하고', '-이랑',

7) 이상규(1982), 「동남방언의 여격표지 연구(1)」 "-한테, -인데, -자테, -더러, -손에, -대고, -보고", 『한국방언』 2. 한국방언학회.

'-캉'이 전라방언에서는 '-허고/허구'나 '-랑/이랑'이 실현된다. 이들 어미들은 체언을 열거하는 기능으로 N_1+{ }, N_2+{ }, .. N_n+{ }와 같이 마지막 체언에도 실현되기 때문에 공동격어미 '-와/과'와 상보적 관계가 성립된다.

'-하고/허고/허구' 등은 서술어와 연관되는 체언이 동질적인 요소일 때에 열거가 가능하나 '-랑/이랑'은 그러한 제약이 따르지 않는다.

(3) 비교표시 특수격어미

경상방언에서 비교를 나타내는 특수격어미로 '-하고', '-캉', '-거치/가치', '-맹커로/맨지로/맨치로/매로', '-겆이', '-보다/부다', '-만쿰/만큼'이 실현된다. 이들 모두 판정동사와 호응되며 정도나 차등을 나타낸다.

(4) 출발표시 특수격어미

행위나 상태 또는 시간이나 공간의 출발점을 표시하는 특수격어미 '-부터'에 첨사 '-링'이나 '-나'를 덧붙인 '-부텀/부턴'이 실현된다.

(5) 도착표시 특수격어미

행위나 상태 또는 시간이나 공간의 출발점을 표시하는 특수격어미 '-까지/꺼지'에 첨사 '-아'을 덧붙인 '-까장/꺼정'이 실현된다.

(6) 선택표시 특수격어미와 첨사

선택을 표시하는 특수격어미는 '-도', '-나', '-만', '-마', '-백께 /백끼'가 실현된다. '-도'는 '또한', '역시'의 의미기능을, '-나'는 '양자택일'의 의미를 갖는다. 그리고 수량표시의 선행체언과 통합하면 '강조'의 의미를, 부정대명사와 통합하면 '전체부정'의 의미를 갖는다. '-만/마는/마'는 서술어가 부정어로 실현되면 '선택비교'의 의미를 '-백께/백끼'는 항상 부정의 뜻을 지닌 서술어와 호응할 때 '선택'의 의미기능을 보인다.

(7) 주제 및 대조표시 첨사

'-은/는'은 대부분의 방언에서 주제 및 대조의 의미기능을 나타내는 특수격어미로 실현된다. '-은/는'의 변이형으로는 '-느, -으느'가 함경남도 영흥·인흥·고원·수동군을 제외한 함경방언 전지역에서 실현된다. 그리고 '-으는'은 강원도 방언과 경북 울진에서 실현된다. 그 밖에도 제주도 방언에서 '-랑/이랑'은 주제 및 대조를 나타내는 격어미로서 '강조'의 의미를 가지고 있다.

여기느 그렁거 혼챕니다(함북 경흥)
지금 아들으느 문맹자 하내 없소(함북 경원)
밥으는 망이 묵었나?(경북 울진)
나비랑 잡지말라(제주)
그 사람이랑 이 집의 살아난다?(제주)

(8) 공평 및 열거표시 첨사

공평을 표시하는 첨사로는 경상방언에서는 '-마다', '-석'이 있고 열거를 표시하는 첨사로는 '-하고', '-카/캉', '-이니', '-이야', '-이고'가 있다.

3.3 문의 구성

1) 종결어미

종결어미는 용언이나 계사에 통합하여 하나의 문을 종결시키는 기능을 보이며, 다른 굴절어미와의 앞뒤 통합이 가능하지 않고 앞에만 다른 굴절어미가 통합할 수 있다. 특히 종결법어미는 존대법과 문체법의 문법적 기능을 담당하고 있으며 선어말어미와의 통합상 선택제약이 있다. 그러므로 종결법어미는 형태와 의미기능상 방언차이를 보여주는데, 문장상 다른 성분과의 공기제약을 갖고 있으므로 방언차이가 예상된다.

종결법의 하위 범주를 문체법에 따라 살펴보자. 문체법은 청자에 대한 요구 유무에 따라 ① 서술법, ② 의문법, ③ 명령법, ④ 공동법, ⑤ 감탄법으로 구분하고, 행동수행성에 따라 행동수행이 없는 의문법과 청자만의 행동수행을 보이는 명령법, 화자와 청자 공동의 행동수행을 요구하는 공동법 등으로 구분하여 방언적 특질을 살펴보고자 한다.[8)]

8) 이상규(1991), 「경북방언의 경어법」, 『새국어생활』 1-3. 국립국어연구원.

(1) 서술법

서술법은 화자가 청자에게 어떤 사실을 전달하는 문법범주이다. 서술법은 청자높임법에 따라 '-습니다, -네, -어, -다' 등으로 분화된다.

① -습니다

경기방언에서 '-습니다'는 '-더-'를 제외한 선어말어미와 통합이 가능하다. '-습니다'에 대응되는 방언분화형은 매우 다양한데, 강원방언에서는 '-습니다', '-(이)올씨다'가 공통적으로 사용되며, '-습닌다'(강릉지역)가 실현되기도 한다. 회상선어말어미 '-디-'가 통합된 '-습디다'와 추측선어말어미 '-(으)ㄹ꺼-'가 통합된 '-(으)ㄹ 껍니다'가 실현된다.

그렇게 했습닌다.(강원, 강릉)
할멍가 파를 다듬읍디다.(강원)
성이랑 갈껍니다.(강원)

경상방언에서는 청자 높임의 서술법종결어미 '-십니더', '-니(이)더', '-ㅅ시더'는 경기방언의 '-습니다'에 대응되는데, 특히 '-니(이)더'는 '-읍-'이 생략된 경우로 경주, 안동 등을 중심으로 주로 사용된다. '-다'에 대응되는 '-더'는 청자존대형태소 '-이-'를 선행하는 경우에만 실현되기 때문에 문법적 조건에 의한 변이형태라고 할 수 있다.

지가 어지 왔심더.(경상)
지는 보지러 못했심니데이.(경상)
어른 장아 갔니이더.(경북 영천·경주·영덕·청도·달성 등)
그 사람 어지 떠났니이데이(경북 영천·경주·영덕·청도·달성 등)
이게 돌잇시더(안동, 예천, 영주, 봉화 등)

전라방언에서는 '-지라오', '-서라오', '-겨라오'와 같이 '-라오/라우'가 실현된다. 전라방언에서는 서술법어미가 '-지라오', '-서라오', '-겨라오'와 같이 '-라오'형으로 실현된다.

그 사람 농사 잘 허지라오.(전라)
성은 내일 가겨서라오.(전라)

이들 어미는 서술형에서뿐만 아니라 의문형어미로도 사용되는데 억양에 따라 결정된다.

함경방언에서는 '-ㅁ니', '-습니'나 '-니'가 생략된 '-ㅁ(슴)'과 '-사와', '-소와', '-ㅂ디(습디)', '-ㅁ메(슴메)'도 실현되는데 이는 억양에 따라 의문형으로도 사용된다. 끝을 올리면 의문형이 되고 끝을 올리지 않으면 서술형이 된다. 함경북도와 일부 양강도에서는 '-ㅁ다'가 실현되는데 함경남도에서는 별로 쓰이지 않는다. 함경방언에서는 '-ㅁ(슴)니다'에서 '-다'가 생략되거나 '-니-'가 생략되어 방언차이를 보여준다.

금년에느 구밀이랑 잘됐슴니.(함경남도 정평이남, 함경북도전역, 양강도)
먹어두 옥수굴 세우 먹었슴.(함경남도 정평이남, 함경북도전역, 양강도)

여기서 회령으느 한 오십리 됨다.(함북, 양강도)

평안방언에서는 '-ㅂ니다'와 더불어 '-ㅁ무다(무다)' '-슴무다(스무다)'와 3인칭 주어문에서만 사용되는 '-ㅁ먼다', '-슴먼다'가 실현된다. '-ㅁ(슴)무다'의 형태소 구성(김병제, 1988:85)은 '-ᄉᆞᆸ>-ᅌᆞᆸ>-ㅂ+-니이다'인데 '-ㅂ'이 비자음자동화에 의해 '-ㅁ'로 화석화한 것이다.

오마니 오실 때가 댓슴무다.(평안남도 전역, 평북 남부지역)
내 우티를 여기다 둠무다.(평안남도 전역, 평북 남부지역)
뎌기 뵈는거이 통군뎡이 올스무다.(평안남도 전역, 평북 남부지역)
갸들이 말 잘 안듣슴먼다.(평안남도 전역, 평북 남부지역)
오마니는 아파서 잘 먹지 못험먼다.(평안남도 전역, 평북 남부지역)

평안북도에서 개음절 아래에서는 '-와요'가 폐음절 아래에서는 '-소와요', '-사와요'가 실현된다. 함경방언에서는 '-요'가 생략된 '-사와', '-소와'가 실현된다. '-와요'는 'ᄒᆞᅀᆞᄫᅡ+-요'에서 '-사와요'는 '-ᄉᆞᄫᅡ+-요'에서 유래된 것이다.

한달에 눅십원 벌으와요.(평안)
그 사람과 하낭 떠낫사와요.(평안)

② -오이다, -소이다

'-오이다', '-소이다'에 대응되는 방언형들은 점점 소멸 단계에 있다. '-오이다'는 '-외다', '-웨다', '-우다', '-소이다'는 '-쉐다', '-쉬다', '-수다'와 같은 변이형이 실현된다.

함경방언에서는 '-우다'가 많이 실현되고 일부 지역에서 '-외다'가 나타난다. 제주방언에서는 '-우다', '-수다'가, 평안방언에서는 개음절 아래에서는 '-왜다', '-웨다', 폐음절 아래에서는 '-쉐다', '-쉬다'가 실현된다. 그러나 경상방언이나 전라방언에서는 '-오이다', '-소이다'와 이들의 변이형들도 실현된다.

즈즘 들어온 분으느 어랑 계시우다.(함경도, 양강도)
내 나이 야든들이우다.(함경도, 양강도)
어굴이 불으멍 말멍 하우다.(제주방언)
이거 맛존 겡이우다.(제주방언)
니이에 잇을카부댄 간봤수다.(제주방언)
이 치매색이 붉으낭에 좋수다.(제주방언)
내일 더날가 하왜다.(평안)
참 살기 도은 세상이웨다.(평안)
엊저낙 차루 너쏜자와 하낭 떠낫쉐다.(평안)
이제가지 농샐 햇수다.(함경도, 평안도, 강원북부)

③ -나이다와 -습디다

경기방언에서 '-나이다'는 서사체에서 많이 사용되며, 구어체에서는 거의 사용되지 않는다. 그러나 함경방언과 평안방언 및 전라방언, 제주방언에서는 '-네다'가, 경상방언에서는 '-니이더'로 실현된다.

요새는 깨꾸지 같은 거 없습네다.(평안도 자강도 황해도 북부지방)
두간두간 밀문주를 먹는 것두 도습네다.(평안도 자강도 황해도 북부지방)
밥을 하영 먹음네다.(제주)

이 사람 광주사람임네다.(전라)
나아 고만 갈라니이더.(경상)

'-숩ᄂᆞ이다'에서 변화한 '-습니다'의 방언분화형인 '-ㅁ네다', '-ㅁ네'가 함경·평안·황해방언에서와 전라·제주방언에 실현되고 있다. 이들 지역에서는 '-다'가 생략된 '-ㅁ네'가 주로 사용되고 있다.

그 사람 도제 믿을 수 없는 턴살내비랍데다.(평안, 황해)
큰가마니가 기상구 해개구 갓뎁데다.(평안, 황해)
그거 심는단 내기없습데다.(전라)
가아두 발구 가주구 갑데.(전라)
그 사램이 장아 갑디더.(경상남도 경북 북서부지역)
그 사램이 장아 가디이더.(경상북도 경주·영천·영덕방언)

'-숩(겸양법선어말어미)-+-더(과거회상선어말어미)-+-이(공손법선어말어미)-+-다'에서 변화한 '-습디다'는 객체에 대한 행동이나 상태를 직접 보았거나 들었던 내용을 전달하는 기능을 한다. '-습디다'는 방언에 따라 '-ㅂ데다'(평안·황해 및 전라방언), '-ㅂ데', '-ㅂ디'(함경방언), '-ㅂ디더/-디이더'(경상방언)로 실현된다.

④ -요

'-요'에 대응되는 방언분화형으로 '-오'(함경방언), '-유'(평안방언과 함경일부 방언과 충청방언), '-와'(함경남도, 양강도)가 있다. 제주방언에서는 접속어미의 기능도 함께 갖는 '-예'가 실현된다. 경상방언에서 '-요'는 "상황적 기능"(최명옥, 1976:169)을 보이는 것으로 '-아/어', '-지', '-래'와 통합하여 '-아/어요', '-지요', '-래요'가 실현된다.

그 사람으느 학자오.(함경)
그거느 큰 배오.(함경)
내 나 야든다숫이유.(충청)
그렁거느 주간 앞을 루서 들어와유.(충청)
그 말이 올해요.(경상)
잘 노지요.(경상)
갈 참이래요.(경상)

경상방언에서는 '-소/요'가 '-더-'를 제외한 선어말어미와 통합이 자유롭다. 특히 경남방언이 경북방언보다 "머하요(경남), 머해애(경북)"에서처럼 '-소/요'가 활발하게 사용된다. 전라방언에서는 "잘 허요(전라), 잘 허겄소(전라)"에서처럼 '-았-', '-겄-' 뒤에는 '-소'로 '-시-', '-으' 뒤에서는 '-요'로 실현되며 회상선어말어미 '-드-'와 결합형은 "잘 헙디다(전라)"에서처럼 '-습디다'가 실현된다.

⑤ -네, -세

'-네', '-세'는 방언차이가 거의 없이 서술어어간과 '-더-'를 제외한 선어말어미와 통합된다.

있으께레.(=있을 걸)(경북 안동)
갔을께레.(=갔을 걸)(경북 안동)
자네 말이 맞았네.(전라)
서울은 징허게 춥데.(전라)
인자 슬슬 가 보제.(전라)

경북 안동방언에서 추측이나 가능의 의미기능을 보이는 '-(으)ㄹ겔레'라는 독특한 어말어미가 실현된다. 전라방언에서 '-네'는 선어말어미 '-더-'를 제외한 다른 선어말어미와는 통합이 자유로우며 회상선어말어미 '-드-'와의 통합형은 '-데'로 실현된다.

⑥ -ㄴ다, -라/래

'-다'는 상태동사나 계사에 '-ㄴ다'는 동작동사에 통합되며 '-더-'나 계사 또는 '-니-' 다음에 '-라-'로 실현되며 다음과 같이 방언차이를 보여준다.

경상방언에서 '-다'의 형태론적 이형태로 '-더-'나 내포문에서 계사 뒤에서는 '-라'로 실현된다. '-라'는 추측, 가능의 의미기능으로 실현되는데, 변이형인 '-(이)래'는 간접서술의 '-라고 하더라'의 융합형이다. '-는다'는 선어말어미 '-시-'나 '-을라-'에 통합되어 현재진행의 의미기능을 보인다. 경북 안동방언에서는 계사 다음에는 '-ㅅ다'가 실현된다.

저짝에 있다.(경상)
그 사람 심시다.(=그 사람 힘이 세다)(경상)
개똥이라 카는 사램이 찾아왔다.(경상)
그런 일은 흔치 않은 게라.(=그러한 일은 흔하지 않은 것이라)(경북 안동)

가아가 시묵이 아들이래.(경북 안동)
그거는 내 차짓다.(=그것은 나의 차지이다)(경북 안동)
아지매가 장아 갓다.{오능갑다, 오덩갑다, 온능갑다, 옷덩갑다, 올랑갑다}(경북)
아이고 내가 죽을때이.(=아이고 내가 죽겠다)(경북)
노래 참 잘 헌다.(전라)
조놈은 항상 웃은다.(전라)

경상방언에서 '-능/웅갑다'는 제3자의 동작이나 상황에 대한 화자의 추측을 나타내며 이는 '-는/은가 보다'의 축약형(김영태, 1985:41)으로 '-능갑다'는 선어말어미 '-시-', '-앗/엇-', '-것-'과 통합되고 '-웅갑다'는 선어말어미 '-더-', '-을라-'와 통합된다. 경상방언에서 추측, 의도의 의미기능으로 사용될 때 '-ㄹ다', '-ㄹ데이'가 실현된다.

전라방언에서는 동사어간이나 '-으시-', '-을라' 뒤에서는 '-은다', '-ㄴ다'로 변동하고, 형용사어간이나 '-았-', '-겠-' 뒤에서는 '-다'로 '-더-' 다음에는 '-라'로 실현된다.

⑦ -아, -지/지러, -거든/거등

'-아/어'는 접속어미가 문말 위치에 자리하면서 보고나 진술의 의미를 갖는 종결어미기능을 한다. '-아/어'는 '-더-'를 제외한 선어말어미와 통합이 자유롭다.

나아 바로 그기 갈수 있어.(경상)
그 사람 말이라먼 못믿어.(경상)
가서 보이께네 디기{좋아, *좋다, 좋더라}.(경상)

접속어미 '-지'도 문말 위치에서 단정이나 추측의 의미기능을 하는 종결어미로서 물음에 대한 답변에서만 사용된다. '-지'를 보다 강조할 경우 '-지러'가 실현되며, '-지'와 '-아'가 축약되어[9] 형성된 '-제'가 실현된다.

철이가 학교 갓지? 언지에 철이가 학교갓지.(경상)
그 처자지러(경상)
배가 부른 모양이제(경상)

(2) 의문법

① -습니까, -습디까

경상방언에서 '-습니꺼'는 용언의 어간, 계사나 선어말어미 '-시-', '-엇-', '-것(기)-'와 통합이 가능하다. '-습니까'에 대응되는 경북방언형은 '-니이껴'와 '-능교', '-여' 지역으로 방언분화를 보인다. '-니이껴'는 주로 경북 안동지역을 중심으로 한 북부경북방언권[10]에서, '-능교'는 경주를 중심으로 한 남부경북방언권, '-여'는 상주, 김천을 중심으로 한 서북경북방언권에서 실현된다.

'-니이껴' ,'-잔니껴' ,'-ㄹ라니껴', '-디껴'(안동 · 의성 · 예천 · 문경 · 봉화)
'-능교', '-덩교', '-ㄹ랑교'(경주 · 영천 · 영덕 · 영일 · 울진 · 대구 · 달성 · 칠곡)
'-여'(김천 · 구미 · 상주 · 문경)

9) 강신항(1978 : 15), 「안동방언의 서술법과 의문법」에서 '-게'를 최명옥(1976 : 155)의 견해와 같이 부동사형어미 '-지'와 의문표지 첨사 '-아'가 축약된 형태소로 파악하고 있다.
10) 경북 안동지역에서는 '-니껴'와 '-니꺼'형은 민 · 반촌 지역어를 구분하는 기준이 되기도 한다. '-니껴'형은 반촌에서, '-니꺼'형은 민촌에서 실현된다.

강원방언에서는 '-습니까', '-습닝까'가 사용된다. 특히 강릉 지역에는 '-습닝까'와 '-니껴'가 사용되는데 '-니껴'는 경상방언의 영향으로 보인다. 그리고 양양방언에서는 '-어유'와 '-라우'가 사용된다.

운 : 제 오셨습니까?(=언제 오셨습니까?)(강원)
머 : 르 드시겠습닝까?(=무엇을 드시겠습니까?)(강원)
운 : 제 오셨어유?(강원 양양)
이거 잡술라우?(강원 양양)

② -(어)요

경상방언에서 계사 다음에만 실현되며 또한 존대선어말어미 '-시-'와 통합형으로만 실현된다. 전라방언에서는 서술법의 '-소/요'가 억양만 달리하여 의문법에도 실현된다. 회상선어말어미 '-드-'와 통합형은 '-읍디여', '-읍딩겨'로 실현된다.

머 보시요?(경상)
누 : 시요?(경상)
나락이 다 폣읍디여?(전라)
보리밥이 밥일랍딩겨?(전라)

전라방언에서 '-라우/우'와 '-요', '-이다/다' 의문어미는 방언차이를 보여준다(김웅배, 1991:31).

-이다/다 : 광양 · 여수 · 여천 · 구례 일부

-요 : 순천·승주 동북부
-라우/우 : 그 밖의 전남지역과 전북 및 충청일부지역

'-라우'가 실현되지 않는 지역에서는 '-요'가 기층적으로 분포되어 있다.

해필 지비가 이걸 헷능가라우?(전라)
해필 지비가 이걸 헷가이다?(전라)
해필 지비가 이걸 헷능가요?(전라)
내가 헷어야?(전라)
자네가 헷어랑가?(전라)
성님이 헷어라우?(전라)

'-라우'는 '-야', '-랑가'와 달리 대우 등급상 높임 등급을 나타낸다. '-라우/다우'는 '-이랑가/이당가'가 변이형으로 실현되며 '-라우'는 '-이라(서술격어미) + -오(의문법어미)'의 결합으로 형성되었다(김웅배, 1991:84).

③ -우/소

강원방언에서 '-우'와 '-소'는 음운론적 변이형으로 선행음절이 개모음인 경우 '-우'가 폐음절인 경우 '-소'가 실현된다. "어들 보시우?(강원)", "올해가 그렇게 춥소?(강원)"의 의문형어미 '-우'와 '-소'는 억양이 상향조가 아닌 평판조인 경우, 설명의문이 아닌 동의를 구하는 자문형식의 의문형이 된다.

전라방언에서는 '-우'와 더불어 "누구라우?(전라)"에서처럼 '-라우'가 실현되는데 이는 경기방언의 '-요'와 비슷하게 사용된다.

'-우'는 "고 사람이 헌다우?(전라)", "고 사람이 헷다우?(전라)", "고 사람이 허겄다우?(전라)"에서처럼 어말어미 '-다' 뒤에서만 통합되며 서술법과 의문법에만 가능한 분포를 보여준다. 전라방언에서는 '-라우'가 "상황의존적 표현"(이기갑, 1982:157)에만 쓰일 수 있을 만큼 높임의 등급이 확연하지 않다.

④ -니, -냐

강원방언에서는 '-니, 냐'에 대응하여 '-는가/ㄴ가'가 음운론적 변이형으로 실현된다. 시상선어말어미 '-았/었-'과 통합되는 경우 '-ㄴ가'로 축약되기도 한다. 특히 강릉과 삼척지역에서는 선어말어미 '-더-'와 통합되는 경우 '-덩가', '-당가'가, '-으-'와 통합되는 경우 '-랑가'로 실현된다. 양양방언에서는 '-너'가 실현된다.

전라방언에서는 선행음절의 환경과 관계없이 '-냐'로 실현되며 '-더-', '-을라-'를 제외한 선어말어미와 통합이 가능하다. 전라방언에서 '-더-+-냐' 구성은 실현되지 않고 '-디'로 실현되며, 3인칭 주어와 공기하며 과거시상과 통합한 '-데'가 실현된다.

여보게 하머 나왔능가?(강원)

어멍이 누우 어데 간가?(=어머니 누나 어디 갔는가?)(강원)

마이 춥당가?(강원)

빨리 갈랑가?(강원)

마이 잡었너?(강원)

밥 묵었냐?(전라)

니가 다 허겄냐?(전라)

산 입에 거무줄 칠라디?(전라)
고 사람이 갔데?(전라)

⑤ -가/-고, -나/-노

경상방언에서 '-가 / 고'는 계사나 체언이나 '아니-', '기-' 뒤에 실현되며, '-가'는 판정의문이나 선정의문에 쓰이고 '-고'는 설명의문에 쓰인다(서정목, 1987:27). '-나', '-노'는 용언어간과 시상선어말어미와 통합되는데, '-나'는 판정의문, '-노'는 설명의문으로 쓰인다. '-나'와 '-노'의 형태론적 과정을 서정목(1987:47)은 '-느-+-니-+-가/고'와 '-니+-가/고'의 형태소 복합체로 파악하고 있다. 한편 '-은가'와 '-은고'는 자문이나 간접인용의문이나 동사구 보문에서 실현되며, '-은가'는 판정의문에, '-는가'는 설명의문에 쓰이는 것이 대체적인 경향이다.

전라방언에서는 선행음절의 환경에 따라 '-은가'와 '-ㄴ가'로 변동하며 '-았-', '-겄-' 및 존재사 '있-' 다음에는 '-는가'로 실현된다. 그리고 '-ㄴ가'가 경상방언과 달리 설명, 판정의문에 공히 실현된다.

야가 자네 아들이가?(경상)
이기 머꼬?(경상)
내일 집이 있나?(경상)
누가 안보이노?(경상)
어디 가싱가?(전라)
아적밥 묵을랑가?(전라)

경상방언에서 '-라/로'도 '-나/노'와 마찬가지로 의문사 유무에 따라 "이기 사가나무라?(경상)", "저거 무신 차로?(경상)"에서처럼 대립을 보이며 계사 다음에 실현된다.

⑥ -게

강원방언에서는 "그램 산 사람이 하나두 읏개?(=그러면 살은 사람이 한 사람도 없게?)"에서처럼 '-개'가 실현된다.

⑦ -니

강원방언에서는 '-나'가 실현되며 첨사 '-야'와 통합되면 '-너야'로 실현된다. '-나'의 주체는 청자나 제3자가 되며 화자 자신이 주체가 되는 경우 화자가 개입되는 어떤 일의 사실 여부를 묻는 말이 된다. 그리고 '-다나'와 같이 서술법어미와 통합되면 주체는 반드시 제3자가 되며, 그의 행동이나 행동의향 여부를 묻는 어미가 된다. 서술법 '-드라'와 통합된 '-드라나', '-더래'는 행동 주체가 역시 제3자가 된다. '-나'는 회상선어말어미와 통합되어 '-드나'로 의향선어말어미와 통합되어 '-ㄹ라나'가 실현된다. 단, 추량의 선어말어미와 통합되면 '-ㄹ까'로 실현된다.

강릉, 양양지역에서는 선행음절말음이 'ㅆ'인 경우 '-나'가 '-ㄴ'로 축약되어 실현된다. 회상선어말어미와 통합된 경우 '-드나'가 '-든', '-던', '-디'로 실현된다. '-디'는 주로 양양방언에서 주로 실현된다.

니 : 거 오잖나?
어디더거 돈노야(어디다 두었지?)

성도 간다나?(=형도 간다니?)
옥식기 싱구드라나?(=옥수수 심고 있더래?)
아재가 벌써 왔드나?
니가 먼저 갈라나?
어데 인?(=어디 있니?)
밭 다 맨?(=밭 다 맸니?)
논빼미 마다 모르 심었든?(=논 마다 모를 심었던?)

⑧ -어, -지

'-지'(강원방언), '-재'(강릉방언)는 반어의문에서 재확인의 의문법어미이다. 경상방언에서도 '-아/어', '-지', '-제' 등은 하칭과 등칭의 의문법에 두루 실현된다.

강릉엔 감이 많재?(강원)
그 길은 머잖아?(경상)
니캉(너와) 사촌간이제?(경상)

⑨ -(으)ㄹ가/고, -(으)ㄹ래

강원방언에서 추측이나 허락의 의문법어미 '-(으)까'가 실현된다. '-(으)까'가 화자의 의지를 청자에게 묻는 것이라면 '-ㄹ래'는 청자의 의지를 청자에게 묻는 의문법이다. 청자의 의향을 묻는 '-ㄹ래'는 주어가 2인칭인 경우에만 실현되며 과거 시상선어말어미와 통합되지 않을 뿐만 아니라 시간부사와 호응되지 않는다. 강릉방언에서는 '-ㄹ란'이 실현되며, 전라방언에서 '-을레'는 2인

칭 주어와 공기가 가능하다.[11)]

경상방언에서 '-을까', '-을꼬'로 실현되는데 선어말어미 '-더-', '-느-'와는 통합이 불가능하며 'ㄹ'이 탈락한 '-X까', '-X고'로 실현되기도 한다. '-을까'와 '-을꼬'의 대립은 '-가', '-고' 대립과 마찬가지로 실현된다.

야 : 르 내거 업으까?(강원)
니거 집에 갈래?(강원)
니가 갈레?(전라)
그 산이 노푼가? 어느 산이 노푼고?(경상)

경상방언에서 이들 어미는 주어와의 호응관계에 따라 의미기능이 다르다. 2, 3인칭 주어인 경우 "불확실한 사건이나 사태에 대한 추측 의문", "주어의 의도에 대한 의심"을 1인칭 주어인 경우 "불확실한 가능성에 대한 의구"의 의미기능을 보인다(서정목, 1987 : 88).

(3) 명령법

① -ㅂ시오, -세요, -시요

경상방언에서는 '-ㅂ시오', '-시오', '-시이소', '-시소', '-이소', 전라방언에서는 '-시소', '-시시오', '-싯시오', 강릉지방이나 삼척지역에서는 '-시지오니꺄', 제주방언에서는 '-ㅂ써', '-ㅂ셔게' 등이 존대명령어미로 실현된다.

---

11) 이기갑(1982), 「전남 북부방언의 상대높임법」, 『언어학』 5, P. 148에서 '-을레'는 '-을라(선어말어미)+-이(-냐의 변이형)'의 구성으로 파악하고 있다.

여게가 어딘지 물어 보이소, 보시이소(=여기가 어딘지 물어보십시요)(경상)
이 책을 받으시소(=이 책을 받으십시요)(전라)
내 부탁을 잊지 말으싯시오(=내 부탁을 잊지 말으십시요)(전라)
방으로 드시지오니꺄(=방으로 들어오십시오)(강원)
겡이 하영 잡건 알립써.(=게 많이 잡거든 알립시오)(제주)
강 바그네 잇걸랑 상 옵써.(=가서 보고서 있거든 사옵시오)(제주)

함경방언에서는 '-ㅂ시오', '-ㅂ쇼', '-ㅂ소', 'ㅂ-소세'나 '-과니', '-스꽈니'와 같이 독특한 존대 명령형어미가 실현된다.

닭으 한 마리 잡아 옵소(함경)
아바이 도길 좀 빌레 줍쇼(함경)
온 나죄 옵소세(함경)
올라 와 안씁꽈니(=올라 와 앉읍시오)(함경)
토지를 봅스꽈니(=토지를 보시오)(함경)

② -오, -요, -소, -구려, -아/어여

'-오', '-요'는 중부방언에서 두루 사용되지만 그 외의 지역에서는 '-소'형이 매우 생산적으로 실현된다. 경기방언에 인접한 강원방언에서는 '-아요/어요'와 '-우', '-유'가 실현되는데, 친근한 관계인 경우 첨사 '-야'가 통합된 '-(우)야'가 실현된다. 그리고 '-어웨이'는 강릉방언과 삼척방언을 구분해 주는 명령형어미로 삼척방언에서만 실현되는데, 연장자나 친근하지 않은 동년배나 부녀자들 사이에 많이 사용된다.

'-(으)소'는 '-(으)이소'와 달리 '하오', '하게'체에 실현되는 명령어미로 방언분포가 매우 넓게 실현되고 있다. 전라방언에서

'-소'는 '-게'와 달리 선어말어미와 통합이 불가능하나 '-게'는 '-시-'와의 통합이 가능하다.

지하구 같이 가요(강원)
잘 가시우.(야)(강원)
여게 앉으시우.(야)(강원)
잘 가시유.(강원)
잘 가웨이.(=잘 가십시요)(강원)

③ -게, -세

'하게'체 명령어미 '-게'와 청유형어미 '-세'는 대부분의 방언에서 실현되며 그 쓰임새도 방언차이가 거의 없다. 전라방언에서는 직접명령 내지는 권유일 경우 '-게'가, 간접권유일 경우 "그만 가 보드라고"에서처럼 '-드라고'가 실현된다.

④ -(아)라

강원방언에서는 '-(아/어)라'와 '-아/어', '-오' 등이 실현된다. 경상방언에서는 '-(아/어)라', '-오'가 실현된다. 특히 '오-' 동사의 명령형은 방언차이를 보이는데 '와라'(강원), '온나'(경남북), '오이라'(경남) 등의 분화를 보이고 있다.

(4) 공동법

① -ㅂ시다

중앙어의 공동법어미 '-ㅂ시다'에 대응되는 각 방언형은 '-입시더', '-ㅂ시더', '-시더'(경상방언), '-ㅂ세다'(함경 일부 방언),

'-ㅂ세다'(평안방언) '-ㅂ주', '-십주, -수다'(제주도방언)로 실현된다.

지캉 같이 가입시더.(=저와 함께 가십시다.)(경상)
빨리 가시더.(=빨리 갑십시다.)(경상)
무슨 체소던지 심어 봅세다.(=무슨 체소든지 심어 봅시다.)(평안 함경)
오랑 구경붓당 갑주.(=오하서 구경하다가 갑시다.)(제주)

② -(으)세, -(으)ㅁ세

'-(으)세', '-(으)ㅂ세'는 각 방언에 공통적으로 실현되며 평안방언에서는 '-ㅂ세', '-ㅂ세 게레'가 실현된다.

빨리 가세.(경기)
벌에 나가 봅세게레(=빨리 나가 봅시다그려)(평안)
어멍 신듸 가주(=어머니 있는데 가세)(제주)
이 괘기 먹저(=이 고기 먹세)(제주)

제주방언에서는 '-주', '-저'가 실현된다. '-주'와 '-저'는 '하오, 하게, 반말'체에 두루 통용되지만, '-주'는 '-ㅂ'이나 '-시-'의 통합이 가능하나 '-저'는 통합이 불가능하다.

③ -자

'-자'는 거의 대부분의 방언에서 동일하게 실현되며 '-쟈>-자'의 변화의 결과이며 그 기능면에서도 차이를 보여주지 않는다. 다만 제주방언에서는 "느도 이디서 자당 가게(=너도 자다가 가게.)"에서처럼 '-게'가 실현되며 경상방언에서는 "같이 가재이(=같이 가자.)"에서처럼 '-재이'가 실현되는데 '-자'에 문종결어미 '-이'가 결합한 형태이다.

(5) 감탄법

① -구나, -고나, -아라

감탄법어미의 방언차이는 크지 않고 대개 형태나 기능면에서도 일치를 보이고 있다.

2) 접속어미

개별 방언에서 실현되는 접속어미의 형태적 차이와 그 기능적 차이 및 접속조사에 의해 실현되는 특수한 접속문을 구성하는 형태에 대해서도 아울러 살펴보고자 한다.

접속어미의 형태적 차이는 제주방언에서 가장 뚜렷한 차이를 발견할 수 있는 반면, 여타 방언에서는 형태적 차이는 크지 않지만 이들에 대한 정밀한 기능적 차이에 대한 연구는 아직 미진한 편이라고 할 수 있다. 그러나 각 지역별 접속어미에 대한 윤곽이라도 알아두어야 할 것이다.

(1) 나열, 대등관계

<-고> 나열이나 대등적인 접속 기능을 보이는 '-고'에 대응되는 방언형으로는 '-구'와 '-곡'이 있다. 남부방언에서는 대부분 '-고'로 실현되지만, 함경·황해·평안방언에서는 '-구'가 실현되며, 제주방언에서는 '-곡'이 실현된다. 최근 경기방언에서 '-구'가 확산되고 있다. 경상방언에서는 '-고' 다음에 '-ㄹ라

/-ㄹ랑', '-서'가, 강원방언에서는 '-서러', '-설라무네', '-설랑'과 결합형들이 실현된다.

그 옷을 입골라 가뿌렛다.(=그 옷을 입고서 가버렸다)(경상)
돈주멍에 너어 놓구설랑 아니 줄 쑤 있나.(강원)
밥으 먹구 일으 시작하우다.(함경)
먹을 것두 많구.(평안)
느도 가곡 나도 가곡 좋키여.(제주)
농름 불곡 비가 온다.(=바람 불고 비가 온다)(제주)

'-구'의 지역적 분포는 함경남도 금야만에서 황해남도 해주만을 연결하는 북부방언에서 실현된다. 김병제(1988:119-120)는 '-구'의 분포지역에서 황해북도 토산·금천, 평산군과 황해남도 배천·연안·청단 및 해주시는 경기방언의 영향으로 '-고'가 실현된다고 보고하고 있다. 경상방언에서 '-골라/-골랑', '-고서'와 같은 결합형은 선후행문의 "계기적 행위표시"(최명옥, 1980:102)의 기능을 갖는다. 제주방언에서는 '-곡'과 '-고'은 의미적으로 달리 사용되는 것으로 인식하고 있다. '-곡'은 '-고서'의 의미처럼 강조할 때 사용된다. 대부분 방언에서 '-고'는 시상어미 '-었-', '-겠-'이나 존대어미 '-(으)시-'와 통합이 가능하며 선후행문 간에 '동시성'(권재일, 1991:256)의 의미기능을 보인다.

<-고서>에 대응되는 방언형은 '-구서', '-그네' 등이 있다.

그 사람 보구서 말햇슴매.(함경)
그렁 거 알구서 하디요.(평안)

밥 먹어그네 그릅씨.(=밥 먹고서 갑시다)(제주)
강 바그내 그 사름 잇걸랑 놀당 옵서.(=가 보고서 그 사람 있거든 놀다가 오시오)
(제주)

함경·평안·황해방언에서는 '-구서', 제주방언에서는 '-고서', '-그네'와 '-아서'가 실현된다. 제주방언에서는 '-그네'가 축약된 '-근'도 사용되고 있다. '-고서'에 대응되는 어미들은 대부분 '계기', '이유'의 의미기능을 보인다.

'-(으)며'에 대응되는 방언형은 '-메'와 '-(으)미', '-(으)머'가 실현된다.

울메불메 하능 거우다.(함경)
욕하메 때리구 햇수다.(함경)
놀미 와 않왔노?(경상)
사 : 방 댕기머 얼매나 자랑을 하는동.(=사방을 다니며 얼마나 자랑을 하는지)(경상)
니가 쪼깐 왔으먼 쓰겄다.(=네가 조금 오면 (내가)좋겠다)(전라)

전라방언에서는 '-으먼'이, 함경방언에서는 '-메'가 실현되며, 경상방언에서는 '-(으)미', '-(으)머'가 실현된다. 이들은 선후행문이 대등하거나 또는 종속적인 문장을 접속하면서 동질적 행위의 의미기능을 보인다.

<-(으)면서>에 대응되는 방언형은 '-멘시', '-민서', '-먼서', '-멍'이 실현된다. 함경·평안방언에서는 '-멘서'가, 경상방언에서는 '-먼서'와 '-민서', '-밍서'가, 강원방언에서는 '-민', '-민서'가, 제주방언에서는 '-멍'이 실현된다. 전라방언에서는

'-음시로(롱)', '-음서(성)'으로 실현된다.

그 사람으느 모르멘서 아는 거합데?(함경)
일 하멘서 노래 부르구래.(평안)
노래 하먼서 춤추더라.(경상)
못 하민서 와 달라드노?(=못 하면서 왜 달려더느냐?)(경상)
야 거 뛰민서 좋아한다(강원)
아이가 놀멍 갑데까?(제주)
비가 옴시로 눈도 온다(전라)

'-(으)면서'에 대응되는 접속어미들은 두 가지 사실이나 행동의 동시성을 나타내는 기능을 보이고 있다. 아울러 서술법이나 의문법과 호응되며 명령법이나 청유법과는 호응되지 못한다.

<-은/는데>에 대응되는 방언형은 큰 차이를 보이지 않는다. '-은데'는 형용사나 계사와, '-는데'는 동사나 '있-'와 통합되며, 과거시상어미 '-았-'과의 통합이 가능하다. 전라방언에서는 '-은디/는디'로 실현된다. 전라방언에서 '-는디'는 존재사 다음에 시상선어말어미 '-았-', '-것-'과 통합될 경우에만 실현된다.

다 똑 같은데 아무거나 가아 가래이.(=다 똑 같은데 아무 것이나 가져가라)(경상)
나는 다 밧는데 무진 소리로 하노.(=다 보았는데 무슨 소리를 하느냐)(경상)
제애는 똑똑하게 베키는데 먼대끼?(강원)
산만 바라코 있는디 달구똥만한 눈물이 쏟아지더라.(전라)

'-은/-는데'의 기능은 선후행문의 '동시성'의 의미기능을 보여주며, 특수조사 '-도'가 통합되면 '양보'의 의미기능을 보인다.

(2) 대조관계

<-아/어도>에 대응되는 방언형은 형태, 통사적인 측면에서 방언적 차이가 거의 없다. 전라방언에서는 '-내이다/나이다'가 실현되지만 '-어도'와 차이는 선어말어미 '-겄-'과의 통합유무에 의한 차이가 있다. 전라방언에서 '-아/어도'는 '양보'의 의미기능과 '상황' 연결이라는 두 가지 기능을 보인다.

큰소리 치내이나 벨볼일 일을라든?(=큰 소리 쳐 보아도 별 볼일있겠느냐?)(전라)
오고 재퍼도 꾹 참아사 쓴다.(=오고 싶어도 꾹 참아야 한다)(전라)
비가 와도 그라고 매게 오든?(전라)

'-아/어도'가 '상황'의 의미기능을 보일 때는 선후행문의 주어가 일치해야 한다는 제약이 있다.

<-지만>에 대응되는 경상방언형으로는 '-지마느', '-디만', '-지만도'가 있고, 전라방언형으로는 '-제만'이 사용되며, '으나, -나마, -거니와, -건마는'은 거의 사용되지 않고 주로 '-제만'으로 표현된다. 평안방언에서는 '-디마느'가, 함경방언에서는 '-디만'이 실현된다. '-지만'에 대응되는 방언형은 선어말어미와의 통합이나 상위문의 서법과의 제약도 없다.

핵교에 옣지마느 돈으 댈 쉬 없었다이.(함경)
가기는 가디마는 잘 모르갓소.(평안)
가가 노지마는 늘 일등한데이.(=그 애가 놀지만 늘 일등한다)(경상)
좋기는 좋제만(=좋기는 좋지만)(전라)
너는 오거니와(=너는 오지만)(전라)

(3) 선택관계

<-으나 -으나>, <-거나 -거나>, <-든지 -든지>는 의미 기능의 차이는 구별하기 매우 힘들다. 전라방언에서는 '-으나 -으나'에 '-따나'가 붙어 "상관없이 다르다"(김웅배, 1991:124)의 의미를 갖는다.

이삐나 미나 내 형제라우.(=이쁘나 미우나 내형제이다)(전라)
이뻐나 미나따나 내 형제라우.(전라)
미브나 고브나 내 형제다.(=미우나 고우나 내 형제다)(경상)

<-으락 -으락>에 대응되는 방언형으로 전라・경상방언에서는 '-았다 -았다'가 실현된다. 또 '-다리 -다리'도 실현된다.

미친놈매로 웃었다 울었다 함시로 가더라.(=미친 놈처럼)(전라)
외 얼굴이 불것다 푸렀다 하민서 화를 낸다.
(=왜 얼굴이 불그락 푸르락하면서 화를 내느냐)(전라)
왔따 갔다 하노?(=오락가락 하느냐?)(경상)
왔다리 갔다리 하노?(오락가락 하느냐?)(경상)

(4) 인과관계

<-(으)니>, <-(으)니까>에 대응되는 방언형은 다양하다. 평안방언에서는 '-니까니', '-니꺼니', '-니끼니'가 실현되며, 함경방언에서는 '-니까데', '-니까나', '-니까니'가, 경상방언에서는 '-응까네', '-응이', '-이까네', '-이끼네'가, 전라방언에서는 '-응께', '-으니께'가, 경기방언에서는 '-니깐두루'가 실현된다.

그리고 제주방언에서는 '-나네', '-난'이 실현된다.

알아 보니꺼니 그런 일 없두구먼.(평안)
시간이 없으니끼니 걸시(빨리)가자.(평안)
공팽하게 내 주니까나 불펭이 없으꾸마.(함경)
집이 갈라고 하이께 보내자라.(경상)
성님더러 물으니께 그런 일 없다구 구마.(전라)
비땅으로 막 쑤세댕께 맨뜸물만 나오드란다.(=부지깽이로 마구 쑤셔대니까 맨뜬 물만 나오더란다)(전라)
그 사람 애기를 들으니깐두루 그럴 성 하구먼.(경기)
오단 보나네 어서라.(=오다가 보니까 없더라)(제주)
벵이 나시간 갓네.(=병이 낫으니까 갔구나)(제주)

경기방언에서 실현되는 '-니깐두루'는 존대의 자리에서는 나타나지 않는다. 전라방언에서 '-응께'는 이유, 원인의 의미기능을 담당하고 있다. 제주방언에서는 '-나네'와 '-나네'의 어말모음 '에'가 줄어든 '-난'이 실현되고 있다. 김병제(1988:124)에 따르면 '-니까데', '-니까디'는 양강도를 제외한 함경방언에서 사용되며, '-니까나'는 함경북도 육진방언 전역에서 사용되고 있다. '-니끼니'는 평안남도 지역에서, '-이까네', '-응까네'는 경상방언에서 사용되고 있다. 대체로 이들 어미는 이유와 원인의 의미기능을 담당하고 있다. 전라방언에서 '-응께' 다음에 '-로'가 붙어 이유나 원인 상황을 강조한다. 그리고 '-응께' 앞에 '-았-', '-겠-'과 같은 선어말어미가 결합되면 상황의 의미보다 이유, 원인의 의미 기능을 하며 후행문의 제약을 받지 않는다. 단 '상황'의 의미기능을 보이는 경우 서술법이나 의문법에만 허용된다(김웅배, 1991:130).

<-어서>에 대응되는 방언형은 경상방언에서는 '-가주고', '-가지고', '-가이고', '-갖고', '-가아'가, 전라방언에서는 '-아/어서'가 실현되며, 제주방언에서는 '-ㅇ'으로 대응된다. 강원방언에서도 '-아/어'에 '가지구'를 덧붙여 사용하며 특히 강원 양양 지역에서는 '-ㄹ라네', '-ㄹ랑' 등이 덧붙는다.

너무 많이 놀아가지고 제미 없다.(경상)
퍼덕 들어갖고 가거라.(=빨리 들어서 가라)(경상)
눈이 안 와서 저실 감 탄다.(=눈이 안 와서 겨울 가뭄을 탄다)(전라)
맘이 이뿡께 게론할라요?(=마음이 이쁘니 결혼할겠습니까?)(전라)
강 보난 어서라.(=가서 보니 없더라)(제주)
대악(대학)가설랑 학교 댕기는데(강원)

경상방언에서는 '-아'와 '-도', '-야', '-서', '-가주고/가지고'와의 결합형이 실현되며 '-아'에 '-도'가 연결되면 '양보'(최명옥, 1980:104)의 기능을, '-야'가 연결되면 '당위'나 '양보'의 의미기능을 보인다. 그리고 당위의 의미기능을 갖는 '-아야' 다음에는 한정의 의미기능을 갖는 '-만'이 결합 가능하다. '-아가주고'의 '-가주고'는 '가지(持)-'에서 허사화한 것이다. '-아가주고'는 '계기'나 '수단' 또는 '이유'의 의미기능을 한다. 전라방언에서 '-아서'는 이유, 원인의 의미기능을 보이는 경우 '-았-'과 통합이 제약되고, 수단·계기적 상황의 의미기능을 보이는 경우 '-겠-'과의 통합이 제약된다(김웅배, 1991:132).

가가 와가지고 들고 갔다.(=그 애가 와서 들고 갔다)(경상)<계기>
스겟도를 만들어가주고 밖에 나갔어(=설매를 만들어서 밖에 나갔다)(경상)<수단>
선생님이 불러가지고 갓어요(=선생님이 불러서 갔어요)(경상)<이유>

제주에서 실현되는 '-아'는 '-다가', '-면서'와도 대응된다.

<-느라고>에 대응되는 방언형으로 경상·전라방언에서는 '-니라고'가 있다.

노니라고 정신없어 공부는 언지하노?(=노느라고 정신이 없어 공부는 언제 하느냐)(경상)
논다꼬 정신없서 공부는 언지하노?(경상)
너 지달코 있니라고 왼종일 아무 껏도 못헷다.(전라)

남부방언에서 공통으로 실현되는 이유나 원인의 의미기능을 보이는 '-니라고'는 후행문 종결법의 제약을 받는다. 곧 후행문이 명령법이나 청유법의 제약을 받게 되는데 이는 선행절이 후행절보다 선행되거나 동시에 일어남을 보인다. '-니라고'는 상태성 서술어와 통합되지 못한다. 그리고 '-니라고'는 명령법이나 청유법으로 실현되지 못한다. 경상방언에서 '-니라고'와 함께 '-ㄴ다고'도 실현된다. 따라서 '-니라고'는 '-느+이+라+고'로 형태소 재분석의 가능성이 있음을 알 수 있다.

<-자>에 대응되는 방언형도 지역적인 차이를 크게 보여주지 않는다. '-자'는 선후행문의 동작이나 상태가 '계기'적인 의미기능을 보이며, 계사 뒤에 통합되면 '동일함'의 의미기능을 보인다.

니가 오자 가가 갔뿌렛다.(=너가 오자 그 아이가 가버렸다)(경상)
그 사람은 선비자 도학자이다.(=그 사람은 선비이자 도학자이다)(경상)

<-기에>에 대응되는 방언형으로는 경상·전라방언에서는 '-기에', '-길레'가 실현된다. 한편 '때문에, 때문'에 대신 전라방언에서는 '땜세, 찌울레, 남세'가, 경상방언에서는 '따문에', '따므래' 등이 실현된다. 함경도 육진지역에는 '-기', '-기다', '-기르'와 '-그래'가 실현된다(한진건, 2000:173).

가가 놀기레 나도 놀았뿟다.(=그애가 놀기에 나도 놀았다)(경상)
보지런하기 찌울레(땜세)(=부지른하기 때문에)(전라)
된 능새 잇그래… (=농사가 잘 된 것이 있기에…)(종성)

'-기에', '-걸레'는 '-더-'를 제외한 선어말어미와 통합이 가능하며 선행문과 인과관계, 곧 이유나 원인을 나타낸다.

(5) 조건, 가정관계

<-(으)면>에 대응되는 방언형으로는 '-문', '-무', '-므', '-만/먼', '-민'이 실현된다. 함경·평안방언에서는 '-면', '-문' 또는 '-무', '-므'가, 경상방언에서는 '-만/먼', 경남방언에서는 '-모'가, 전라방언에서는 '-먼'이, 강원방언에서는 '-문/-으문'이, 제주방언에서는 '-민'이 실현된다.

집이 잇으믄 슴슴해서 잇을 수 없음메.(함경)
지금 가문 안된다.(평안)

이 원장이 갓다 오문 좋갓소.(평안)
느가 오민 가키여.(=네가 오면 가겠다)(제주)
슥달 후이믄 먹지요.(강원)
니가 인자 가먼 은제 또 올라노?(경상)
그를 만나먼 놀로라 헤라.(전라)

<-거든>에 대응되는 방언형은 제주방언에서는 '-거들랑', '-걸랑', '-건'이 실현되며, 경기방언이나 전라방언에서는 '-그등', '-걸랑', '-고설랑'이 실현된다. 경상방언에서는 '-거든', '-걸라', '-거들랑'이 실현된다.

집이 가거등 안부나 전해라.(=집에 가거든 안부나 전해라)(경상)
너도 잘살라그등 보지라니 일해라.(전라)
집이 가거들랑 아지옵써.(제주)
마농 잇건 상 오라.(=마늘 있거든 사 오너라)(제주)

경상방언에서는 '-거든', '-거등', '-걸라', '-거들랑'은 '-(으)머', '-(으)모'와 동일한 의미기능으로 보이며, '가상적 조건'의 의미기능을 보인다. '-앗-'이나 의도표시의 '-을'과 분포 통합할 수 있다(최명옥, 1980:108). 그러나 '-(으)머'와 '-거든'은 후행문의 종결법의 제약을 받게 된다. 곧 '-(으)머'는 후행문의 종결법 제약이 없으나 '-거든'은 후행문이 명령법, 공동법일 때만 실현된다.

<-어야>에 대응되는 방언형은 경기·충청·평안방언에서는 '-아야'가, 경상·전라·제주·함경방언에서는 '-아 /어사'가

실현된다.

편지를 받아 보아야 알지요.(경기)
일을 끝내야 가갔소.(평안)
전에야 이렁거 없엇제.(경상)
그 사람이사 있으나 마나 하지라오.(전라)
하기사 가민 조키여.(=하기야 가면 좋겠다)(제주)

이들 어미는 필요, 당위의 의미기능을 나타낸다. 그리고 종결법의 제약을 받는데 후행문은 반드시 서술법과 의문법만 실현되고 명령법이나 청유법은 실현되지 못한다. 전라방언에서 '-아사'는 '-으먼'에 비해 당위성이 강한 표현이며, '-겠-'과 통합이 불가능하다(김웅배, 1991:145).

<-은들>은 경상방언에서는 '-아도', 전라방언에서는 '-다고'로 대응된다. '-다고'는 '-겠-'과의 통합제약이 있으며 후행문이 서술법이나 의문법과 주로 호응을 보인다.

니가 암만 캐바도 소용없다.(=너가 아무리 말한들 소용없다.)(경상)
거그 가본다고 아무 소양없다.(전라)
것이 껌따고 속까장 껌겄냐?(전라)

경상방언에서 '-아도'는 후행문의 의향법의 제약이 없으나, 서술법에서는 선행문에 대해 부정문과의 호응이 이루어진다.

(6) 목적관계

<-으러>, <-으려고>에 대응되는 방언형은 경상방언에서는 '-라', '-러', '-라꼬', '-락꼬'가 실현되며, 전라방언에서는 '-으로/으러'가, 함경방언에서는 '-라'와 '-레'가, 제주방언에서는 '-레'와 '-젠', '-젱'이 실현된다.

시방 논에 물고를 보라 가니더.(경상)
밥 무러 집이 갓다 오깅이.(경상)
니이 언지 갈라꼬 카노?(경상)
모찌로 갑세다.(전라)
낭그 할라 산에 갓다 옴메.(함경)
밥 먹으레 갓이오.(=밥 먹으러 갔습니다)(제주)
나는 집이 가젱 ᄒᆞᆫ다.(=나는 집에 가려 한다)(제주)
나영 같이 가젠 ᄒᆞᆫ다.(=나와 같이 가자고 한다)(제주)

(7) 결과관계

<-게(금)> 경상방언에서는 '-그로'가, 전라방언에서는 '-게', '-두룩/드락'이, 강원방언에서는 '-게르'가 실현된다. 특히 강원 강릉방언에서 '-게'에 '-더'를 덧붙여 "주문의 결과에 대한 이유를 앞 문장에서 추측"(이익섭, 1981:122)의 의미를 갖는다.

<-도록>에 대응되는 방언형은 '-도로', '-디로', '-두록', '-두르', '-두루'로 실현된다.

가가 집이 가그로 해라.(=그 애를 집에 가게 해라)(경상)
날이 새두룩 우리찌리 놀라.(=날이 새도록 우리끼리 놀자)(전라)
간이 마치맞게르 왜 간장 조금 놓구.(강원)

안죽(아직)안 왔개더 아무 말이 없지.(강원)

'-도록' 대응되는 어미는 '한도'의 의미기능을 보이며 강세첨사 '-끔'가 통합된다.

그전사에사 죽두루 일으 해두 먹지 못해으꾸마.(함경)
밤이 짚두룩 와 안자노?(경상)
감 일ᄒᆞᆺ도로기 ᄀᆞᆯ랏네.(=가서 일하도록 말했네)(제주)

<-(으)려고>에 대응되는 방언형으로 경상·전라방언에서는 '-을라꼬'로 실현된다. "죽을라꼬 그카나?(경상)"에서처럼 경상방언에서 '-을라고'는 의도, 추정의 의미기능을 보이며 의도의 기능으로 사용될 때에는 주어가 [+유정] 체언이어야 하며 추정의 기능일 때에는 주어가 [-유정] 체언이다.

(8) 첨의관계

"눈물이 비오드기/데끼 쏟아지더라(=눈물이 비 오듯이 쏟아지더라)(전라)"에서처럼 <-듯(이)>가 전라방언에서는 '-드기/떼끼'에 대응된다. '-드기/데끼'는 동작동사인 경우 '-겠-'과 통합이 가능하지만 상태동사나 계사인 경우 통합이 불가능하다.

<-다가>에 대응되는 경상방언형은 경기방언형과 동일하며, 제주방언형은 '-당', '-단'이 실현된다. 강원·영동방언에서는 '-다가/더거'가 사용되는데 강릉에서는 '-더가'가, 양양에서는 '-다가'가, 삼척에서는 둘 다 사용된다.

선풍기가 도다가 안돈대이.(=선풍기가 돌다가 안돈다)(경상)

우리 집이 왓당 갑씨.(=우리 집에 왔다가 가시오)(제주)

겡이 잡단 왔수다.(=게를 잡다가 왔습니다)(제주)

딴 집에 가 있다가 시간이 대서?(강원)

'-다가'는 동사어간이나 '잇-'과 통합되며 "동작의 중단 또는 전환"의 의미기능을 보인다. 대부분 방언에서 과거시상어미 '-았-'과 통합이 가능하다. 제주방언에서 '-당'은 반드시 미확정 시상과 호응하며 '-단'은 완료 시상과 호응을 한다.

<-을수록>의 방언 대응형은 "말음 할수록(시록)꺼칠어진당께(=말은 할수록 꺼칠어진다)(전라)", "놀머 놀수룩 피곤만하다(경상)"에서처럼 '-을수록', '-을시록', '-을수룩'이 실현된다.

'-을수록'은 모든 용언과 '-시-'와 통합이 가능하며 선행문의 정도가 더해감에 따라 후행문도 더해감을 나타내는 의미기능을 한다.

3) 내포어미

하나 이상의 단문을 상위문의 구성요소가 되도록 내포시키는 어미가 내포어미다. 내포어미에는 명사구를 형성하고 있는 명사를 수식하는 관형사와 동등한 자격을 갖는 관형화 내포어미, 명사와 동등한 자격을 갖게 하는 명사화 내포어미, 동사구에서 부사와 동등한 자격을 갖도록 단순문을 상위문에 내포시키는 기능을 하는 부사화 내포어미가 있다.

(1) 관형화 내포어미

관형절 형성어미에는 '-는', '-은', '-을'이 있다. '-는'은 서술어 어간에 통합하여 현재지속의 의미기능을 보인다. 대부분의 방언에서는 과거시상 형태소 '-았/었-'과의 통합이 불가능하지만, 경상방언에서는 '-았는-'의 통합이 이루어져 과거시상의 기능을 가진 '-은'과 동일한 기능을 보임으로써 현재시상과 과거시상의 중화를 보여준다.

'-은'이 상태성 용언에 결합할 경우 현재시상의 기능을 보이고 동작성 용언에 결합하여 과거완료의 기능을 보임으로써 그 기능의 차이를 보여준다. 전남방언의 관형절에서 역시 '-는'이 실현되지 않고 "묵은 사람", "서울 간 놈"처럼 실현되어 '-느-'의 부재 때문에 과거형과 중화를 보이는 현상(이기갑, 1985:252)과 매우 대조적이다.

'-을'은 서술어 어간에 자유롭게 통합되어 현재 또는 부정시상을 나타내며 형태나 기능상의 방언차이를 거의 보이지 않는다. 곧 '-을'이 이끄는 관형절이 형식명사를 수식하는 경우, 내포문의 서술어가 동작동사인 경우 '미래'의 의미기능을 보이고, 상태동사인 경우 '추측'의 의미기능을 한다.

(2) 명사화 내포어미

명사절 형성어미는 '-ㅁ/음', '-기'가 있는데 '-기'가 보다 생산적인 기능을 보이며 방언차이도 보여주지 않는다. 대부분 방언에서 '-기'는 널리 사용되나 '-ㅁ/음'은 거의 실현되지 않는다.

(3) 부사화 내포어미

부사절 형성어미에는 '-아/어', '-게/기', '-그로/구로' 등이 있고, 서술어 어간에 통합되며 다른 선어말어미와 통합되지 않는다. 부사화 내포어미는 방언차이를 보이지 않으며 경상방언에서 '-게'에 대응되는 '-그로/구로'가 실현되는 점이 특이하다.

3.4 문법범주

1) 시상법

시상법은 주로 굴곡적 방법에 의해 실현되는데 '-었-', '-겠-', '-으리-', '-느-', '-더'와 같은 선어말어미나 '-은/는', '-을', '-던'과 같은 관형절 형성어미에 의해 드러난다. 시상법의 문법범주상의 방언차이는 그렇게 뚜렷하게 실현되지는 않고 형태적인 차이가 일부 발견된다.

현재 시상법은 중세어의 '-ᄂᆞ다'에서 발달된 '-ㄴ다/-는다'가 대부분의 방언에서 공통적으로 실현되고 있다. 그러나 제주방언에서는 '-ㅁ-'이 '-ㄴ다/는다'와 함께 현재진행의 시상어미로 실현되고 있다. 그리고 함경 일부 방언에서는 '있다, 없다'와 같은 용언은 '있은/있는'과 '없은/없는'처럼 공존하며 평안방언에서는 "지금 완 사람"과 같이 사용되기 때문에 '-ㄴ'이 완료를 나타내는 시상형태로 실현되기도 한다. 전남방언에서도 '웃은다, 지낸가?, 묵은가?'에서처럼 '-느-'가 존재하지 않음으로 인하여 관형절에서는 과거형과 중화가 이루어져 현재시상과 과거시상의 중화를 보이게 된다.

과거시상법은 선어말어미 '-았/었-, -였-'과 변이형인 '-앗/엇-, -엿-'으로 실현되며 형태나 기능에 있어서도 방언차이를 크게 보이지는 않는다.

평안방언과 경기 일부 방언에서는 '-드랫-, -댓-'이 실현된다. 제주방언에서는 과거 시상법을 나타내는 매우 특이한 형태가 있다. 곧 '-ㄴ'이 "새 옷 입어반디아?"에서처럼 과거시상 형태소로 잔존해 있다. 또한 '-시-'가 과거시상 형태로 잔존해 있다. 예를 들면 '먹어시니?'에서 '-시-'는 '이시-'의 축약형으로 어말어미로 융합된 예이다. 경기방언에서는 관형절에서 '-었+는' 구성이 의존명사 구문에서는 자연스러우나 자립명사 구문에서는 형태소 통합이 불가능하다. 그러나 경상방언에서는 '어지 밥 묵었는 사람'과 같이 '-었+는' 구성이 실현되는데 이는 중세국어의 잔영으로 보인다.

미래시상법은 대부분의 방언에서 '-겠-'과 이형태인 '-겟-', '-갓-', '-카-', '-쿠-'가 실현된다. 평안남도와 평안북도 일부 방언과 황해방언까지 퍼져 있는 미래 시상법 형태소 '-갓-'은 지역방언의 특징으로 지적되고 있다. 한편 제주방언에서는 '-카/커-, -코/쿠-'가 실현되고 있다. 또한 제주방언에서는 어말어미 '-ㄴ'이 미래시상법 형태소로 실현된다. 경상방언과 함경 일부 방언에서는 아직 '-읋-', '-(으)리'가 잔존해 있다. "모할따(=못하겠다), 죽을따(=죽겠다), 먼지 갈레(=먼저 가겠다)"와 같이 실현되고 있다. 특히 경상방언에서 미래 시상법 형태소 '-읋-', '-(으)리'는 존대법체계에서 합쇼, 하오체에서 보다 생산적인데 이는 개신형 '-겠-'과의 경쟁관계를 보이다가 '-읋-'의 문법형태소의 퇴조과정을 반영하고 있다.[12] 과거회상법은 '-더-'로 실현되는데 대부분의 방언에서 차이를 보여주지 않는다.

2) 존대법

어휘나 격어미에 의해 드러나는 존대법의 체계는 방언 간에 큰 차이를 보여주지 않으나 선어말어미에 의해 드러나는 존대법의 체계적 차이는 상당한 차이를 보여주고 있다.

주체존대를 실현시키는 '-시-'는 모든 방언에서 공통적으로 실현되며 그 기능에 있어서도 큰 차이를 보여주지 않는다. 주체존대를 나타내는 '-시-'는 행동이나 상태의 주체 또는 그 주체와 관련된 사물에 대해 존경을 나타내는 문법적 기능을 한다. '-시-'는 문장상에서 주어와 호응관계를 맺고 있으며 상위문의 서술어에서나 하위문의 서술어에 공히 다 실현될 수 있으며 시상형태소와 통합될 수 있다. 방언에 따라 하위문 서술어에서 '-시-'의 실현 분포가 차이를 보여주기도 하는데 이는 반드시 상위문과 하위문 간에 주체존대의 일치를 기피하는 단순화 현상이라고 할 수 있다.[13]

청자존대를 나타내는 '-습-' 계열의 '-오-', '-옵-', '-사오-', '-사옵-', '-자오-', '-자옵-', '-잡-'이 실현되는데 이는 방언 간에 높임의 등급과 관련되어 체계적인 차등을 보이며 방언적 차이를 나타낸다. 이들 형태소가 화자의 겸양을 나타냄으로써 존대를 하는 기능을 보이는 경우는 의고적인 표현인데 편지글에서

12) 이상규(1984), 「경북방언의 미확정법 서법(1)」, 『어문론총』 18. 경북대.
13) 이상규(1997), 「존대형태소 '-시-'의 두 가지 기능」, 『어문론총』 31. 경북대.

찾아볼 수 있다. 청자존대를 나타내는 '-습-'은 상위문의 서술어에서 시상형태소와 통합상 제약적인 분포를 보이고 있다. 통시적으로는 하위문 서술어에서도 실현될 수 있었던 흔적으로 '-오니', '-사오니', '-자오니'가 있다.

경상방언에서는 '-ㅂ니이더'와 '-니이더'가 존대의 등급차이를 보여주지 않으며, 중세어에서 실현되던 '-이-'는 상위문 서술어에서만 분포되어 있다.

3) 부정법

국어의 부정사는 '아니', '못', '말-'이 있으나 가능이나 능력에 대한 부정을 나타내는 '못'과 동작이나 행위의 중단을 나타내는 '말-'은 순수한 부정법의 범위에서 제외된다. '아니'는 명사문 부정이나 서술문 부정에 두루 사용되지만 지역에 따라 부정법의 실현 방법상 상당한 차이를 보여주고 있다.

남풍현(1976:77)은 14세기 이전에 명사문 부정의 '不喩(안디)'와 서술문 부정의 '不冬(안돌)'이 엄격하게 구분되어 사용되었음을 밝히며 이는 남부방언의 반영으로 판단하고 있다. 이에 비해 <鷄林類事>에서는 이러한 구분이 없었는데 이는 북부지역방언에서 '不冬'형이 존재하지 않은 방언형 확산의 결과로 간주하고 있다.

통사적인 부정법은 서술어 앞에 부정부사 '아니'를 통합시키거나 '-지+안-Vstm'의 구성 방법으로 실현된다. 중부방언에서는 서술어가 동작동사인 경우는 장단형 부정법이 모두 가능하며, 서술어가 '명사+하다'동사인 경우 '아니'가 '명사+아니+하다' 구성으로 실현된다. 서술어가 상태동사인 경우 장형 부정법만이 가능하며 서술법이나 의문법에서만 실현되고 명령이나 청유법에서는 제약이 따른다.

그런데 경상방언에서는 단형 부정법이 주로 실현되며 서술어의 자질에 의한 제약도 무관하다. 경상방언의 부정법은 고대국어에서부터 명사문 부정이나 서술문 부정이나 모두 부정사가 선행하는 점과 일치한다. 평안방언에서는 "공부하지 앙이 했지비"와 "하들 앙이 한다"와 같은 부정법이 실현되는데, 이는 고대국어의 "ᄒᆞ 안ᄃᆞᆯ ᄒᆞ-"에서 발달한 것으로 '不喩'와 '不冬'의 구별이 '不喩'로 합류되어 없어지고 어순만 구분하는 방언으로 남게 되었다(남풍현, 1976:79).

남부방언의 부정법과 북부방언의 부정법의 혼합형 지역인 중부방언에서는 "Vstem+안+디/ᄃᆞᆯ+ᄒᆞ-"와 같은 형식에서 "Vstem+디/ᄃᆞᆯ 아니 ᄒᆞ-" 형식으로 어순 교체가 이루어진 것이다.

4. 어휘 · 의미체계

4.1 연구 동향과 성과

방언 어휘는 고립적으로 존재하는 것이 아니고 어휘들 간에 유기적인 관련성을 맺으며 일정한 체계를 이루고 있다. 어휘의미의 체계는 음운체계나 문법체계에 비해 상대적으로 체계수립이 어렵다. 어휘의 수가 음운이나 형태의 수에 비해 엄청나게 많으므로 이를 체계화하기가 힘들기 때문이다. 또 한편 어휘의미는 지역사회 언중들의 심리와 매우 밀접한 관계를 이루고 있다는 사실과 지시물이 사물이나 현상의 미묘한 변동에 따라 변화하기 때문에 방언의 어휘의미의 체계화 작업은 그동안 소홀하게 다루어질 수밖에 없는 분야였다.

따라서 지금까지 방언의 어휘의미에 대한 연구는 방언 어휘의 수집에 몰두해 있었다고 할 수 있다. 오구라 신페이(1943), 고노 로쿠로(1945)로 대표되는 초기의 방언 어휘 수집은 주로 어형(*form*)의 차이에 주된 관점을 둔 것이었다. 예를 들면 '나락'과 '벼' 또는 '강냉이', '옥수수', '옥식기'와 같은 어휘차이를 그대로 방언차이로 해석함으로써 해당 어형의 의의소(*sememe*)의 확인은 상대적으로 소홀할 수밖에 없었다. 그 뒤 김형규(1974), 최학근(1978), 김병제(1980) 등의 광역조사에서도 오구라 신페이의 어휘 조사의 전통은 그대로 이어졌으며, 광역조사에서 완전히 균질적인 어휘체계 조사의 한계는 극복되지 못했다. 도・군・면 단위 협역조사도 역시 면밀한 어형차이에 대한 의의소 확인 작업은 미진한 채로 남아 있다.

한정된 어휘를 중심으로 한 방언 어휘의미에 대한 연구로 오구라 신페이(1944)는 "甘藷(1928), 馬の名(1930), 狐(1930), 鞦韆(1931), 燒酒アラキ(1936), 玉蜀黍, 蝸牛名義考(1939), 鷹の名稱(1941)"과 같은 어휘 개체사적 어휘사와 관련된 논문을 발표하였다. 그는 방언 자료와 문헌 및 어원론적 동계어와의 비교를 통해 방언의 어휘분화에 대한 설명을 시도했으나 어휘체계적인 연구에는 이르지 못했다. "馬の名"에서처럼 말의 명칭을 문헌자료와 동계어와의 비교를 통해 색깔에 따라 방언분화가 이루어지고 있음을 밝히고 있다. <同文>, <漢淸>, <老解>에서 "黑加羅'라는 뜻에서 黑毛의

말 *ka-ra mal이 제주방언의 [karɛ mɔl]에 대응되고 있으며, 황색이나 토색말을 [ko-ra mal], [koŋ-gol mal]과 적색말 [tʃʰoŋ-i mal]과 백마 [pu-ru mal]이 모두 방언형에 대응되고 있음을 밝히고 있다. 이처럼 오구라 신페이의 어휘연구는 방언 어휘의 개체적 분포 확인과 어휘 개체사적 역사를 밝히는 데 치중했다.

70년대 이후 어휘체계의 구조적 기술을 시도한 이익섭(1976)의 「아재考」에서 형태는 같지만 의미에 있어서 지역적인 분화를 보여주는 '아재'의 의미역의 분화와 통혼권과 가옥구조의 차이와의 관련성을 체계적으로 기술하면서 하위방언권을 설정하고 있다. 연구 대상지역이 비록 한정되어 있고 단일 어휘에 대한 연구이지만 언어의 지리적 분화와 문화, 사회적인 가옥구조와의 관련지어 설명한 연구이다. 이병근(1979)의 재료로서의 '콩나물'과 반찬으로서의 '콩나물'에 대한 낱말밭 연구와 곽충구(1982)의 「'왕겨'의 방언형들의 지리적 분포와 그 비교연구」와 같은 공시적인 어휘체계 분화에 대한 연구가 있으나 아직 방언 어휘의 총체적 연구에 이르지는 못했다. 김영배(1985)의 「Corean Primer의 어휘」, 곽충구(1983)의 「파생어 및 복합어를 통한 방언사 연구」와 같은 통시적인 어휘체계의 지리적 분포에 관한 연구 성과도 있으나 아직 전면적인 어휘체계 기술에 이르지는 못한 상태이다.

90년대 이후 방언 연구는 소강상태를 보이다가 방언 어휘 분화에 대한 연구가 주로 개별 어휘의 음운사적 변화의 정밀화를 꾀하는 방향으로 활발하게 진행되고 있다. 서재극(1959) 「경북방언 '칸다'에 대한 연구」와 천시권(1976) 『두루마기고』의 연구에서 한 걸음 더 나아가 개별 어휘의 분화과정을 철저하게 추적하여 개별 어휘의 분화 과정을 통한 음운사적인 변화 과정을 보다 정밀하게 기술하려는 노력들이 전개되었다. 이병근(1976)의 「새갱이(土蝦)의 통시음운론」을 시작으로 곽충구(1985) 「'꾀-(貫)'의 통시적 변화와 방언분화」, 이승제(1993) 「재구와 방언분화」, 오종갑(1997) 「어간 '즙-'의 방언분화와 표준어 문제」, 김주원(1993) 「경북방언의 눈 흰자위와 달걀 흰자위」, 곽충구(1995) 「어의분화에 다른 단어의 형태분화와 음운변화」와 특히 이병근(1996, 1997, 1998, 1999, 2000)의 어휘사 연구[14]는 개별어휘의 분화과정과 역사적 변화과정을 음운사 및 어휘 의미의 역사적 연구라는 측면에서 정밀화되고 있다. 이와 함께 이상규(1995)는 「계열어의 방언분화 양상」에서 방언 어휘의 체계적 분화 양상에 대한 접근을 시도하기도 하였다.

어휘의 방언분포는 언어지도 형식으로 보인 다음 각 방언 어휘 분포지역의 관계를 체계적으로 해석하는 방향으로 발전되어야 할 것이다. 예를 들면, 방언에서 시간 계열어가 중부방언에서는 아래의 (1)과 같은 연쇄배열을 보이는 데 비해 (2)와 같은 경북지역의 경우와 (3)과 같은 경남지역의 경우는 매우 상이한 어휘 대립체계를 보여주고 있다.

(1)

긋그제	그제	어제	오늘	내일	모래	글피	그글피	그그글피

14) 이병근(1996), 「질경이(車前草)의 어휘사」, 『이기문교수 정년퇴임기념논총』; 이병근(1997), 「고양이(猫)의 어휘사」, 『국어학연구의 지평』(성재 이돈주 선생화갑기념논문집); 이병근(1997), 「해바라기(向日花)의 어휘사」, 『관악어문연구』 22; 이병근(1998), 「마름(菱仁)의 어휘사」, 『방언과 국어학』(청암 김영태 박사 화갑기념논집); 이병근(1999), 「지느러미(奔水)의 어휘사」, 『국어학』 34; 이병근(2000), 「노을(霞)의 어휘사」, 『관악어문연구』 25.

(2)

저아래	아래	어제	오늘	내일	모래	저모래	공 백	공 백

(3)

그제	아래	어제	오늘	내일	모래	저모래	공 백	공 백

(4)

앳날, 잇날	오늘	후제, 후지

경북지역이나 경남지역에서는 시간 계열어가 오늘을 기준으로 하여 전·후 3일까지만의 개념이 분화되어 있을 뿐이다. 곧 '긋그제'나 '그글피', '그그글피' 등은 (1)에서처럼 계열관계의 체계적인 빈자리(*lexical gap*)를 보인다.15) 특히 지난날에 대한 시간 계열은 분화의 차이가 없으나 미래에 대한 어휘분화는 지역적인 차이를 보여주며, 또한 어휘체계의 공백을 보이는 점이 특이하다. 아울러 그 대립 명칭도 아래의 예처럼 '모래', '아래'형에서 '저-' 또는 '그-'와의 합성어로 실현되는 특징을 보이고 있어 다른 지역 방언보다 훨씬 간단하고 단순한 체계를 보여주고 있다.

(4)에서처럼 경상방언에서는 막연한 부정칭으로 오늘을 기준으로 하여 지난 과거를 '앳날', '잇날'로, 그리고 막연한 미래를 '후제, 후지'라고 하는 방언형이 있다.16) 이러한 방언 어휘의 차이에 대해 단순히 개체적 차이로 이해할 것이 아니라 보다 체계적인 기술이 필요하다.

15) 어휘체계의 빈자리(lexical gap)에 대해서는 임지룡(1992 : 125) 참조

16) 이상규(1998), 「계열어의 방언분화 양상」, 『추상과 의미』, 박이정.

4.2 방언 어휘의 특성

방언 어휘는 지역의 자연적 및 사회경제적 조건과도 관계가 있다. 주민 집단의 생활 풍습이나 교역권 또는 통혼권과 같은 다양한 조건과 매우 긴밀한 관계를 맺고 있다. 표준어에 비해 방언 어휘는 매우 다양한 차이를 보여주고 있어 이들의 체계적인 지리분포의 차이를 파악하기란 결코 용이한 일이 아니다.

방언 어휘의 기본 속성은 다양성이라고 할 수 있다. 예를 들어 '잠자리'에 대응되는 방언형으로는 '부쨍이, 부짠자리, 짬자리, 잼자리, 쨈채, 잠마리, 잘래비, 철갱이, 찰겡이, 참자리, 처리, 철랭이, 까랭이, 나마리, 밤버리, 밥주리, 소곰재, 소곰쟁이, 행오리'와 같이 어휘의 다양성을 보여주고 있다.

방언에서 대부분의 생활 기본 어휘는 고유어인 경우가 많다. '그네, 건네, 군데, 군디, 구네, 굴레, 권디'와 같은 방언형은 '글위추'<訓蒙字會 중, 19>에서 보이는 '글위'와 같이 고유 어휘라 할 수 있다. '우박'에 대응하는 '유리, 누리, 무뤼, 무루'와 같은 방언형도 '무뤼'<月印釋譜, 7:35>에서 보이는 고유어형이다. 방언형에 아직 고유어형이 잔존해 있음에도 불구하고 개신 한자 어휘를 표준어로 삼아서는 안 될 일이다.

방언 어휘는 대체로 역사성을 지닌 고유한 우리말인 경우가 많다. 지역적인 어휘 분포의 체계화 작업도 시급한 일이지만 고유 어휘의 뿌리를 찾아내는 일 또한 중요한 연구 과제라고 할 수 있다. '가위(剪)'에 대응되는 '가시개, 가이개'는 'ᄀᆞᅀᆡ젼'<訓蒙字會 중, 14>에서, '그을음'에 대응되는 '끄시름, 그지름'은 '그ᅀᅳ름'

<訓蒙字會 하, 35>에서, '정수리'에 대응되는 '쟝바기'도 '뎡바기'<月印釋譜, 18:16>에서 각각 그 뿌리를 확인할 수 있다.

방언 어휘의 공시적인 지역 분포에 대한 체계적 기술이라는 과제와 더불어 어휘체계의 구조적 변화 양상과 어휘·의미의 통시적 변화 및 어원에 대한 연구도 남겨진 과제이다. 지역적으로 어휘·의미의 변화의 특징과 어휘의 어원을 밝히는 일들이 앞으로 활발하게 연구되어야 할 것이다.

4.3 방언 어휘자료

1) 방언 어휘자료 배열 형식

방언형을 제시하는 방법으로 표제항목을 표준어로 하느냐 또는 방언형으로 하느냐, 지점으로 하느냐 등 세 가지가 있다.

첫째, 표제어를 표준어로 하고 그 방언 대응형을 나열하는 방식이다. 이 방식은 다시 방언형을 지점별로 제시하느냐 또는 방언형을 위주로 각 지역명칭을 밝혀 적는가에 따라 두 가지 방식을 취할 수 있다. 곧 표제어에 대응되는 방언형을 제시하고 각 어형이 사용되는 지점을 제시하는 방식을 취한 경우로는 오구라 신페이(1944), 김형규(1974), 최학근(1978), 김영태(1975), 이돈주(1979), 김태균(1986) 등의 자료집이 있다. 반면에 각 지점을 제시하고 해당 지점에서 사용되는 방언형을 제시한 경우는 『한국방언자료집』(1980)이 있다. 이러한 자료 배열 방식은 전통적으로 이용해 온 방식인데, 방언형을 모르더라도 표준어로 된 표제어의 확인을 통해 지역의 방언형을 용이하게 찾을 수 있는 이점이 있다. 그러나 표준어와 의미가 정확하게 대응되지 않거나 또는 표준어에 없는 방언형을 제시하기가 어렵다는 약점이 있다.

둘째, 표제어를 방언형으로 제시하고 그 뜻을 표준어로 나타내는 방식이 있다. 이러한 예는 김의협(1981)의 『평북방언사전』의 경우이다. 이런 형식은 해당 방언형을 알고 있으나 그 의미를 모르는 경우에 국어사전을 이용하는 방식이다. 이런 경우 방언형이 자모순으로 배열되기 때문에 단어족의 의미관계를 파악하는 데 어려움이 있을 뿐만 아니라 방언형을 알지 못하는 경우 이용가치가 떨어진다. 그러나 해당방언에 정확한 정보를 갖지 않은 이용자에게는 총체적인 어휘자료를 일람할 수 있다는 이점도 있다.

셋째, 김병제(1980)의 『방언사전』은 표제어를 방언형으로 하되 그에 대한 사용지역과 의미를 표준어로 제시하는 방식과 그 역으로 표제어를 방언형으로 하고 그에 대한 표준어와 사용지역을 제시하는 방식이다. 이는 전자의 두 가지 방식을 혼용한 형식이다. 이 방식은 전자의 두 가지 형식에서 나타나는 단점이 보완되어 유리하지만 사전 작업을 하는 과정에 많은 어려움과 노력이 뒤따르게 된다.

2) 방언 어휘의 영역별 분류 방식

전통적으로 어휘 항목의 배열은 주로 유사한 의미영역을 함께 묶는 일종의 분류 사전식으로 배열한다. 이러한 방식을 따른 예는 오구라 신페이(1944)의 자료에서 김형규, 최학근 등으로 이어진다. 이러한 방식은 사전 조사 질문지 구성상 질문의 효과적인 방식이기도 하지만 자료 배열도 유사 의미영역별로 배열되기 때문에 어휘체계를 체계적으로 관찰할 수 있다는 유리한 점도 있다. 지금까지 시도된 어휘항목의 의미영역별 분류 예는 다음과 같다.

조선어문연구부(1938) : 天文地理, 動植物, 人體, 人倫, 衣食住, 人事, 年中行事, 農村語彙, 漁村語彙, 山村語彙, 雜, 움즉씨, 어떻씨와 그 나머지, 소리엮음, 音의 長短과 抑揚, 말본엮음. 그 地方 特有의 사투리, 바람의 시골말 / <보충> 天文地理, 動物, 植物, 우리의 衣服, 우리의 飮食物, 우리의 住宅, 器具, 農村語彙, 雜

오구라 신페이(1944) : 천문, 시후, 지리하천, 방위, 인륜, 신체, 가옥, 복식, 음식, 농경, 화과, 채소, 금석, 기구, 주차, 수족, 곤충파충, 초목, 형용사, 동사, 조동사, 부사, 조사, 접두사접미사, 구단문, 잡

김형규(1974) : 천문, 지리・하천, 시후, 방위, 인륜・인사, 신체, 배설・물질・병・행동, 가옥, 복식, 음식, 농경, 목축・방적, 화과, 채소・해초, 곡물, 초목, 금석・방적, 비금, 주수, 곤충・파충, 수족, 기구, 주차・유구, 수・도량형, 기타, 부사・조사・어미, 형용사, 동사, 종결어미

최학근(1978) : 천문, 지리, 시후, 방위, 친족, 인사, 인체, 가옥, 음식, 식기, 질병, 기구, 복식, 금석, 화과, 곡류, 초목, 비금, 수류, 어패류, 곤충류, 도량형, 부사, 형용사, 동사

한국방언조사질문지(1980) : 농사, 음식, 가옥, 의복, 인체, 육아, 인륜, 경제, 동물, 식물, 부사, 형용사, 동사

김병제(1980) : 사람과 관련되는 말마디, 사람의 행동성격감각정서, 사람의 몸병, 입는 것, 먹는 것, 집, 민속놀이, 곡식, 과일, 남새, 식물, 농사, 농기구, 쓰고 사는 기구도구, 방향위치, 차례수량계산, 천문기상시간, 지리지형지물, 광물, 동물, 행동 대상의 성질상태, 행동성질상태를 꾸미는 말, 이밖의 말마디

이들 어휘항목 배열은 의미적 유사성이나 연상관계에 따라 하나의 연쇄망을 이룰 수 있도록 배열됨으로써 조사상의 편의성뿐

만 아니라 연관 낱말밭의 체계적 연구가 가능하다. 한편 공시적 차원에서의 어휘자료를 수집 정리하는 경우에는 단순히 의미적인 고려에 의해 조사대상의 어휘가 결정될 수 있지만 특정한 의미영역에 대한 어휘를 별도로 책정하여 조사할 필요가 있다. 특히 지역적인 분화형이 다양하며 지리적 차이가 예상되는 어휘를 선별하여 추가할 필요성이 있다. 예를 들면 '벼'와 '나락'과 관련되는 어휘체계를 파악하려면 다음과 같이 연관 어휘체계를 함께 배열하는 것이 좋다. "(식물)벼, (곡물)벼, 벼이삭, (열매)낱알, 종자용(낱알), (밥에 들어 있는)낱알, 올벼, 늦벼, 찰벼, 메벼"처럼 용도나 종류에 따라 동일한 지시물이라도 방언형의 분화를 일으키는 경우가 많다.

따라서 이들 어휘 낱말밭을 무리지어 제시하는 방식이 어휘의 체계적 연구를 위해 유용하다. 경상방언에서는 식물로서 또는 곡물로서 모두 '나락'이라는 방언형이 사용되지만, 충청방언에서는 식물로서는 '벼/베'라고 하지만 곡물로서는 '나락'이라고 부른다. 그리고 종자용(낱알)의 경우도 매우 다양한 방언분화형을 보여주고 있다. '볍씨, 나락씨, 씨나락, 신나락, 종자씨, 나락종자' 등과 같은 분화형들이 지역에 따라 어떻게 체계적으로 분화되는가 조망하기에 유리하다. 이와 같은 합성어나 파생어의 어휘 낱말밭에서 특히 조어론적인 정보뿐만 아니라 음운론적 화석형 발견이 용이하기 때문에 단일 표제어휘와 관련되는 합성어나 파생어도 같이 처리하는 것이 좋다.

'목화'와 '솜'과 유사한 의미를 지닌 어휘 낱말밭도 '(식물)목화, (재품)솜, (식용)목화다래, (꽃)면화, 면화씨, 솜이불, 씨아' 등을 집단을 이룬 어휘항목으로 제시되는 것이 좋다. 이와 같이 일상생활에 밀착된 어휘, 곧 '기초 어휘'를 어휘항목에 삽입하여 지역적인 어휘체계의 분화 양상을 파악할 수 있도록 배려해야 한다.

일본에서는 1974년부터 '전국방언기초어휘연구(全國方言基礎語彙硏究)'가 실시되었다. 기초 어휘의 선정 기준으로 ① 일본 전체에서 널리 공통적으로 쓰이는 어휘, ② 음운, 강세, 문법, 어휘 각각의 부분 체계를 비교적 쉽게 반영하는 어휘, ③ 공통어에서 사용되지 않지만 문헌에 나타나고 동시에 각 방언에서 살아 있는 어휘 등을 기준으로 하고 있다.

3) 방언 어휘 조사의 두 방향

① 순수한 언어학적인 입장

방언이 갖는 보수성은 수백 년 전의 문헌에 나타난 어형보다 더 오래된 형태를 보여주어 비교언어학적 연구 혹은 내적 재구에 유용한 증거를 제공하기도 한다. 방언의 통시적 연구는 방언이 반영되어 있는 역사적 문헌자료를 이용할 수 있다. 그러나 방언을 반영하는 문헌자료는 지역적으로 산발적이며 또한 자료가 충분하지 않으므로 어려움이 뒤따른다. 생생하게 살아 있는 언어 연구를 통해, 방언이 갖는 독자적인 체계의 파악과 더불어 그 체계가 갖는 중요성을 밝힐 수 있다는 측면에서 방언연구의 의의가 있다.

종래 순수언어학적 관점에서 간행된 많은 방언자료집은 언어의 역사적 관점(국어사적 의의를 지닌 자료)에 치중하여 조사되었기 때문에 자료의 활용 가치가 언어학 전공자들에게 편중될 수밖에 없다. 곧 비전공자들에게는 큰 효용성이 없다. 문학 창작자 등 일반

대중들에게는 너무 전문적이어서 도움이 되지 않는다는 비판을 받고 있다. 뿐만 아니라 소설이나 일상구어에 나타나는 국어사전에도 실려 있지 않은 방언분화형의 의미를 파악할 수 있는 적절한 방법이 현재로서는 전무하다.

② 통합 학제적인 입장

최근 통합 학제적 관점에서 방언조사의 필요성을 이기문(1999, 국어국문학회 주제발표요지서)과 이상규(2002, 국립국어연구원 5월 세미나)가 제기하고 있다. 순수한 언어학 연구의 목적을 위한 방언자료 조사도 필요하지만, 통합 학제적 관점에서 언어학적으로 비록 덜 유의미하더라도 일상생활 속에 살아 남아있는 지역 고유의 방언을 종합적으로 수집, 정리할 필요성이 있다는 것이다. 이미 일본이나 서구에서는 민속적인 방언조사를 하든지 또는 방언사전에는 풍부한 문화·사회학적 정보를 제시하는 방향으로 현지조사가 이루어지기도 하였다. 따라서 순수한 언어학적인 입장에서 조사된 방언자료로는 다양한 일상구어나 문헌에 나타나는 방언형을 해독하는 데 한계가 있다.

이상규(2000:2)는 『경북방언사전』 서문에서 "언어학자가 아닌 문학 예술인이나 언론인 또는 일반 독자가 개별 지역어를 이해하는 데 도움이 될 만한 방언사전 간행의 필요성을 절감하고 문헌자료나 생활구어에서 발견되는 독특한 경북방언을 수집 정리하여 왔다"라고 하여 언어학자가 아닌 사람에게 도움이 될 수 있는 방언조사의 필요성을 논의하였다. 방언 어휘가 다양한 요인은 자연지리적 조건의 차이나 집단 주민 생활 풍습의 차이, 문화적 차이와 같은 언어 외적인 측면에서 찾아볼 수 있지만 언어개신의 지리적 차이나 조어양식의 차이와 같은 언어 내적 요인에서도 찾아 볼 수 있다.

먼저 자연지리적 조건이나 집단 주민들의 생활 풍속의 차이에 의한 언어 외적인 요인에 의한 방언 어휘의 다양성을 보이는 예를 들면 다음과 같다. 문명의 발달로 점차 사라져 없어질 '베틀'이나 '쟁기' 등의 세부적인 부품 이름, 세시풍속 등 지역 토속적인 방언형은 채록하여 보존할 충분한 가치가 있는 것이다. 육지에서 떨어진 제주방언에서는 '물질(바다 속에 잠수하여 미역이나 전복 따위를 따는 일)', '물구덕(물동이를 넣어지는 바구니)', '갈테(잘 지지 않는 때)'와 같이 육지 지역과는 아주 생소한 어휘를 가지고 있다. 경북 안동지역의 여름에 입는 '창살고쟁이(고쟁이 뒷폭이 창살문처럼 만들어 통풍이 잘되도록 만든 옷)' 옷이나 함경방언에서는 독특한 가옥구조와 관련된 '도트마리집, 마두깐, 끊침집, 팔자문집, 즌새, 구팡'과 같은 다양하고 독특한 어휘를 가지고 있다. 함경방언에서는 남자가 아내를 맞이하는 것을 '서방가다', '서방보내다'라고 하며 여자가 남편을 맞는 것을 '시집가다, 시집보내다'라고 하는데 제주방언에서는 '똘팔다'라고 한다. 그리고 그 지역 문화에 따라 음식명칭이나 만드는 방법도 다양한 차이를 보여주기도 한다. 그러므로 종래 순수언어학적 관점에서 간행된 많은 방언자료집은 언어의 역사적 관점(국어사적 의의를 지닌 자료)에 치중하여 자료의 활용 가치가 언어학 전공자들에게 편중될 수밖에 없다. 따라서 문학 창작자들이나 일반 대중들에게 활용될 수 있는 통합학제적 입장에서 보다 폭넓은 어휘항목을 포함하는 방언조사의 필요성이 제기된다.

4) 통합 학제적인 목적에서의 방언 어휘 조사의 두 방향

통합 학제 간의 방언이나 언어조사의 결과는 언어학자는 물론 일반 국민에게 널리 활용될 수 있으며, 문화 예술인들이 활용함으로써 보다 풍부한 국어생활을 영위할 수 있어야 한다. 또한 이러한 목적의 방언조사는 소멸되어 가는 지역 민속문화의 전통을 보존하는 데도 기여한다. 조사과정에서도 언어학적인 목적의 방언조사보다 기술상의 제약이 적다.

방언에는 지역민들의 정서와 사상이 담겨 있을 뿐만 아니라 지방(변두리)으로 갈수록 고어가 많이 남아 있다. 문맹자가 절대 다수였던 지난 시기에 언어의 통일을 기하기 위해 인위적으로 표준어에 대한 교육이 강화될 필요가 있었지만 지방화 시대인 지금은 무형문화재라고 할 수 있는 변두리 언어, 곧 지역방언을 보존할 필요가 있다. 이병근(2001:25)은 "산림지대, 산악지대, 평야지대, 해안지대 등에 따라 어휘의 종류가 차이를 보이면서 다양할 수 있으며 지역의 특산물과 관련하여 또 특이할 수 있을 것인데, 이러한 어휘 연구도 앞으로의 과제거리"라고 지적하고 있다. 지금까지 언어변화나 체계를 기술하기 위해 조사 수집해 온 방언조사의 성과를 결코 과소평가할 수는 없지만 이를 토대로 하여 일상언어를 포함하는 보다 광범위한 지역방언 수집과 채록의 필요성이 절실하다.

① 현지 방언조사

앞에서 살펴보았듯이 순수 언어학적으로 유의미한 방언조사 결과는 언어학자들에게는 유용하지만 결코 일반 대중에게는 그렇게 큰 참고가 되지 못했다. 예를 들어 방언을 활용한 문학 작품에 대한 정확한 해독을 위해서는 전혀 새로운 방언사전이 필요한 것이다. 이뿐만 아니다. 지역별로 다양한 일상적 삶 속에는 아직까지 많은 방언이 존속하고 있다. '사람(친족)', '인체생리', '의생활(길삼)', '식생활(음식)', '농사(농기구)', '생활용품기구', '도구(도량어)', '시후(절후, 명절)', '동물', '식물' 등 연쇄적 계열어를 형성하는 다양한 어휘들을 총체적으로 수집할 필요가 있다. 비록 언어 체계적 기술과 관계없더라도 순수한 방언인 경우 이를 수집할 필요가 있다. 예를 들면 '농사(농기구)' 항에서 '쟁기'에 대응되는 방언형 이외에 '쟁기'의 세부적 부품의 이름까지, 그리고 '베틀'의 방언형 이외에 '베틀'의 세부 명칭이나 '베'의 다양한 종류에 이르기까지 소멸에 직면한 다양한 방언 수집이 필요한 것이다.

실제 현지조사에서 전문어의 범위를 어디까지 할 것인가 등 방언조사 항목 문제는 조사연구비의 규모에 따라 결정될 일이지만 가급적 폭넓은 어휘 항목을 선택하는 것이 좋다.

② 문헌자료에서의 방언조사

국어사의 연구 대상 문헌에는 정도의 차이는 있지만 간행 지역의 방언을 반영한 것이 적지 않다. 간행지 방언의 영향을 받은 자료라도 고유의 방언 어휘보다는 공통어 요소가 더 많이 나타나는 것이 사실이다. 그러나 일부 어휘들은 공통어와 다르고, 해당 지역의 현재 방언형과 뚜렷한 유사성을 지닌다. 이런 어휘들은 국어 어휘사 및 방언어휘사 연구에 이바지할 수 있는 자료가 된다.

고문헌 자료에 나타나는 지역방언형 조사는 판소리, 가사, 시조, 시, 소설 등 문학작품과 언해자료를 포함할 뿐만 아니라 최근 경상북도에서 행한 <경상도 고향말씨 자랑대회>(제1~6회) 구연 대본, 한국정신문화연구원에서 간행한 『구비문학대계』 등이 그 대상이 될 수 있다.

통합 학제적인 방식에 의해 조사된 방언자료는 ① 출판 형태, ② 언어-민속지도 작성을 위한 데이터베이스 구축, ③ 방언음성자료 CD 구축 등의 방식으로 모든 국민들이 활용할 수 있도록 배려해야 할 것이다.

4.4 방언의 어휘분화

방언의 어휘분화는 주로 형태를 중심으로, 예를 들면 '나락'과 '벼'의 지리적 분포를 중심으로 등어선을 긋는 경향을 보여 왔다. 그러나 '나락'과 '벼'가 동일한 대상을 가리키는지 그 의미역의 차이에도 관심을 두지 않으면 안 된다. 이처럼 어형, 의미, 지시물과의 상관관계를 파악한 뒤에 방언차이를 파악해야 한다.

방언의 어휘분화는 어형(*form*)과 의의소(*meaning*), 지시물대상(*reference*)과의 상관관계에 따라 방언차이를 보여주게 된다.

1) 방언에서 여러 가지의 개념이 하나로 통합된 경우

형태와 의미가 일대일의 대응을 보이다가 여러 가지의 개념이 통합되어 하나의 형태로 실현되는 경우가 있다. 즉 <도표 6-2> 처럼 F_1-M_1, F_2-M_2, F_3-M_3로 대응되다가 M_1, M_2, M_3이 F_1 또는 F_2로 통합되어 방언차이를 보여주는 경우이다.

'닦다', '훔치다', '씻다', '지우다'는 각각 의미영역이 다른 어

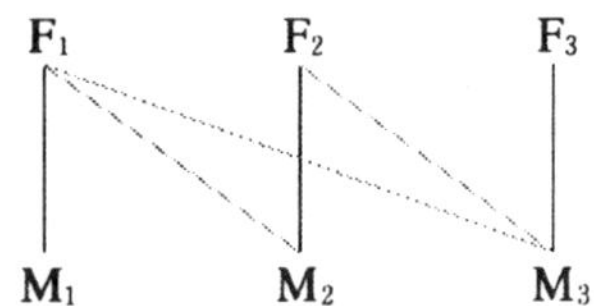

〈도표 6-2〉 방언에서 여러 가지의 개념이 하나로 통합된 경우

휘이다. 그런데 방언에 따라서는 이들의 의미역이 통합하여 방언 차이를 보여주는 경우가 있다. 강릉지역에서는 (마루를) '닦다'가 (마루를 물걸레로) '훔치다'와 통합하여 '닦다'로 실현된다. 여기서 (지우개로) '지우다'까지를 강원도 평창, 정선, 원주지역에서는 '닦다'로 실현된다. 한편 경상도 문경지역에서는 "그릇을 마른 걸레로 닦다"의 경우 '닦다' 대신에 '깨기다'라는 방언형이 있다. '깨기다'라는 어휘는 경상방언에서 "나락을 도정할 때 현미를 벗겨내는 과정"을 '깨끼다'라고 한다. 그러니까 "그릇의 때를 벗겨내다"라는 의미로 사용되고 있는 셈이다. 이와 유사한 예로 경상방언에서는 (돼지털이나 말총으로 만든) '구얄'과 (짚으로 만든) '풀비'의 의미차이가 없이 '풀비' 하나로 통합된 경우도 있다.

2) 방언 간에 개념이 세분되거나 형태가 세분된 경우

<도표 6-3>처럼 형태와 의미 사이에 동일한 형태(F)가 의미

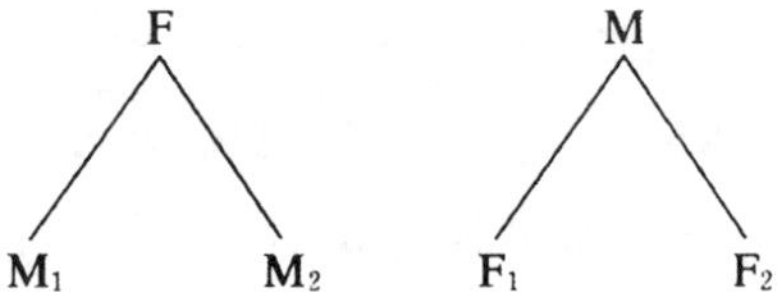

〈도표 6-3〉 방언 간에 개념이 세분되거나 형태가 세분된 경우

분화(M_1, M_2)를 이루는 경우와 동일한 의미(M)가 형태분화(F_1, F_2)를 이루어 방언차이를 보이기도 한다.

'새우'는 크기 및 사는 곳에 따라 어형의 세분화와 더불어 의미가 세분화된다는 사실은 널리 알려져 있다(이병근, 1976:1). 충청방언의 금산·영동·진안을 중심으로 '새우'의 어형분화와 의미분화의 모습을 도표로 나타내면 다음과 같다.

금산	진안	영동		
새우	대와	대와	해수	대
	진게미	징기미	담수	
새빙개	새비	새우	담수	소
		새뱅이	해수	

3) 동의어가 방언에 따라 각각 다른 의미를 갖는 경우

<도표 6-4>처럼 동일한 의미인 형태 F_1, F_2는 동의어이다. 그런데 이들은 방언에 따라 F_1-M_1, F_2-M_2와 같이 의미가 바뀜으로 인해 방언차이를 보여주는 경우가 있다.

'작약꽃'과 '함박꽃'은 동의어이지만 '함박꽃'이 방언에 따라 다른 꽃을 지칭하는 경우가 있다. 강원도 양양·강릉지역에서는

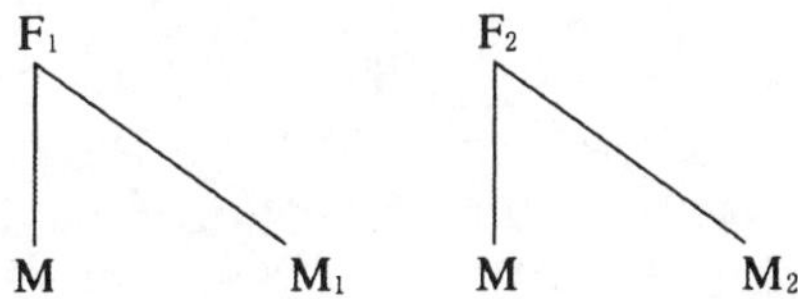

〈도표 6-4〉 동의어가 방언에 따라 각각 다른 의미를 갖는 경우

철쭉꽃을 '함박꽃'이라고 하며, 평창 일대에서는 '산목련'을 뜻한다.

4) 동일 어형이 지역에 따라 상이한 의미를 갖는 경우

<도표 6-5>에서처럼 동일한 형태(F)가 지역에 따라 각 상이한 의미(M_1, $M_2 \cdot M_4$)를 갖게 됨으로써 방언차이를 보여주는 경우가 있다.

경상방언에서 '참꽃' 또는 '연달래'는 '진달래꽃'을, '개꽃' 또는 '진달래'는 '철쭉꽃'이라고 부른다. 경상도에서 '진달래'란 색깔이 진한 꽃이라는 뜻에서 색깔이 연한 '연달래'와 구분되는데 이때 '진달래'란 '철쭉'을 의미한다.

'아재'는 지역에 따라 그 의미역이 상당한 차이를 보여준다. 5촌, 7촌 종숙이나 재종숙을 '아재'라고 부르는 지역이 있는가 하면, 미혼의 숙부를 '아재'로 부르는 지역이 있다. 경상도 봉화지역이나 인접 강원도 지역에서는 미혼인 숙부나 나이가 아래인 기혼의 숙부까지 '아재'로 부른다. 경상도 봉화지역에서는 '아재'와 '아재' 곧 1음절에 성조가 놓이는 경우 종숙이나 재종숙부를 지칭하지만 성조가 없는 경우 미혼의 삼촌을 지칭한다.

<도표 6-6>에서처럼 동일한 지시물(R)에 여러 형태(F)가 세

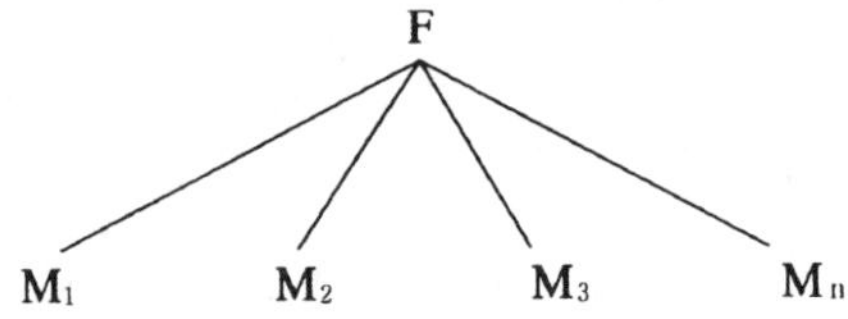

〈도표 6-5〉 동일 어형이 지역에 따라 서로 다른 의미를 갖는 경우

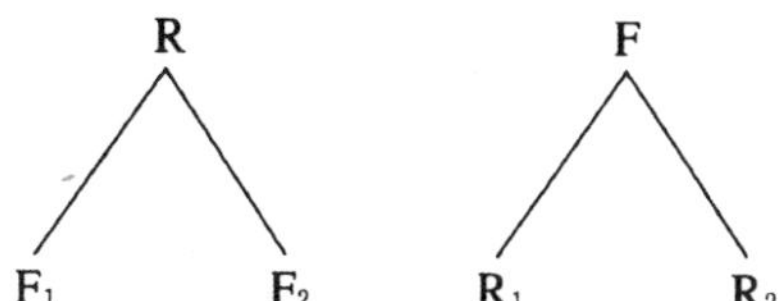

〈도표 6-6〉 동일 지시물에 대한 형태의 세분화와 한 형태에 대한 지시물의 세분화

분화되어 있다가 통합되거나 그 역으로 하나의 형태에 지시물의 세분화로 인해 방언차이를 보여주는 경우가 있다.

5) 의미장을 이루는 어휘들이 방언차이를 보이는 경우

'도랑, 개울, 시내, 내, 강'과 같이 엇비슷한 대상을 가리키는 일군의 어휘들이 의미차에 의해 방언차이를 보이는 경우가 있다. 통상 규모나 길이에 따라 '도랑<개울<시내<내<강'의 순으로 어형분화를 보이지만 방언에 따라 '도랑'과 '개울'이 의미차이를 보여주지 않든가 '내'와 '강'이 의미차이를 보여주지 않고 하나의 어형으로 통합되는 경우가 있다.

경상방언에서는 집에서 버리는 물이 흘러나가는 물줄기를 '수채'라고 하여 어형이 분화되어 있지만 '도랑'이나 '개울'은 구분되지 않고 '돌캉'이라 부르고, '시내'와 '내'는 '걸'이라는 어형으로 통합되어 있다. 이처럼 어휘장을 이루는 어형들의 의미역의 차이로 인해 방언차이를 보여주기도 한다.

6) 지역에 따라 사물이 없어 이를 지칭하는 이름도 없는 경우

방언 가운데 대상 사물이 없어 이를 지칭하는 해당 어휘가 없는 경우도 있다. 예를 들면 '호미씻이놀이'가 경상방언에서는 '푸꾸믹이', '초연' 등의 방언분화형이 있는 데 비해, 전라도 지역에서는 이에 대응되는 놀이도 없을 뿐만 아니라 이를 지칭하는 이름조차 없다.

5. 한국어 방언구획

전통방언학이나 지리방언학의 주된 관심사는 서로 다른 방언지역 간의 등어선을 찾아내어 방언구획을 통한 언어 변이에 대한 제반 요인을 찾아내는 일이다. 어떤 언어가 사용되는 지역을 방언체계를 기준으로 구분하는 것이 방언구획이라고 할 때, 엄격한 방언 경계를 찾는 일은 현지 조사를 위한 많은 시간과 경비, 노력이 필요하기 때문에 거의 불가능하다.

인상적 등어선에 의해서는 어느 정도 방언의 구분이 이루어지지만, 등어선을 범주화하는 기준인 음운, 어휘, 문법으로 방언지역을 구분하는 것은 매우 어려운 일이다. 따라서 방언구획을 제대로 하기 위해서는 정확한 기준이 되는 등어선의 역할이 무엇보다 중요하다. 그런데 언어 특징의 차이를 보이는 두 지역을 가르는 경계선인 등어선이 점점 많이 발견되지만 여러 개의 등어선이 하나의 다발 형식으로 공존하는 등어선속을 이루기가 어렵기 때문에 결국 방언을 구획하지 못하게 된다.

이러한 단점을 극복하기 위한 방언구획의 방법론적 시안으로 등어선속의 두께를 이용하는 방법이 있으나 이는 객관적인 두께의 정도로 평가가 가능하다는 장점이 있으나 주관적이라는 단점이 있다. 이에 비해 방언차에 기여하는 정도에 따른 J. K. Chamber & P. Trudgill(1980)의 등어선의 유형별 등급화의 방법이 있다. 이러한 방법으로 방언구획을 시도한 우리나라 학자는 이익섭(1981), 김충회(1992), 최명옥(1994)이 있다.

그 밖에도 행정구획에 의한 방언구획이 있다. 행정구역의 명칭이 언어 외적인 요소, 즉 시대, 정치, 경제, 사회, 문화 등의 지리·문화적인 요건을 감안해서 인위적으로 그어진 구획선이라고 하더라도 행정구역과 방언 분포는 거의 일치한다.

현대 지리언어학적인 입장에서 한국어에 대한 방언구획이 이루어진 것은 19세기 이후이다. 일제 강점기에 오구라 신페이, 고노로쿠로에 의해 주도된 방언구획은 공시적인 입장에서 개별어휘나 음운사적 주제와 관련 있는 항목을 언어지도화하여 대강의 방언권을 구획한 것이다. 그 이후 계통론적 관점에서 통시적인 방언구획 또는 공시적 방언구획이 시도되었으나 뚜렷한 방법론이 제시되지 못했을 뿐만 아니라 방언구획의 기준이 임의적이고 체계적이지 못한 한계를 가지고 있었다.

1970년대에 들어서면서 종래의 방언구획 방법에 대한 비판과 더불어 도 단위별 하위방언 구획에 대한 논의가 제법 활발하게 진행되었으나, 전국 단위의 방언구획을 전제로 하지 않았기 때문에 이들의 논의를 통합하더라도 한국어 방언권을 정확하게 구획할 수 없는 실정이다. 최근에 이익섭(1981), 이기갑(1986), 김충회(1990)는 최명옥(2001)이 방언측정법에 의한 도 단위 방언구획을 시도한 것은 방언구획 방법의 정밀화를 꾀한 것이다. 이러한 일련의 작업을 통해 한국어 전체를 포괄하는 하위방언권을 설정하는 일은 앞으로의 과제 가운데 하나이다.

5.1 한국어 방언구획 약사

방언구획은 전국을 대상으로 대방언을 구획한 연구와 도, 군 단위별 하위 방언권에 대한 논의가 있다. 대방언권 구획은 크게 세 가지로 구분하여 살펴볼 수 있다. 첫째, 통시적 방언구획으로 국어의 기원과 관련지은 계통론적 방언구획, 둘째, 공시적으로 전국을 대상으로 한 방언구획, 셋째, 운소를 기준으로 한 방언구획이 있다.

1) 통시적 방언구획

한국어의 기원 문제와 관련지은 계통론적 관점에서 대방언권을 구획한 논의로는 이극로(1932), 이진모(1953), 최학근(1959), 이기문(1961), 이숭녕(1967)이 있다.

이극로(1932:68)는 한국어의 어조(語調)를 기준으로 하여 ① 관서방언권(평안도사투리, 고구려방언), ② 호남방언(전라도, 충청도사투리, 백제방언), ③ 영남방언(경상도사투리, 신라방언), ④ 관북방언(함경도사투리, 옥저방언), ⑤ 중부방언(경기도사투리, 서울말, 혼성방언)과 같이 5개 방언권으로 구획하고 있다. 방언구획의 기준이었던 어조와 고구려, 백제, 신라어가 구체적으로 어떠한 연관성이 있는지 해명하지 않은 채 방언구획을 시도한 것은 초창기 방언학 연구의 기술상 한계였다.

이진모(1953:208-218)는 ① 북방계와 ② 남방계의 2대 구분으로 고대어에서의 핵방언권이라고 생각되는 개성지역어와 경주지역어로 나누고 있다.

이러한 초창기 방언구획 방법에서 한 걸음 진전된 모습을 보여준 것이 최학근(1959:179)과 그의 수정 구획론에 해당하는 결과들이다. 최학근(1959)은 고대 한국어 방언구획을 위해 중간자음 약화 탈락 현상을 근거로 들어 초기는 ① 고구려어계, ② 신라어계, ③ 원시국어계로 3개 방언권으로 구분했으나, 그 이후 고대지명의 분포를 기준으로 한 수정론에서는 ① 북부방언(고구려어계)과 ② 남부방언(삼한어계)의 2개 방언권으로 구획하였다. 다시 그의 수정론을 최종 정리한 『한국어방언학』(1982)에서는 음운, 어휘, 어법 및 성조의 분포를 기준으로 하여 ① 남부방언군과 ② 북부방언군 및 ③ 등어지대를 설정하고 있다.

이기문(1961:41)은 고대국어의 기원문제와 관련지어 국어형성과 관련된 계통론적인 입장에서 한국어의 방언권을 ① 고구려어계, ② 백제어계, ③ 신라어계로 설정하고 있다. 아울러 하위방언권을 ① 동북방언, ② 서북방언, ③ 중부방언, ④ 동남방언, ⑤ 서남방언, ⑥ 제주방언으로 구분하고 있으며, 하위방언권의 명칭으로 '동남', '서남'식의 방위표식 명칭을 처음으로 사용하였다. 이는 방언 자료에 대한 검토를 전제로 한 것이 아니라 계통론적인 입장에서 국어형성과 관련하여 구분한 견해이다.

이숭녕(1967:330)도 한국어의 계통론적 관점에서 부여어(扶餘語)와 한어(韓語)로 양대별하고, 한어는 다시 마한(馬韓), 변한(弁韓), 진한(辰韓)어계로 구분하고 있다. 이러한 노력은 통시적 관점에서 거시적으로 방언구획론을 일단 정리한 셈이 된다.

이숭녕(1967)은 원시한어(原始韓語)에서 분화된 고대국어의 방언 구획을 위의 <지도 6－3>처럼 제시하고 있으며, 현대방언 방언 구획은 <지도 6－4>와 같이 6개 방언권으로 나누며, 그 지역을 다음과 같이 밝히고 있다.

① 함경도방언 : 오늘의 행정구획 외에 동해안으로 통해 고성까지 내려온 것이라고 하겠다.

② 평안도방언 : 황해도 사리원 이북과 강원도 접경 지역을 포함한 이북의 방언이다. 그리고 중강진, 후창의 지역은 함경도 방언에 들어갈 것

〈지도 6-3〉 고대 한국어 방언분포(이숭녕, 1967 : 350)

〈지도 6-4〉 한국어방언구획 (이숭녕, 1967 : 410)

이다.

③ 중부방언 : 북으로는 황해도 사리원 이남, 강원도 고성 이남, 남으로는 충남의 논산, 금산 이북과 충북을 포함한다.

④ 전라도방언 : 충남의 행정구획과 거의 일치하는 방언이다. 논산군은 본시 전북의 소속이던 것이 일정시 충남의 어청도와 교환된 곳이고 금산군도 본시 전라도에 든 것이다. 소백산맥 이서의 지역이다.

⑤ 경상도방언 : 오늘의 경상도 행정구획과 거의 일치한다. 그러나 지금 김천, 죽령, 조령을 통하여 중부방언의 침투가 가해지고 있다.

⑥ 제주도방언

2) 공시적 방언구획

공시적인 방언 자료를 기준으로 하여 처음으로 대방언권 구획을 시도한 예로는 조선어문연구부(1937), 오구라 신페이(1944), 고노 로쿠로(1945), 강윤호(1965), 이숭녕(1967), 김형규(1974), 김공칠(1977), 김영황(1982), 김병제(1988), 선오덕 외(1991), 이병근(2001)이 있다.

조선어문연구부(1937:1)가 간행한 『방언집』에서는 ① 경기도, ② 함경도, ③ 평안도, ④ 황해도, ⑤ 강원도, ⑥ 충청도, ⑦ 경상도, ⑧ 전라도, ⑨ 간도와 같이 9개 방언권으로 구분하면서 제주도 방언을 전라도 방언에 귀속시키고 있는데 이는 다분히 행정권을 고려한 것으로 보인다. 특히 간도를 하위방언권으로 설정한 점은 매우 특징적이다.

이보다 먼저 오구라 신페이(1924)는 『南部朝鮮方言の硏究(남부조선방언의 연구)』에서 대방언권을 ① 남부방언과 ② 북부방언으로 구분하였다. 그 이후 후속되는 방언조사 보고서나 논문에서 주로 도별 명칭을 이용한 방언권을 설정하고 있다. '경상남북도방언, 영동방언, 영서방언, 서부황해도방언, 경원함경철도역선방언' 등과 같이 정확한 방언구획을 전제로 한 명칭이 아니라 임의적으로 지역 명칭을 사용하기도 했다.

오구라 신페이(1940)는 『The Outline of The Korean Dialect(한국 방언의 개설)』에서 한국어 방언구획을 6대 방언권으로 구분 확정하였다. 오구라 신페이는 자신이 구획한 6개 방언권 구획에 대해 세밀한 근거를 밝히지는 않았지만 그의 방언구획은 오랜 기간에 걸쳐 방언 현지조사를 통한 경험적 사실에 기초한 것이라고 할 수 있다.[17] 방언권에 대한 명칭도 '경상·전라·함경·평안' 등과 같은 축약형 도별 명칭을 처음으로 사용하였다. 한국의 방언구획은 아래와 같으며, <지도 6-5>처럼 방언구획도를 제시하였다.

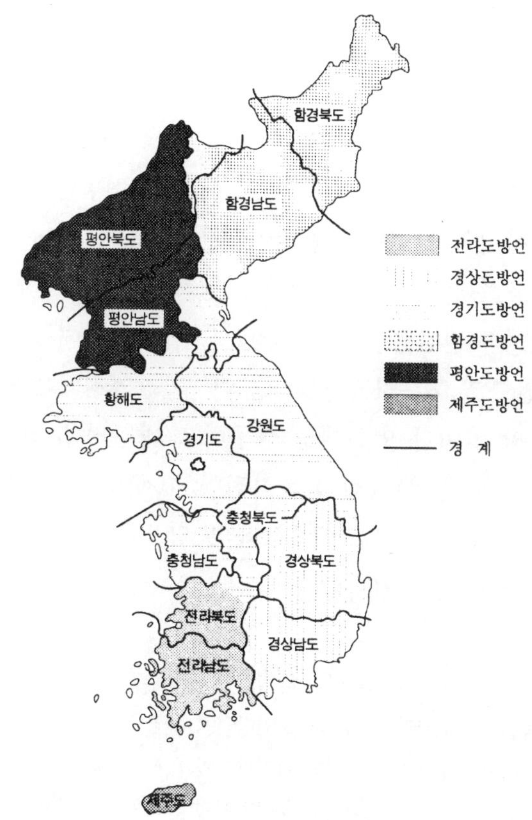

〈지도 6-5〉 조선어방언구획 (오구라 신페이, 1943 : No.10)

17) 오구라 신페이(1943), 『朝鮮方言の研究(남부조선방언의 연구)』(下), PP. 600~664에서 '조선어 방언구획론'에 대한 논의는 도 단위별 경계를 기준으로 하고 있다.

① 경상방언 : 경상남북도, 강원 일부(울진, 평해)
② 전라방언 : 전남북(무주, 금산 제외)
③ 함경방언 : 함남북(영흥 이남 제외)
④ 평안방언 : 평남북
⑤ 경기방언 : 경기, 충남북, 강원(울진, 평해 제외), 함남일부(영흥 이남), 전북 일부(무주, 금산)
⑥ 제주도방언 : 제주도

고노 로쿠로(1945:251)는 『朝鮮方言學試攷(조선방언학시고)』에서 음운, 어법, 어휘의 방언분포에 따라 오구라 신페이(1943)의 견해를 그대로 인용하되, 방언권에 대한 명칭은 달리 사용하고 있다. 특히 경상방언과 전라방언을 남부방언으로 통합하여 하나로 묶어서 5개 방언권으로 구분하고 있는데, 이 두 방언지역은 단모음의 체계나 성조의 차이가 있음에도 불구하고 하나의 방언권으로 묶고 있어 문제가 된다. 특정한 음운사적인 주제인 'ㆍ', 'ㅿ' 소실, 어중 '-ㄱ-, -ㅂ-' 분포, 이중모음의 단모음화 등을 방언분화의 기준으로 한 구분이었다.

① 중부방언 : 오구라 신페이의 경기방언과 대체로 일치
② 서북방언 : 오구라 신페이의 평안방언에 상당
③ 동북방언 : 오구라 신페이의 함경방언과 대체로 일치
④ 남부방언 : 오구라 신페이의 경상방언과 전라방언을 합친 것과 유사
⑤ 제주도방언 : 오구라 신페이와 같음

고노 로쿠로는 오구라 신페이와 마찬가지로 방언구획상 차이를 방위를 나타내는 '중부, 남부, 북부(서북, 동북)'식의 명칭으로, 제

주방언에 대해서도 '제주도방언'이라는 용어를 사용하고 있다. 이러한 방언구획 명칭은 이후 많은 학자들이 이용하여서 한국방언권 명칭으로 정착되었을 정도이다.

김공칠(1988)은 어휘적 기준에 따라 ① 북부방언, ② 중부방언, ③ 남부방언의 3대 방언권으로 구분한 뒤 음운, 형태를 기준으로 하여 다시 아래와 같이 하위방언권을 설정하고 있다.

① 북부방언 — ㉠ 동북부방언 : 함남북, 강원 동부
㉡ 서북부방언 : 평남북
② 중부방언 — ㉢ 중부방언 : 경기, 충남북, 강원서부
㉣ 서부방언 : 황해
③ 남부방언 — ㉤ 동남부방언 : 경남북
㉥ 서남부방언 : 전남북

김형규(1980:426)는 음운, 어휘, 어법을 중심으로 하위방언권을 6개 방언권으로 구분하고 있다. 오구라 신페이의 구분 방법과 유사하지만 "○○도 방언"과 같은 방언권의 명칭을 부여하고 있는 점이 다르다.

① 경상도방언 : 경상남북도
② 전라도방언 : 전라남북도
③ 함경도방언 : 정평 이북의 함경남도와 함경북도, 평안북도 일부(후창군)
④ 평안도방언 : 평안북도(후창 제외), 평안남도
⑤ 경기도방언 : 경기도, 충청남북도, 강원도, 황해도, 함경남도 일부(영흥이남)
⑥ 제주도방언 : 제주도

김병제(1988:208-216)는 『조선언어지리학시고』에서 한국어방언 구획을 아래와 같이 '방언지구', '방언지역', '방언지방'으로 세 개의 성층으로 구분하여 <지도 6-6>처럼 구획하고 있다.

① 동북방언 지구 — ㉠ 동북방언 지역 : 함경도방언지방<함경남도, 함경북도, 양강도>
　　　　　　　　　㉡ 동남방언 지역 : 경상도방언 지방<경상남북도>
② 서부방언 지구 — ㉢ 서북방언 지역 : 평안도방언지방<평안남북도, 자강도>
　　　　　　　　　　　　　　　　　황해도방언지방<황해북도, 황해북도, 황해남도)>

〈지도 6-6〉 한국어방언구획 (김병제, 1988 : 209)

㉣ 중부방언 지역 : 경기도방언지방<경기도>, 강원도방언지방<강원도>, 충청도방언지방<충청남북도>, 기타<함경남도 황해북도, 황해남도, 개성시>
㉤ 서남방언 지역 : 전라도방언지방<전라남북도>
㉥ 제주방언 지역 : 제주도방언지방<제주도>

대방언구획인 '방언지구'를 동·서로 이분하고 '방언지역'은 6개 방언권으로 하위구분하고, 소방언권으로 '방언 지방'을 도별 행정 명칭으로 설정하였다. 이는 오구라 신페이의 구분 방법과 거의 일치하고 있다. 김병제(1988)의 한국어 하위방언구획 방법은 방위중심의 구분 방법과 행정권 중심의 도별 하위방언구획을 하는 일반적 관행을 절충하고 있는 점이 특징이다.

김영황(1982:131)은 음운, 문법, 어휘적인 면을 고려하여 7개 방언권으로 구획하고 있다.

① 서북방언 : 평안남북도, 자강도
② 동북방언 : 함경남북도와 양강도
③ 륙진방언 : 함경북도 륙진지방(경흥, 경원, 온성, 종성, 회령, 부령)
④ 중부방언 : 경기도, 강원도, 충청남북도, 황해남북도 일부
⑤ 서남방언 : 전라남북도
⑥ 동남방언 : 경상남북도
⑦ 제주방언 : 제주도

이병근(2002:24)은 한국방언을 동부방언과 서부방언으로 구분하고 동부방언은 다시 ① 동북방언, ② 동남방언으로 서부방언은

① 서북방언, ② 중부방언(중앙어 포함), ③ 서남방언, ④ 제주방언으로 6개 방언권으로 구분하고 있다.

3) 운소를 기준으로 한 방언구획

이상의 방언구획이 주로 어휘, 음운, 문법을 기준으로 한 것이라면, 운소를 방언구획의 기준으로 하여 하위방언권을 설정한 논의도 있다. 이숭녕(1967)은 성조를 중심으로 하여 성조지역과 비성조지역으로 2대별한 뒤에 다시 현재까지 성조가 잔류하는 지역과 비성조지역에 의해 침식당해 성조가 소실되어가는 지역으로 구분한 추상도(이숭녕, 1967:369)를 제시하고 있다. 김영만(1986:11)은 운소를 기준으로 하여 4개 방언권으로 구분하고 있다. 특히 황대화(1999)는 최근 한국 방언구획을 동·서로 구획할 수 있는 상당히 중요한 근거를 제시한 예로 꼽을 수 있다.

① 서부 제방언 : 평안, 황해, 경기, 서울, 강원서부, 충남, 전라
② 경남방언 : 울산, 울주, 거창 등 경남북부지방을 제외한 나머지 지역
③ 경북방언 : 경남의 울산, 울주, 거창, 강원도 삼척, 포함한 경북지역
④ 함경방언 : 강원도 동북부 포함한 함경지역

서부 제방언에서는 음장이 변별적인 데 비해 경남방언과 함경도방언에서는 고저가 변별적이다. 이에 비해 경북방언은 음장과 고저가 모두 변별적인 기능을 가진다. 그리고 고저를 가진 경상도방언과 함경도방언은 고저 대립이 정반대의 모습을 보여주고 있다(김영만, 1986).

전학석(1993:214)은 『함경도 방언의 음조에 관한 연구』에서 중세국어 성조인 평성, 거성, 상성에 대해 함경도방언은 저, 고, 고로, 경상남도방언은 고, 중, 저로, 경상북도방언은 고, 저, 저장으로, 남강원도방언은 고, 저, 중장으로 대응된다는 기준에 따라 ① 함경도방언, ② 경상남북도 방언, ③ 남강원도방언으로 구분하고 있다.

한국학술원에서는 운소의 분포를 조사를 토대로 하여 성조지역과 무성조 무음장 지역으로 방언구획을 하고 있다. 성조지역은 경상남북도 전역과 강원도 삼척·명주·영월지역 및 함경남도 정평을 제외한 함경남북도 전역과 평북·후창의 동부지역이다. 무성조 무음장 지역은 제주도 전역과 강원도 회양·이천·양구·화천지역 및 황해도 봉산·재령·장연·은율·안악·황주·수안·신계지역과 평북 자성·후창·서부·초산·삭주·운산·태천 및 평남 영원·맹산·순천·평원·용강·강서·중화지역과 황해도 영홍·문천·고원지역이다.

한국어는 운소를 기준으로 하여 크게 세 가지 방언권으로 구분된다. 첫째, 장단이 변별적인 음장방언 지역, 둘째, '저조, 고조, 상승조'가 변별적인 기능을 보이는 성조방언지역, 셋째, 음장과 성조 모두 비변별적인 무음장, 무성조방언지역으로 구분된다.

음장은 대체로 비어두음절보다 어두음절에서 변별적 부담량이 크며, 성조방언은 상승조 성조소 유무에 따라 하위방언이 구분된다.

이상 대방언권 구획에 대한 제반 논의들을 살펴보았다. 이러한 논의의 공통적인 특징은 방언구획 방법에 대한 기준이 일치하지 않을 뿐만 아니라, 방언구획이 정밀하지 않기 때문에 체계적이지 못하다. 그리고 하위방언권의 명칭도 방위를 기준으로 '동남', '서북' 등의 명칭이거나, 행정구획을 기준으로 '함경도', '전라도' 등의 명칭을 쓰는 등 방언권의 명칭도 정리되지 않은 상황이다. 그리고 북한에 대한 현지조사가 불가능한 상황이며, 그동안 행정권의 변화로 양강도와 자강도 등 새로운 도가 신설되었기 때문에 하위방언권의 명칭도 새롭게 설정되어야 할 과제로 남아 있다.

그러나 대방언구획의 성과로 들 수 있는 것은 대방언구획을 남·북방언구획에서 동·서방언구획으로의 관점의 변화를 시도한 점이다. 초기의 방언구획은 공시적, 통시적 방언구획에서 남·북방언구획이 특징이었다. 대표적으로 이진모(1953), 최학근(1959)은 통시적인 방언구획에서 남방계와 북방계로 이분하였으며, 오구라 신페이(1924)는 공시적인 방언구획에서 남·북방언으로 구분하고 있다.

이후 동·서방언 분화 구획은 김병제(1988)에서 시작되었으며, 이후 황대화(1999), 이병근(2002)으로 이어진다. 황대화(1999)는 운소를 기준으로 하여 한국방언구획을 동·서로 구획할 수 있는 상당한 근거를 제시하였다.

제 7 장
방언학의 학제적 연구

1. 방언과 문학
2. 방언과 방송
3. 인터넷과 지역방언
4. 한국어 교육과 방언
5. 방언연구의 최근 동향

방언학의 학제적 연구

1. 방언과 문학

1.1 연구 현황과 흐름

방언은 민중의 언어이다. 민중의 언어는 삶 속에 살아 있는, 생동하는 언어라는 점에서 민중성과 지역성, 그리고 사회적인 현장성을 지니고 있어 문학작품에 심미적 충격을 주는 데 이용되기도 한다.

외국의 경우 문학작품에 나타난 방언을 '가시방언(*eye dialect*)' 또는 '문학방언(*literary dialect*)'이라고 하며, 시, 소설, 희곡 등의 문학작품 속에 나타나는 방언에 대한 텍스트 분석을 시도한 예로는 Sumner Ives(1971), Paul Hull Browdre, Jr.(1971) 등이 있다.[1)]

우리나라에서는 문학작품에서 사용되는 방언이 등장인물의 성격이나 지역적 배경과 어떤 상관관계가 있는지 등에 대한 본격적인 연구나 원전에 대한 언어학적 비평 분야는 아직 미개척의 상황이라고 할 수 있어서 앞으로 이 방면의 연구자들의 활발한 연구가 기대되기도 한다. 최근 김완진(1998:2000)의 향가 연구를 비

1) Sumner Ives(1971), 「A Theory of Literary Dialect」, 『A Various Language, Perspectives on American Dialects』, Holt, Rinehart and Winston, INC.
Paul Hull Browdre, Jr.(1971), 「Eye Dialect as a Literary Device」, 『A Various Language, Perspectives on American Dialects』, Holt, Rinehart and Winston, INC.

롯한 일련의 연구와 『문학과 언어의 만남』의 성과는 언어와 문학 연구의 틈새를 좁힌 연구 성과이다. 또한 문학과 어학의 연구 관점을 접목시키려는 노력들이 일어나고 있어 다행스럽다. 김소월의 시에 나타난 평안방언에 대한 이기문(1998)의 「소월시의 언어에 대하여」, 김영배(1987)의 「백석 시의 방언에 대하여」, 김용직(1996)의 「방언과 한국문학—문학작품에 나타난 방언 문제」, 이상규(1998)의 「멋대로 고쳐진 이상화의 시」, 곽충구(1999)의 「이용악 시의 시어에 나타난 방언과 문법의식」, 최전승(1999)의 「시어와 방언, —'기룹다'와 '하냥'의 방언 형태론과 의미론—」, 권인한(1999)의 「만해 시의 언어에 대한 보유」, 이승재(2000), 「<목계장터>의 구조 분석」, 소설에 나타는 방언을 분석한 김홍수(2000)의 「소설의 방언에 대하여」, 이태영(2000)의 「채만식 소설 <천하태평춘>에 나타난 방언의 특징」, 강정희(2001)의 「소설 속에 만난 낯선 제주방언」, 전정구(2001)의 「토속어의 활용과 관용적 표현」 등의 연구 성과가 있다.

1.2 문학작품과 방언

1) 고전문학작품과 방언

공통어가 보급되지 않은 개화기 이후부터 1930년대 이전 시기까지 문학작품과 그 이전의 고전문학작품의 경우에는 방언을 사용한 예가 매우 많다. 고전문학작품에 나타나는 지역방언에 대한 정밀한 해독을 통해 원전에 대한 정확한 이해, 판독과 더불어 이들 방언이 문학작품에 어떤 영향을 미치는가에 대한 체계적인 연구도 이루어질 필요가 있다.

향가 연구에 있어서 차자된 한자의 석훈(釋訓)과 차음(借音)에 대한 연구와 아울러 개개 어휘의 형태가 오늘날의 방언에 어떻게 잔존되어 있는가에 관심을 가져야 할 것이다. 경주에서 개성으로 방언 개신 지역이 옮겨진 이후 중세어에 어떻게 고대국어가 유지되고 반영되었는지 살펴보기 위해서는 경주방언연구를 통한 향가 해독의 노력이 절실하게 필요하다. 향가에서 사용되었던 어휘 "岳音, 星利, 七史伊, 明期, 多可支" 등이 현재의 경주방언과 대응을 보여주고 있다. '月叱都(달쏘)'에서 어중 된소리를 확인할 수 있다든지, '去賜里遣'에서 의문형어미가 경북 안동방언의 '가실리껴'에 대응된다는 사실을 확인할 수 있다.

고려가요에서 "애정지 가다가 드로라"에서 '정지'가 경상도 방언에서 '부엌'을 의미한다는 해석도 있다. '삭삭기'를 제주방언에서 "뜨거웠던 것이 서늘해진 모습"으로 해석할 가능성이 있다든지, '잠짜간'에서 '잠'이 명사가 아니고 제주방언에서는 동사로 해석이 가능하다는 논의들은 문학작품 해석에 방언 활용의 중요성을 충분히 입증해 주는 결과이다.

시조 작품도 지역에서 전사된 필사본은 지역방언이 반영된 예들이 보인다.

① 입아 楚 사ᄅᆞᆷ들아 녯 님군 어듸 가니
② 부헙고 섬써을 손 西楚霸王 項籍이라
③ 冬至ㅅᄃᆞᆯ 기나긴 밤을 ᄒᆞᆫ 허리를 버혀 ᄂᆡ여
④ 이시라 ᄒᆞ더면 가랴마ᄂᆞᆫ 제 구ᄐᆡ야

①의 '입아'는 '이 보아'의 축약형이다. '이봐' 곧 '여기 보아라'의 뜻이며, 경상방언에서는 '이바'라는 방언형이 잔존해 있다. ②의 '부헙고'는 <해동가요>에서는 '浮虛코'로 표기되어 있어 '부허-ㅂ(강세적 사잇소리)-하고'의 줄임말인 듯하다. 곧 "마음이 차근차근하지 못하고 들떠 서운하다"라는 의미이다. 경상방언에서는 이와 같은 의미로 '헙부다'라는 어휘가 있으니 음절도치에 의한 방언형으로 추정된다. ③의 'ᄒᆞᆫ 허리'는 "허리 한가운데"라는 의미로 사용되었는데 경상방언에 "허벅다리 가운데"라는 의미를 가진 '한장덩이'라는 어휘와 '가운데'라는 의미를 가진 '한복판'이라는 어휘가 있다. ④의 'ᄒᆞ더면'은 "ᄒᆞ-더(과거회상선어말어미)-면(구속형어미)>했더라면, 하였으면"의 구성이다. 현대국어에서는 '하다'동사에서 '-더-'가 인용절에서는 '-었더-라-면' 형식으로 결합이 가능하지만, '-더-면' 형식의 형태소 결합은 경북방언형에서나 실현된다.

가사에 나타난 방언에 대한 연구는 단지 가사 작품을 주석을 하는 과정에서 언급한 정도이다. 특히 가사 가운데 내방가사는 영남지역에 주로 분포되어 있기 때문에 경상방언이 상당수 반영되어 있다.

① 웃던 부인은 참지름ᄂᆡ고 웃던 부인은 들지름 ᄂᆡ고<경북대본 화전가>
② 곱고곱다 창옷치요 쇡쇡하다 창옷치요/치마 옵폐도 ᄡᅡ 다무며 바구니의 모ᄡᅡ 다무니<경북대본 화전가>
③ 아잡삼촌 잇건마는 가사는 불가ᄒᆞ다 <능주구씨 경자록>
④ 업다고 밍 업스며 잇다고 밍 잘살가 <능주구씨 경자록>
⑤ 어름 궁긔 잉어 잡아 슈륜회나 수위ᄒᆞ며<쌍벽가>

⑥ 구무직힌 ᄇᆡᄋᆞᆷ갓치 ᄉᆡ우좀을 뽄을 바다 <진성 이씨 회심곡>

⑦ 전생에 무삼지로 여자몸 되어나서<경대본 사친가>

경북 영주지역 방언을 반영하고 있는 작품 ①에서 '웃던'은 장음을 수반하는 '어:'가 고모음화하는 현상을 반영하고 있는 표기이며, ㄱ-구개음화가 반영된 '참지름', '들지름'이 실현되고 있다. ②에서 '모짜'가 경북방언에서 '모두다'라는 의미를 가진 어휘인 줄 모른다면 이 대목의 해석이 불가능해진다. ③에서 '아잡삼촌'은 경북방언에서 "자식보다 나이 어린 시동생"이라는 의미를 지니고 있다. ④의 '밍'은 "맹, 계속, 지속적으로"라는 의미를 지닌 경북방언형이다. ⑤의 '궁긔'도 경상방언으로 '구멍'을 뜻하는 방언분화형이다. ⑥의 '구무직힌'은 '구멍'의 경북 방언형인 '구무를 지킨 이'라는 뜻이며, ⑦의 '무삼지로'는 "무슨 죄로"라는 의미의 경상방언 분화형이다.

이처럼 방언분화형에 대한 정확한 판독 작업이 이루어지지 않는다면 동일한 방언권 화자가 아닌 경우에는 무슨 뜻인지 전혀 이해할 수 없게 된다. 특히 민요와 설화 등 구비문학에 있어서는 그 지역의 방언이 그대로 활용되는 경우가 더욱 많다. 오늘날 채록된 민요도 그 지역 방언을 모르고는 전혀 이해될 수 없다.

설화도 마찬가진데, 그것을 근원으로 한 판소리에는 방언이 그대로 나타난다. 완판본 춘향전인 <열녀춘향수절가(烈女春香守節歌)>에는 전라방언이 상당하게 보인다. 이는 판소리가 근원 설화로부터 출발하였다는 설에 대한 한 방증이 될 것이다.

지역 마당극 대본에서도 매우 다양한 방언들을 확인할 수 있

다.[2)]

젊은이 : 문제라카마 멉니꺼?

젊은이 : 선생님예. 부디, 정직하게 좀 해주이소. 그라마 저희들은 돌아가겠심더. 수고들 하시소. (다시 돌아서며)막걸리라도 갖다 놓고 해야 안되겠습니꺼. 믿고 돌아 갑니데이. 헤엠요. 그라마 위리(위리)는 돌아가시더.

마당극 대사에서 '-카마', '-니꺼'?, '-예', '-이소', '-라마' 등 매우 다양한 방언 문법형태를 확인할 수 있다. 뿐만 아니라 지역 마당극에서 지역 토착 언어를 사용함으로써 관객들로 하여금 훨씬 친밀감을 느낄 수 있게 할 수 있으며, 또 등장인물의 성격을 보다 분명하게 드러낼 수 있다는 극적 장점도 가질 수 있다.[3)]

이처럼 구술자료에서는 다양한 지역방언이 나타나고 있는데 엄격한 의미에서 언어학 자료로서는 유용하지 않지만 문학작품의 완전한 해석을 위해서는 방언형에 대해 세심한 판독이 선행되어야 할 것이다.

2) 현대문학작품과 방언

현대 소설이나 시에 있어서도 공통어가 아닌 방언의 사용 문제는 연구과제로 남아 있는 셈이다. 경상도 방언이 반영된 김동리의 <바위>에서 "고맙습니더. 천지신명 우리 신주님, 인저 이 불쌍한 년의 소원을 들어 주실라캄니꺼, 고맙습니더. 고맙습니더"처럼

---

2) 김재석 · 최재우(1996), 『이 땅은 니캉 내캉』, (대구지역 민족극 선집), 태학사.

3) 신지 사나다(眞田新治)(1999), 『展望現代の方言』, P. 182. 연극의 방언 대사를 지도할 지도자가 필요하다고 역설하고 있다.

어미 '-니더', '-니꺼'와 같은 경북방언의 종결어미 형태를 확인할 수 있다. 박경리의 <土地>에서 '아까봐서', '애러분'와 같은 예에서 ㅂ불규칙 용언을 확인할 수 있다든지 '어디 씨이나'와 같은 예에서 '쓰-이다 > 씨이다'와 같은 변화들을 확인할 수 있다. 어휘면에서도 김원일의 <불의 제전>에서 "오히려 큰 짐 덜었다고 생각해라"에서 '큰짐(일에 대한 부담감)'이나 이문열의 <변경>에서 "그건 글코-야야. 차라리 내일 아침 첫차로 나가제. 이십리 길도 마딘데. 걸어보지도 않은 니가 어예 걷는다꼬…"에서 '마디다(잘 닳거나 줄어지지 않는다)'라는 의미해석은 다른 지역 방언 화자라면 방언사전이 없이는 어렵다고 할 수 있다.

방언을 시에 일상어로 사용했던 이상화나 소월의 전통과 30년대 이후 의도적으로 방언을 시에 활용했던 미당과 목월의 경우는 사정이 좀 다르다. 정서법이 없었던 시기에 특히 방언을 일상어로서 사용한 이상화나 소월의 작품들을 보다 정확하게 확정하기 위해서는 원전과의 대교 및 방언에 대한 분석이 선행되지 않으면 엄청난 오류를 범할 수밖에 없다. 따라서 지방색이 짙은 방언을 많이 활용한 문학작품에 대해서는 방언학자들에 의한 텍스트분석 및 원전 확정 작업이 우선적으로 필요하다.

방언을 시작품에 의도적으로 활용한 대표적인 작가는 박목월이다. 특히 <청록집>에서 <산도화>, <란 기타>, <경상도의 가랑잎>에서는 비교적 많은 방언 어휘나 방언 문법적 표현을 의도적으로 사용하고 있다. 경주를 중심으로 한 향토색을 주조로 애틋한 그리움이나 한가함의 정취를 나타내기 위해서는 경상도 사투리를 그대로 사용하는 것이 얼마나 더 효과적인가를 보여주는 시작품들이 많다.

정확한 문학작품의 해독과 올바른 문학작품에 대한 이해는 상호 필연성과 상보성을 가진다. 곧 국문학 작품의 올바른 이해와 해독은 국어학적 연구와 상호 상보적인 관계가 있음에도 불구하고 그동안 학문적 영역의 침범이라는 잘못된 불문율 때문에 연구의 공동화 현상이 있었던 것이 사실이다.

2. 방언과 방송

2.1 방송언어의 폐쇄성

문맹률이 전국 70~80%에 이르던 50년대까지는 공통어인 표준어의 보급을 통해 언어의 이질화를 막으려던 시기였기에 방언은 전멸시켜야 할 대상으로 인식되었다. 따라서 모든 방송언어는 표준말을 기준으로 함을 원칙으로 삼던 전통이 그대로 현행 방송법에 잔류해 있다.

사실의 명확한 전달을 목적으로 하는 신문기사나 방송의 보도 프로그램, 교과서의 비문학 텍스트에 있어서는 방언에 대한 어느 정도의 규제는 필요하지만, 예술적 영역에 있는 방송 드라마나 오락 프로그램, 교과서의 문학 텍스트에 대해 방언사용을 규제하는 것은 문제가 있다.

또한 현재로서는 공교육의 확장과 방송 등 매체의 영향으로 인해 언어가 이질화될 가능성은 거의 없다고 할 수 있다. 따라서 표준어가 아닌 방언을 언어순화에 장애가 되는 대상으로 생각하여 지나치게 규제해서는 안 된다.

2.2 방송의 방언사용 실태

우리나라에서 방영되고 있는 프로그램 중에는 방언과 관련된 코미디 프로그램, 사극연속극, 일일연속극 등이 있다. 이들 프로그램에 대해서 방언과 관련된 문제가 제기될 수 있다.

코미디 프로그램 등에서는 방언을 그대로 사용하거나 의도적으로 노출시키고 있다. 그런데 문제는 방송에서 사용되는 방언이 정확한 지역방언이 아니라는 것이다. 코미디 프로그램에서 저속한 언어를 구사하는 것보다 다듬어진 지역방언을 잘 활용하여 방송하는 것이 차라리 국어순화에 도움이 될 것이다.

지역방송사인 마산 MBC 라디오의 <아구할매>라는 순수 지역방언으로 만든 프로그램이 있다. 지역의 청취자들로부터 대단한 사랑과 관심을 받고 있는 <아구할매>는 어떤 유해적이고 국어를 훼손하는 측면을 찾아볼 수 없다.

일본의 오키나와 라디오(ROK)에서도 1960년부터 지속적으로 지역 민요와 방언으로 방송하는 프로그램이 있을 뿐만 아니라 RBC, FM오키나와 등 지역 방송프로그램이 점점 확대되고 있다. 물론 방송에서 방언의 사용에 대한 역기능이 없을 수는 없다. 그러나 표준어와 동등하게 정확한 방언을 잘 다듬어서 적절한 상황에서 사용할 수 있도록 모든 규제를 풀고 이와 더불어 방송방언 전문가를 채용하면 보다 수준 높은 방언사용 방송프로그램을 제작할 수 있을 것이다.

우리나라에서도 정확한 방언을 구사할 수 있도록 반드시 방언 방송 전문요원을 채용하여 여러 가지 문제들을 시정해 나가야 할 것이다.

방언은 단순한 의사소통의 기능만 하는 것이 아니라 우리 생활을 정감 있는 삶을 살 수 있도록 해주며, 심리적 안정감도 가져다 준다. 제도교육을 받은 많은 사람들도 지역이나 가정에서 가까운 지인들을 만나면 방언을 쓴다. 표준말로는 제대로 표현하지 못하는 느낌과 의사를 방언으로 표현할 수 있는 상황과 처지가 많은 것이다. 방송에서 사용되는 방언도 미묘한 심리적 상황을 표준어로 표현하는 것 이상으로 표현해 내기도 한다. 그런 면에서 방송의 방언 사용을 저지만 할 것이 아니다.

방송국에서 방송 편성 프로그램 자체에 대한 연구 분석의 필요성과 더불어 일본과 마찬가지로 「국방언자료」의 발간이라든지 「언어지도집」 간행 등 소멸 위기에 놓여 있는 지방 언어를 문화재 보호 차원에서 보존하려는 노력과 사업도 함께 벌여나갈 필요성이 있다.

3. 인터넷과 지역방언

3.1 인터넷 속의 지역방언

이정복(2002)은 "개별언어에서도 그러하지만 개별 언어 내부에서도 지역을 기반으로 한 수많은 동호회와 끼리끼리 어울리는 각종 소모임의 존재를 통해 단적으로 확인되며, 또 그 속의 사람들이 사용하는 언어의 모습에서도 지지를 받는다. 컴퓨터 통신 속에서는 현실 세계에서보다 더 다양한 형식의 언어가 사용되고 있으며, 특히 지역방언도 자연스럽게, 그리고 높은 빈도로 쓰이고 있는 것이다"는 점을 근거로 컴퓨터 통신 속에서 지역방언은 필수적인 언어 자원으로의 존재 의의를 가지며, 또 그것은 통신 이용자들에 의해 활발히 사용될 것으로 내다보고 있다.

인터넷상의 대화방에서 뿐만 아니라 부산사랑(부산), 달구벌(대구), 빛고을(광주), 군산사랑(군산) 등 동호회 등의 게시판에 글올리기, 또는 방송의 사투리 프로그램에 출연하는 개그맨의 홈페이지, 또는 지역 관공서(도청이나 군청 또는 교육청)의 홈페이지에서는 방언 코너를 설치하여 다양한 방언자료들을 공개하고 있다.

방언과 관련된 웹 문서는 긍정적인 측면과 부정적인 측면을 모두 공유하고 있으며, 또한 신뢰도가 떨어지는 방언자료가 대단히 많다는 점 등은 문제점으로 지적할 수 있다.

3.2 지역방언의 사용 유형

컴퓨터 통신 속에서 지역.방언이 어떻게 사용되고 있는지를 인터넷 게시판 자료를 대상으로 한 사용의 유형에 대해 이정복(2000)에서는 아래와 같이 그 특징을 밝히고 있다.

가. 음운, 문법, 어휘 등의 모든 분야에서 다양한 방언형들이 사용되었다.
나. 방언형의 사용 정도는 어떤 목적을 가지고 의식적으로 사용한 경우(의식적 용법)와 그렇지 않은 경우(무의식적 용법)에 따라 차이가 있었다.

다. 지역에 기반을 둔 동호회에서는 물론이고 전국 단일 동호회에서도 동남 방언과 서남 방언 등의 지역방언이 활발히 사용되었다.

라. 익명 게시판보다는 실명 게시판에서 방언형의 사용이 더 많았다. 동호회에 따라서는 그 차이가 3배에 이르렀는데, 이것은 두 게시판의 기능이 다르고 또 방언의 쓰임이 텍스트의 내용 특성과 큰 관련을 갖고 있음을 보여주는 것으로 해석되었다.

마. 방언형은 공식적 내용일 때보다 비공식적 내용일 때, 문어체보다는 구어체에서, 그리고 정보 지향의 글보다는 오락성이 강한 글에서 주로 많이 사용되었다.

바. 컴퓨터 통신 이용자들은 일상생활에서의 글쓰기와 달리 통신 글에서 방언형을 활발히 사용함으로써 '친밀하게 표현하기', '자연스럽게 표현하기', '재미있게 표현하기'의 목적을 이룰 수 있다. 이러한 기능을 담당하는 지역방언의 사용은 일상어와 구분되는 '통신 언어' 또는 '통신 방언'의 핵심적인 구성 요소라 할 만하다.

4. 한국어 교육과 방언

4.1 방언 교육의 필요성

지난 50년대 문맹률이 60%에 가까워 표준어의 보급과 교육이 시급한 과제였던 시절에 표준어에 비해서 상대적으로 언어의 이질화를 유발시킨다고 여겨졌던 방언은, 그것을 비교육적인 대상으로 폄하시켰던 잘못된 전통은 아직까지 유지되고 있는 실정이다.

그러나 지금은 공교육제도가 활성화하여 표준어 교육이 일반화됨으로써 방언 때문에 의사소통에 지장을 받을 정도는 아니며, 어느 지역에 살든 방언으로 인한 피해는 거의 없다. 국어가 여러 지역의 방언이 모여 이루어지는 것이라면 개별 지역방언 또한 국어를 구성하는 일부이기 때문에, 보다 다양한 국어생활을 영위하기 위해서는 지역방언에 대한 특성을 이해하고 또 지역방언이 가지고 있는 언어적 장점을 채택하여 국어를 보다 더 풍요롭게 가꿀 필요가 있다.

최근의 정보통신의 급격한 발달로 인해 지역방언의 개성적 특징을 상실해 가고 있다. 개별 지역의 문화와 역사적 전통성을 반영하고 있는 방언이 사라져 가고 있기 때문에 이들 방언을 수집하고 보존하려는 노력 또한 매우 절실하다. 세계화 시대에 역기능을 막기 위해 지역주의에 대한 중요성이 강조되고 있는 시점에서 지역방언을 초등학교 국어교과 영역에서나 사회교과 영역에서 체계적으로 지도할 필요가 있다.[4)]

지역의 사회전통과 정신적 향취가 남아 있는 방언은 박멸해야 할 부정적인 대상이 아니라 일종의 무형문화재로서의 가치를 지닌 것이라는 인식의 전환이 필요한 시점이다.

4.2 방언 교육의 가치

방언에는 문헌기록에도 남아 있지 않은 우리 옛 조상들의 말씨가 남아 있다. 예를 들면 경상도지방에서 '더버라(더워라)'는 세종대왕 시대의 '더ᄫᅥ라'인데 아직까지 그때의 모습으로 남아 있다. 방언은 지난날의 살아 있는 언어의 변화 사실을 생생하게 반영해 준다는 의미에서 방언연구의 중요성은 다시 말할 필요도

---

4) 니생도류(備前 徹)(1994), 「日本語教育における方言」, 『方言と日本語教育』, 國立國語研究所.

없다.

방언은 수백 년 전의 문헌에 나타난 어형보다 더 오래된 형태를 보여주어 비교언어학적 연구 혹은 내적 재구를 위해 매우 유용한 증거를 제공해 주기도 한다. 방언을 통하여 우리는 세종대왕 시대에 우리 선조들의 생생한 말씨와 만날 수 있으며, 그보다 더 오래된 고대의 우리말의 모습을 재구할 수 있다.

한편 방언은 지역 사회·문화와도 밀접한 관련을 맺는다. 예를 들면 '김치'를 '짠지'라고 하는 방언권 혹은 '식혜'를 '단술'이라 하는 방언권의 음식문화는 다른 방언권의 문화와 구별될 수 있는 특징을 가진다. 문화지리학적인 관점에서 문화와 방언권이 어떤 연관을 갖는지 탐색해 보는 것도 결국 한국어의 방언분화와 문화양상의 분화를 이해하는 데 도움을 줄 수 있고, 그 역으로 우리 방언의 분포의 이해를 통해 전통문화의 분화양식을 이해하는 데도 도움을 줄 수 있을 것이다.

방언은 단순히 어휘, 음운, 어법상의 차이만 있는 것이 아니라 화맥의 뚜렷한 차이를 보여준다. 곧 그 지역만이 가진 문화나 전통에서 비롯된 미묘한 감정 표현 방법, 말의 리듬감 등이 배여 있다. 또한 방언은 위선을 갖지 않고 가까운 사람끼리 사용하는 언어표현법이므로 사고 작용과 감정의 표현에 가장 직접적이다. 따라서 학습의 장에서 방언을 적절하게 사용하는 것은 학습 효과를 높일 수 있다.

지역적인 차이를 보여주는 방언은 한국어의 역사적인 변화를 반영해 주기도 한다. 언어의 변화 속도가 빠른 문화나 정치·사회적 중심지역 방언과 그렇지 못한 지역 간의 방언차이는 언어의 변화과정을 반영해 주는 것이다.

4.3 방언 교육 방법

개별 국가의 언어는 표준어 또는 공용어 교육을 기반으로 하여 언어의 분열을 저지하고 억제할 필요가 있다. 그러나 오랜 전통 속에서 지역민들의 정서적 체취가 묻어 있는 방언을 없애려고 하는 것은 잘못된 생각이다.

1) 방언과 표준어의 대조 방식

국어교과 영역에서는 표준어와 개인이 사용하고 있는 방언이 어떤 측면에서 차이가 있는지에 대한 교육이 필요하다.

예를 들면 경상도 방언화자들은 /으/와 /어/, 그리고 /에/와 /애/를 구분하지 못한다. 이 경우 방언을 표준어와 대비하여 교육함으로써 표준발음에 대한 보다 정확한 이해를 시키는 데 도움이 될 수 있다. 그리고 단모음 /외/와 /위/가 이중모음으로 실현되는 지역에서는 다시 자음 아래의 환경이냐 모음 아래의 환경이냐에 따라 방언차이를 보여주기 때문에 이들과 표준 발음을 대비시켜 보다 정확한 표준발음을 익히는데 방언 교육이 보조적인 효율성을 가질 수 있다.

그러므로 표준어 교육의 영역과 연관한 방언 교육은 표준어의 체계를 보다 더 정확하게 학습하는 데 도움이 될 것이다.

2) 방언으로 글쓰기와 표준어로 옮겨 적기

글쓰기 영역에서도 방언으로 글쓰기를 했을 때와 표준어로 글쓰기를 했을 때 많은 차이가 나타난다. 방언으로 글쓰기를 시도한 경우에는 보다 솔직한 자기감정이 배여 있는 경우가 많다. 그러나 천박한 비속어를 방언으로 오인하는 경우를 경계해야 한다. 방언으로 글쓰기를 한 다음에는 반드시 이것을 표준어로 옮겨 적기를 시켜 표준어와 방언이 어느 정도의 차이가 있는지 스스로 체험하도록 하는 것도 효과적이다. 그리고 이것을 구어체로 말하도록 함으로써 방언적 표현이 표준어와 얼마나 차이가 나는지를 스스로 체험하는 기회를 열어 주는 것도 말하기 및 듣기 교육에 효과적인 방식이 될 수 있다.

5. 방언연구의 최근 동향

5.1 담화자료수집과 데이터화

최근의 방언자료 조사는 종래 지리언어학적인 방법인 조사항목과 질문지에 따른 면접방식의 조사에서 벗어나 자연발화를 수집하여 그 자료를 개량적으로 처리하는 방식으로 진행되고 있다. 이와 더불어 컴퓨터를 활용한 언어연구의 방법이 발달하면서 담화분석의 단위로 방언을 활용하기 위해서 자연발화를 데이터베이스화하는 방식을 모색하고 있다.

또한 수집된 자료를 인터넷을 통해 연구자 간에나 또는 일반인에게 자료를 공개하고 자료를 공유하는 것이 보편화되고 있다.

5.2 컴퓨터를 활용한 방언연구

자연발화를 데이터화한 것을 학술적으로 활용하기 위해 통계처리 프로그램인 VARBUI와 같은 개량적 언어처리방식을 이용하는 경향을 보이고 있다. Sch neider(1997)는 카오스이론을 방언학의 변인과 변화의 설명에 이용하려는 노력을 보였으며, Girard & Larmouth(1993)는 방언경계선의 특정에 퍼지 집합(fuzz sets)이론을 응용하는 등, 다양한 이론화도 시도되고 있다.

컴퓨터를 이용한 통계처리는 언어지도 작성에도 이용되고, 또 방언측정학이라는 영역도 개발하였다. Schlitz(1997)는 룩셈부르크의 전국언어지도를 파치 상에 묘사하고 있으며, 특히 일본의 국립국어연구소(http://www2.kokken.go.jp/henka1/index.html)에서도 『方言文法全國地圖』(1989~)를 온라인상에 제공하고 있다.

Fukushima(2002)는 매우 정교하고 치밀한 언어지도 작성에 대한 자동화를 위한 SEAL시스템을 개발하여 온라인상에 그의 프로그램을 공개하고 있다. Cichocki(1977)는 캐나다에서 프랑스어 사용에 대한 분석을 통한 방언구획과 언어지도를 작성하여 온라인화를 진행하고 있다. 이 외에도 크고 작은 언어정보 공개사례는 수천 건이 넘을 것으로 추측된다.

5.3 사회방언학의 이론과 방언지세학

세계의 모든 언어에서 지리적 변인이 존재하지 않는 언어란 존재하지 않는다. Labov가 방언사용과 사회계층 관계를 제안한 뒤

사회방언학의 방법론은 폭넓게 연구되고 있다. 특히 Milroy(1987)는 노동계층의 화자는 전통방언을 충실하게 유지하지만 중류계층은 표준어나 공통어에 변화의 민감하게 대응한다는 Labov의 논의에서 더 나아가 사회 네트워크이론으로 변화의 차이를 보이는 이유를 설명해 내고 있다. 곧 중류계층은 노동자 계층보다 더 많고 다양한 사람과 접촉해야 하는 하중을 가지고 있기 때문이라는 것이다.

Robinson & Giles(2001)는 성별이나 사회집단에 따라 표준어화하는 속도가 다른 점에 착안하여 언어에 대한 인지 정도의 차이로 설명하고 있다. 또한 Petes tone(1999)는 인지언어학의 순응이론(*accommodation theory*)을 확장하고 matched guise라는 실험방식을 이용하여 방언과 언어인지에 대한 인지방언학의 방법을 제안하였다.

Chamber(1994)는 방언(특히 어휘와 문법) 분포를 동태적으로 파악할 수 있는 방언지세학 이론을 발표하고 있다.[5] 이 이론은 여러 지점의 다양한 연령층의 제보자를 대상으로 자료를 수집, 계량적 처리를 통해 지역별 사용 지수(*regionality index*)를 일종의 *crostogram* 형식으로 방언분포의 동태를 파악하는 방식이다.

5.4 사회에 환원하는 방언연구

방언이 점점 소멸되어 가고 있다. 수천 년의 역사를 지니고 있

5) Chamber, Jack(1994), 「An Introduction to Dialect Topography」, 「English Word-Wide」, 15, 35-53.

는 방언의 소멸에 대해 대부분의 나라에서 위기의식을 갖지 못한 상황이다. 그러나 절멸의 위기에 놓인 방언이나 언어의 변화에 대한 염려의 목소리가 차츰 높아져 가고 있다(Wolfram, 2000).

Labov(1982)의 「誤解 修正의 原理」(*Principle of error correction*)처럼 "흑인 영어를 사용하는 아이들의 언어가 결핍되어 있다"라는 잘못된 인식은 타파되어야 한다는 원리이다. 모든 언어자료는 공히 중요하고 가치 있는 것이기 때문에 자료 제공자와 그 언어 커뮤니티에 반드시 감사의 인사를 보내야 한다는 「恩賜의 原理」(*Principle of debt incurred*)를 제창하고 있다.

Wolfram(1993)도 현지조사를 한 뒤에 제보자에게 물질적 선물로 보답하는 대신 연구 성과로 환원되어야 한다는 「언어학적 보답 원리」(*Principle of linguistic gratuity*)를 주장하고 있다.

방언사전의 간행, 주민에 대한 방언 특강, 방언대회 지원, TV 출연, 아이들에게 지역방언으로 된 교재개발과 공급 등의 보상적인 활동이 강화되어야만 소멸되고 있는 귀중한 언어자료를 보전할 수 있다.

다뉴엘 론다(2002)는 방언의 보존과 교육을 위해 보상 활동을 제안하기도 했다.

방언을 지키는 일은 방언학자의 힘만으로 불가능한 것이다. 따라서 방언학자들이 방언의 소멸을 연구 대상으로 하는 것 또한 방언의 소멸을 가능한 한 가지의 방편이라고 할 수 있다.

5.5 학제 간 협동 연구

21세기에 들어서면서 체계적 합리주의에 바탕을 둔 지나칠 정도로 세분화된 연구방법에 대한 반성의 기운이 도처에서 발견되고 있다. 일본에서는 최근에 일본인류학회, 일본고고학회, 일본언어학회, 민간전승회, 일본민족협회 6개 학회가 연계한 인접학문의 협동 가능성에 대한 학술회의가 개최되기도 하였다.

방언연구는 전통적으로 지리언어학적 연구와 역사적 재구조화에 중점을 둔 채 지속되어 왔기 때문에 언어의 운영과 관련된 인접학문과의 학제적인 연구는 소홀히 다루어 왔다.

방언연구는 인접한 학문과의 연계한 총합연구의 과제도 안고 있다. 문학, 역사, 지리, 민속학, 심리학, 사회학과의 협동적 연구가 어느 때보다 절실히 필요하다. 아울러 정보전달의 방법의 변화에 따라 전산계량언어학을 비롯한 의료, 복지 부문과도 연계 연구의 필요성이 제창되고 있다.[6] 보다 분명한 학제 간의 연구 목표를 설정하여 인접학문 간의 통합연구의 방향을 모색하여야 할 것이다.

---

6) 희다카고우이치로(日高貢一郎)(2002), 「醫療・福祉と方言學」, 『21世紀の方言學』, P. 324, 圖書刊行會.

참고문헌

김영배(1987), 「백석 시의 방언에 대하여」, 『문학과 방언』(2001, 재수록), 역락
강근보(1978), 「제주도방언의 곡용에 대하여」, 『논문집』 10, 제주대.
강병륜(1996), 「충청남도 방언에 나타나는 유성자음 [g] 탈락의 언어지리학적인 연구」, 『웅진어문학』 4, 웅진어문학회, 공주대.
강신항(1975), 「계림유사 「고려방언」 어석」, 『대동문화연구』 10, 성균관대.
강신항(1978), 「안동방언의 서술법과 의문법」, 『언어학』 3, 한국언어학회.
강신항(1979), 「안동방언의 명명법 · 약속법 등」, 『논문집』 26집, 성균관대.
강신항(1980), 「안동방언의 경어법」, 『난정남광우박사화갑기념논총』.
강영봉(1995), 「제주도방언의 접두사」, 『국문학보』 13, 제주대 국어국문학과.
강영황(1989), 「고려어 기초방언의 사적 고찰」, 『조선어문』 4, 평양.
강정희(1978), 「제주방언 접속문의 시제에 관한 일고」, 『어학연구』 14권 2호, 서울대.
강정희(1988), 『제주방언연구』, 한남대 출판부.
강정희(2001), 「소설 속에 만난 낯선 제주방언」, 『문학과 방언』(2001, 재수록), 역락
강헌규(1988), 「표준어와 방언의 의미차이에 대하여」, 『선청어문』 16 · 17 합집, 서울사대.
강헌규(1995), 『역주 영인 화음방언자의해』, 삼광출판사.
강희숙(1992), 「국어 마찰음화에 대한 연구 : 전남방언을 중심으로」, 『인문과학연구』 14. 조선대.
강희숙(1994), 「음운변이 및 변화에 관한 사회언어학적 연구-전남 장흥 방언을 중심으로-」, 전북대 대학원 박사학위논문.
고동호(1995), 「국어 마찰음의 통시적 연구-제주도 방언 자료를 중심으로」, 서울대 언어학과 박사논문.
곽충구(1982), 「'왕겨'의 방언형들의 지리적 분포와 그 비교연구」, 『개신어문연구』 2,

충북대.
곽충구(1983), 「파생어와 복합어를 통한 방언사연구」, 『이숭녕박사회갑기념논총』
곽충구(1985), 「'쩨-'의 통시적 변화와 방언분화」, 『국어학』 14.
곽충구(1986), <노한회화>와 함북 경흥방언」, 『진단학보』 62.
곽충구(1988), 「<로한ᄌᆞ뎐> 의 한국어와 그 전사에 대하여」, 이화어문논집 11.
곽충구(1994), 「계합 내에서의 단일화에 의한 어간 재구조화」, 『국어학연구』, 태학사.
곽충구(1997), 「국어사전의 방언 표제어와 그 주석에 대한 검토」, 『국어교육』 93, 한국국어교육연구회.
곽충구(1999) 「이용악 시의 시어에 나타난 방언과 문법의식」, 『문학과 방언』 (2001, 재수록), 역락
곽충구(2000), 「함북방언의 비자동적 교체 어간과 그 단일화 방향」, 『21세기 국어학의 과제』, 월인.
구본관(1994), 「경주 방언 피동형에 대한 연구」, 『국어연구』 100.
구연미(1991), 「경남 방언의 높임법」, 『우리말연구』 1, 우리말연구회.
국어국문학회(1990), 『방언학의 자료와 이론』, 지식산업사.
권병로(1987), 「무풍지역어의 음운론적 연구」, 전북대 박사논문.
권인한(1999)의 「만해 시의 언어에 대한 보유」, 『문학과 방언』 (2001, 재수록), 역락
권재일(1982), 「경북방언의 문장종결조사 '이'에 대하여」, 『인문과학연구』 1, 대구대.
권재일(1996), 「경북방언의 인용구문 연구」, 『인문논총』 35, 서울대 인문학연구소
기세관(1983), 「전남 북서부 방언의 움라우트 현상」, 『국어국문학』 90.
기세관(1986), 「나로도 방언의 어휘자료」, 『남도문화연구』 2, 순천대.
기세관(1987), 「구개음화의 공시태와 통시태」, 『정병홍선생화갑기념논문집』, 학문사.
기세관(1993), 「내적재구에 의한 전남 방언사 연구」, 『남도문화연구』 4, 순천대.
기세관(1996), 「여수방언의 음운론적 특성」, 『선청어문』 24, 서울대 국어교육과.
기주연(1988), 「특정방언에 대한 편견적 태도와 선호적 고찰」, 『숭실어문』 5집, 숭실대.
김경숙(1997), 「어중 [-g-], [-b-], [-z-]의 분화에 관한 지리언어학적연구」, 경북대 대학원 석사학위논문.
김경숙(2002), 「방언연구의 현황, 유럽 · 미국 · 일본을 중심으로」, 『어문론총』 40, 경북어문학회.
김규남(1991), 「전북방언의 ㅂ 불규칙 활용과 재구조화」, 『어학』 18, 전북대.
김덕호(1997), 「경북방언의 지리언어학적 연구」, 경북대 대학원 박사학위논문.
김덕호(1992), 「경북 상주지역어의 음운 연구」, 『문학과 언어』 13, 경북대.
김덕호(1997), 「컴퓨터를 이용한 협역 언어지도 작성 방법론」, 『언어연구』 14, 대구언

어학회.
김동언(1997), 「19세기 후기 황해도 방언의 음운론적 연구」, 『한국어학의 이해와 전망』(일암김응모교수화갑기념논총), 박이정.
김무림(1995), 「영동방언의 'ㄱ'음 개재고-국어음운사의 측면에서-」, 『한남어문학』 20, 한남대.
김무식(1999), 「경북방언 용언의 성조형」, 『문학과 언어』 21. 문학과언어연구회.
김민수(1972), 「표준어 문제사」, 『국어국문학』 58-60 합병호, 국어국문학회.
김방한(1963), 「구조주의와 방언사」, 『한글』 131, 한글학회.
김방한(1999), 『언어학 논고』, 서울대학교 출판부
김병제(1959), 『조선어방언학개요(상)』, 평양 : 과학원출판사.
김병제(1963), 「주격형태에 나타난 방언적 특성」, 『조선어학』 1.
김병제(1965), 『조선어방언학개요(중)』, 평양 : 과학원출판사.
김병제(1975), 『조선어방언학개요(하)』, 평양 : 과학원출판사.
김병제(1980), 『방언사전』, 평양 : 과학백과사전종합출판사.
김병제(1988), 『조선언어지리학시고』, 평양 : 과학백과사전종합출판사.
김성환(1991), 「경북방언 성조의 음성학적 고찰」, 『들메서재극박사환갑기념논문집』, 계명대출판부.
김승호(1992), 「진주지역어의 들을이 대우에 관한 연구」, 『동아어문논집』 2, 동아대.
김영만(1966), 「경남방언 성조 연구」, 『국어국문학』 31, 국어국문학회.
김영만(1966), 「방점과 현대 국어 성조의 비교 : 경북 방언을 중심으로」, 『한글』 137.
김영만(1974), 「방점표기의 원칙과 성조변화」, 『국어국문학』 64, 국어국문학회.
김영배 편저(1992), 『남북한의 방언연구』, 경운출판사.
김영배(1969), 「평안방언과 구개음화」, 『동악어문논집』 6.
김영배(1977), 『평안방언의 음운체계연구』(한국학연구총서 11), 동국대 한국학연구소.
김영배(1979), 「평안방언의 형태론적 고찰」, 『성곡논총』 10.
김영배(1983), 「*Corean primer*의 음운과 표기」, 『동악어문논집』 17, 동국대.
김영배(1984), 『평안방언 연구』, 동국대출판부.
김영배(1990), 「<성관자재구수육자선정>에 대하여」, 『국어국문학론문집 서남춘교수정년퇴임기념』.
김영배(1991), 「<이륜행실도>의 원간본과 중간본의 비교」, 『동방학지』 71·72호
김영배(1994), 「<선가귀감>언해본의 방언에 대하여」, 『우리말 연구의 샘터』(연산도수희선생화갑기념논총), 간행위원회.
김영송(1967), 「경남방언의 음운재론」, 『국어국문학』 6, 부산대.
김영송(1977), 「경남방언(3) : 음운」, 『한글』 159.

김영진(1967), 「국어방언연구의 사적 고찰 : 방언학사를 위한 시고」, 『논문집』 6, 청주대.
김영태 외(1994), 「방언사전 편찬 방법론」, 『인문논총』 6, 경남대 인문과학연구소.
김영태(1975), 「경상남도의 방언 구획」, 『논문집』 2, 경남대.
김영태(1975), 「경상남도의 방언 연구(1) : 자료편」, 진명문화사.
김영태(1984), 「창원지역어 격조사 연구」, 『논문집』 11, 경남대.
김영황(1978), 「방언들의 교차에 따르는 특징적인 언어적 변화」, 『조선민족어발전역사연구』, 평양 : 과학 · 백과사전출판사.
김영황(1982), 『조선어방언학』, 평양 : 김일성종합대학출판사.
김옥화(1994), 「고창방언의 이중모음에 대한 통시적 연구」, 『국어연구』 121.
김완진(1963), 「국어모음체계의 신고찰」, 『진단학보』 24, 진단학회.
김완진(1971), 「음운현상과 형태론적 제약」, 『학술원논문집』 10집, 학술원.
김완진(1979), 「방언 연구의 의의」, 『방언』 1, 한국정신문화연구원.
김용상(1972), 「삼천포 · 승주 · 여천 지방의 어휘」, 『연세어문학』 3, 연세대.
김용찬(2001), 『병와가곡집』, 월인.
김웅배(1993), 「전남방언의 연결어미 연구」, 『한국언어문학』 31.
김윤한(1982), 「방언학의 방법론과 문제점」, 『방언』 6집, 한국정신문화연구원.
김이협(1981), 『평북방언사전』, 한국정신문화연구원.
김인경 외(1979), 「언어변화의 사회언어학적 고찰」, 『언어연구』 2, 부산대.
김재석 · 최재우(1996), 『이 땅은 니캉 내캉』, (대구지역 민족극 선집), 태학사.
김정대(1997), 「'-느-'의 변화와 경남 방언」, 『연구원논집』 3집, 경남대 경남지역문제연구원.
김정대(1998), 「경남방언의 성격」, 『방언학과 국어학』 (청암김영태박사화갑기념논문집), 태학사.
김정대(1983), 「{요}청자존대법에 대하여」, 『가라문화』 2집, 경남대.
김정대(1990), 「경남방언 문법 연구의 흐름과 과제」, 『경남어문』 23호, 경남어문학회.
김정대(1992), 「<수겡옥낭좌전>에 반영된 경상도 방언 문법적 요소에 대하여」, 『가라문화』 9, 경남대 가라문화연구소.
김정수(1988), 「우리고장 방언의 바른 지도」, 『새국어교육』 43 · 44합호, 한국국어교육학회.
김정아(1984), 「질리에롱과 프랑스 언어지도」, 『방언』 7집, 한국정신문화연구원.
김종택 · 이문규(1993), 「거창지역어의 음운변화 고찰 : 방언조사 자료의 소개와 함께」, 『국어교육연구』 25, 경북대.
김종훈(1969), 「궁중어고」, 『국어국문학』 42 · 43합병호, 국어국문학회.

김주원(1984), 「18세기 경상도 방언의 음운현상 : 몇몇 불서를 중심으로」, 『인문연구』 6, 영남대.
김주원(1991), 「경상도 방언의 고조의 본질과 중세국어 성조와의 대응에 대하여」, 『언어학』 13, 한국언어학회.
김주원(1991), 「경상도 방언의 성조 기술 방법」, 『어학연구』 27 · 3, 서울대 어학연구소.
김주원(1993), 「경북방언의 눈 흰자위와 달걀 흰자위」, 『언어학』 15, 한국언어학회.
김주원(1993), 『모음조화의 연구』, 영남대학교출판부.
김주원(1994), 「18세기 황해도 방언의 음운현상 : 염불보권문(흥률사본)의 분석을 통하여」, 『국어학』 24.
김주원(1994), 「성조연구의 성과와 전망」, 『인문과학』 10, 경북대.
김주원(1995), 「중세국어 성조와 경상도 방언 성조의 비교 연구」, 『언어』 20 · 2, 한국언어학회.
김주필(1985), 「구개음화에 대한 통시론적 연구」, 『국어연구』 57, 서울대.
김중진(1979), 「서남방언의 '-겨'에 대한 고찰」, 『국어국문학연구』 10, 원광대.
김중진(1984), 「전북 서남방언의 종결어미」, 『국어문학』 24집, 전북대.
김진봉 · 조항근 · 정인상(1984), 「제천지역어의 언어 구조에 대한 연구」, 『호서문화』 4, 충북대.
김진식(1990), 「청원지명의 음운론」, 『개신어문연구』 7집, 충북대.
김진원(1961), 「국어학에 있어서의 방언의 위치」, 『국어국문학』 2, 서울사대.
김차균(1987), 「중세국어와 경남방언의 성조의 대응 관계 연구」, 『한글』 195.
김차균(1988), 「성조이론의 비판적 고찰」, 『애산학보』 6, 애산학회.
김창섭(1997), 「『한국방언자료집』에 따른 서남방언의 특징」, 『한국어문』 4, 한국정신문화연구원.
김충회(1985), 「충북 충주 방언의 음운론적 고찰」, 『개신어문연구』 4, 충북대.
김충회(1990), 「충청북도의 언어지리학 : 충청북도의 방언구획론」, 단국대 박사학위논문.
김충회 · 홍윤표 · 김병선 · 소강춘(1991), 「방언 자료의 전산 처리에 관한 연구」, 『한국어전산학』 창간호, 한국어전산학회.
김태균(1986), 『함북방언사전』, 경기대 출판부.
김태엽(1986), 「동남방언의 여격」, 『대구어문연구사』, 대구대.
김태엽(1991), 「향가의 '져[齊]'와 경북방언의 '졉다'」, 『들메서재극박사환갑기념논집』.
김태엽(1992), 「종결어미의 화계와 부름말」, 『대구어문론총』 10, 대구어문학회.
김태엽(1994), 「방언 문법 연구의 성과와 전망」, 『인문과학』 10, 경북대.

김택구(1992), 「씨끝에 따른 경남 방언의 하위 방언권 연구」, 『한국어 토씨와 씨끝』, 서광학술자료사.
김해정(1991), 「전북 위도 방언의 음운」, 『인문논총』 2, 전주우석대 인문과학연구소.
김형규(1974), 『한국방언연구』, 서울대 출판부.
김형춘(1994), 「진주 방언의 음운 연구」, 건국대 대학원 박사학위논문.
김혜련(1997), 「사회문화적 능력과 언어 전이-한국어와 영어에서의 사과의 경우-」, 『사회언어학』 5 · 2, 한국사회언어학회.
김혜숙(1991), 「현대국어의 사회적 표현 실태 연구」, 『국어의 이해와 인식』(갈음김석득교수회갑기념논문집).
김홍수(2000)의 「소설의 방언에 대하여」, 『문학과 방언』(2001, 재수록), 역락
나진석(1977), 「경남방언 말본」, 『한글』 159.
남광우(1962), 「ㄱ시개 연구」, 『국어국문학』 25, 국어국문학회.
남기탁 · 손주일(1990), 「강원도 어촌문화와 산촌문화의 인류학적 비교연구(방언부문)」, 『강원문화연구』 10집, 강원대.
남정식(1990), 「전남 내륙 방언의 음운고」, 『기전어문학』 4, 수원대.
도수희(1965), 「충청도방언의 위치에 대하여」, 『국어국문학』 28.
도수희(1977), 「충남방언의 모음변화에 대하여」, 『이숭녕선생고희기념국어국문학논총』, 탑출판사.
도수희(1981), 「충남방언의 움라우트현상」, 『방언』 5, 한국정신문화연구원.
동승희(1998), 「부산 방언 억양과 표준어 억양 비교 연구」, 『어문교육논집』 16, 부산대 국어교육과.
류 렬(1968), 「아름다운 우리나라의 고유한 우리말 지명」, 『문화어학습』 2호, 평양.
류구상(1996), 『천안 지역어 연구』, 한남대출판부.
류영남(1981), 「남해도 방언의 음운연구」, 『어문학교육』 4, 부산국어교육학회.
리극로(1932), 「조선말의 사투리」, 『동광』 1.
리극로(1960), 「조선말의 악센트」, 『말과 글』 8.
리운규 · 심희섭 · 안운(1992), 『조선어방언사전』, 연변인민출판사.
마성식(1987), 「사회적 계층어에 관한 연구」, 『논문집』 7집, 기전여전.
문곤섭(1986), 「경남방언의 성조 고찰(1)」, 『경남어문』 18, 경남대.
문숙영(1998), 「제주도 방언의 시상 형태에 대한 연구」, 서울대 대학원 석사학위논문.
문순덕(1997), 「제주 방언의 지정사 부정 표현」, 『국문학보』 14, 제주대 국어국문학과.
문순덕(2000), 「제주 방언의 부정 표현 연구」, 제주대 박사논문.
미승우(1988), 「경성방언권의 음운변화에 관한 연구」, 『어문연구』 57, 한국어문교육연구회.

민원식(1982), 「문경 지역어의 음운론적 연구」, 충북대 석사논문.

민현식(1997), 「국어 남녀 언어의 사회언어학적 특성 연구」, 『사회언어학』 5-2, 한국사회언어학회.

민현식(1999), 「표준어와 언어정책론(1)」, 『선청어문』 27, 참조

박경래(1998), 「중부 방언」, 『새국어생활』 8-4, 국립국어연구원.

박경래(1989), 「괴산지역어의 사회방언학적 고찰 : 이중모음의 단모음화를 중심으로」, 『국어국문학』 101.

박경래(1993), 「충주방언의 음운에 대한 사회언어학적 연구」, 서울대 박사학위 논문.

박경래(1995), 「충주 방언의 움라우트 현상에 대한 사회언어학적 고찰」, 『국어사회언어학논총』 (장태진 편), 국학자료원.

박명순(1990), 「밀양지역어의 형태음소적 고찰」, 『강신항교수회갑기념 국어학논문집』, 태학사.

박문성(1998), 「성별에 따른 대학생 은어의 특징」, 『용운언어』 6, 대전대.

박성종(1997), 「고성군 간서읍 및 거진읍의 방언」, 『고성군 간성읍 · 거진읍 지역의 기층문화』, 고성군 문화원.

박성종(1998), 「강원도 방언의 성격과 특징」, 『방언학과 국어학』 (청암김영태박사화갑기념논문집), 태학사.

박양규(1980), 「서남방언 경어법의 한 문제 : 이른바 주체존대법에 나타나는 '-게'의 경우」, 『방언』 3, 한국정신문화연구원.

박영순(1976), 「국어 존대법의 사회언어학적 연구」, 『국어국문학』 72 · 73합호, 국어국문학회.

박영자(1963), 「춘향전에 나타난 방언에 대하여」, 『청파문학』 3집, 숙명여대.

박영준(1991), 「북한의 방언연구사」, 『북한의 조선어 연구사 I』 (김민수 편), 녹진.

박영환(1987), 「대덕 지역어의 음운」, 『언어연구』 3, 한국현대언어학회.

박용후(1988), 『제주방언연구(자료편)』, 고려대학교 민족문화연구소.

박이도(1998), 「언어의 간섭현상」, 『논문집』 19 · 1, 경성대.

박일범(1972), 「충북 영동방언의 종결 접미사 연구」, 『연세국문학』 3, 연세대.

박정수(1999), 『경남방언 분화연구』, 한국문화사

박정운(1997), 「한국어 호칭어 체계」, 『사회언어학』 5 · 2, 한국사회언어학회.

박종수(1978), 「서부경남방언의 tone형 기술」, 『논문집』 17, 진주교대.

박종철(1984), 「강원도 방언 연구 : 고성군을 중심으로」, 『숭실어문』 1, 숭실대.

박종희(1990), 「중세국어 'ㅕ'의 통시적 발달과 방언분화」, 『국어국문학연구』 13, 원광대.

박지홍(1983), 「경상도 방언의 하위방언권 설정」, 『인문논총』 24집, 부산대.

박창원(1987), 「표면음성제약과 음운현상 : 고성지역어의 음절구조를 중심으로」, 『국어학』 16.
박창원(1989), 「방언 연구의 의의」, 『경남어문논집』 2, 경남대.
박형례(1984), 「전남 방언의 청자대우법 연구 : 승주지역의 종결어미를 중심으로」, 전남대 석사학위논문.
박혜경(1998), 「여성의 언어와 사회-후꼬(Foucault)의 관점에서-」, 『인문연구』 34, 영남대.
방언연구회(20012), 『방언학사전』, 태학사.
방언학회 편(1980), 『국어방언학』, 형설출판사.
방종현(1935), 「방언에 나타난 ㅿ음의 변천」, 『신흥』 8(이기문 · 이익섭 · 이병근 편(1977)에 재수록).
방종현(1937), 「고언 · 방언 · 이언 연구의 도정」, 『조광』 3 · 1.
방종현(1940), 「고어연구와 방언」, 『한글』 8 · 5, 조선어학회.
방종현(1947), 「제주도의 방언」, 『조선문화총설』, 동성사.
배윤덕(1987), 「'ㅸ'이 중간자음으로 나타난 방언 고찰」, 『연구논문집』 25, 성신여대.
배주채(1998), 『고흥방언 음운론』, 태학사.
배주채(1997), 「고흥방언의 장형부정문」, 『애산학보』 20, 애산학회.
백경숙(1998), 「영어와 한국어에서의 칭찬에 대한 응답전략 고찰」, 『사회언어학』 6 · 2.
백경원(1997), 「언어접촉에 대한 사회언어학적 고찰 - 서울에 거주하는 대구 출신 대학생들을 중심으로-」, 서울대 대학원 석사학위논문.
백금주(1973), 「Tonal Characteristics of Kyongsang Dialect」, 『*Sokang Review*』 1, 서강대.
백두현(1998), 「<국한회어>의 음운 현상과 경상방언」, 『방언학과 국어학』(청암김영태박사화갑기념논문집), 태학사.
백두현(1988), 「<영남삼강록>의 음운론적 고찰」, 『용연어문논집』 4, 경성대.
백두현(1990), 「영남 문헌어에 반영된 방언적 문법형태에 대하여」, 『어문론총』 24, 경북대.
백두현(1992), 「원순모음화 'ㆍ : ㅗ'형의 분포와 통시성」, 『국어학』 22.
백두현(1992), 『영남 문헌어의 음운사 연구』, 태학사(1989, 경북대 박사논문).
백두현(1998), 「<현풍 곽씨 언간>에 나타난 17세기의 습속과 예의」, 『문헌과해석』 통권 3호, 태학사.
서보월(1982), 「동남방언의 모음체계에 대하여」, 『문학과 언어』 3, 경북대.
서보월(2003), 친족호칭어의 방언분화, 『언어과학연구』 27, 한국언어과학회.
서상규(1996), 「일본어의 높임법과 한국어 교육」, 『말』 21, 연세대학교 한국어학당.

서상준(1991), 「동부 전남의 방언에 대하여」, 『어문논총』 12 · 13합집, 전남대.
서재극 외(1991), 「옹천(翁泉) 지역어의 연구」, 『한국학논총』 18. 계명대학교 한국학연구소.
서재극(1959), 「경북 방언 '칸다'에 대한 숙제」, 『어문학』 5집, 한국어문학회.
서재극(1962), 「경북 방언 연구 : 문헌상에 나타난 자료를 중심으로」, 『어문학』 8, 한국어문학회.
서재극(1969), 「경북 방언의 부사형 -a와 향찰 '良'」, 『어문학』 21, 한국어문학회.
서재극(1975), 「신라 향가의 어휘연구 : 경상도 방언의 관점에서」, 『한국연구총서』 3, 계명대.
서재극(1986), 「향가의 '져(齊)'와 고려방언의 '(支)'」, 『한글』 193.
서재극 · 홍순성 · 김영희 · 정철주 · 최임식(1991), 「옹천(翁泉) 지역어의 연구」, 『한국학논집』 18, 계명대.
서정목(1979), 「경남방언의 의문법에 대하여 : '해라'체를 중심으로」, 『언어』 4·2, 한국언어학회.
서정목(1981), 「한국 방언조사설문지의 문법편에 대하여」, 『방언』 5, 한국정신문화연구원.
서정목(1987), 『국어의문문연구 : 경상도 방언과 중세국어의 WH현상을 중심으로』, 탑출판사.
서정욱(1984), 「대구방언의 '-옿다'계 동사에 대하여」, 『계명어문학』 1, 계명대.
서주열(1981), 『전라 경남 방언의 등어지대 연구』, 정화출판문화사.
석주명(1947), 『제주도 방언집』, 서울신문사.
선덕오(1986), 「조선어육진화적 방언특점」, 『민족어문』 5.
선덕오 · 조습 · 김정배(1991), 『조선어방언조사보고』, 연변인민출판사.
성낙수(1993), 「충청남 · 북도 방언 연구와 방언 지도 작성(Ⅱ)」, 『청람어문학』 9.
성원경(1978), 「언양방언의 풀이씨에 대하여」, 『한글』 162.
소강춘(1984), 「음운경계의 위계에 대하여 : 남원지역어를 중심으로」, 『한국언어문학』 23, 한국언어문학회.
소강춘(1988), 「전북방언의 모음조화 현상에 의한 공시적 언어분화에 대하여」, 『국어국문학』 99, 국어국문학회.
소강춘(1989), 「전북 방언의 공시적 언어분화에 대한 연구」, 전북대 박사학위논문.
소강춘(1990), 『방언분화의 음운론적 연구』, 한신문화사.
소강춘(1991), 「방언 자료의 전산 처리에 관한 연구」, 『한국어전산학』 1, 한국어전산학회.
소강춘(1991), 「움라우트 현상에 의한 충남 서천지역어의 공시성과 통시성 : 19세기말

20세기초의 문헌자료와 현대 방언자료를 중심으로」, 『국어학』 21.
소강춘(1991), 「원순모음화 현상에 의한 모음체계의 통시성과 공시성」, 『국어국문학』 105, 국어국문학회.
손희하(1986), 「보성군 문덕면 말치 방언자료」, 『향토문화유적조사』 6, 향토문화개발협의회.
송 민(1976), 「언어의 접촉과 간섭유형에 대하여」, 『성심어문논집』 10집, 성심여대.
송 민(1981), 「'한국방언조사질문지'의 음운편에 대하여」, 『방언』 5, 한국정신문화연구원.
송상조(1989), 「'밧그-, 봇그-'에 관한 고찰」, 『국문학보』 9, 제주대 국어국문학과.
송재목(1987), 「송광사판 <몽산법어>와 <초발심자경문>에 관한 음운론적 분석」, 서울대 언어학과 석사학위논문.
송하균(1991), 「고홍지역어의 이중모음연구」, 서강대 석사학위논문.
순화조선어연구회 편(1937), 『방언집』 2집, 순화조선어연구부.
신경철(1990), 「강원도 원주 지역어 연구」, 『논문집』 9, 상지전문대.
신기상(1983), 「동부경남방언의 음운연구」, 성균관대 박사학위논문.
신기상(1999), 『동부 경남방언의 고저장단 연구』, 월인
신승원(1997), 「경북 의성지역어의 음운론적 분화 연구」, 영남대 대학원 박사학위논문.
심재기(1981), 「'한국방언조사설문지'의 어휘편에 대하여」, 『방언』 5, 한국정신문화연구원.
안귀남(1987), 「예천지역어의 음운론적 연구 : 자음을 중심으로」, 『서강이정탁교수회갑기념 국어국문학논총』.
안귀남(1998), 「안동방언의 부정법 연구」, 『안동어문학』 2·3, 안동어문학회.
안귀남(2000), 부계친족호칭 계열어의 방언분화: 안동소재 12姓 종가를 중심으로, 『안동어문학』 5집, 안동어문학회.
안귀남(2001), 안동방언권 청자존대의 화용론적 연구, 『안동어문학』 6집, 안동어문학회
안귀남(2002), 안동방언 연구의 성과와 방향, 『안동어문학』 7집, 안동어문학회.
안귀남(2003), 안동 방언 '아재'의 분화 양상과 의미범주: 안동 소재 12성을 대상으로, 『어문학』 82, 한국어문학회.
안귀남(2003), 안동 방언 친족호칭어와 청자존대법의 상관성, 『영남학』 4, 경북대학교 영남문화연구원.
안귀남(2004), 금당·맛질의 언어생활, 『예천 금당실·맛질 마을-정감록이 꼽은 길지』, 안동대학교 안동문화연구소.
안귀남(2004), 서북경북방언의 문장종결조사 '-여', 『문학과 언어』 제26집, 문학과언어

학회.
안귀남(2005), 동성마을 친족호칭어의 사회언어학적 연구, 『방언학』 2, 한국방언학회.
안귀남(2005), 친족호칭어와 택호를 통해본 성주 한개 마을의 정체성, 『낙동강 유역의 인간과 문화』, 기초학문육성인문사회분야지원사업 최종보고서.
안귀남(2006), 방언에서의 청자존대법 연구, 『국어학』 47, 국어학회.
안병희(1957), 「중간두시언해에 나타난 t-구개음화에 대하여」, 『일석이희승선생송수기념논총』.
안병희(1967), 「우리나라 방언과 국문학」, 『성대문학』 13, 성균관대.
안병희(1978), 「<촌가구급방>의 향명에 대하여」, 『언어학』 3.
안상철(1991), 『경남방언의 성조연구』, 『국어의 이해와 인식』(갈음김석득교수화갑기념), 한국문화사.
안정근(1997), 「시장에서 행해지는 가격 흥정의 담화 분석」, 『사회언어학』 5·2, 한국사회언어학회.
양기석(1982), 「연천지방의 방언연구 : 음운규칙과 음운체계를 중심으로」, 고려대 석사논문.
양태식(1990), 「경남방언의 어휘연구 : 그 현황과 과제」, 『경남어문』 23, 경남어문학회.
여찬영(1973), 「경상도 방언의 /ŋ/음운 현상과 고문헌에 나타난 'ㆁ'」, 『연세어문학』 4, 연세대.
연호탁(1994), 「강릉방언의 사회언어학적 연구-고유어와 경어법 사용의 분석을 중심으로-」 『관대논문집(인문·사회과학)』 22, 관동대.
오종갑(1982), 「칠대만법에 나타난 경상도 방언적 요소」, 『긍포조규설박사회갑기념논문집』.
오종갑(1983), 「ㅑ, ㅕ, ㅛ, ㅠ의 변천」, 『한국학논총』 10, 계명대.
오종갑(1994), 「19세기 후기 전라방언의 모음 음운현상과 제약」, 『인문연구』 16·1, 영남대.
오종갑(1997), 「어간 '즙-'의 방언분화와 표준어 문제」, 『인문연구』 18·2, 영남대 인문과학연구소
오종갑(1997), 「유기음화와 관련된 영남방언의 특성과 그 전개」, 『인문연구』 19·1, 영남대.
오창명(1998), 「제주도 오름과 마을 이름」, 『제주연구총서』 3, 제주대 출판부.
우창현(1998), 「제주 방언의 상 연구」, 서강대 박사학위 논문.
원훈의(1992), 「강원도 방언 연구(7-1) ; 화천군 방언의 어휘를 중심으로」, 『관동향토문화연구』 9, 춘천교대.
유구상(1991), 「중부 방언의 경어법 새국어생활」 1-3, 국립국어연구원.

유재영(1997),「섬진강 유역의 지명」,『국어학 연구의 새 지평』(성재이돈주선생화갑 기념), 태학사.
유창균(1989),「경상도 방언의 원류와 그 성격」,『한국학논집』16, 계명대.
윤길자(1995),「삼척방언의 선어말어미에 대한 연구」, 관동대 대학원 석사학위 논문.
윤병택(1989),「선산방언의 구개음화에 대하여」,『대구어문론총』7, 대구어문학회.
이경우(1990),「최근세 국어경어법의 사회언어학적 연구」,『애산학보』10, 애산학회.
이경자(1978),「전라도방언의 모음배합에 관한 연구」,『어문논지』3, 충남대.
이경희(1999),「경남 방언의 불투명 현상에 대한 동정이론 분석(Ⅰ)」,『우암어문논집』9, 부산외대.
이광호(1978),「경남방언의 이중모음에 대하여 : 진주방언을 중심으로」,『국어학』 6, 국어학회.
이규창(1990),「현대국어 존대법 연구」, 전주대 박사학위 논문.
이극로(1932),「조선말의 사투리」,『동광』29, (국어학논총에 재수록).
이근열(1997),「경남방언의 음운론」, 세종출판사.
이기갑(1982),「전남 북부 방언의 상대높임법」,『언어학』5, 한국언어학회.
이기갑(1985),「전라남도의 방언의 자료집에 대하여」,『언어와 문화』2, 목포대.
이기갑(1986),『전라남도의 언어지리』, 국어학총서 11, 탑출판사.
이기갑(1987),「미정의 씨끝 '-으리-'와 '-겠-'의 역사적 교체」,『말』12, 연세대 한국어학당.
이기갑(1990),「방언어휘론」,『방언학의 자료와 이론』, 국어국문학회.
이기갑(1991),「광복이전의 방언 연구 : 소창과 하야를 중심으로」,『어학교육』21, 전남대.
이기갑(1994),「방언지도 작성 방법」,『인문과학』10, 경북대 인문과학연구소
이기갑(1999),「국어 방언의 시상 체계 -그 분화의 역사」,『언어학』25, 한국언어학회.
이기갑·고광모·기세관·정제문·송하진(1998),『전남방언사전』, 태학사.
이기동(1983),「전북 임실지역어의 음운론적 고찰」,『한국언어문학』22, 한국언어학회.
이기동(1993),「북청 방언의 음운론」, 고려대 민족문화연구소. 1987, 고려대 박사학위 논문.
이기문 외 5인(1990),「한국어 방언의 기초적 연구 - 국제 학술원 협회의 언어지도 간행에 대비한-」, 문교부학술연구보고서.
이기문 외 5인(1993),「한국 언어 지도집」, 대한민국 학술원.
이기문(1969),「중세국어 음운론의 제문제」,『진단학보』32, 진단학회.
이기문(1969),『국어사개설』, 민중서관.
이기문(1972),『중세국어음운사』, 탑출판사.

이기문(1983), 「소월시 언어에 대하여」, 『국어학연구』(백영정병욱선생환갑기념논총 I), 신구문화사.
이기문(1991), 『국어 어휘사 연구』, 동아출판사.
이기문·김완진·최명옥·곽충구·이승재·김영배(1991), 「한국어 방언의 기초적 연구」, 『학술원논문집』 30.
이기문·이익섭·이병근(1977), 「방언 연구」, 국어학논문선 6, 민중서관.
이기백(1969), 「경상북도의 방언 구획」, 『동서문화』 3, 계명대.
이돈주(1978), 「전남방언」, 『어문총서』 206, 형설출판사.
이돈주(1979), 「서남방언연구에 대한 검토」, 『방언』 1, 한국정신문화연구원.
이동화(1990), 「경북방언 성조의 자립분절음운론적 연구」, 영남대박사학위 논문.
이명규(1987), 「중부방언의 언어외적 연구; 특히 시흥군을 중심으로」, 『인문논총』 13, 한양대.
이문규(1997), 「경북방언 {안+용언}의 성조 현상」, 『한글』 238, 한글학회.
이문규(1997), 「대구 방언의 성조 중화 현상」, 『문학과 언어』 19, 문학과 언어연구회.
이미재(1989), 「언어변화에 관한 사회언어학적 연구 ; 경기도 화성방언을 중심으로」, 서울대 박사학위 논문.
이병근(1969), 「경기 지역어의 형태음운에 대하여 : 특히 용인 부근을 중심으로」, 『국어국문학』 46, 국어국문학회.
이병근(1969), 「방언경계에 대하여」, 『한국문화인류학』 2, 한국문화인류학회.
이병근(1969), 「황간지역어의 음운」, 『논문집』 1, 서울대 교양과정부.
이병근(1970), 「경기지역어의 모음체계와 비원순모음화」, 『동아문화』 9, 서울대
이병근(1970), 「Phonological & Morphological Studies in A Kyonggi Subdialect」, 『국어연구』 20, 서울대.
이병근(1971), 「운봉 지역어의 움라우트 현상」, 『김형규박사송수기념논총』, 일조각
이병근(1971), 「현대 한국방언의 모음체계에 대하여」, 『어학연구』 7·2, 서울대 어학연구소.
이병근(1973), 「동해안방언의 이중모음에 대하여」, 『진단학보』 36, 진단학회.
이병근(1976), 「'새갱이'(土鰕)의 통시음운론」, 『어학』 3, 전북대.
이병근(1976), 「파생어 형성과 i 역행동화규칙들」, 『진단학보』 42, 진단학회.
이병근(1978), 「국어의 장모음화와 보상성」, 『국어학』 6, 국어학회.
이병근(1978), 「한국 방언 연구의 반성과 전망」, 어학연구 14·2, 서울대.
이병근(1979), 「방언연구의 흐름과 반성」, 『방언』 1, 한국정신문화연구원.
이병근(1981), 「광역방언조사를 위한 질문지의 성격」, 『방언』 5, 한국정신문화연구원.
이병근(1996), 「질경이(車前草)의 어휘사」, 『이기문교수 정년퇴임기념논총』

이병근(1997), 「고양이(猫)의 어휘사」, 『국어학연구의 지평』(성재이돈주선생화갑기념논문집)
이병근(1997), 「해바라기(向日花)의 어휘사」, 『관악어문연구』 22
이병근(1998), 「마름(菱仁)의 어휘사」, 『방언과 국어학』(청암김영태박사화갑기념논집)
이병근(1999), 「지느러미(奔水)의 어휘사」, 『국어학』 34, 국어학회
이병근(2000), 「노을(霞)의 어휘사」, 『관악어문연구』 25, 서울대
이병근(2001), 「방언과 방언학」, 『방언학사전』, 태학사. 참조
이병근·곽충구(1998), 『방언』(국어학강좌 6), 태학사.
이병근·이승재(1986), 「방언학」, 『고영근 편저 : 국어학 연구사』, 학연사.
이병선(1982), 「한국 고대 국명·지명 연구」, 경북대 박사학위 논문.
이병운(1997), 「경남 방언의 억양 연구」, 『우리말연구』 7, 우리말연구회.
이상규 역(1988), 『방언연구 방법론』, 형설출판사.
이상규(1982), 「동남방언의 여격표지연구(Ⅰ) ; '-한테, -인데, -자데, -더러, -손에, -대고, -보고-'」, 『한국방언학』 2, 한국방언학회.
이상규(1983), 「경북지역어의 주격 '-이가'」, 『어문론총』 17, 경북대.
이상규(1984), 「경북방언의 미확정서법(1), 어문론총 18, 경북대.
이상규(1985), 「'-거라' 명령법어미의 기능과 방언차」, 『소당천시권박사화갑기논총』.
이상규(1990), 「경북방언의 격어미 형태의 구성과 기능」, 『어문론총』 24, 경북대.
이상규(1991), 경북방언의 경어법, 『새국어생활』 1·3, 국립국어연구원.
이상규(1991), 「경북 방언의 경어법」, 『새국어생활』 1·3, 국립국어연구원.
이상규(1991), 「경북·충북 접경지역의 어휘분화」, 『들메서재극박사환갑기념논문집』, 계명대출판부.
이상규(1994), 『경상북도 방언자료집』, 동일문화재단.
이상규(1995), 「조선어연구부편 <방언집>검토」, 『방언집』, 모산학술연구소
이상규(1995), 『방언학』, 학연사.
이상규(1997), 「영남방언의 특징-경북방언을 중심으로」, 『한국어문』 4, 한국정신문화연구원.
이상규(1997), 「존대형태소 '-시-'의 두 가지 기능」, 『어문론총』 31, 경북어문학회.
이상규(1998), 동남방언, 『새국어생활』 8·4, 국립국어연구원.
이상규(1998), 「계열어의 방언 분화 양상」, 『추상과 의미의 실재』, 박이정.
이상규(1998), 「동남 방언」, 『새국어생활』 8·4, 국립국어연구원.
이상규(1999), 「상화 시에 나타난 방언과 텍스트」, 『수련어문논집』 25.
이상규(2000), 『경북방언사전』, 태학사.
이상규(2001), 육사시에 나타난 안동방언, 『어문학』 제72호, 한국어문학회.

이상규(2001), 「남한 방언 어휘의 지리적 분화의 양상」, 『어문론총』 32, 경북어문학회.

이상규(2003), バ-ソナル・コンュ-タ-を 활용した 韓國方言資料の 地圖作製, 『어문학』 제81호, 한국어문학회.

이상규(2004), 컴퓨터언어지리학의 방법과 실천, 경북대학교 언어지도연구실.

이상규(2005), "방언 자료의 처리와 언어지도", 『방언학』 1, 한국방언학회.

이상규, 김덕호, 강병주(2006), 『언어지도의 미래』, 한국문화사.

이상규・백두현 외(1996), 「내일을 위한 연구」, 경북대 출판부.

이상규・이현주(2005), "방언지도 제작기를 활용한 방언 지도 제작", 『방언학』 2, 한국방언학회.

이숭녕(1957), 「제주도 방언의 형태론적 연구」, 『동방학지』 3, 동방학지.

이숭녕(1966), 「시가에 나타난 동물의 어휘론적 고찰」, 『진단학보』 29・30 합병호, 진단학회.

이숭녕(1967), 「한국방언사」 『한국문화사대계 V』, 고려대 민족문화연구소.

이승명(1970), 「방언구획과 그 방법론의 몇가지 문제점」, 『어문론총』 4・5 합병호, 경북대.

이승재(1977), 「남부방언의 원순모음화와 모음체계」, 『관악어문연구』 2, 서울대.

이승재(1982), 「재구와 방언분화 어중 '-ㅅㄱ-'류 단어를 중심으로」, 『국어학』 12. 국어학회

이승재(1983), 「혼효형 형성에 대한 문법론적 고찰」, 『어학연구』 19·1, 서울대.

이승재(1986), 「해방 이후의 방언 연구사」, 『국어생활』 5, 국립국어연구소

이승재(1992), 「방언 음운론의 동향」, 『국어학연구백년사』 III, 일조각.

이승재(1992), 「융합형의 형태분석과 형태의 화석」, 『주시경학보』 10.

이승재(2000), 「<목계장터>의 구조 분석」, 『문학과 방언』, 역락.

이시진(1996), 「경북방언의 공시음운론적 연구」, 영남대 대학원 박사학위논문.

이익섭(1972), 「강릉방언의 형태음소론적 고찰」, 『진단학보』 33, 진단학회.

이익섭(1972), 「국어방언연구사」, 『국어국문학』 58-60 합병호, 국어국문학회.

이익섭(1976), 「'아재'고 : 방언조사방법의 한 반성」, 『동아문화』 13, 서울대.

이익섭(1976), 「한국어촌언어의 사회언어학적 고찰」, 『진단학보』 42, 진단학회.

이익섭(1979), 「방언자료의 수집방법」, 『방언』 1, 한국정신문화연구소

이익섭(1980), 「방언에 있어서의 의미분화」, 『방언』 3, 한국정신문화연구원.

이익섭(1981), 『영동영서의 언어분화 : 강원도의 언어지리학』, 서울대출판부.

이익섭(1984), 『방언학』, 민음사.

이재춘(1998), 「19세기 말 서천지역어의 음운론적 연구-<초학요선>을 중심으로-」, 『단국어문논집』 2, 단국대

이정민(1981), 「한국어의 표준어 및 방언들 사이의 상호 접촉과 태도」, 『한글』 173 · 174 합병호, 한글학회.
이정복(1997), 「방송언어의 가리킴말 사용에 나타난 힘과 거리」, 『사회언어학』 5 · 2, 한국사회언어학회.
이정복(1997), 「컴퓨터 통신 분야의 외래어 및 약어 사용 실태와 순화 방안」, 『외래어 사용 실태와 국민 언어 순화 방안』, 국어학회.
이정복(1998), 「국어 경어법 사용의 전략적 특성」, 서울대 대학원 박사학위논문.
이진경(2003), 『노마이즘』, humanist.
이진모(1953), 『국어학개론』, 창문사.
이창우(1990), 「한국어 성조의 운율음운론적 분석 : 경북방언의 복합명사를 중심으로」, 『솔뫼어문논총』 2. 안동대.
이태영(1992), 「전북방언의 특징과 변화의 방향」, 『어학』 19, 전북대어학연구소
이태영(1997), 「채만식 소설 <천하태평춘>에 나타난 방언의 특징」, 『국어문학』 32, 국어문학회.
이태영 · 홍윤표(2001), 「한민족언어정보화(방언검색시스템)」(CD), 문화관광부/국립국어연구원.
이혁화(1994), 「금릉방언의 성조 연구」, 『국어연구』 119.
이혜숙(1985), 「경남방언 성조의 자립분절음운론적 연구」, 『언어』 10 · 2, 한국언어학회.
이호영(1993), 「서울말과 경상도 방언의 운율유형론」, 『언어학』 15.
이희승(1932), 「표준어에 대하여」, 『조선어문학회보』 3, (조선어학논고, 1974 재수록).
이희승(1936), 「각 방언과 표준어」, 『한글』 40, 조선어학회.
이희승(1955), 『국어학개설』, 민중서관
임성규(1990), 「비성조 방언의 월 음조와 강세」, 『어문연구』 20, 충남대.
임용기(1982), 「팔탄지역의 음운변동에 대하여」, 『지역사회연구』 1, 인천교대.
임용기(1988), 「광줏말의 자리토씨」, 『기전문화연구』 17, 인천교대.
임지룡(1981), 「존칭보조어간 '-겨-' 설정 시론」, 『문학과 언어』 2, 문학과 언어연구회.
임지룡(1998), 「안동방언의 청자대우법」, 『방언학과 국어학』(청암김영태박사화갑기념논문집), 태학사.
장경기(1999), 「부가의문문의 보편문법과 경상도 방언」, 『인문논총』 17(울산대).
장삼식(1992), 「경상도 방언의 이중모음 간소화 연구」, 『논문집』 13, 금오공과대학.
장영길(1996), 「철원지역 지명어의 형태음운론적 특성에 대한 일고」, 『국어국문학논집』 17, 동국대학교

장태진(1959), 「대구방언의 음소 분석」, 『어문학』 6, 한국어문학회.
장태진(1970), 「국어 방언학 연구의 현황과 반성」, 『어문학』 22, 한국어문학회.
장태진(1977), 『국어사회학』, 서울 : 형설출판사.
장태진(편저)(1996), 『국어 사회언어학 논총』, 국학자료원.
전광현(1976), 「남원지역어 어말 -U형 어휘에 대한 통시음운론적 고찰; 이중음의 사적 변화와 관련하여」, 『국어학』 4, 국어학회.
전광현(1981), 「전라북도 옥구지역어의 음운론적 고찰」, 『국문학논집』 10, 단국대.
전광현(1983a), 「영동·무주 접촉지역어의 음운론적 고찰」, 『동양학』 13.
전광현(1983b), 「<온각서록>과 정읍지역어」, 『국문학논집』 11, 단국대.
전광현(1995), 「전라남도 방언구획 시고-어휘분포를 중심으로-」, 『동양학』 25, 단국대 동양학연구소.
전병철(1997), 「금산 지역어의 음운현상에 대한 사회언어학적 연구」, 충북대 대학원 박사학위논문.
전성택(1988), 「인제지방의 방언연구」, 『논문집』 28, 춘천교대.
전성택(1989), 「강릉 방언의 어휘」, 『관동향토문화연구』 7, 춘천교대.
전인득(1979), 「경북상주방언의 활용어미 연구」, 영남대 석사학위 논문.
전재호(1965), 「대구방언연구 : 자료편(Ⅰ)」, 『논문집』 9, 경북대.
전재호(1966), 「대구방언연구 : 자료편(Ⅲ)」, 『어문학』 14, 한국어문학회.
전재호(1966), 「대구방언연구 : 자료편(Ⅳ)」, 『어문학』 15, 한국어문학회.
전재호(1967), 「대구방언연구 : 자료편(Ⅴ)」, 『어문학』 16, 한국어문학회.
전철웅(1999), 『충북 방언의 단어 변천사』, 보고사
전학석(1988), 「함경남도 방언연구」, 평양 : 교육도서출판사.
전학석(1993), 『함경도방언의 음조에 대한 연구 : 회령, 경성, 함주 지방말의 음조를 중심으로』, 태학사.
전학석(1998), 「연변 방언」, 『새국어생활』 8·4, 국립국어연구원.
전혜숙(1996), 「강릉방언의 변화에 대한 사회언어학적 연구」, 관동대 대학원 석사학위논문
정　철(1975), 「의성지방의 모음체계」, 『동양문화연구』 2. 경북대.
정　철(1989), 「경북 의성방언의 음운론적 연구」, 서울대 박사학위 논문.
정　철(1990), 「부사형어미 'ㅏ/ㅓ'의 사용 : 경북 중부방언에서」, 『어문론총』 24, 경북대.
정　철(1990), 『경북 중부 지역어 연구』, 경북대 출판부.
정　철(1997), 「동남지역어의 하위 방언 구획 연구」, 『어문론총』 31, 경북어문학회.
정성륜(1982), 「사회징후적 자질 ; 최근 미국방언학 연구 방법론 분석」, 『국어학논총,

궁포조규설교수화갑기념』.

정승철(1995), 「제주도 방언의 통시음운론」, 태학사.

정승철(1997), 「제주본 <훈몽자회>에 대한 서지학적 고찰」, 『인하어문연구』 3, 인하대.

정승호(1999), 「제주방언의 성조와 음조군」, 『진단학보』 88.

정연찬(1968), 「경남 방언의 모음체계 : 특히 고성 · 통영 부근을 중심으로」, 『국문학논집』 2, 단국대.

정연찬(1968), 「안동지방 방언의 성조」, 『성대문학』 14, 성균관대.

정연찬(1976), 『국어성조에 관한 연구』, 일조각.

정연찬(1979), 「방언연구의 전망」, 『방언』 1, 한국정신문화연구원.

정열모(1928), 「국어와 방언」, 『한글』 2 · 1, 조선어학회.

정영인(1988), 「전북지역어의 치음에 대한 역사적 고찰」, 『논문집』 10, 전주우석대.

정영주(1989), 「진주지역어의 가림자리토씨 '로/을' 연구」, 『건국어문학』 13 · 14합집, 건국대.

정용호(1989), 「언어지리학이란 무엇인가?」, 『문화어학습』 3, 평양.

정원수(1992), 「충북 영동방언의 청자 대우법 어미 연구」, 『언어연구』 8, 한국현대언어학회.

정원수(1993), 「영동방언의 음운론」, 『언어연구』 9, 한국현대언어학회.

정원수(1999), 「대전 토박이말의 언어적 위상과 음운체계」, 『언어』 20(충남대).

정인교(1987), 「경상도 방언 성조의 비단선적 음성 · 음운론에 관한 연구」, 서울대 박사학위 논문.

정인교 · 김은일(1993), 「Tonal Patterns and Accent in Taegu Dialect」, 『현대문법연구』 2, 현대문법연구회.

정인상(1984), 「제원지역어의 음운현상」, 『개신어문연구』 3, 충북대.

정인상(1998), 「동남방언」, 『문법 연구와 자료』(이익섭선생회갑기념논총), 태학사.

정인호(1995), 「화순지역어의 음운론적 연구」, 『국어연구』 134.

정인호(1999), 「전남방언 색채어의 형성과정」, 『한국문화』 24(서울대)

정정덕(1994), 「경남 고성군 방언 자료」, 『인문논총 창간호』, 창원대 인문과학연구소

정제문(1996), 「방언연구의 의의에 대하여」, 『과학과 교육』 4, 순천대 과학교육연구소

정제문(1997), 「통합 순천시 지명 색인」, 『남도문화연구』 6, 순천대 남도문화연구소

조규태(1979), 「경상도 방언 /-uhta/ 무리에 대하여」, 『배달말』 4, 배달말학회.

조선어연구회 편(1937), 『방언집』 2집, 순화조선어연구부.

조영연(1986), 「길쌈용어 의미의 분석적 연구 ; 홍성군 홍동면과 안동군 임하면의 삼베 길쌈을 중심으로」, 공주사대 교육석사학위 논문.

조영희(1977), 「전라방언의 형태별 고찰」, 『새국어 교육』 25 · 26합집, 한국국어교육학회.
조욱현(1994), 「문경 방언 동사류의 형태론적 연구」, 한국교원대 석사학위 논문.
조윤제(도남학인)(1938), 「[부록] 방언채집표(1)」, 『한글』 38, 조선어학회.
조항근(1980), 「청원지역방언연구」, 『어문학』 39, 한국어문학회.
조항근(1985), 「충북 청원지역의 구조에 관한 연구」, 성균관대 박사학위 논문.
조항범(1992), 「국어 친족 호칭어의 지역적 분포와 그 연계성 : 충청북도를 중심으로」, 『개신어문연구』 9.
조현숙(1985), 「경북방언의 운율체계 연구 : 봉화지역을 중심으로」, 『국어연구』 66, 서울대.
주상대(1989), 「울진 지역어의 음운현상 연구」, 계명대 박사학위 논문.
주상대(1990), 「김해지역 방언의 조사연구」, 『논문집』 29, 부산여대.
주상대(1991), 「경북 울진 지역어의 움라우트」, 『들메서재극박사환갑기념논문집』, 계명대 출판부.
천시권(1958), 「방언에 있어서의 상성고」, 『논문집』 2, 경북대.
천시권(1965), 「경북지방의 방언구획」, 『어문학』 13, 한국어문학회.
천시권(1973), 「경북방언의 형태론적 고찰」, 『청계김사엽박사송수기념논총』.
천시권(1975), 「경북방언의 의문첨사에 대하여」, 『국어교육연구』 7, 경북대.
천시권(1983), 「울진방언의 격에 대하여」, 『국어교육연구』 8, 경북대.
최규일(1998), 「제주방언과 창원지역어 어휘 비교 연구」, 『방언학과 국어학』, 태학사.
최명옥(1978), 「ㅸ, ㅿ와 동남방언」, 『어학연구』 14 · 2.
최명옥(1980), 『경북 동해안방언 연구, -영덕군 영해면을 중심으로』, 민족문화총서 4, 영남대출판부.
최명옥(1982), 『월성지역어의 음운론』, 영남대 출판부.
최명옥(1985), 「19세기 후기 서북방언의 음운론」, 『인문연구』 7 · 4, 영남대.
최명옥(1989), 「국어 움라우트의 연구사적 고찰」, 『주시경학보』 3, 주시경연구소, 탑출판사.
최명옥(1992), 「경상남북도간의 방언분화 연구」, 『애산학보』 13.
최명옥(1993), 「어간의 재구조화와 단일화 방향」, 『성곡논총』 24.
최명옥(1994), 「경상도의 방언구획 시론」, 『우리말의 연구』, 외골권재선박사회갑기념논문집간행위원회, 우골탑.
최명옥(1998), 『한국어 방언연구의 실제』, 태학사.
최명옥(1999), 「현대국어의 성조형과 그 분포」, 『진단학보』 88.
최범훈(1983), 「충북 영천 지역어 연구」, 『경기어문학』 4, 경기대.

최세화(1977), 「강원도의 언어, 방언을 중심으로」, 『강화도 학술답사보고서』 1, 동국대.
최임식(1999), 『국어 방언의 음운사적 연구』, 문창사
최전승(1978), 「국어 i-umlaut 현상의 통시적 고찰」, 『국어문학』 19(전북대).
최전승(1979), 「명사파생 접미사 - i에 대한 일 고찰」, 『국어국문학』, 79 · 80호.
최전승(1986), 『19세기 후기 전라방언의 음운현상과 그 역사성』, 한신문화사.
최전승(1994), 「전라방언의 통시적 연구 성과와 그 전망」, 『인문과학』 10, 경북대.
최전승(1995), 『한국어 방언사 연구』, 태학사.
최전승(2000), 「시어와 방언 : '기룹다'와 '하냥'의 방언 형태론과 의미론」, 『국어문학』 35집, 국어문학회.
최중호(1987), 「통영지역어의 종결어미」, 『논문집』 22, 통영수산전문대.
최태영(1978), 「전주방언의 이중모음」, 『국어문학』 19, 전북대.
최태영(1978), 「전주방언의 Umlaut현상」, 『어학』 5, 전북대.
최학근(1958), 「언어지리학의 방법과 성질」, 『동덕학보』 1, 동덕여대.
최학근(1958), 『국어방언학서설』, 동학사.
최학근(1959), 『국어방언학서설』, 정연사.
최학근(1968), 『국어방언연구』, 서울대 출판부.
최학근(1978), 『한국방언사전』, 현문사.
최현배(1937), 「표준말과 시골말」, 『한글』 47, 조선어학회.
최현배(1946), 『시골말캐기 잡책』, 정음사.
한 길(1996), 「사회적 요인이 들을이높임법 등분에 미치는 영향」, 『강원인문논총』 3, 강원대 인문과학연구소
한국방언학회(1993), 「국어방언학」, 『형설출판사』, 대구.
한두복(1962), 「륙진 방언 연구(개요)」, 『조선어학』 2, 평양.
한성우(1996), 「당진 지역어의 음운론적 연구」, 서울대 석사학위 논문.
한영균(1980), 「완주지역어의 움라우트 현상」, 『관악어문연구』 5, 서울대.
한영균(1986), 「방언의 지리언어학적 연구와 언어지도에 대하여」, 『국어생활』 5, 국어연구소
한영목(1983), 「금산지방의 방언연구(Ⅰ), 충남방언 구획 살정을 위한 시고」, 『목원어문학』 3, 목원대.
한영목(1999), 『충남 방언의 연구와 자료』, 이회문화사
한영순(1967), 『조선어방언학』, 평양 : 김일성종합대학출판사.
허 웅(1954), 「경상도 방언의 성조」, 『외솔최현배선생환갑기념논문집』, 사상계사.
허 웅(1955), 「방점연구 : 경상도 방언 성조와 비교」, 『동방학지』 2, 연세대.
허 웅(1985), 「Tone in Kyongsang Dialect」, 『Korea Journal Vol.』 25-6.

허만하(2001), 『청마풍경』, 솔.

허재영(1989), 「연변지역말의 낱말 변화에 관한 사회언어학적 연구 ; 김학철의 장편소설 <격정시대>를 중심으로」, 건국대 석사학위 논문.

현길언(1962), 「제주도 학생사회의 속어형태」, 『제주도』 38, 제주도.

현우종(1992), 「제주방언 홀소리의 실험 음성학적 연구」, 건국대 박사학위 논문.

현평효(1968), 「제주도방언에서의 '나물' 어사에 대한 어원적 고찰」, 『제주도』 37.

현평효(1974), 「제주도방언의 활용어미에 대한 연구」, 『논문집』 6, 제주대.

홍순탁(1963), 「'전남방언'에 대하여」, 『어문학』 9.

홍윤표(1978), 「전주방언의 격연구」, 『어학』 5, 전북대.

홍윤표(1981), 「한국방언질문지에 대하여」, 『방언』 5, 한국정신문화연구원.

홍윤표(1985), 「<역대천자문>과 서부 동남방언」, 『선오당 김형기선생 팔질기념 국어학논총』, 창학사.

홍윤표(1991), 「<초학요선>과 19세기말의 충남 서천지역어」, 『국어학의 새로운 인식과 전개』, 민음사.

홍윤표(1991), 「방언사 관계 문헌자료에 대하여」, 『김영배선생회갑기념논총』.

홍윤표(1993), 『국어사 문헌자료 연구』, 태학사.

홍윤표외(2002), 『한국어와 정보화』, 홍윤표교수회갑기념논문집, 태학사

홍정택(1963), 「자산어보와 흑산도 방언」, 『호남문화연구』 1, 전남대.

홍정택(1963), 「전남방언에 대하여」, 『어문학』 9, 한국어문학회.

홍정택 · 이돈주(1973), 「전라남도 방언」, 『국어방언학』 5, 형설출판사.

홍종림(1991), 「제주 방언의 상 체계 검토」, 『국어학의 새로운 인식과 전개』, 민음사.

홍종림(1991), 「제주어의 양태와 상 범주연구」, 성균관대 박사학위 논문.

황대화(1986), 「동해안방언연구-함북, 함남, 강원도의 일부 방언을 중심으로」, 평양 : 김일성종합대학출판사.

황대화(1998), 『조선어 동서방언 비교연구』, 평양 : 과학백과사전종합출판사

황대화(1999), 『조선어방언연구』, 료녕민족출판사.

황문환(1993), 「경북 울진방언의 친족호격어와 화계」, 『국어학』 23.

황병팔(1961), 「경남지방 비어의 고찰」, 『국어국문학 연구』 5, 호남대.

황용수(1992), 「밀양지역어의 음운연구」, 중앙대 박사학위 논문.

황인권(1987), 「보령군 웅천 지역어의 자음변동에 대한 고찰」, 『한남어문학』 13. 한남대.

황인권(1991), 「충남 보령지역어의 음운연구」, 고려대 박사학위 논문.

황인권(1992), 「담반가와 보령 지역어의 음운 비교」, 『국어학연구백년사』 Ⅲ, 일조각.

황적륜(1976), 「한국어 대우법의 사회언어학적 기술」, 『언어와 언어학』 4, 한국외국

어대.
金世朗(2000),「新潟市の方言生活における文末待遇表現－要求表現における問いかけ形式文を中心に－」, 日本方言研究 第71回 研究發表會 發表原稿集
나성숙(1974),「韓國語大邱方言の音韻：アクセントを中心に」,『言語研究』66, 日本言語學會.
노마히데끼(1996),「현대 한국어의 대우법 체계」,『말』21, 연세대학교 한국어학당.
다까하시 겐지(高橋顯志)(2002),「ボーリング 言語地圖」,『日本語學』9.
東條操先生古稀紀念會(소화 31),『日本方言地圖』, 吉川弘文館發行
또꾸가와 무네마사(德川宗賢) · Willem A. Grootaers(1976),『方言地理學圖集』, 秋山書店
마부찌 카즈오(馬淵和夫) · 李寅永 · 오오하시야스꼬(大橋康子)(1980),「<高句麗>地名より見た古代高句麗の考察文藝言語研究(言語編)」4, 筑波大學文藝言語學系
무라야마 시찌로(村山七郞)(1986),「アクセソトから見た日本語 · 朝鮮語の比較」,『朝鮮語大辭典(上)』, 角川書店.
미쯔이 하루미(三井はるみ)(2003),「方言地圖の作り 方」, 第13回 ことば フォーラム發表要旨. 國立國語研究所(2003. 1. 18)
사나다 신지(眞田信治)(1999),『展望 現代の方言』, 白帝社.
사나다 신지 · 타께다요시코(武田佳子)(2002),「社會方言學」,『21世紀の方言學』, 圖書刊行會.
시다 스에노리(志田末則)(1987),「地名 '十三塚'考」,『李炳銑博士華甲紀念論叢』.
시바타 타께시(柴田 武)(1969),『言語地理學の方法』, 筑摩書房
아오야마 히데오(青山秀夫)(1969),「現代朝鮮語の敬語意識(一) ; 京畿道驪邑における實態調査」,『朝鮮學報』51, 朝鮮學會.
야스다 요시미(安田吉實)(1968),「濟州道方言たおける接尾辭「-아기, -아지,-장이, -아치, -바치」の考察」,『朝鮮學報』48, 朝鮮學會.
오고시 나오끼(生越直樹)(1997),「朝鮮語の 社會言語學的研究」,『日本語と朝鮮語 上卷(回顧と展望編)』, 國立國語研究所, くろし出版
오구라 신페이(小倉進平)(1913),「濟州道方言(1 · 2 · 3)」,『朝鮮及の滿洲』3 · 4 · 5月號
오구라 신페이(1924),「南部朝鮮の方言」, 京城：朝鮮史學會.
오구라 신페이(1930),「馬に對する朝鮮語」,『文學の朝鮮 昭和 5年』, 1月號
오구라 신페이(1930),「蛇に對する朝鮮語」,『文學の朝鮮 昭和 4年』, 1月號
오구라 신페이(1930),「狐を意味する朝鮮方言」,『靑丘學叢』1, 昭和 5年, 8月號
오구라 신페이(1935),「方言採集追憶滿談」,『方言』5 · 10, 昭和 10年 10月.
오구라 신페이(1936),「燒酒を表はす朝鮮方言の分布; アラキ考」,『民族學研究』2 · 3.

오구라 신페이(1937), 「「甘藷」を表はす朝鮮方言の分布とそ由來」, 伊波普猷氏還暦記念,『南島論叢』 昭和 12年, 7月.

오구라 신페이(1940), 「The Outline of the Korean Dialects」, 『Memoirs of the Research Department of the Toyo Bunko 』12, Tokyo.

오구라 신페이(1944), 『朝鮮語方言の 硏究(上·資料篇, 下·硏究篇)』, 岩波書店, 東京

오구라 신페이(1964), 『增訂補注朝鮮語學史』, 刀江書院

오오니시 타꾸이찌로(大西拓一郎)(2002), 「方言表現法の分布類型と分布形成」, 日本國立國語硏究所公開硏究發表會

오오니시 타꾸이찌로(2002), 「方言文法全國地圖と表現法」, 日本國立國語硏究所公開硏究發表會

오오니시 타꾸이찌로(2002), 「方言學の學制的性格」, 『21世紀の方言學』, 國書刊行會

오오에 타까오(大江孝男)(1976), 「大邱方言におけるアクセントの型と長母音(朝鮮語方言調査報告書1)」, 『言語硏究』 69, 日本言語學會.

오오에 타까오(1976), 「大邱方言에 있어서의 反敬語에 對하여」, 『朝鮮學報』 81, 朝鮮學會.

오오에 타까오(1977), 「大邱方言にあけるアクセントの型と長母音(補說)」, 『言語硏究』 72, 日本言語學會.

오오에 타까오(1977), 「晉州方言のアクセント型について」, 『言語硏究』, 72, 日本言語學會.

요시다 가츠히코(1997), 「한국인과 일본인의 경어행동에 관한 대조 연구」, 연세대 대학원 석사학위논문.

우메다 희로유끼(梅田博之)(1957), 「The Phonemic System of mordern Korean」, 『語學硏究』 32, 일본언어학회.

우메다 희로유끼(1961), 「慶尙南道漆谷方言(朝鮮語)のアクセソト」, 『硏究論文集』 25, 名古屋大學 文學部.

우메다 희로유끼(1963), 「朝鮮語諸方言の基礎語彙統計學硏究」, 『朝鮮學報』 27, 朝鮮學會.

우메다 희로유끼(1972), 「朝鮮語靈山方言のアクセソト」, 『現代言語學』 3, 東京.

우메다 희로유끼(1973), 「朝鮮語 方言硏究의 近況」, 『方言硏究叢書』 二, 廣島方言硏究所 紀要.

우메다 희로유끼(1981), 「現代ソセル方言において起てしつあろ母音の通時的變化」, 『言語の科學』 8.

우메다 희로유끼(1991), 「韓國語ソウル方言の世代差について」, 『學術月報』 44-4, 日本

우메하라 마사시게(梅原政茂)(1942), 「조선말 지명(31) ; 합천군 쌍책면」, 『한글』 93,

朝鮮語學會.
우아노 젠도우(上野善道)(1984), 「アクセント研究法」, 『講座方言學2 方言研究法』, 國書刊行會.
우아노 젠도우(1997), 「私のアクセント理論—フイールドワーカーの視点」, 『音聲研究』, 1/2, 28-36.
이노우에 후미오(井上史雄)(2002), 「ことばの地圖の魅力」, 『日本語學』 9.
이연주(2002), 「韓國大邱方言アクセントの音韻論的解釋」, 『東京大學言語學論叢』 21, 東京大學
일본방언연구회(日本方言研究會)(2002), 『21世紀の方言學』, 圖書刊行會. 참조
카나자와 쇼오자부로(金澤庄三郞)(1948), 『地名の의 硏究』, 創元社.
카나자와 쇼오자부로(1952), 『朝鮮古地名의 硏究』, 『朝鮮學報』 3, 朝鮮學會.
카나자와 쇼오자부로(1978), 『言語類型地理論』, 東京 : 弘文堂.
칸노 히로오미(管野裕臣)(1972), 「朝鮮地方鄙語의 考察」, 『논문집』 8, 청구대.
칸노 히로오미(1972), 「朝鮮語慶尙道方言アクセント體系の諸問題」, 『アジア・アフリカ語學院紀要』 3, 東京外國語大
코오노 로꾸로(河野六郞)(1945), 「朝鮮方言學試攷 -'鋏'語攷-」, 동경 : 東都書籍.
코오노 로꾸로(1951), 「諺文古文獻의 聲点에 對하여」, 『朝鮮學報』 1.
타까하시 토오루(高橋亨)(1956), 「제주도 방언고」, 『朝鮮學報』 9, 朝鮮學會.
타나베 히로시(田邊裕) · 나카마타 히도시(中保均)(1997), 「言語の地理學」(번역서), P. 7, 白水社
타지마 야스히데(田島泰秀)(1918), 「咸北方言の訛化」, 『朝鮮教育研究會雜誌』 2月號
토꾸가와 무네마사 · 사나다 신지 篇(1998), 『新・方言學を學ぶ人のために』, 世界思想社
하마다 이즈시(濱田敦)(1954), 「海東諸國紀に紀錄され日本の地名等について」, 『日本 : 人文研究』 5 · 4.
하시모토 만따로(橋本萬太郞)(1975), 「한국어 accent의 음운론 -특히 경상도 방언의 악센트를 중심으로-」 『한글』 151, 한글학회.
하시모토 만따로(1978), 「超分節音の地域的 推移; 朝鮮語 單語音調の辨別特徵/ 慶尙道方言の單語 語調音パターソ/單語調音組織の變化原理/ 朝鮮語單語音調組織の地域的推移, 言語類型地理論, 弘文堂, 東京.
하야따 테루히로(早田輝洋)(1976), 「On Long Vowels in the Kyeongsang Dialect of Korean」, 『九州大學 文學部紀要』 15.
핫또리 시로(服部四郞)(1968), 「朝鮮語のアクセソト · モ--ラ」, 『ことばの宇宙』 3-11.
후쿠이 레(福井玲)(1998), 「전남 광양시 방언의 악센트 체계와 그 지리적 분포에 대하

여」, 『국어학』 31, 국어학회.

후쿠이 레(2002), 「小倉文庫目錄」, 『朝鮮文化硏究』 9号, 東京大

후미와라 세에이찌(文脇誠一)(1965), 「中期朝鮮語の聲調の特徵」, 『朝鮮學報』 116, 朝鮮學會.

Adami, N. R.(1982), Die in Russland vor 1910 Eschienen Materallien zur Koreanischen Sprache-Lexicalisches, in Hau : Korea Kultur Magazin, Heftz, PP. 50-60., Institut für kor. Kultur : Bonn.

Aitchison, John and Carter(1994), Harold, A Geography of the Welsh language, 1961-1991, Cardiff University of Wales Press.

Allen, Harold B.(1974), The Linguistic Atlas of the Upper Midwest vol.1-3, University of Minnesota Press.

ALLY(Atlas Linguistique et ethnographique du Lyonnais(2nd edn)), Pierre Gardette et al. 4 vols. Paris : Centre National de la Recherche Scientifique, 1967-70 (original edn 1950).

ALMC(Atlas linguistique et ethnographique du Massif Central), Pierre Nauton et al. 4 vols. Paris : Centre National de la Recherche Scientifique, 1957-63.

ALW(Atlas linguistique de la Wallonie, Louis Remacle and is Legros). vols I and 3 so far published. Lie : Vaillant-Carmanne, 1953-55.

Ambrose, John(1980), Micro-scale language mapping : an experiment in Wales and Brittany, Discussion Papers in Geolinguistics 2, North staffordshire Polytechnic Department of Geography and Sociology.

Anderson & Peter M.(1978), A Structural Atlas of the English Dialects, Croom Helm.

Anderson, Lloyd B.(1978), Sound Change and Pitch accent Systems in Korean Dialects : two results of original difference in stress accents, In Chin-W. Kim ed. Papers in Korean Linguistics, Columbia, S. C. : Hornbeam Press, Inc.

Anttila, R.(1972), An Introduction to Historical and Comparative Linguistics, New York, The Macmillan Company.

Atwood, B. B.(1962), The regional vocabulary of Texas, Univ. of Texas Press.

Atwood, B. B.(1963), The Methods of American Dialectology, Zeitschrift Mundartforschung 30.

Bach, A.(1934), Deutsch Muntdartforschung, Ihre Wege, Ergebnisse und Aufgaben 1. Heidelberg.

Bailey, Tom Wike, Jan Tillery, and Lori Sand(1993), Some Patterns of Linguistic diffusion, Language Variation and Change 5 : 359-90.

Bell, R. T.(1976), Sociolingistics : Goals, Approaches, and Problems. London.

Bickerton, D.(1975), The Dynamics of a Creole System, Cambridge Univ. Press.

Bloch, B.(1935), Interviewing for the Linguistic Atlass, American Speech 10.

Bloch, B.(1948), A set of postulates for phonemic analysis, Language 24.

Bloch, Jules(1910), Castes et dialectes en Tamoul, Memoires de la Societe de Linguistique, de Paris 16 : 1-30.

Bloomfield, L.(1933), Language, New York : Holt.

Bottiglioni, G.(1954), Linguistic Geography : Achivements, Methods and Orientations, Word 10.

Bram, J.(1955), Language and Socity, New York, Random Hause.

Bright, William(1960), Linguistic change in some South Indian caste dialects, in Linguistic Diversity in South Asia (Ed. C. A. Ferguson and J. J. Gumperz). [In this volume, PP. 39-46.]

Brown, G.(1972), Phonological rules and dialect variation, Cambridge Univ. Press.

Bynon, T.(1977), Historical Linguistics, Cambridge Univ., Press.

Carver, Craig M(1987), American Regional Dialects, the University of Michigan Press.

Chamber, J. K. & Trudgill P.(1980), Dialectology, Chambridge Univ., Press.

Chamber, J. K.(1994), An Introduction to Dialect Topography, English Word-Wide, 15, 35-53

Chambers, J. K. and Trudgill Peter(1998), Dialectology, 2ed. Cambridge University Press.

Chen, M. & Hsieh, H.-I.(1971), The time variable in phomological change, Journal of Linguistics 7.

Fukushima, Chitsuko(1999), Caculating and mapping regional variation on an island, A paper presented at Tenth International Congress on Methods in Dialectology(Methods X). St. John's. NF. Canada.

Fukushima, Chitsuko(2000), Using a personal computer to grasp dialectal variation, Dialectologia et Geolinguistica, 8, PP. 37-52.

Fukushima, Chitsuko & Yusuke Fukushima(2002), SEAL Users' Manual, Sixth

Edition, Research Report for Grant in Aid for Scientific Research(C)(2)

Chung, Young Hee(1991), The Lexical Tone System of North Kyungsang Korean, Ph. D. dissertation, The Ohio State Univ., Hanshin Publishing Co.

Chung, Young-Hee(1988), Tone System of the North Kyungsang Dialect of Korean, In Eung-Jin Baek ed. Papers from the Sixth International Conference on Korean Linguistics, Hanshin Publishing Co..

Cochrane, G. R.(1959), The Australian English vowels as a diasystem, Word 15.

Crystal, David(1997), A dictionary of Linguistics and Phonetics, 4ed. Blackwell.

Daniel Long(1999), 米國の地域方言と社會方言, 『日本語學』 18-13.

Dauzat, A.(1922), La G graphie Linguistique, Paris, Flammarion., (Neudruck : 1944).

David Prager Branner(2000), Problems in Comparative Chinese Dialectology, Trends in Linguistics, 123, Mouton.

Davis, Lawrence M.(1983), English Dialectology-An Introduction. the University of Alabama Press.

Davis, Lawrence M.(1990), Statistics in Dialectology, the University of Alabama Press.

Decamp, D(1959), The pronunciation of English in San Francisco, Orbis 8.

Dennis R. Preston(1989), Hawaiian Perception of United State Dialect Distribution, Published by Foris Publications Holland,

Dieth, E.(1932), A Grammar of the Buchan Dialect, Aberdeenshire. Cambridge : Heffer.

DSA(Deutscher Sprachatlas), auf grund des von Georg Wenker begr deten Sprachatlas des deutschen Reichs...unter Leitung von Ferdinand Wrede. 23 sheets in 2 vols. Marburg : N. G. elwert'sche Verlagsbuchhandlung, 1926-56.

DWA(Deutscher Wortatlas), Walther Mitzka and Ludwig Erich Schmitt(eds). 22 vols. Giessen : W. Schmitz, 1951-80.

Edward Sapir(1949), The psychological reality of phonemes, Mandelbaum, ed., Selected writings of edward Sapir. Berkeley.

Einar Haugen(1965), Isoglosses within a Dialect, Zeitschrift Für Mundartforschung.

Emeneau, M. B.(1950), Language and non-linguistic patterns, Language 26
Entwhistle, W. H.(1962), The Spanish Language. Together with Portuguese, Catalan, and Basque. 2nd ed. London.
Ferguson, Charles A(1959), Diglossia, Word 15.
Ferguson, C. A. and John J. Gumperz(Eds.)(1960), Linguistic Diversity in South Asia, Supplement to International Journal of American Linguistics 26.
Fischer, John L.(1958), Social influences in the choice of a linguistic variant, Word 14
Francis, W. N.(1983), Dialectology, Longman, London.
Gilliéron, J.(1902-10), Atlas Linguistique de la France, 13 vols, Paris : Champion.
Glowka, A Wayne and Lance, Donald. M.,(1993) Language Variation in North American English : Research and Teaching Modern Language Association, New York.
Goossens, J.(1969), Strukurelle Sprachgeographie, Eine Einfürung in Methodik und Ergebnisse, Heidelberg.
Guy, Gregory(1993), The quantitative analysis of linguistic variation, In D. Preston (ed)
Halle, M.(1962), Phonology in a generative grammar, Word 18
Hankey(1960), A Colorado Word Geography, Linguistic atlas of the Rocky Mountain States(LARMS)
Haugen, E.(1966), Dialect, Language, Nation, American Anthropologist 68.
Haugen, E.(1966), Language Conflict and Language Planning : the case of Modern Norwegian, Harvard Univ., Press.
Henzen, W.(1954), Schriftsprache und Mundarten, 2nd ed. Zurich and Leipzig.
Hirshberg, Jeffrey(1981), Regional Morphology in American English : Evidence from DARE, *American Speech* v.56.
Hoenigswald, Henry M.(1960), Language change and linguistic reconstruction, Chicago : University of chicago Press.
Hreinn Benediktsson(1961-2), Icelandic dialectoligy ; methods and results, In : Islenzk tunga 3
Hsieh, Hsin-I(1973), A New Method of Dialect Subgrouping, Journal of Chinese Linguistics 1.
Hudson, R. A(1980), Sociolinguistics, Cambridge Univ., Press.

Hughes, Arthur and Trudgill(1996), English Accents and Dialects : an introduction to social and regional varieties of English in the British Isles, 2nd. London : Edward Arnold.

Hymes, D. H.(1972), Models of the interaction of language and social life, In Gumperzymes

Ivić, Pavle(1962), On the Structure of Dialectal Differentation, Word 18.

J. Gilliéron et E. Edmont(1902-1910), Atlas linguistique de la France, publié par 13 vols. Paris : Champion(1968), Reprinted by Forni : Bologna. (ALF)

Jaberg, K. & Jud, J.(1928-40), Sprach-und Sachatlas des Italiens und der Sdschweiz, Ringier, Zofinger.

Jaberg, K.(1936), Aspects graphiques du langage, Paris.

Jean Séuyet(1954-73), Alas linguistique et ethnographique de la Gascogne, al. 6 vols in 9, parts. Paris : Centre National de la Recherche Scientifique.(ALG)

John Earl Joseph(1982), Dialect, language, and synecdoche, Linguistics, Vol 20-7/8.

Johnson, Ellen(1996), Lexical Change and Variation in the Southeastern United States 1930-1990, the University of Alabama Press.

Joseph, J. E.(1980b). Review article : H. Kloss(1978), Language Problems and Language Planning 4.

Joseph, J. E.(1981), The standard language : theory, dogma, and sociocultural reality, Unpublished doctoral dissertation, University of Michigan. Ann. Arbor. University Microfilms, Inc.

Jun, Sun-Ah(1989), The Accentual Pattern and Prosody of the Chonnam Dialect of Korean, In S. Kuno et. al. eds. Harvard Studies in Korean Linguistics Ⅲ. Hanshin Publishing Co.

Karl Jaberg and Jakob Jud(1928-43), Sprach und Sachatlas Italiens und der Schweiz,8 vols. Zofingen : Ringier.(AIS)

Keller, R. E.(1961), German Dialects : Phonology and Morphology, with Selected Texts. Manchester.

Keyser, S. J.(1963), Review of Kurath and McDavid's Pronunciation of English in the Atlantic States, Language 39.

Kibrik, A. E.(1977), The Methology of Field Investigations, Moulton, Hague.

King, J, R. P.(1990), Archaisms and Innovations in Soviet Korean Dialects, Papers delivered at the 1990 Annual Meeting of Association for Asian Studies, April 5 · 8, 1990, Chicago, Illinois.

Kolb, E.(1964), Phonological Atlas of the Northern Region, The Six Northern Counties, North Lincolnshire, and the Isle of Man. Bern : Franke Verlag.

Kolb, E.(1966), Phonological Atlas of the Northern Region, Franke Verlas, Berne.

Kretzschmar, Edgar W. Schneider(1996), Introduction to Quantitative Analysis of Linguistic Survey Data : An Atlas by the Numbers, Thousand Oaks : Sage.

Kretzschmar, William A. Jr.(1988), Computers and the American Linguistic Atlas, Methods in Dialectology. Ed. Alan R. Thomas. London : Multilin- gual Matters, PP. 200-24.

Kretzschmar, William A. Jr.(1989), Schneider, Edgar W. and Johnson, Computer Methods in Dialectology, *English Linguistic* 22.

Kurath, H. and Bloch, B.(1939), Handbook of the Linguistic Geography of New England, Brown University Press.

Kurath, H.(1949), Word Geography of the Eastern United States, Univ. of Michigan Press.

Kurath, H.(1972), Studies in Area Linguistics, Indiana University Press.

Kurath, Hans(1973), Handbook of the Linguistic Geography of New England, Brown University, 2ed.

Kurath, H., Hanley, M., Bloch, B. and Lowman, G. S., Jr.(1939-43), Linguistic Atlas of New England. 3 vols, Brown University Press.

Kurath, H. & R. I. McDavie Jr.(1961), The Pronunciation of English in the Atlantic States, Univ. of Michigan Press.

Labov, W.(1964), Stages in the acquisition of standard English in R. Shuy(ed.) Social Dialects and Language Learning. National Council of Teachers of English, Champaign, Ill.

Labov, W.(1965), The Stratification of English in New York City, Urban Language Series, Washington.

Labov, W.(1966), Contraction, deletion and inherent variability of the English copula., Language 45.

Labov, W.(1969), The Social Stratification of English in New York City, Center for Applied Linguistics, Washington.

Labov, W.(1971), Some principles of linguistic methodology, Language in Society 1.

Labov, W.(1972), Sociolinguistic Patterns, Philadelphia : University of Pennsylvania Press.

Labov, W.(1972), Langrage in the Inner City, University of Pennsylvania Press.

Labov, W.(1973), Where do grammars stop? in R.W. Shuy(ed.) monograph Series on Language and Linguistics 25. Georgetown University Press.

Labov, W.(1975), Empirical foundations of linguistic theory in R. Austerlit(ed.) The Scope of American Linguistics, Peter DeRidder Press, Lisse.

Labov, W.(1992), The three dialects of English, In Penelope Eckert (ed.), New Ways of Analyzing Sound Change. New York : Academic Press, 1-44,

Labov, W.(1994), Principles of Linguistic Change : volume 1 : Internal Factors, Cambridge, MA : Blackwell.

LAGS(Linguistic atlas of the Gulf States), Lee Pederson (ed.). In progress.

LAMSAS(Linguistic atlas of the Middle and South Atlantic States), Raven I. McDavid and R. K. O'Cain. Chicago : University of Chicago Press., 1980.

LANCS (The linguistic atlas of the North Central States.) Basic materials (microfilm and microfiche). Chicago : University of Chicago Library, 1977.

LANE(Linguistic atlas of New England), Hans Kurath et al. 3 vols. Providence : Brown University Press, 1939-1943.

LAS(The linguistic atlas of Scotland), Scots section, J. Y. Mather and H. H. Speitel. 2 vols. London : Croom Helm, 1975-77.

LAUMW(The linguistic atlas of the Upper Midwest), Harold B. Allen. 3 vols. Minneapolis : University of Minnesota Press, 1973-76.

Lavandera, B.(1978), Where does the Sociolinguistic variable stop, Language in Society 7.

Lee, Sang-Do(1987), A Study of Tone in Korean Dialects, Ph. D. dissertation, The Georgetown Univ., Hanshin Publishing Company.

Lehmann, W.(1962), Broadening of language materials : dialect geography in Historical Linguistics:an introduction. Holt, Uinehart & Winston.

Lehmann, W.(1967), A Reader in Nineteenth-Century Historical Indo-European Linguistics, Indiana Univ. Press.

LGW(The linguistic geography of Wales) : A contribution to Welsh dialectology, Alan R. Thomas. Cardiff : University of Wales Press, 1973.

Macaulary, R.K.S.(1977), Language, Social Class and Education : a Glasgow-study. Edinburgh University Press.

Macintyre. J.(1878-1880), Notes on the Corean Language, China Review, vol. 8,

Malmstrom, J.(1973), Language in Socity, New York, Hayden.

Mario Alinei(1965), Evaluation of semantic isoglosses with regard to Romance dialects, Zeitschrift Für Mundartforschung.

Martinét, A.(1954). Dialect, Romance Philology 8.

McCormack, W.(1960), Social styles in Dharwar Kannada, in Linguistic Diversity in South Asia (Ed. C. A. Ferguson and J. J. Gumperz).

McDavid, Jr. R.(1979), Dialects in Culture, The Univ. of Alabama Press.

McDavid, R. I. & V. McDavid(1959), The Study of American Dialects, Journal of the Lancashire dialect 8.

McDavid, R. I.(1957), Tape recording in dialect geography : a cautionary note, Journal of the Canadian Linguistic Association 3.

Meillet(1906), Linguistische studien in Ostrafrika, X. Marbugu, des Seminars Orientalische, Sprachen 9, 294-323.

Metcalf, Allan(2000), How We Talk : American Regional English Today, Houghton Mifflin Company, 2000.

Milroy, J. & Milory, L.(1978), Belfast : Change and variation in an urban Venacular, in Trudgill(1978).

Milroy, L.(1978), Language and Social Networks, 2nd ed. Blackwell.

Milroy, L.(1980), Language and Social Networks, Blackwell.

Mitzka, W. & Schmitt, L. E.(1951-), Deutscher Wortatlas, Giessen : Schmitz. (20 vols.)

Mitzka, W.(1952), Handbuch zum Deutschen Sprachatlas, Marburg.

Montgomery, Michael B., Nunnally, Thomas E.(1998), From the Gulf States and Beyond : The Legacy of Lee Pederson and LAGS.

Moulton, W. G.(1960), The Short Vowel-Systems of Northern Switzerland ; a

Study in Structural Dialectology, Word 16.
Moulton, W. G(1965), The Mapping of Phonemic System, Verhdlungen des ZweitenaIntern ationalen Dialecktologenkongresses,
Moulton, W. G.(1968), Structal dialectology, Language 44.
Moulton, W. G.(1972), Geographical Linguistic, Current Trends in Linguistic 9, The Hague : Mouton.
Narahara, Tomiko(1985), The Accentual System of the Korean Kyengsang Dialect, In
Newton, B. E.(1972), The Generative Interpretation of Dialect, Cambridge Univ. Press.
Nichols, Johanna(1992), Linguistic diversity in space and time, University of Chicago Press.
Noam Chomsky(1964), Current issues in linguistic theory, The Hague.
Ogino, Tsuno(1984), Computer-assisted Analysis of Field Survey Data-GLAPS and 1st application, Dialectology-Quantitative Linguistics, Vol. 21/ 254-274.
Orton, H. & N. Wright(1974), A Word Geography of England, London, Seminar Press.
Orton, H. and Barry, M.(eds.)(1969-71), Surver of English Dialects, The Basic Material, Voll. II(3 parts):The West Midland Counties. E. J. Arnold Counties. E. J. Arnold, Leeds.
Orton, H.(1960), An English dialect survey : Linguistic Atlas of England, Orbis 9.
Orton, H.(1962), Survey of English Dialects : introduction, E. H. Arnold, Leeds.
Orton, H., Sanderson, S. and Widdowson, J.(eds.)(1978), The Linguistic Atlas of England (474 maps). Croom Helm.
Orton, Harold and Wright(1974), Nathalia, A Word Geography of England, London : Seminar Press.
O'Neill, W. A.(1963), The dialects of modern Faroese : a preliminary report, Orbis 12.
Paul Hull Browdre(1971), Eye Dialect as a Literary Device, A Various Language, Perspectives on American Dialects, Holt, Rinehart and Winston, INC.
Pederson, Lee(ed.)(1986), Handbook for the Linguistic Atlas of the Gulf States,

the University of Georgia Press. Athens.

Pedrson, Lee(1993), An approach to linguistic geography : The Linguistic Atlas of the Gulf State, In D. Preston (ed)

Petyt, K. M(1980), The Study of Dialect, An introduction to dialectology, Andr Deutsch.

Petyt, K. M.(1977), Dialect and in th industrial West Riding. Ph. D. thesis, University of Reading.

Poplack, Schana(1997), Variation theory and language contact, In Preston 1993.

Preston, Dennis R.(1988), Methods in the Study of Dialect Perceptions, *Methods in Dialectology*. Ed. Alan R. Thomas. Clevedon : Multilingual Matters.

Preston, Dennis R.(1999), Handbook of Perceptual Dialectology vol 1, John Benjamins Publishing Company.

Preston, Dennis R., Chair(1993), American Dialect Research, American Dialect Society Centennial Research Committee, John Benjamins Publishing Company.

Pulgram, E.(1953), Family Tree, Wave Theory, and Dialectology, Orbis 2.

Pulgram, E.(1964), Structural comparison, diasystems and dialetology, Linguistics 4.

Ramsey, S. Robert.(1974), 咸鏡·慶尙 兩方言의 악센트 硏究, 《國語學》 2.

Ramsey, S. R.(1975), Accent and Morphology in Korean Dialects ; A Descriptive and Historical Study, Ph. D. Dissertation, Yale University.

Ramsey, S. R.(1978), S-clusters and reinforced consonants, In Chin-W. Kim ed. *Papers in Korean Linguistics*, Columbia, S.C. : Hornbeam Press, Inc.

Ramsey, S. R.(1986), The Inflecting Stems of Proto-Korean, Language Research 22·2, Language Research Institute, Seoul National Univ..

Ramsey, S. R.(1993), Some remarks on reconstructing Earlier Korean, Language Research 29·4.

Richard W. Baily(1973), Varities of Presentday English, New York, MacMillan.

RNDA (Reeks Nederlandse Dialektatlassen), E. Blancquaert and W. P(eds). 16 vols (12 so far published). Antwerp : Van de Sikkel, 1930-67.

Rogers, Everett M.(1983), Diffusion of Innovations, 3rd ed. New York : Free

Press.

Rolninsnm Orrin W. 李丞宰 抄譯(1982), 規則 再配列과 語彙散變, 《方言》 6.

Rona, Jose Pedro(1958), Aspectos metodologicos de la dialectologia hispanomimertand, Monevideo, Universidad de la Republica.

Ross King(1993), 북한의 방언과 사전, 《새국어생활》 3·4, 국립국어연구원.

Ross, J.(1877), Corean Primer, The Corean Language, China Review, vol. 6, 1878. Korean Speech, with Grammar and Vocabulary, New Edition, 1882.

Sankoff, D. & Labov, W.(1979), On the use of variable rules, Language in Society 8.

Sankoff, David (ed.), Linguistic Variation: Model and Methods, Academic Press, 1978.

Saporta, S.(1965), Ordered rules, dialect differences, and historical processes, Language 41.

Sasse, W.(1980), Dialect Studies in North Korea, Papers of the 1st, Intlr. conference on Korean Studies, The Academy of Korean Studies.

Schane, S. A.(1973), Generative Phonology, Prentice-Hall.

Schleicher(1868), Die Deutche sprache, 2. Aufl., Stuttart.

Schmidt, J.(1872), Die Verwandtschaft sverh tnisse der Indogerimanischen Sprachen, Weimar, B lau.

Schneider, Edgar(1997), Chaos Theory as a model for dialect variability and change?, In A. R. Thomas(ed).

Schouten, M. E. H. and Reenen, P. Th. Van(1989), New Methods in Dialectology, Proceedings of a workshop held at the Free University, Amsterdam, Foris.

SDS(Sprachatlas der deutschen Schweiz), Rudolf Hotzenk herle. 4 vols. Berne : Francke Verlag, 1962-75.

SEd(Survey of English Dialects), Harold Orton et al. Introduction and 4 vols in 12 parts. Leeds : E. J. Arnold & Son, Ltd., for the University of Leeds, 1962-71. (For detailed information on separate volumes, see Bibliography.)

Serebrennikow, B. A. 崔璇 譯(1980), 언어의 지역별 분화, 《방언》 4.

Serebrennikow, B. A. 崔璇 譯(1981), 언어의 사회적 분화, 《방언》 5.

Shuy, R. W., Wolfram, W. A. & Rily, W. K.(1968), Field techniques in an urban language study, Washington.

Shuy, R.(1968), Linguistic Correlates of Social Stratification in Detroit Speech, Michigan State Univ.

Silva Neto. Serafim(1955), Maual de Fiologia Portuguesa historia problemas Rio do Rio do Janeiro, Livraria Academica.

Sivertsen, E.(1960), Cockney Phonology, Oslo Univ., Press.

Sol Saporta(1965), Ordered rules, dialect differences, and historical processes, Language 41.

Speitel, H. H.(1969), An Area Typology of Isoglosses : Isoglosses near the Scottish-England Border, Zeitschriftf Dialektologie und Linguistik 36.

Sumner Ives(1971), A Theory of Literary Dialect, A Various Language, Perspectives on American Dialects, Holt, Rinehart and Winston, INC.

Séguy, Jean, 조광조 역(1979), 프랑스 지역별 언어지도, 《방언》 2.

Séguy, J.(1973), Les atlas linguistique de la France par rions, Langue Francais 18.

Thomas, A. R.(1964), Some Aspects of a Structural Dialectology, The Transactions of the Honourable Society of Cymmrodorion II.

Thomas, A. R.(1980), Areal analysis of dialect data by computer : A Welsh example, Cardiff University of Wales Press.

Thomas, A. R.(1987), Methods in Dialectology, Proceedings of the Sixth International Conference held at the University College of North Wales, 3rd-7th August, *Multilingual Matters* 48.

Trudgill, P.(1972), Sex, covert prestige and linguistic change in the urban British English of Norwich, Language in Society I.

Trudgill, P.(1974), Linguistic change and diffusion : description and explanation in sociolinguistic dialect geography, Language in Society 3.

Trudgill, P.(1974), Sociallinguistics, Penguin books, Middelesex, England.

Trudgill, P.(1974), The Social Differentiation of English in Norwich, Cambridge University Press.

Trudgill, P.(1975), Linguistic geography and geographical linguistics in C. Board dtal.(eds.) Progress in Geography, vol. VII Edward Arnold.

Trudgill, P.(1990), The Dialects of England. Oxford : Blackwell.

Trudgill, P.(1999), A window on the past : "colonial lag" and New Zealand evidence for the phonology of 19th century English, American Speech 74-3.

Trudgill, P.(2002), The History of the Lesser-Known Varieties of English, in Watts, Richard and Peter Trudgill (ed) Alternative Histories of the English Language. Routledge.

Upton, Clive and Widdowson, J. D. A(1996), An Atlas of English Dialects, Oxford : Oxford University Press.

Upton, Clive, Sanderson, Stewart and Widdowson, John.(1987), Word Maps : A Dialect Atlas of England, Croom Helm, London.

Vasiliu, E.(1966), Towards a generative phonology of Daco-Rumanian dialects, Journal of Linguistics 2.

Viereck, Wolfgang (ed.)(1985), Focus on : England and Wales, Amsterdam/ Philadelphia : John Benjamins.

Viereck, Wolfgang (ed.)(1991), The Computer Developed Linguistic Atlas of England, Max Niemeyer Verlag Tübingen.

Voegelin, C. F. and Harris, Z. S.(1951) Methods of determining intelligibility among dialects of natural languages, Proceedings of the American Philosophical Society 95, PP. 322-329.

Vovin, A. V.(1989), Some Data on the Soviet Korean Language, Language Reseach 25 · 2.

Wakelin, Martyn F.(1972), English Dialectology: An Introduction, the Athlone Press of University of London.

Wang, W(1969), Competing changes as cause of residue, Language 45.

Wayne A. O'Neil(1963), The dialects of Modern Farose, Orbis 12

Wayne A. O'Neil(1964), Farose vowel morphophonemics, Language 40

Weinreich, U.(1953), Language and Contact, The Hague Moulton.

Weinreich, U.(1954), Is Structual Dialectology Possible, Word 10.

WGE(A Word Geography of England), Harold Orton and Nathalia Wright. London, et c. : Seminar Press, 1974.

WGEUS(A Word Geography of the Eastern United States), Hans Kurath. Ann Arbor : University of Michigan Press, 1949

Whitman. J.(1994), The Accentuation of Nominal stems in Proto-Korean, *Theoretical Issues in Korean Linguistics*, ed. YoungKi, Kim-Renaud.

Wolff, H.(1959), Intelligibility and inter-ethnic attitudes, Anthropological Linguistics 1(3)

Wolfgang Viereck and Heinrich Ramisch(1997), The Computer Develop Linguistic Atlas of England, Max Niemeyer Verlag Tübingen.

Wolfram, W. and Fasold, R.(1974), The Study of Social Dialects in American English, Prentice-Hall.

Wolfram, Walt(1969), A Sociolinguistic Description of Detroit Negro Speech, Washington : Center for Applied Linguistics.

Wolfram, Walt and Schilling-Estes(1998), Natalie, American English : Dialects and Variation, Blackwell.

Wolfram, Walt(1991), *Dialects and American English*, Englewood Cliffs, NJ: Prentice Hall.

Wolfram, Walt(2000), Endangered dialect and social commitment, In Joy Peyton, Peg Griffin, Walt Wolfram, and Ralph W. Fasold (ed), Language in Action : New Studies of Language in Society. Cresshill : Hampton Press.

Wrede, F.(1926), Deutscher Sprachatlas, Marburg : Elwert.

Xolodovich, A. A.(1954), Fonetica Severnya dialecktov, *Ocherk Grammatiki Korejskago Jazyka*, Moskva.

Han, Sun-Hee(1988), 「An Autosegmental Approach to a Kyungsang Dialect : A Lexical Analysis」, 『In Eung-Jin Baek ed. *Papers from the Sixth International Conference on Korean Linguistics*』, Hanshin Publishing Co.

찾아보기

ㅈ

ㅊ

이상규(李相揆)

경북대학교 국어국문학과 및 동대학원(문학박사)
한국정신문화연구원 방언조사연구원
울산대학교 국어국문학과 조교수 역임
경북대학교 국어국문학과 교수
동경대학교 대학원 객원 연구 교수
국립국어원 원장

<경북방언사전>(태학사) 외 방언 관련 논문 다수
sgl 5117@yahoo.co.kr

안귀남(安貴男)

안동대학교 및 경북대학교 대학원(문학 석·박사)
경북대학교 영남문화연구원 선임연구원
경북대학교·안동대학교 강사
<문경방언의 맛과 멋>(민속원) 외 방언 관련 논문 다수
akn 5020@hanmail.net

한국어방언학

2007년 3월 25일 초판 발행
2008년 8월 25일 초판 2쇄

지은이 / 이상규·안귀남
펴낸이 / 한 점 덕
펴낸곳 / 學 硏 社

서울시 영등포구 문래1가 39번지 센터플러스 814호
전화 02) 2164-3311~3 / 팩스 02) 2164-3314
전자우편 hypub@chol.com
등록 1976. 12. 23. 제12-6호

ISBN 978-89-8060-030-4 93710

값 18,000 원